한권으로 끝내기

컴퓨터능력

2급 | 필기

SD에듀
(주)시대고시기획

초스피드로 단기간에 합격의 기틀을 잡아주는 학습 전략

단기간에 합격을 희망하는 수험생을 위해 초스피드로 단기간에 합격의 기틀을 잡아주는 효율적인 학습 전략을 목표로 구성하였습니다. 또한 최신 출제 기준을 100%로 반영하여 핵심 중의 핵심으로만 이론을 정리하고, 빈번하게 출제되는 기출문제들을 추출한 후 출제 경향을 기준으로 필터링한 문제들을 수록하였습니다.

STEP 1
핵심만 뽑아 정리한 이론

출제 기준 및 기출문제를 분석하여 알아두어야 할 엑기스만 골라 구성한 이론을 학습합니다.

STEP 2
기출문제로 중간 테스트

중간에 학습 능력을 체크하는 테스트 문제를 풀고 다음 이론으로 넘어갑니다.

STEP 3
최신 기출문제

실력 점검 및 실전 감각을 키우기 위한 파이널 테스트로, 최신 기출 유형 문제를 풀어봅니다.

이 책의
구성과 특징

핵심 이론
최신 출제 기준을 바탕으로 구성된 핵심 중의 핵심 이론을 섹션별로 정리하였습니다.

SECTION
04

주기억장치와 보조기억장치

1 주기억장치

1. 롬(ROM; Read Only Memory)

기억된 내용을 읽을 수만 있고, 전원이 꺼져도 기억된 내용이 소멸되지 않는 비휘발성 메모리이다.

■ ROM의 종류

Mask ROM	제조 단계에서 내용이 기억되어져 있어 사용자는 읽기만 가능하며, 추가나 변경이 불가능한 ROM
PROM	사용자가 한 번만 내용 기록이 가능한 ROM
EPROM	자외선을 쬐어 메모리를 지우고 Writer로 다시 프로그램을 입력할 수 있는 기억 ROM
EAROM	전기적 가변 통로로 저장된 데이터를 모두 지우지 않고 선택적으로 변경할 수 있는 기억 ROM
EEPROM	전기적인 충격을 이용하여 메모리를 지우고 다시 기록 가능한 ROM

2. 펌웨어(Firmware)

· 주로 ROM에 반영구적으로 저장되어 있다. 하드웨어를 제어, 관리하는 역할을 수행한다.
· 하드웨어의 동작을 지시하는 소프트웨어이지만 하드웨어적으로 구성되어 하드웨어의 일부분으로도 볼 수 있는 제품을 말한다.
· 하드웨어 교체 없이 소프트웨어 업그레이드만으로 시스템의 성능을 높이기 위한 목적으로 사용한다.
· 하드웨어와 소프트웨어의 중간에 해당한다.
· 기계어 처리, 데이터 전송, 부동 소수점 연산 채널 제어 등의 처리 루틴을 가지고 있다.

1) TIP
플래시 메모리
· 전원이 공급되지 않아도 내용이 지워지지 않는 비휘발성 메모리
· EEPROM의 일종
· 읽고 쓰는 속도가 매우 빠르고, 소비 전력이 적음
· 디지털 카메라, MP3 플레이어, 휴대전화 등에 사용

76 / Part1. 컴퓨터 일반

Tip
이해하기 어려운 용어나 개념에 대한 설명 및 보충 내용을 추가하였습니다.

01 다음 중 플래시 메모리에 대한 설명으로 옳지 않은 것은?

① 소비 전력이 적다.
② 휘발성 메모리이다.
③ 정보의 입출력이 자유롭다.
④ 휴대전화, 디지털카메라, 게임기, MP3 플레이어 등에 널리 이용된다.

02 다음 중 기억장치의 접근 속도가 빠른 것에서 느린 순으로 올바르게 나열한 것은?

① 캐시 메모리 → 레지스터 → 주기억장치 → 보조기억장치
② 레지스터 → 캐시 메모리 → 주기억장치 → 보조기억장치
③ 레지스터 → 주기억장치 → 캐시 메모리 → 보조기억장치
④ 주기억장치 → 레지스터 → 캐시 메모리 → 보조기억장치

03 다음 중 컴퓨터에서 사용하는 펌웨어(Firmware)에 관한 설명으로 옳은 것은?

① 컴퓨터 운영에 필수적인 하드웨어 구성 요소이다.
② 주로 RAM에 저장되어 하드웨어를 제어하거나 관리한다.
③ 내용을 변경하거나 추가 또는 삭제할 수 있다.
④ 업그레이드를 위하여 하드웨어를 교체해야 한다.

04 다음 중 주기억장치의 크기보다 큰 프로그램을 실행하기 위해 디스크의 일부 영역을 주기억장치처럼 사용하게 하는 메모리 관리 방식으로 옳은 것은?

① 캐시 메모리
② 연관 메모리
③ 버퍼 메모리
④ 가상 메모리

01회 기출문제

1과목 컴퓨터 일반

01 다음 중 멀티미디어와 관련된 기술인 VOD(Video On Demand)에 설명으로 옳지 않은 것은?

① 비디오를 디지털로 압축하여 비디오 서버에 저장하고, 가입자가 원하는 콘텐츠를 제공하며 재생, 제어, 검색, 질의 등이 가능하다.
② 사용자의 요구에 따라 영화나 뉴스 등의 콘텐츠를 통신 케이블을 통하여 서비스하는 영상 서비스이다.
③ 사용자간 커뮤니케이션을 목적으로 원거리에서 영상을 공유하며, 공간적 시간적 제약을 극복할 수 있다.
④ VCR 같은 기능의 셋탑 박스는 비디오 서버로부터 압축되어 전송된 디지털 영상과 소리를 복원, 재생하는 역할

Solution

· ①에서 주소는 16비트씩 8개 부분으로 구성된다.
· ②의 내용은 IPv4에 대한 설명이다.
· ③에서 IPv4와 호환성이 뛰어나다.

03 다음 중 멀티미디어에 관련된 설명으로 옳지 않은 것은?

① 다중(Multi)과 매체(Media)의 합성어로 그래픽, 이미지, 텍스트, 오디오, 비디오 등의 매체들이 통합된 것을 의미한다.
② 멀티미디어는 매체 정보를 디지털화하고, 대용량으로 생성되므로 이를 저장할 수 있는 저장장치를 사용해야 한다.

기출문제로 중간 테스트
이론을 학습한 후 가볍게 테스트 문제를 풀어보며 복습합니다.

기출문제
문제를 풀어보며 실전 감각을 키우고, 실력을 점검할 수 있도록 하였습니다.

Solution
상세하고 명쾌한 해설을 수록하였습니다.

시험응시
가이드 및 Q&A

 체크 포인트 1 / 접수 후 수험표 발급

접수를 한 후 수험표를 발급 받아야 시험을 볼 수 있습니다.

 체크 포인트 2 / 시험 시간 확인

시험 시작 시간은 수험표의 내용과 동일합니다.

 체크 포인트 3 / 시험장 위치 확인 및 수험표와 신분증 준비

접수 시에 선택한 곳에서 시험을 보며 수험표와 신분증은 꼭 지참을 해야 합니다. 수험표와 신분증이 없는 수험생은 입실이 불가능합니다.

주의 사항 ▶

☞ 시험 시간 준수
- 시험을 시작하기 전까지 시험장에 입실을 해야 합니다.
- 시험 시간을 지키지 못한 분은 시험에 응시가 불가능합니다.

☞ 신분증과 수험표 필히 소지
- 신분증을 지참하지 않은 경우는 신분증 미소지자 서약서를 작성한 후 시험에 응시할 수 있습니다.
- 다만 신분증 미소지자 서약서를 작성한 수험자들은 시험 응시 후, 신분증을 가지고 해당 지역 상공회의소에 방문해서 신분 확인을 받아야 합니다.

☞ 인정하는 신분증
- 중학생 이상 : 주민등록증, 학생증, 공무원증, 국가기술자격증, 여권, 운전면허증
- 초등학생 이하 : 건강보험증, 주민등록 등/초본, 학교 확인서(초등학생에 한함)
※ 신분증, 수험표 둘 다 없으면 시험응시가 불가합니다.

Q. 컴퓨터활용능력 필기 합격 결정 기준 및 과락 기준은?

A. 컴퓨터활용능력 필기 합격 결정 기준은 과목당 100점 만점에 매 과목 40점 이상, 전 과목 평균 60점 이상으로 한 과목이라도 40점 미만으로 나오면, 과락으로 불합격 처리됩니다.

Q. 시험 접수와 합격 발표는 언제?

A. 시험 접수는 개설일로부터 시험일 4일전까지 할 수 있으며, 합격 발표는 필기 시험은 다음날 오전 10시, 실기 시험은 2주 뒤 금요일에 발표합니다.

Q. 컴퓨터활용능력 필기 합격 유효기간은?

A. 필기 합격 유효기간은 필기 합격발표일을 기준으로 만 2년입니다.
예를 들어 컴퓨터활용능력 2급 필기를 2023년 12월 30일에 합격하면 필기 합격 유효기간은 2025년 12월 29일입니다. 본인의 정확한 필기 합격 유효기간은 대한상공회의소 자격평가사업단 홈페이지(http://license.korcham.net) 회원가입 후 [마이페이지-취득내역]에서 확인할 수 있습니다. 단, 유효기간의 만료일은 접수가 아닌 시험에 응시할 수 있는 마지막 날을 의미하니 유의하여야 합니다.

Q. 컴퓨터활용능력 상위급수 필기 합격 후 하위급수 실기 응시 가능?

A. 필기 합격 유효기간 내에 하위 급수의 실기를 응시해도 되고, 원래 급수의 실기를 응시해도 됩니다. 즉, 1급 필기에 합격한 경우 1급과 2급 실기 시험에 모두 응시할 수 있습니다.

Q. 실기 합격 여부 확인 전에 다시 상시 시험을 접수하여 응시 가능?

A. 상시 시험은 같은 날에 같은 급수가 아니라면 합격 발표 전까지는 접수 및 응시가 가능합니다. 하지만 합격한 이후에 접수한 시험은 모두 무효가 되고 접수한 시험에 대해서는 취소 및 환불이 불가능합니다.

※ 기타 다른 문의 사항이나 자세한 내용은 대한상공회의소 자격평가사업단(http://license.korcham.net)에 문의하기 바랍니다.

그림으로 보는
시험안내

1 준비물
사진 파일

2 회원 가입
대한상공회의소 자격평가사업단
(http://license.korcham.net)에 접속

3 필기 시험 접수
시험 기간 조회 후 원하
는 날짜와 시간에 응시

4 필기 시험 응시
객관식 4지 택일형
준비물 : 신분증, 수험표

5 필기 합격자 발표
합격 기준 : 100점을 만
점으로 하여 60점 이상
(과목당 40점 이상)

6 실기 시험 접수
시험 기간 조회 후 원하
는 날짜와 시간에 응시

7 실기 시험 응시
프로그램 : MS Office 2016
준비물 : 신분증, 수험표

8 실기 합격자 발표
합격 기준 : 100점을 만점으로
하여 70점 이상

9 자격증 신청 및 수령
• 신청 방법 : 인터넷
 (http://license.korcham.net)
• 수령 방법 : 우편 등기배송

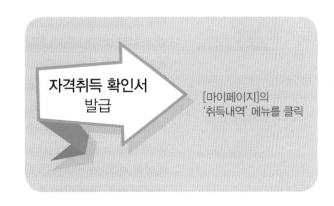

자격취득 확인서
발급

[마이페이지]의
'취득내역' 메뉴를 클릭

contents

Part 1.
컴퓨터 일반

Chapter 01 PC 운영체제

Chapter 02 컴퓨터 시스템 설정 변경

Chapter 03 컴퓨터 시스템 관리

Chapter 04 인터넷과 멀티미디어 활용

Chapter 05 최신 정보통신 기술 활용

Chapter 06 정보 보안과 시스템 보안 유지

Part 2.
스프레드시트 일반

Part 3.
최신 기출문제

PART 1

컴퓨터 일반

[1과목]

컴퓨터일반

출제 기준이 변경되어 Windows 10의 기능만을 포함한 Windows 환경 문제들이 출제되고 있습니다. 제어판에 대한 문제는 꼼꼼히 잘 살피어 학습을 해야 할 필요가 있습니다. 그리고 디스크 관련 유지보수 및 최적화, PC 응급처치 및 문제해결과 관련된 문제 수가 점점 증가되는 추세입니다. 디스크 정리나 디스크 조각 모음, 디스크 공간 부족 문제 해결과 같은 문제는 자주 출제가 되고 있으므로 게을리 할 수 없는 부분입니다.

[1과목]에서는 적어도 제어판, 디스크 최적화, 문제해결, 기억장치, 인터넷 서비스, 멀티미디어 활용, 정보통신망의 종류, 네트워크 관련 장비에 관한 내용은 반드시 놓치지 말고 학습하시기 바랍니다.

※ 본 교재의 [이론]은 직접 실습하면서 공부하는 것이 좋습니다.

PC 운영체제

Windows 기초

1 Windows의 특징

» TIP
FAT32와 비교한 NTFS의 장점
• 하드디스크의 공간 낭비를 줄일 수 있다.
• 시스템 안정성, 성능, 보안성 등이 향상된다.
• 하드디스크의 성능을 최적화하여 시스템을 보다 빨리 사용할 수 있다.
• 시스템 리소스를 최소화할 수 있다.

• **그래픽 사용자 인터페이스(GUI)** : 사용자가 컴퓨터를 사용할 때 마우스로 그래픽 아이콘(Graphic Icon)만 클릭하면 프로그램을 실행할 수 있는 작업 환경을 말한다.

• **선점형 멀티태스킹(Preemptive Multitasking)** : 동시에 여러 프로그램을 실행할 수 있는 멀티태스킹을 지원하며, 사용하고 있는 여러 프로그램 중 사용자가 선택하여 강제로 종료시킬 수 있는 방식이다.

• **플러그 앤 플레이(PnP; Plug and Play)** : 새로운 하드웨어를 추가 시 사용자가 직접 장치를 설정하는 것이 아니라, 컴퓨터에 장착하면 자동으로 장치를 인식하여 장치 드라이버를 설치한다.

• **64비트 지원** : 64비트 데이터 처리를 지원하므로 많은 양의 데이터 처리에 대하여 처리 속도가 빠르며, 효율적인 시스템을 구축할 수 있다.

• **OLE(개체 연결 및 삽입) 기능** : 개체 연결 및 삽입을 의미하며, 서로 다른 프로그램의 데이터를 연결하거나 삽입하여 새로운 문서를 만드는 기술이다.

• **점프 목록** : 파일이나 폴더, 웹 사이트 등에서 최근에 사용한 문서나 작업을 빠르고 쉽게 선택할 수 있도록 프로그램별로 구성한 목록이다.

• **에어로 피크(Aero Peek)** : 작업 표시줄 아이콘을 마우스로 가리키면 해당 아이콘과 연결된 열린 창의 축소판 그림 미리 보기가 작업 표시줄 위에 나타나며, 해당 축소판 그림을 클릭하면 창이 열린다.

• **에어로 흔들기(Aero Shake)** : 흔들고 있는 창을 제외한 모든 열린 창을 빠르게 최소화할 수 있다.

• **에어로 스냅(Aero Snap)** : 창을 화면 양쪽 가장자리로 이동하거나 맞출 때 창 크기를 자동으로 조정한다.

• **Ready Boost** : USB 플래시 드라이브 및 플래시 메모리 카드에 있는 저장 공간을 사용하여 컴퓨터의 속도를 향상시킬 수 있다.

• **NTFS 지원** : 파일 및 폴더에 대한 액세스 제어를 유지하고 제한된 계정을 지원한다. 최대 255자의 긴 파일 이름을 지정할 수 있다. 'W〈〉? * /' 등의 특수 문자를 제외한 모든 문자(공백 포함)의 사용이 가능하고 NTFS 파일 시스템은 이전의 FAT 파일 시스템과 호환되지 않는다.

2 Windows의 시작과 종료

1. 부팅 메뉴

- **방법 1** : [시작(▦)]-[전원(⏻)] 메뉴를 클릭한 후 [Shift] 키를 누른 채로 [다시 시작]을 클릭하면 옵션 선택 화면이 나타난다. [문제 해결]-[고급 옵션]-[시작 설정]-[다시 시작]을 클릭하면 부팅 옵션이 표시된다.
- **방법 2** : [시작(▦)]-[설정(⚙)]-[업데이트 및 보안]-[복구]에서 고급 시작 옵션의 [지금 다시 시작]-[문제 해결]-[고급 옵션]-[시작 설정]-[다시 시작]을 클릭하면 부팅 옵션이 표시된다.

2. 부팅 옵션

디버깅 사용	시스템 관리자용의 고급 문제 해결 모드로 부팅
부팅 로깅 사용	시작 중에 설치되며 문제 해결에 유용할 수 있는 모든 드라이버를 표시하는 ntbtlog.txt 파일을 기록하며 부팅
안전 모드 사용	・컴퓨터가 비정상적으로 작동될 때 문제 해결을 위해 사용 ・최소 드라이버 및 서비스 집합을 사용하여 부팅 ・사운드 카드, 모뎀 등 사용 불가
안전 모드 (네트워킹 사용) 사용	네트워크가 지원되는 안전 모드
안전 모드 (명령 프롬프트 사용) 사용	DOS 모드로 부팅하는 안전 모드
저해상도 비디오 사용	화면 모드를 640×480 해상도로 설정하여 부팅
드라이버 서명 적용 사용 안 함	부적절한 서명이 포함된 드라이버 설치 가능

3. Windows의 종료

- **방법 1** : [시작(▦)]-[전원(⏻)]-[시스템 종료]를 선택한다.
- **방법 2** : 바탕 화면에서 [Alt]+[F4] 키를 눌러 [Windows 종료] 대화 상자에서 [시스템 종료]를 선택한다.

▲ Windows 10 시스템 종료

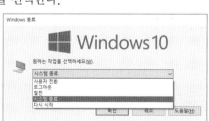

▲ [Alt]+[F4] 키로 Windows 종료

》 TIP

멀티 부팅(다중 부팅)
- 한 컴퓨터에 2개 이상의 다른 운영체제를 설치할 수 있다.
- 각각의 운영체제는 하드디스크의 개별적인 파티션에 설치되어 있어야 한다.
- 부팅 시 실행할 운영체제를 선택할 수 있다.

4. 절전 모드

>> TIP
절전 모드
- [제어판]에서 [전원 옵션]을 클릭한다.
- 하이브리드 절전 모드는 [시작]-[전원]-[절전]을 클릭한다.

절전 모드	작업을 다시 시작하려 할 때 컴퓨터를 빠르게 다시 켤 수 있는 전력 절약 상태
최대 절전 모드	주로 랩톱용으로 디자인된 전력 절약 상태로, 열려 있는 문서와 프로그램을 하드디스크에 저장한 다음 컴퓨터를 끔
하이브리드 절전 모드	주로 데스크톱 컴퓨터용으로 설계되었으며, 전원 오류가 발생할 경우 하드디스크에서 작업을 복원할 수 있음

>> TIP
- **스캐너(Scanner)** : 빛의 반사 작용을 이용해서 사진이나 그림 등을 디지털 데이터로 변환하는데 사용되는 입력장치를 스캐너라고 한다.
- **디지타이저(Digitizer)** : 직사각형의 태블릿(입력 감지판) 위에서 펜 모양의 철필이나 마우스 커서를 움직이면 그 위치에 해당하는 좌표값이 기억 장소로 입력되고, 철필이나 버튼을 눌러 명령을 수행하는 입력장치를 디지타이저라고 한다.

3 마우스 및 키보드 사용법

1. 마우스 사용법

그래픽 환경(GUI)에서 명령을 입력하는 장치로 볼 마우스와 빛을 이용하는 광학식, 광기계식 마우스 등이 있으며 버튼 수에 따라 2버튼과 3버튼으로 구분된다.

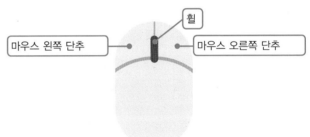

마우스 왼쪽 단추 · 휠 · 마우스 오른쪽 단추

마우스 동작	사용 방법 및 기능
클릭 (Click)	• 마우스 왼쪽 단추를 한 번 누르는 동작 • 아이콘이나 폴더를 선택할 때 사용
더블 클릭 (Double Click)	• 마우스 왼쪽 단추를 빠르게 두 번 누르는 동작 • 프로그램을 실행시킬 때 사용
드래그 (Drag)	마우스 왼쪽 단추를 누른 채 움직이는 동작
드래그 앤 드롭 (Drag & Drop)	• 마우스 왼쪽 단추를 누른 채 끌어다 놓는 동작 • 아이콘이나 개체를 움직일 때 사용

2. 키보드 사용법

문자나 기호를 입력하는 장치로 한글, 영문자, 숫자, 특수문자(비문자)와 12개의 기능키로 이루어져 있으며 자판이 배열된 형태에 따라 한글 2벌식과 한글 3벌식, 영문 쿼티(QWERTY)와 영문 드보락 자판으로 구분된다.

1) Windows의 바로 가기 키

① 기능키

키	기능
F1	'도움말' 창을 표시
F2	파일/폴더의 이름 바꾸기
F3	'검색 결과' 창을 불러옴 → ⊞ + F 와 동일
F5	최신 정보로 고침
F11	전체 화면 모드로 표시

② 조합키(Ctrl)

키	기능
Ctrl + A	파일/폴더 모두 선택
Ctrl + C	복사
Ctrl + X	잘라내기
Ctrl + V	붙여넣기
Ctrl + Z	실행 취소
Ctrl + Esc	시작 메뉴 표시 → [시작(⊞)] 단추 클릭과 동일
Ctrl + F4	현재 열려 있는 창 닫기
Ctrl + Shift + Esc Ctrl + Alt + Delete	[Windows 작업 관리자] 대화 상자 표시
Ctrl +마우스 스크롤	바탕 화면의 아이콘 크기 조절

③ 조합키(Alt)

키	기능
Alt + Enter	선택한 항목의 속성 대화 상자 표시
Alt + Esc	현재 실행 중인 프로그램들을 순서대로 바로 전환
Alt + Tab	현재 실행 중인 프로그램 목록을 화면에 표시 → Alt 키를 누른 채 Tab 키를 눌러 프로그램 간 이동
Alt + Space Bar	현재 창에서 창 조절 메뉴를 표시
Alt + F4	실행 중인 창이나 프로그램 닫기/종료
Alt + Print Screen	현재 활성화된 창을 캡처하여 복사 → Print Screen 키만 누를 경우 전체 화면 캡처

》 TIP

바로 가기 키

'단축키' 또는 '핫키'라고도 하며, 특정 프로그램의 실행이나 명령을 빠르게 하기 위한 키보드의 키 조합을 말한다.

④ 조합키(Shift)

Shift + Delete	파일/폴더를 휴지통을 거치지 않고 바로 삭제
Shift + F10	바로 가기 메뉴 표시 → 마우스 오른쪽 단추를 누른 것과 동일
Shift +CD 삽입	CD 삽입 시 자동 실행되지 않음

⑤ Windows 키

⊞ + D	바탕 화면을 표시하거나 이전 크기로 전환
⊞ + E	탐색기 실행
⊞ + L	컴퓨터를 잠그거나 사용자 전환
⊞ + M	열려 있는 모든 창 최소화/이전 크기로 전환
⊞ + Pause/Break	[제어판]의 '시스템' 창 표시
⊞ + R	[실행] 대화 상자 표시
⊞ + T	작업 표시줄의 프로그램을 차례로 선택/표시

》TIP

작업 표시줄 오른쪽 끝의 바탕 화면 보기 아이콘을 클릭하면 실행 중인 모든 프로그램 창을 최소화하여 바탕 화면을 보여준다.

》TIP

바탕 화면 변경

- 바탕 화면의 바로 가기 메뉴에서 [개인 설정]을 선택하여 바탕 배경 화면을 변경할 수 있다.
- 바탕 화면은 사용자가 임의로 변경할 수 있다.
- 사용할 수 있는 배경 이미지의 파일 형식으로는 'bmp, gif, jpg, png' 등이 있다.
- 바탕 배경으로 사용할 이미지의 표시 위치 방법에는 '채우기, 맞춤, 늘이기, 바둑판식 배경, 가운데'가 있다.

4 바탕 화면의 사용

1. 바탕 화면

- 바탕 화면은 창, 아이콘, 메뉴, 대화 상자가 표시되는 화면상의 작업 영역이다.
- 미리 정의된 아이콘, 글꼴, 색, 소리 및 다른 창 요소의 집합인 바탕 화면 테마를 사용한 바탕 화면을 통일감 있고 개성적으로 연출할 수 있다.

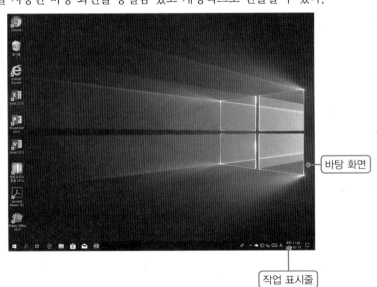

바탕 화면

작업 표시줄

2. 바로 가기 아이콘

- 자주 사용하는 프로그램은 바탕 화면에 바로 가기 아이콘을 만들어 사용하면 빠르게 실행할 수 있다.
- 바로 가기 아이콘이란 파일이나 폴더, 프린터 등의 장치의 위치 정보를 기억하는 파일로 확장자 '.lnk'를 갖는 파일이다.
- 바로 가기 아이콘은 위치 정보만을 갖고 있으므로 삭제해도 원본 파일에는 영향이 없다.
- 바로 가기 아이콘은 바탕 화면 뿐 아니라 내 컴퓨터 등에서도 만들 수 있다.
- 일반 파일과 구분하기 위해 아이콘 왼쪽 아래에 화살표가 표시된다.
- 바로 가기 아이콘의 속성 창에서 바로 가기 아이콘의 대상 설정을 변경할 수 있다.
- 바로 가기 아이콘을 다른 곳으로 이동시키더라도 원본 내용은 이동하지 않는다.

▲ 일반 아이콘

▲ 바로 가기 아이콘

■ 바로 가기 아이콘 생성

- **방법 1** : 폴더 또는 파일을 [Shift] 키와 [Ctrl] 키를 동시에 누른 상태로 끌어다 놓으면 바로 가기 아이콘이 생성된다.
- **방법 2** : 파일 또는 폴더의 바로 가기 메뉴에서 [보내기]-[바탕 화면에 바로 가기 만들기]를 클릭하면, 바탕 화면에 바로 가기 아이콘이 생성된다.
- **방법 3** : [파일 탐색기] 창에서 폴더 또는 파일을 마우스 오른쪽 단추로 누른 상태에서 바탕 화면으로 드래그한 후 표시되는 바로 가기 메뉴에서 [여기에 바로 가기 만들기]를 선택한다.
- **방법 4** : [파일 탐색기] 창에 폴더 또는 파일의 바로 가기 메뉴에서 [바로 가기 만들기]를 선택한 후 같은 폴더 안에 만들어진 해당 바로 가기 아이콘을 바탕 화면으로 드래그한다.

》 TIP

바로 가기 아이콘
바로 가기 아이콘은 여러 개 존재할 수 있다.

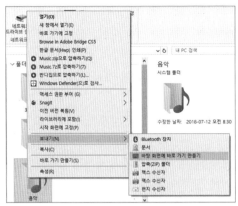

▲ 바탕 화면에 바로 가기 만들기

5 작업 표시줄 및 시작 메뉴

1. 작업 표시줄

- 작업 표시줄은 크게 시작 메뉴를 여는 '[시작] 단추'와 열려 있는 프로그램과 파일을 표시할 수 있는 '중간 섹션', 특정 프로그램 및 컴퓨터의 설정 상태를 알려주는 '알림 영역'으로 구분된다.

- 작업 표시줄은 화면 아래쪽의 긴 가로 막대로, 상/하/좌/우로 배치를 이동할 수 있고, 크기(높이)를 조정하거나 숨기기를 할 수도 있다.

1) 작업 표시줄 설정 실행 방법

- **방법 1** : 작업 표시줄의 바로 가기 메뉴에서 [작업 표시줄 설정]을 선택한다.
- **방법 2** : [시작(■)]-[Windows 시스템]-[제어판]-[작업 표시줄 및 탐색]을 클릭한다.

» TIP
작업 표시줄을 변경하거나 위치를 이동할 때는 '작업 표시줄 잠금'을 해제한다.

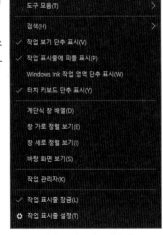

▲ 작업 표시줄 바로 가기 메뉴

■ 작업 표시줄 설정

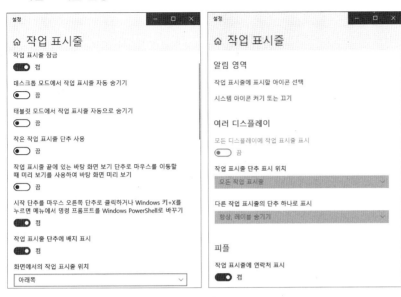

작업 표시줄	• 작업 표시줄 잠금/자동으로 숨기기/작은 작업 표시줄 단추 사용 여부 지정 • 바탕 화면 미리 보기 지정 • 명령 프롬프트를 Windows PowerShell로 바꾸기 지정 • 작업 표시줄 단추에 배지 표시 지정 • 화면에서의 작업 표시줄 위치 지정 • 작업 표시줄 단추 하나로 표시 지정
알림 영역	• 작업 표시줄에 표시할 아이콘 선택 • 시스템 아이콘 켜기 또는 끄기 지정
여러 디스플레이	모든 디스플레이에 작업 표시줄 표시 설정
피플	작업 표시줄에 연락처 표시 설정

2) 작업 표시줄에 도구 모음 추가

작업 표시줄의 바로 가기 메뉴를 이용하여 도구 모음을 추가할 수 있다.

· **주소** : 인터넷 주소를 입력할 수 있는 주소 표시줄 표시
· **링크** : 특정 폴더나 웹페이지 주소의 링크를 표시
· **바탕 화면** : 현재 바탕 화면에 존재하는 아이콘을 작업 표시줄에 표시

3) 작업 표시줄에 프로그램(앱) 고정 및 제거

① 작업 표시줄에 프로그램(앱) 고정하기

시작 메뉴에서 작업 표시줄에 고정시키려는 프로그램을 선택한 후 마우스 오른쪽 단추를 클릭한 후 바로 가기 메뉴에서 [자세히]−[작업 표시줄에 고정]을 선택한다.

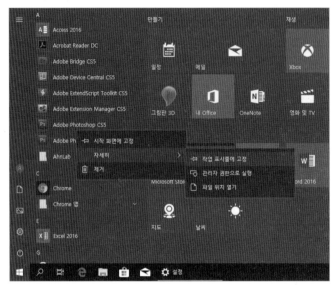

② 작업 표시줄에서 프로그램(앱) 제거하기

작업 표시줄에서 제거할 고정된 프로그램(앱)을 선택한 후 마우스 오른쪽 단추를 클릭한 후 바로 가기 메뉴에서 [작업 표시줄에서 제거]를 선택한다.

4) 최근 항목 고정 및 제거

① 최근 항목 고정하기

작업 표시줄에 고정된 프로그램(앱)을 마우스 오른쪽 단추로 클릭한 후 [최근 항목]에 나타난 파일 중 고정할 파일에서 [이 목록에 고정(📌)] 단추를 클릭한다.

② 고정된 항목 제거하기

고정된 항목을 제거할 때는 [고정된 항목]에 나타난 파일 중 제거할 파일에서 [이 목록에서 제거(📌)] 단추를 클릭한다.

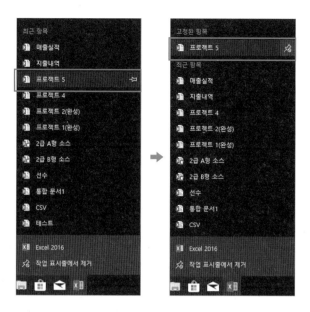

2. Windows 시작 메뉴

1) 시작 메뉴의 특징

- Windows에 설치된 프로그램(앱)이 메뉴 형태로 등록되어 있다.

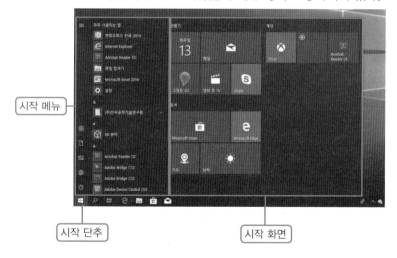

시작 메뉴

시작 단추

시작 화면

- [시작(⊞)] 단추 또는 Ctrl + Esc 키를 눌렀을 때 나타나는 메뉴이다.
- 시작 메뉴에 나타나는 프로그램(앱) 목록을 삭제하더라도 실제 프로그램 (앱) 자체에는 영향을 미치지 않는다.
- 시작 메뉴의 프로그램(앱) 목록은 최근에 추가한 앱 목록과 자주 사용되는 앱 목록으로 나눌 수 있다.

>> TIP

고정시킬 프로그램(앱)을 선택한
후 시작 화면으로 드래그해도
시작 화면에 프로그램(앱)을 고
정시킬 수 있다.

>> TIP

시작 프로그램

• [시작프로그램] 폴더에는
Windows가 시작될 때 자동으
로 실행될 프로그램이 등록되
어 있다.

• ⊞+R 키를 눌러 [실행] 창에
'shell:startup'을 입력하면 [시작
프로그램] 폴더가 표시된다.

• 자동 실행을 원하지 않으면
[시작프로그램] 폴더에서 파일
을 삭제하거나 [작업 관리자]
창의 [시작프로그램] 탭에서
[사용 안 함] 단추를 클릭한다.

>> TIP

파일 탐색기 실행

• [시작(⊞)]-[Windows 시스
템]-[파일 탐색기]를 클릭하여
파일 탐색기를 실행할 수 있다.

• Windows 탐색기 실행의 바로
가기 키는 ⊞+E 이다.

2) 시작 화면에 고정 및 제거하기

① 시작 화면에 고정하기

시작 메뉴에 있는 프로그램(앱) 중에 시작 화면에 고정할 프로그램(앱)을 선택한 후 마우스 오른쪽 단추를 클릭하여 나타난 바로 가기 메뉴에서 [시작 화면에 고정]을 선택한다.

② 시작 화면에서 제거하기

시작 화면에 고정된 프로그램(앱)을 선택한 후 마우스 오른쪽 단추를 클릭하여 나타난 바로 가기 메뉴에서 [시작 화면에서 제거]를 선택한다.

6 창 사용법

1. 프로그램(앱)의 실행 및 종료

1) 프로그램(앱)의 실행

• **방법 1** : [시작(⊞)]-프로그램(앱)에서 실행하고자 하는 프로그램을 클릭한다.

• **방법 2** : [시작(⊞)]-[Windows 시스템]-[실행]에서 실행하고자 하는 프로그램을 직접 입력한 후 [확인] 단추를 클릭한다.

• **방법 3** : 파일 탐색기에서 실행하고자 하는 프로그램(앱) 더블 클릭하여 실행한다.

• **방법 4** : [Window 검색 상자(🔎)]에 실행하고자 하는 프로그램(앱)을 직접 입력하여 검색한 후 실행할 프로그램(앱)을 클릭하여 실행한다.

2) 프로그램(앱)의 종료

• **방법 1** : 열려진 창의 오른쪽 상단에 있는 [닫기(✖)]를 클릭한다.

• **방법 2** : 창 조절 메뉴에서 [닫기]를 클릭하거나 더블 클릭한다.

• **방법 3** : [파일] 탭의 [닫기] 또는 [끝내기]를 클릭한다.

• **방법 4** : Alt + F4 키를 누른다.

3) 프로그램(앱)의 강제 종료

» TIP

작업 관리자 실행
[시작(⊞)]-[Windows 시스템]-[작업 관리자]를 클릭한다.

- 프로그램이 응답하지 않거나 실행 중지 상태에 있을 때 프로그램을 강제 종료하기 위해 [Ctrl]+[Alt]+[Delete] 키를 누르면 실행 중인 모든 프로그램(앱)이 나열된 [작업 관리자] 대화 상자가 나타난다.
- 실행 중지를 원하는 프로그램(앱)을 선택한 후 [작업 끝내기] 단추를 클릭하여 프로세스를 중지한다.

▲ '간단히' 상태

▲ '자세히' 상태

2. 창 사용법

1) 창의 구성

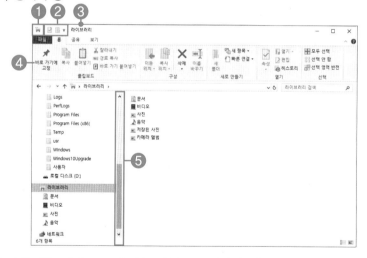

» TIP

창 조절 메뉴
- 제목 표시줄의 왼쪽에 있는 아이콘을 클릭하거나 [Alt]+[Space Bar] 키를 누르면 표시된다.
- 이미 열려져 있는 창의 크기를 조정하거나 창을 이동, 최대화, 최소화할 수 있다.

❶ **조절 메뉴 단추** : 조절 메뉴 단추를 클릭하면 메뉴가 나타나고, 더블 클릭하면 창이 닫힌다.

❷ **빠른 실행 도구 모음** : 자주 사용하는 기능을 클릭 한 번으로 빠르게 사용할 수 있다.

❸ **제목 표시줄** : 프로그램의 이름이나 파일명이 표시된다.

❹ **리본 메뉴** : 프로그램에서 사용하는 기능이 있는 메뉴가 표시된다.

❺ 스크롤바 : 내용을 한 화면에 표시할 수 없을 때 나타난다. 화면을 상하 또는 좌우로 이동할 때 사용한다.

2) 창 조절 단추

최소화(-)	아이콘 표시 단추
이전 크기로(❐)	작은 화면 표시 단추
최대화(❑)	전체 화면 표시 단추
닫기(✕)	종료 단추

3) 창의 이동

- **방법 1** : 창의 제목 표시줄을 마우스를 이용해 드래그 앤 드롭하여 원하는 위치로 이동한다.
- **방법 2** : 창의 조절 메뉴 상자의 [이동] 메뉴를 선택한 후 키보드의 방향키를 눌러 원하는 위치로 이동한다.

4) 창의 크기 조절

- **방법 1** : 창의 테두리에서 마우스 포인터를 조절해 원하는 크기로 드래그한다.
- **방법 2** : 창의 조절 메뉴 상자의 [크기 조정] 메뉴를 선택한 후 키보드의 방향키를 눌러 원하는 크기로 조절한다.

3. 메뉴

- 메뉴는 대부분의 프로그램을 실행할 때 사용하는 명령(작업)들을 모아 놓은 곳이다.
- 프로그램 창의 제목 표시줄 아래에 표시되어 있다. → 리본 메뉴 탭 또는 메뉴 표시줄
- 선택 항목이 목록으로 표시되기도 하고, 여러 탭으로 구성된 리본 메뉴 형식으로 제공되기도 한다.
- 표시된 메뉴의 명령을 클릭하여 실행하거나 대화 상자를 표시한다. 때로는 하위 메뉴가 열리기도 한다.

》 TIP

바로 가기 메뉴 : 임의의 위치나 아이콘 등 특정 개체를 선택한 후 마우스 오른쪽 단추를 클릭하거나 Shift + F10 키를 누르면 나타난다. 상황에 따라 자주 사용하는 명령 목록을 표시한다.

4. 대화 상자

명령(작업)을 실행하기 위한 옵션이 표시된 작은 창이다. 옵션이 2개 이상의 탭으로 나뉘어 제공되기도 한다.

 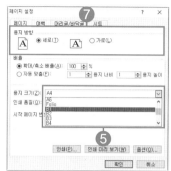

❶ 탭(Tab) : 탭 이름을 선택하면 다른 옵션 집합이 표시된다.

❷ 입력 상자(Text Box) : 입력 상자를 클릭하여 입력한다.

❸ 드롭다운 목록 상자(Drop Down List Box) : 기본 항목이 아닌 다른 항목을 선택하기 위해 오른쪽에 위치한 ▽ 단추를 클릭한 후 나타난 목록 중에서 1개의 항목을 선택한다.

❹ 콤보 상자(Combo Box) : 입력 상자와 목록 상자의 혼합 상자로 입력 또는 목록 중에서 1개의 항목을 선택한다.

❺ 목록 상자(List Box) : 목록 중 1개의 항목만 선택할 수 있으며, 목록에 여러 개의 항목이 나타나면 스크롤바가 표시된다.

❻ 체크 박스(Check Box) : 선택할 항목의 빈 상자를 클릭하여 여러 개를 한꺼번에 체크하여 선택할 수 있다.

❼ 라디오 버튼(Radio Button) : 선택할 항목의 빈 원을 클릭하여 한 번에 1개만 선택이 가능하다.

❽ 명령 버튼 : 선택한 내용에 대한 설정이나 적용 여부를 지시할 때 사용한다.

》 TIP

슬라이더(Slider)
슬라이더 조절기를 상하 또는 좌우로 드래그하여 조정한다.

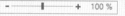

》 TIP

스핀 버튼(Spin Button)
숫자를 증감시킬 때 사용한다.

중간 ✓ ▶▶▶ 기출 문제로 테스트 하기

01 다음 중 Windows에서 디스크에 대한 할당 및 보안 등과 같은 고급 기능을 사용하기 위해서는 어느 파일 시스템을 사용해야 하는가?

① FAT16 　　　② FAT32
③ NTFS 　　　④ VFS

02 다음 중 Windows의 바탕 화면에서 Ctrl + Esc 키를 누를 경우에 수행되는 작업으로 옳은 것은?

① 실행 창이 종료된다.
② 시작 메뉴가 나타난다.
③ 작업 중인 항목의 바로 가기 메뉴가 나타난다.
④ 창 조절 메뉴가 나타난다.

폴더 관리

» TIP
[폴더 옵션]에서 [일반] 탭의 [기본 값 복원] 단추를 클릭하면, 같은 창에서 폴더 열기. '두 번 클릭해서 열기(한 번 클릭해서 선택)'으로 설정된다.

1 폴더 옵션

파일 탐색기에서 [보기] 탭의 [옵션]을 클릭하거나 제어판에서 [파일 탐색기 옵션]을 선택한다.

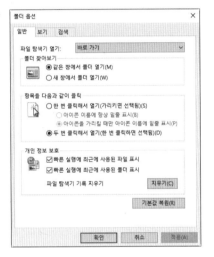

[일반] 탭	• 폴더 찾아보기 : 같은 창에서 폴더 열기, 새 창에서 폴더 열기 등 지정 • 항목을 다음과 같이 클릭 : 마우스 한 번 클릭해서 열기, 두 번 클릭해서 열기 등 지정 • 개인 정보 보호 : 빠른 실행에 최근에 사용된 파일 및 폴더 표시, 파일 탐색기 기록 지우기 등을 설정
[보기] 탭	• 폴더 보기 : 현재 폴더의 보기를 같은 종류의 모든 폴더에 적용할지의 여부 지정 또는 원래대로 지정 • 고급 설정 : 메뉴 항상 표시 여부, 숨김 파일이나 폴더의 표시 여부, 알려진 파일 형식의 파일 확장명 표시 여부, 폴더 및 바탕 화면 항목에 팝업 설명 표시 여부, 확인란을 사용하여 항목 선택 여부 등 설정
[검색] 탭	• 검색 방법 : 시스템 파일을 검색 시 색인 사용 안 함 등 지정 • 색인되지 않은 위치 검색 시 : 시스템 디렉터리 포함, 압축 파일(ZIP, CAB 등) 포함, 항상 파일 이름 및 내용 검색 등 지정

2 파일과 폴더 관리

- 파일은 자료가 저장되는 기본 단위이다.
- 폴더는 파일들을 쉽게 관리하기 위해 그룹별로 정렬하여 저장하는 공간을 말하며, 폴더 안에는 파일들과 하위 폴더를 포함한다.

1. 폴더 만들기

- **방법 1** : 폴더를 만들 위치를 선택하고 [홈] 탭의 [새로 만들기] 그룹에서 [새 폴더]를 선택한다.
- **방법 2** : 마우스 오른쪽 단추를 눌러 바로 가기 메뉴에서 [새로 만들기]-[폴더]를 선택한다.

》TIP

하위 폴더
폴더 내의 폴더를 하위 폴더라고 말하며, 하위 폴더에는 파일과 폴더를 필요한 만큼 추가할 수 있다.

2. 파일 및 폴더 관리

파일과 폴더는 계층적 구조이며, 관련 있는 파일들을 효율적으로 관리하기 위해 모아서 구성하는 단위가 폴더이다.

1) 파일 및 폴더의 특징

- 파일은 마침표(.)를 이용하여 파일명과 확장자를 구분한다.
- 폴더는 일반 항목, 문서, 사진, 음악, 비디오 등의 유형을 선택하여 각 유형에 최적화된 폴더로 사용할 수 있다.
- 파일/폴더의 이름에는 ₩, /, :, *, ?, ", <, >, | 등의 문자는 사용할 수 없으며, 255자 이내로 공백을 포함하여 작성할 수 있다.
- 파일/폴더는 새로 만들기, 이름 바꾸기, 삭제, 복사 등이 가능하며, 파일이 포함된 폴더도 삭제할 수 있다.
- 하나의 폴더 내에 같은 이름의 파일이나 폴더가 존재할 수 없다.
- 폴더의 [속성] 창에서 해당 폴더에 포함된 파일과 폴더의 개수를 확인할 수 있다.

》TIP

파일 및 폴더 공유
- 공유란, 여러 사람이 자료에 접근하여 사용할 수 있도록 설정한 것이다.
- 프로그램, 문서, 비디오, 소리, 그림 등의 데이터를 공유할 수 있다.
- 공유된 폴더는 공유 이름을 부여할 수 있으며, 일반 폴더처럼 삭제가 가능하다.
- 사용자별로 공유 폴더에 대한 접근 권한을 설정할 수 있다.

2) 파일 및 폴더의 선택

- 여러 개의 파일을 한꺼번에 선택할 경우에는 마우스를 사용하여 사각형 모양으로 드래그한다.
- 연속적인 파일이나 폴더를 선택하고자 할 때에는 첫째 항목을 클릭한 다음에 Shift 키를 누른 상태에서 마지막 항목을 클릭하거나 마우스를 드래그하여 선택 영역에 포함하면 된다.

- 비연속적인 파일이나 폴더를 선택하고자 할 때에는 Ctrl 키와 함께 클릭한다.
- 모든 파일과 폴더를 한꺼번에 선택하려면 [홈] 탭-[선택]에서 [모두 선택]을 선택하거나 Ctrl + A 키를 사용한다.

▲ 연속적 선택   ▲ 비연속적 선택   ▲ 전체 선택

3) 파일 및 폴더의 이름 바꾸기

- **방법 1** : 폴더 내에서 파일이나 하위 폴더의 이름을 바꿀 때는 항목을 선택한 후에 [홈] 탭의 [구성] 그룹에서 [이름 바꾸기]를 선택한다.
- **방법 2** : 바로 가기 메뉴에서 [이름 바꾸기]를 선택하고, 새로운 이름을 입력한 후에 Enter 키를 누른다.
- **방법 3** : 이름 부분을 다시 클릭하고, 새로운 이름을 입력한 후에 Enter 키를 누른다.
- **방법 4** : 바로 가기 키인 F2 를 누르고, 새로운 이름을 입력한 후에 Enter 키를 누른다.

4) 파일의 복사와 이동, 삭제

공유된 폴더도 다른 디스크로 복사와 이동이 가능하다.

① 파일의 복사
- 마우스로 드래그하여 복사할 때에는 마우스 포인터의 오른쪽 아래에 (+ 새 폴더(으)로 복사) 와 같이 복사될 폴더명과 함께 + 표시가 나타난다.
- 파일을 같은 드라이브에 있는 다른 폴더로 복사할 경우에는 파일을 선택한 후 Ctrl 키를 누른 상태로 드래그 앤 드롭을 해야 한다.
- 파일을 다른 드라이브에 있는 폴더로 복사할 경우에는 파일을 선택한 후 드래그 앤 드롭한다.

≫ TIP

파일/폴더의 복사 및 이동

복사	• 파일이나 폴더를 Ctrl 키를 누른 채 드래그 • Ctrl + C 키로 복사한 후 Ctrl + V 키로 붙여넣음
이동	• 마우스로 드래그 • Ctrl + X 키로 잘라내기한 후 Ctrl + V 키로 붙여넣음

② 파일의 이동
- 파일을 같은 드라이브에 있는 다른 폴더로 이동할 경우에는 파일을 선택한 후 드래그 앤 드롭한다.
- 파일을 다른 드라이브에 있는 폴더로 이동할 경우에는 Shift 키를 누른 상태에서 드래그 앤 드롭한다.

③ 파일의 삭제
- **방법 1** : 선택한 파일을 삭제하려면 바로 가기 메뉴에서 [삭제]를 선택하면 된다.
- **방법 2** : 파일을 선택하고 해당하는 폴더 창의 [홈] 탭의 [구성] 그룹에서 [삭제]를 선택한다.
- **방법 3** : 파일을 선택하여 바탕 화면에 있는 [휴지통] 아이콘 위로 끌어다 놓는다.
- **방법 4** : 파일을 선택하고 Delete 키를 누른다.

5) 클립보드(Clipboard)
- 파일이나 폴더가 복사 또는 이동할 때 잠시 기억되는 임시 기억장소를 '클립보드'라고 한다.
- 클립보드를 사용하면 서로 다른 응용 프로그램 간에 데이터를 쉽게 전달할 수 있다.
- 복사하거나 잘라내기, 붙여넣기를 할 때 사용된다.
- 시스템을 재시작하면 클립보드에 저장된 데이터는 지워진다.
- 클립보드는 임시기억 공간으로 가장 최근의 데이터 하나만을 기억하지만, 여러 번 사용은 가능하다.

3 휴지통 다루기

휴지통의 크기는 사용자가 하드디스크 드라이브마다 MB 단위로 지정할 수 있으며, 드라이브마다 휴지통의 최대 크기를 다르게 지정할 수 있다. 일반적으로 하드디스 전체 크기의 5~10% 범위 내에서 휴지통의 용량을 설정하여 사용할 수 있다.

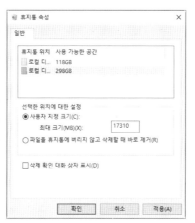

» TIP
드라이브상에서의 복사와 이동

구분	복사	이동
동일 드라이브	Ctrl + 마우스로 드래그	마우스로 드래그
다른 드라이브	마우스로 드래그	Shift + 드래그

» TIP
클립보드(Clipboard)는 한 위치에서 복사하거나 이동하고 다른 위치에서 사용할 정보의 임시 저장 영역이다.

» TIP
- Print Screen : 화면 전체를 캡처하여 클립보드에 저장한다.
- Alt + Print Screen : 활성화된 창만 캡처하여 클립보드에 저장한다.

» TIP
휴지통에 삭제한 파일이나 폴더가 들어가면 휴지통의 모양이 변경된다.

 ➡

》TIP
휴지통 비우기 : 휴지통의 모든
항목을 삭제하면 디스크 공간을
늘릴 수 있다.

1. 휴지통의 특징

• 하드 디스크가 분할되어 있거나 컴퓨터에 여러 개의 하드 디스크를 가지고 있는 경우 각 휴지통의 크기를 다르게 지정할 수 있다.
• 휴지통 내에 보관된 파일은 바로 사용할 수 없다.
• 삭제된 파일이나 폴더가 임시 보관되는 장소로, [휴지통 비우기]를 하기 전까지는 복원이 가능하다.
• 휴지통 용량이 초과할 경우 가장 오래 전에 삭제됐던 파일부터 자동으로 제거된다.
• 휴지통의 저장 용량보다 큰 파일을 삭제하면 휴지통에 보관되지 않는다.
• 파일이나 폴더가 삭제될 때마다 삭제 확인 대화 상자 표시를 하도록 설정할 수 있다.
• [휴지통 비우기]를 클릭하면 휴지통에 있는 모든 내용을 영구히 삭제할 수 있다.

2. 휴지통에 있는 파일 및 폴더 복원 방법

• **방법 1** : [휴지통]에 있는 파일 또는 폴더를 선택한 후 [복원]에서 [선택한 항목 복원]을 선택한다.
• **방법 2** : [휴지통]에 있는 파일 또는 폴더의 바로 가기 메뉴에서 [복원]을 선택한다.
• **방법 3** : [휴지통]에 있는 파일 또는 폴더를 선택하여 밖으로 드래그하면 복원된다.

3. 휴지통에 보관되지 않고 바로 삭제되는 경우

• 플로피디스크/USB 메모리/네트워크 드라이브/DOS 모드 등에서 삭제한 경우
• Shift + Delete 키로 삭제한 경우
• [휴지통 속성]에서 '파일을 휴지통에 버리지 않고 삭제할 때 바로 제거' 옵션을 선택한 경우
• 휴지통 용량보다 큰 파일을 삭제한 경우

4 검색 및 실행하기

1. 검색 상자

- 파일이 저장된 위치를 찾을 때 사용하며 인터넷이나 네트워크에 연결된 상태에서는 컴퓨터나 웹 사이트를 검색할 수 있다.
- Windows의 파일 탐색기 창의 오른쪽 위에 표시된다.

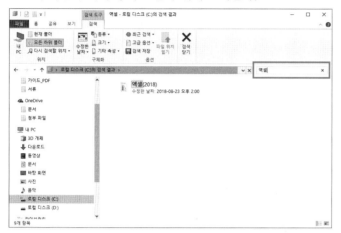

- 바로 가기 키인 Ctrl + F 를 누르거나 마우스를 이용해 창의 상단의 검색 상자를 직접 클릭하여 검색어를 입력한다.
- 검색 결과에는 검색어로 사용된 문자가 노란색으로 표시되어 확인하기 용이하다.
- 찾고자 하는 파일 또는 폴더가 휴지통에 있는 경우에도 검색할 수 있다.
- 검색할 위치를 지정하여 파일이나 폴더를 검색할 수 있다.

2. 검색 필터

- 파일의 크기를 조건으로 검색할 수 있다.
- 파일에 들어있는 단어나 문장을 조건으로 검색할 수 있다.
- 파일을 수정한 날짜를 조건으로 검색할 수 있다.
- 파일 또는 폴더의 이름을 조건으로 검색할 수 있다.
- 파일 유형(형식, 확장자)을 조건으로 검색할 수 있다.

》 TIP

Windows 검색 상자

- 작업 표시줄의 █ 를 클릭하거나 ⊞ + S 키를 누르면 나타난다.
- 프로그램(앱), 파일, 설정 및 웹 결과 등을 검색해준다.

》 TIP

파일/폴더의 검색

- [파일 탐색기]의 [검색] 탭에서는 검색 필터를 설정하여 수정한 날짜, 종류, 크기, 유형 등을 구체화하여 검색이 가능하다.

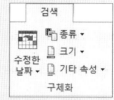

- 검색 상자에서 내용 앞에 '–'를 붙이면 해당 내용이 포함되지 않은 파일이나 폴더를 검색할 수 있다.

》 TIP

만능 문자(와일드카드)

- 파일, 폴더, 프린터 컴퓨터 등을 검색할 때 문자를 대신하여 사용할 수 있는 기호 문자를 의미한다.
- 파일 이름을 모르는 특정 파일을 찾고자 할 때 여러 문자를 대신하여 사용한다.
- 예를 들면, 'ex?'는 exe, exl 등 'ex'로 시작하고 한 글자로 끝나는 문자열을 가리키며, 'A*'는 A123, A123abc 등 'A'로 시작하는 모든 문자열을 가리킨다.

3. 실행하기

- [시작()]-[Windows 시스템]-[실행]을 클릭하거나 [시작()]의 바로 가기 메뉴의 [실행]을 이용하여 특정 프로그램을 실행할 수 있다.

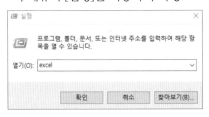

- [열기]에 프로그램, 폴더, 문서 또는 인터넷 주소를 입력하여 해당 항목을 실행할 수 있으며, [찾아보기] 단추를 이용하여 검색을 실행할 수 있다.
- [열기]에 경로를 입력하여 파일 또는 폴더를 열거나 공유 컴퓨터에 연결할 수 있다.
- [열기]에 사이트 주소를 직접 입력하여 인터넷 사이트에 연결할 수 있다.

▶▶▶ 기출 문제로 ^{중간} 테스트 하기

01 다음 중 Windows의 [폴더 옵션]에서 설정할 수 있는 작업에 해당되지 않는 것은?

① 숨김 파일 및 폴더를 표시할 수 있다.
② [기본값 복원] 단추를 클릭하면 '같은 창에서 폴더 열기'가 선택된다.
③ 숨긴 파일 및 폴더의 숨김 속성을 일괄 해제할 수 있다.
④ 파일이나 폴더를 한 번 클릭해서 열 것인지, 두 번 클릭해서 열 것인지를 설정할 수 있다.

02 다음 중 Windows에서 다음과 같이 파일을 삭제하였을 때 [휴지통]에 저장되는 경우로 옳은 것은?

① 해당 파일의 바로 가기 메뉴에서 [삭제]를 선택하여 삭제할 경우
② Shift + Delete 키를 이용하여 C: 드라이브에 저장된 파일을 삭제할 경우

③ 네트워크상의 다른 컴퓨터에 있는 파일을 삭제할 경우
④ USB 메모리에 저장된 파일을 삭제할 경우

03 다음 중 Windows에서 파일이 복사되는 경우로 옳지 않은 것은?

① 이동식 디스크에 있는 해당 파일을 마우스로 선택한 후에 하드디스크로 끌어놓기 한다.
② 해당 파일을 마우스로 선택한 후에 같은 드라이브의 다른 폴더로 끌어놓기 한다.
③ 해당 파일을 마우스로 선택한 후에 다른 드라이브로 끌어놓기 한다.
④ 해당 파일을 마우스로 선택한 후에 Ctrl 키를 누른 상태로 같은 드라이브의 다른 폴더로 끌어놓기 한다.

1 Windows의 파일 탐색기

1. 파일 탐색기의 특징

• 컴퓨터에 있는 파일, 폴더 및 드라이브의 계층적 구조를 표시하며, 이를 관리한다.

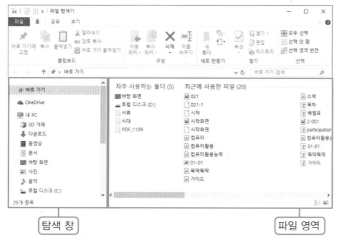

탐색 창　　　　　　　　　　　　파일 영역

• 파일이나 폴더의 이동, 복사, 삭제 이름 변경 등이 가능하다.
• 탐색 창 영역과 파일 영역을 구분하는 세로 선을 마우스로 좌우로 드래그하면 각 영역의 크기를 조절할 수 있다.

2. 파일 탐색기 실행 방법

• **방법 1** : [시작(■)]-[Windows 시스템]-[파일 탐색기]를 선택한다.
• **방법 2** : [시작(■)] 단추의 바로 가기 메뉴에서 [파일 탐색기]를 선택한다.
• **방법 3** : 바로 가기 키인 ■+E를 누른다.
• **방법 4** : 작업 표시줄의 ■ 아이콘을 선택한다.

3. Windows 파일 탐색기의 메뉴

1) [파일 탐색기]-[파일] 탭

- 새 창을 열고, 고급 폴더 및 검색 옵션을 변경하는 등의 작업을 수행한다.
- 파일 탐색기를 종료할 수 있다.

2) [파일 탐색기]-[홈] 탭

- 새 폴더를 생성할 수 있다.
- 폴더 내에 폴더를 비롯한 바로 가기, 파일들을 생성시킬 수 있다.
- 파일 및 폴더의 삭제, 이름 바꾸기, 속성을 확인할 수 있다.
- 잘라내기, 복사하기, 붙여넣기, 바로 가기 붙여넣기를 수행할 수 있다.
- 폴더에 복사, 폴더로 이동할 수 있다.
- 모든 개체를 선택하거나 선택된 영역을 반전할 수 있다.

3) [파일 탐색기]-[공유] 탭

- 폴더를 공유할 대상을 지정할 수 있다.
- 선택한 항목을 전자 메일로 보낼 수 있다.
- 선택한 항목을 포함한 폴더를 압축할 수 있다.
- 선택한 파일을 프린트할 수 있고 항목을 팩스로 보낼 수도 있다.

4) [파일 탐색기]–[보기] 탭

- 탐색 창에 표시할 내용을 선택할 수 있다.
- 아이콘의 크기 및 정렬 순서를 변경할 수 있다.
- 옵션을 통해 폴더 및 검색 옵션 변경이 가능하다.

4. 파일 탐색기의 탐색 창에서 폴더 표시/숨기기

- ﹥ : 하위 폴더가 있음을 의미한다. 클릭하면 하위 폴더가 표시되고, ﹀ 모양으로 변경된다.
- ﹀ : 하위 폴더가 표시되고 있음을 의미한다. 클릭하면 하위 폴더가 숨겨지고, ﹥ 모양으로 변경된다.

■ 탐색 창에서의 바로 가기 키

+/-	선택한 폴더의 하위 폴더 표시/숨김
*	선택한 폴더의 모든 하위 폴더 표시
Back Space	선택한 폴더의 상위 폴더로 이동
←	선택한 폴더에서 폴더가 열려 있으면 닫고, 닫혀 있으면 상위 폴더가 선택
→	선택한 폴더에서 하위 폴더로 이동하면서 폴더의 내용 표시

》 TIP

연결 프로그램
- 특정한 파일을 더블 클릭했을 때 실행될 프로그램을 설정하는 것이다.
- 프로그램이 지정된 파일에서 [열기]를 선택하면 자동으로 연결 프로그램에서 설정된 프로그램이 실행된다.
- 응용 프로그램을 설치하면 해당 프로그램에서 사용하는 파일은 연결 프로그램이 자동으로 설정된다.
- 하나의 프로그램으로 확장자가 다른 여러 개의 파일을 연결하여 사용할 수 있다. → 예 그림판의 경우 BMP, JPG, GIF, PCX 등의 여러 다른 확장자 파일을 불러올 수 있음

2 Windows 보조프로그램

1. 그림판

- 그림판은 간단한 그림을 그리거나 편집하기 위해 사용하는 프로그램이다.
- [그림판]으로 작성된 파일의 형식은 PNG, BMP, JPG, GIF 등으로 저장할 수 있다.
- 정원 또는 정사각형을 그리려면 타원이나 직사각형을 선택한 후에 Shift 키를 누른 상태로 그리면 된다.
- 그림판에서 그림을 그린 다음 다른 문서에 붙여 넣거나 바탕 화면 배경으로 사용할 수 있다.
- [색 채우기(🪣)] 도구는 연필이나 브러시, 도형 등으로 그린 그림에 채우기가 가능하다. → 단, 선택한 영역에 대해서는 불가능

》TIP
Windows 10의 보조프로그램

- 그림의 크기와 대칭, 회전 등의 작업이 가능하다.
- [시작(⊞)]-[Windows 보조프로그램]-[그림판]을 선택한다.

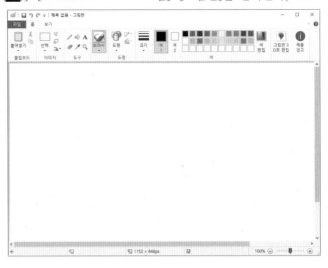

2. 메모장

- 간단한 문서 또는 웹 페이지를 만들 때 사용할 수 있는 기본 텍스트 편집기이다. 기본 확장자는 '＊.txt'이다.
- 메모장으로 작성된 파일을 ANSI, 유니코드, UTF-8 등의 인코딩 형식으로 저장할 수 있다.
- 자동 줄 바꿈, 찾기, 시간/날짜 삽입 등의 기능을 제공한다.
- 문서 전체에 대하여 글꼴 서식(글꼴 종류, 크기, 속성 등)을 지정할 수 있다. → 문서 일부분에 별도 지정 불가능
- 특정 문자나 단어를 찾아서 바꾸기를 할 수 있다.
- 텍스트를 잘라내기, 복사하기, 붙여넣기 또는 삭제를 할 수 있다.
- 그림이나 차트 등과 같은 OLE 개체 삽입이 불가능하다.
- [시작(⊞)]-[Windows 보조프로그램]-[메모장]을 선택한다.

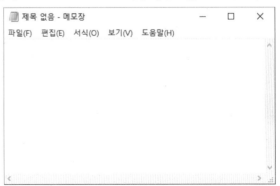

3. 워드패드

• 기본적인 워드프로세서의 기능을 갖춘 문서 편집 프로그램이다. 기본 확장자는 '*.rtf'이다.

• DOCX, RTF, TXT, ODT 등의 확장자를 가진 문서를 불러오거나 저장할 수 있다.

• [시작(■)]-[Windows 보조프로그램]-[워드패드]를 선택한다.

4. 명령 프롬프트

• MS-DOS 명령을 실행하며, [명령 프롬프트] 창에서 표시되는 텍스트를 복사하여 메모장에 붙여 넣을 수 있다.

• [명령 프롬프트] 창을 종료하려면 제목 표시줄의 [닫기(×)] 단추를 클릭하거나 'exit' 명령을 입력한 후 Enter 키를 누른다.

• [시작(■)]-[Windows 시스템]-[명령 프롬프트]를 선택한다.

》 TIP

• Ipconfig : 현재 컴퓨터의 IP 주소, 서브넷 마스크, 기본 게이트웨이 등을 확인할 수 있는 명령어

• Ping : 원격 컴퓨터가 현재 네트워크에 연결되어 정상적으로 작동하고 있는지 확인할 수 있는 명령어

• Regedit : 레지스트리 편집기

5. 계산기

- 간단한 사칙연산, 단위 변환, 날짜 계산 등의 계산이 가능하다. → 일반용, 공학용, 프로그래머용, 통계용 중 선택
- [시작(■)]-[계산기]를 선택한다.

6. Windows Media Player

» TIP

Windows Media Player는 음악, 비디오, CD 및 DVD 등과 같은 디지털 미디어를 재생할 수 있지만, 비디오 파일 편집 작업은 할 수 없다.

- [시작(■)]-[Windows Media Player]를 선택한다.
- 오디오나 비디오 파일 재생이 가능하다. → 파일 편집은 불가능
- 인터넷 라디오 방송을 청취할 수 있다.
- 자신의 음악 CD를 제작할 수 있다.

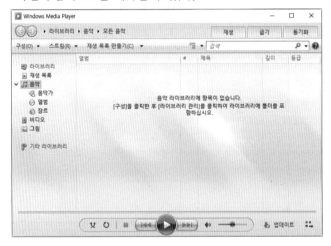

7. 그 외

수학 식 입력판, 원격 데스크톱 연결, 캡처 도구 등이 있다.

01 다음 중 Windows의 [파일 탐색기] 기능에 관한 설명으로 옳지 않은 것은?

① 컴퓨터에 설치된 디스크 드라이브, 파일 및 폴더 등을 관리하는 기능을 가진다.
② 컴퓨터에 있는 파일, 폴더 및 드라이브의 계층 구조를 표시한다.
③ 현재 폴더에서 상위 폴더로 이동하려면 바로 가기 키인 Home을 누른다.
④ 파일 및 폴더를 복사하고, 옮기고, 이름을 바꾸고 검색할 수 있다.

02 다음 중 Windows의 보조프로그램에 관한 설명으로 옳지 않은 것은?

① 계산기, 녹음기, 메모장, 워드패드 등의 기능이 있다.
② 네트워크 프로젝트에 연결 기능은 포함되어 있으나, 원격 데스크톱 연결 기능은 지원하지 않는다.
③ 간단한 그림을 만들고 열어 볼 수 있는 그림판 기능이 있다.
④ 화면의 일부를 캡처할 수 있는 캡처 도구가 있다.

03 다음 중 Windows의 [메모장]에 대한 설명으로 옳지 않은 것은?

① 작성한 문서를 저장할 때 확장자는 기본적으로 '.txt'가 부여된다.
② 특정한 문자열을 찾을 수 있는 찾기 기능이 있다.
③ 그림, 차트 등의 OLE 개체를 삽입할 수 있다.
④ 현재 시간을 삽입하는 기능이 있다.

04 다음 중 메모장에서 현재 시스템의 시간과 날짜를 자동으로 추가하려고 할 때 사용하는 방법으로 옳은 것은?

① 작업 표시줄 가장 오른쪽에 있는 시스템 트레이의 시간을 끌어다 문서의 원하는 위치에 놓는다.
② 시간과 날짜를 입력할 곳에 커서를 두고 키를 누른다.
③ =Now( ) 함수를 입력한다.
④ [삽입] 메뉴에서 [시간/날짜]를 선택한다.

제어판 활용

1 제어판의 개요

- [시작(⊞)]-[Windows 시스템]-[제어판]을 선택하여 실행한다.
- 제어판의 [보기 기준]에는 '범주, 큰 아이콘, 작은 아이콘'이 있으며, '범주'를 선택하면 각 항목을 종류별로 볼 수 있다.

■ 보기 기준 '범주' 선택시 항목

시스템 및 보안	보안 및 유지 관리 Windows Defender 방화벽, 시스템, 전원 옵션, 백업 및 복원, 관리 도구 등
네트워크 및 인터넷	네트워크 및 공유 센터, 인터넷 옵션 등
하드웨어 및 소리	장치 및 프린터, 자동 실행, 소리, 전원 옵션 등
프로그램	프로그램 및 기능, 기본 프로그램
사용자 계정	사용자 계정(유형 변경 및 제거) 등
모양 및 개인 설정	작업 표시줄 및 탐색, 접근성 센터, 파일 탐색기 옵션, 글꼴 등
시계 및 국가	날짜 및 시간, 국가 또는 지역
접근성	접근성 센터, 음성 인식

2 프로그램 및 기능

* Windows에 설치된 각종 프로그램의 제거 및 변경, 복구 등의 작업을 수행할 수 있다.
* '설치된 업데이트 보기'를 통해 업데이트 확인 및 제거 또는 변경 작업을 할 수 있다.
* 'Windows 기능 켜기/끄기'를 통해 일부 프로그램 및 기능의 사용 여부를 지정할 수 있다. 기능의 사용 여부를 지정할 뿐 설치된 것을 제거하는 것은 아니다.

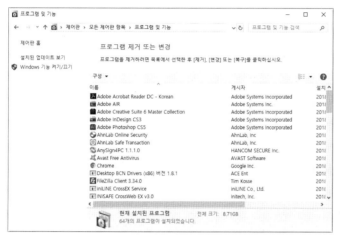

3 디스플레이

* 화면에 표시되는 텍스트, 앱 및 기타 항목의 크기를 변경하고 해상도와 방향을 설정할 때 사용한다.
* 디스플레이를 설정하기 위해 [시작(⊞)]−[설정(⚙)]을 클릭한 후 [Windows 설정]에서 [시스템]−[디스플레이]를 선택한다.

》TIP
* 높은 화면 해상도에서는 텍스트와 이미지가 더 선명하지만 크기는 더 작게 표시된다.
* 해상도를 변경하면 해당 컴퓨터에 로그온한 모든 사용자에게 변경 내용이 적용된다.
* 여러 디스플레이 옵션은 Windows에서 둘 이상의 모니터가 PC에 연결되어 있음을 인식할 때만 나타난다.

색	야간 모드 설정
배율 및 레이아웃	텍스트, 프로그램(앱) 및 기타 항목의 크기 변경, 화면 해상도 변경, 방향 설정(가로, 세로, 가로(대칭 이동), 세로(대칭 이동)) 등
여러 디스플레이	표시 모드 설정(PC 화면 복제, 확장 등)

4 개인 설정

- [Windows 설정]에서 [개인 설정]을 선택한다.
- 배경, 색, 잠금 화면, 테마, 글꼴, 시작, 작업 표시줄에 대한 설정을 할 수 있다.

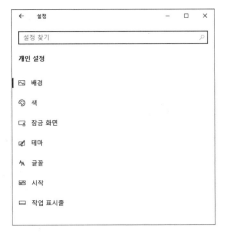

배경	바탕 화면 설정(단색 또는 사진, 슬라이드쇼), 맞춤 선택(채우기, 맞춤, 확대, 바둑판식 배열, 가운데, 스팬) 등
색	배경 화면에서의 테마 색 선택, 투명 효과 설정, 기본 앱 모드 설정(밝게, 어둡게) 등
잠금 화면	잠금 화면 설정(Windows 추천, 사진, 슬라이드쇼), 화면 시간 제한 설정, 화면 보호기 설정 등
테마	배경, 색, 소리, 마우스 커서 설정 등
글꼴	사용 가능 글꼴 목록
시작	시작 화면에 더 많은 타일 표시, 시작 메뉴에서 앱 목록 표시, 최근에 추가된 앱 표시, 가장 많이 사용하는 앱 표시, 때때로 시작 메뉴에 제안 표시, 전체 시작 화면 사용, 시작 메뉴의 점프 목록 또는 작업 표시줄에 최근에 사용한 항목 표시 등 설정
작업 표시줄	작업 표시줄 잠금, 자동 숨기기, 작은 작업 표시줄 단추 사용, 작업 표시줄 위치(왼쪽, 위쪽, 오른쪽, 아래쪽), 작업 표시줄 단추 하나로 표시, 알림 영역 표시 아이콘 선택 및 시스템 아이콘 켜기/끄기 등 설정

5 시스템

1. 시스템의 기능

- [제어판]에서 [시스템]을 클릭하거나 [Windows 설정]에서 [시스템]-[정보] 를 선택한다.
- 컴퓨터에 대한 기본 정보(Windows 버전, 시스템 정보, 컴퓨터 이름, 도메 인 및 작업 그룹 설정, Windows 정품 인증여부)를 볼 수 있으며, 장치 관리 자, 원격 설정, 시스템 보호, 고급 시스템 설정 등의 작업을 할 수 있다.

》 TIP

제어판에서 보기 기준이 '범주' 로 설정되었을 때는 [시스템 및 보안]-[시스템]을 클릭해야 한 다.

2. [시스템 속성] 대화 상자

[시스템]에서 [설정 변경]을 클릭하면 [시스템 속성] 대화 상자가 나타나며, 기 본 정보에 대한 내용을 변경할 수 있다. 고급 설정(장치 관리자, 메모리 사용 및 가상 메모리, 시작 및 복구, 시스템 복원, 원격 지원 연결 허용 여부 등)에 대한 작업도 수행한다.

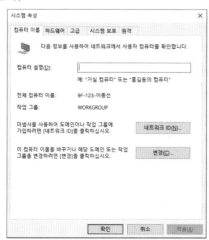

[컴퓨터 이름] 탭	컴퓨터 설명 변경, 전체 컴퓨터 이름, 작업 그룹을 확인 및 변경할 수 있다.
[하드웨어] 탭	• 장치 관리자 : 컴퓨터에 설치된 하드웨어의 종류와 올바르게 작동되는 지 여부, 드라이버 설치나 업데이트 등을 확인 및 작업할 수 있다. → 장치의 드라이버 파일이나 IRA, DMA, I/O 주소, 메모리 주소 등을 확인 및 변경 • 장치 설치 설정 : 장치에 사용 가능한 제조업체 프로그램(앱) 및 사용자 지정 아이콘의 다운로드 여부를 선택한다.
[고급] 탭	성능(시각 효과, 프로세서 일정, 메모리 사용 및 가상 메모리), 사용자 프로필, 시작 및 복구(시스템 시작, 시스템 오류 및 디버깅 정보) 등의 작업을 할 수 있다.
[시스템 보호] 탭	시스템 복원 설정, 디스크 공간 관리, 복원 지점 삭제 및 지정 등의 작업을 할 수 있다.
[원격] 탭	원격 지원 연결 허용과 원격 데스크톱 허용 여부를 설정한다.

6 접근성 센터

• [제어판]에서 [접근성 센터]를 클릭하거나 [Windows 설정]에서 [접근성]을 선택한다.
• 장애가 있는 사용자가 컴퓨터를 편리하게 사용하도록 마우스나 키보드 사용, 기타 입력 장치 사용에 대한 설정을 할 수 있다.

1. 디스플레이가 없는 컴퓨터 사용

시각 장애인을 위한 최적화된 설정이다. 텍스트를 소리내어 읽거나 시간 제한 및 깜박이는 시각 신호를 조정한다.

내레이터 켜기	내레이터가 화면의 모든 텍스트를 소리내어 읽어 준다. → 스피커가 필요
오디오 설명 켜기	비디오에서 발생하는 상황에 대한 설명을 들려준다.
필요 없는 애니메이션 모두 끄기	창과 다른 요소를 닫을 때 서서히 사라지는 효과 같은 애니메이션 효과를 끈다.
Windows 알림 대화 상자 표시 시간	알림을 화면에 얼마 동안 표시했다가 닫을 것인지를 설정한다.

2. 컴퓨터를 보기 쉽게 설정

비주얼 디스플레이에 최적화된 설정이다. 고대비 조정 및 텍스트를 소리내어 읽거나 화면의 항목을 읽기 쉽도록 설정한다.

고대비 테마 선택	고대비 색 구성표를 설정하여 보다 뚜렷하고 쉽게 식별되도록 할 수 있다.
텍스트 및 아이콘의 크기 변경	화면의 텍스트와 다른 항목을 더 크게 표시하여 보기 쉽게 할 수 있다.
돋보기 켜기	돋보기를 사용하여 화면에서 원하는 영역을 확대(100%~1600%)하여 크게 표시할 수 있다.
창 테두리의 색 및 투명도 조정	창 테두리 모양을 변경하여 쉽게 볼 수 있도록 한다.
디스플레이 효과 미세 조정	일부 항목이 바탕 화면에 표시되는 방식을 지정할 수 있다.
깜박이는 커서의 두께 설정	대화 상자 및 프로그램에서 깜박이는 커서의 두께(1~20)를 설정한다.

3. 마우스 또는 키보드가 없는 컴퓨터 사용

대체 입력 장치를 설정한다. 포인팅 장치나 마이크를 사용하여 컴퓨터를 제어하고 텍스트를 입력할 수 있다.

화상 키보드 사용	마우스나 조이스틱 등 기타 포인팅 장치를 사용하여 키를 선택하거나 표준 키보드의 키를 사용할 수 있다.
음성 인식 사용	마이크를 사용하여 컴퓨터가 이해하고 응답하는 명령을 말할 수 있으며, 텍스트를 받아쓰게 할 수도 있다.

》 TIP
[제어판]─[접근성 센터]에서 '마우스를 사용하기 쉽게 설정'이나 '키보드를 사용하기 쉽게 설정'을 클릭하여 설정할 수도 있다.

4. 마우스를 사용하기 쉽게 설정

마우스 또는 기타 포인팅 장치의 설정을 조정한다.

마우스 포인터	마우스 포인터의 색과 크기를 변경한다.
마우스 키 켜기	숫자 키패드를 사용하여 화면에서 마우스를 이동하도록 설정한다.
마우스로 가리키면 창 활성화	창을 클릭하지 않고 마우스로 창을 가리키는 방법으로 좀 더 쉽게 창을 선택 및 활성화할 수 있다.
화면 가장자리로 이동할 때 창이 자동으로 배열되지 않도록 방지	창을 화면 가장자리로 이동할 때 창이 자동 크기 조정(에어로 스냅 (Aero Snap))되지 않고 도킹되지 않도록 한다.

5. 키보드를 사용하기 쉽게 설정

키보드 설정을 조정한다. 키보드를 사용하여 마우스를 제어하거나 고정 키, 토글 키, 필터 키를 사용하여 입력하기 쉽게 설정할 수 있다. 바로 가기 키를 사용하기 쉽도록 밑줄을 표시할 수도 있다.

고정 키 켜기	두 개 이상의 키를 동시에 누르기 힘든 경우 특정 키(Ctrl, Alt, Shift) 키를 누른 후 다음 키를 누르기 전까지 눌러진 상태로 고정되도록 설정한다.
토글 키 켜기	Caps Lock, Num Lock, Scroll Lock 키를 누를 때 경고음이 나도록 설정한다.
필터 키 켜기	빠르게 연달아 발생되는 키 입력 또는 실수로 몇 초 동안 누른 키 입력을 무시하도록 키보드의 반복 속도를 설정한다.

6. 소리 대신 텍스트나 시각적 표시 방법 사용

청각 장애인을 위해 소리 대신 시각 신호를 사용하도록 설정한다.

소리에 대한 시각적 알림 켜기	경고음 소리를 화면 깜박임과 같은 시각적 신호로 바꿔 사용자가 듣지 못하는 경우에도 시스템 경고를 알아차릴 수 있도록 설정한다.
음성 대화에 텍스트 자막 사용	소리 대신 텍스트를 표시하여 컴퓨터에서 수행 중인 작업을 나타낸다.

7 사용자 계정

- [제어판]에서 [사용자 계정]을 클릭하거나 [Windows 설정]에서 [계정]을 선택한다.

- 한 대의 컴퓨터를 여러 사람이 공유하여 사용할 경우 각 사용자마다 고유한 설정(바탕 화면, 즐겨찾기, 메일 계정 등)을 다르게 지정하여 사용할 수 있도록 하는 기능이다.
- 각 사용자는 사용자 이름과 암호를 사용하여 자신의 사용자 계정에 액세스한다. → 사용자 계정 이름은 20자 이하이어야 함(₩, / [ ] ; ? * 등과 같은 특수 문자는 포함할 수 없음)

■ 사용자 계정의 유형

관리자	컴퓨터 설정을 제한 없이 변경할 수 있는 액세스 권한을 가지며, 다른 사용자 계정을 작성하거나 삭제/변경할 수 있다.
표준	설치된 프로그램을 실행하거나 테마, 바탕 화면, 계정에 대한 암호 등을 설정할 수 있다. → 단 프로그램이나 하드웨어 등을 설치하거나 중요 파일을 삭제할 수 없고, 계정 이름이나 유형을 변경할 수 없음

8 글꼴/마우스/키보드

1. 글꼴

- [제어판]에서 [글꼴]을 클릭하거나 [Windows 설정]에서 [개인 설정]-[글꼴]을 선택한다.
- 시스템에 설치되어 있는 글꼴을 삭제, 등록 정보 확인, 시험 인쇄를 하거나 새로운 글꼴을 추가할 때 이용한다.

》 TIP

새로운 글꼴을 설치하려면 해당 글꼴의 바로 가기 메뉴에서 설치를 선택하거나 해당 파일을 C:₩Windows₩Fonts 폴더에 복사해야 한다.

- 글꼴 폴더에는 TTC나 TTF, FON 등의 확장자를 갖는 글꼴 파일이 설치되어 있다.
- 글꼴이 설치되어 있는 폴더의 위치는 'C:₩Windows₩Fonts'이다. → 글꼴의 추가/삭제가 가능
- 텍스트의 가독성을 향상시켜주는 ClearType 텍스트 조정이 가능하다.
- 글꼴 파일 대신 글꼴 파일에 대한 바로 가기를 생성할 수 있다. → 컴퓨터의 공간 절약

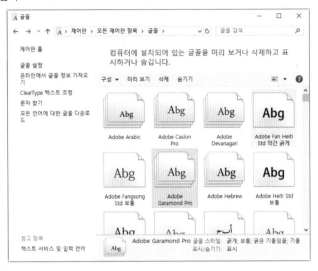

2. 마우스

[제어판]에서 [마우스]를 클릭하거나 [Windows 설정]에서 [장치]-[마우스]를 선택한다.

[단추] 탭	마우스 단추 기능 변경, 두 번 클릭 속도, 클릭 잠금 등을 설정한다.
[포인터] 탭	마우스 포인터의 모양을 변경한다.
[포인터 옵션] 탭	• 마우스 포인터의 이동 속도, 포인터 이동 자국 표시 등을 설정한다. • Ctrl 키를 누르면 포인터 위치가 표시되도록 설정할 수 있다.
[휠] 탭	마우스 휠을 한 번 돌릴 때의 스크롤 양을 설정한다. → 줄 단위 또는 화면 단위
[하드웨어] 탭	제조업체나 위치, 장치 상태 등의 정보 및 마우스 장치의 속성 창의 표시, 드라이버 설정 변경을 할 수 있다.

3. 키보드

[제어판]에서 [키보드]를 클릭한다.

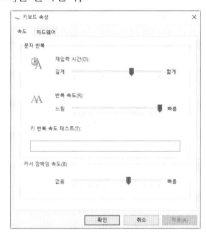

[속도] 탭	키 재입력 시간, 반복 속도, 커서 깜박임 속도 등을 설정할 수 있다.
[하드웨어] 탭	제조업체나 위치, 장치 상태 등의 정보 및 키보드 장치의 속성 창의 표시, 드라이버 설정 변경을 할 수 있다.

9 기타 제어판

1. 전원 옵션

- [제어판]에서 [전원 옵션]을 클릭하거나 [Windows 설정]에서 [시스템]-[전원 및 절전]을 선택한다.
- 전원 단추 및 절전 단추의 설정(시스템 종료, 절전, 최대 절전 모드, 디스플레이 끄기) 및 종료 설정을 지정할 수 있다.
- 디스플레이 끄기 시간 및 컴퓨터가 절전 모드로 전환되는 시간을 설정할 수 있다.

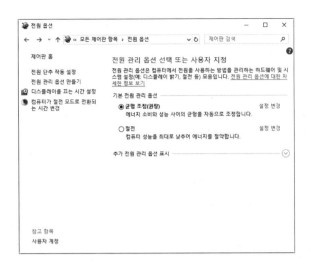

2. 소리

- [제어판]에서 [소리]를 클릭한다.
- 재생 장치(스피커, 헤드폰, 디지털 오디오 장치) 설정 변경, 녹음 장치(마이크, 라인 입력) 설정 변경, 소리 구성표의 변경, 로그온/로그오프/종료 음과 같은 프로그램 이벤트 음 설정, Windows Startup 소리 재생 여부 등을 설정할 수 있다.

3. 관리 도구

- [제어판]에서 [관리 도구]를 클릭한다.
- 사용자 컴퓨터의 Windows를 관리하는 도구로, 시스템 관리자 및 고급 사용자용 도구가 포함되어 있다.

4. 장치 관리자

- [제어판]-[장치 관리자]를 클릭한다.
- 컴퓨터에 설치된 디바이스 하드웨어 설정 및 드라이버 소프트웨어를 관리하며, 하드웨어 설정에 대한 문제 해결 및 수정 작업 또는 하드웨어 장치나 소프트웨어를 업데이트할 수 있다.

》》 TIP

컴퓨터 관리

- 장치 관리자 : 하드웨어 설정에 대한 문제 해결 및 수정 작업 또는 하드웨어 장치나 소프트웨어를 업데이트할 수 있다.
- 디스크 관리 : 디스크의 포맷, 드라이브 문자 할당과 같은 작업을 수행할 수 있다.
- 디스크 조각 모음 : 파일의 단편화를 개선(조각난 파일이나 폴더를 정리)하여 디스크의 접근 속도를 향상시킬 수 있다.

》》 TIP

- 새 하드웨어 추가 : 플러그 앤드 플레이(PnP)가 지원되는 하드웨어를 컴퓨터에 장착하고 Windows를 실행하면 새 하드웨어를 자동으로 인식하고 설치된다. 자동 인식되지 않은 경우, 메뉴 표시줄의 [동작]-[레거시 하드웨어 추가]를 이용한다.
- 하드웨어 제거 : [제어판]-[장치 관리자]에서 제거할 하드웨어를 선택한 후 바로 가기 메뉴에서 [디바이스 제거]를 선택하고 컴퓨터에 설치한 하드웨어 장치를 분리한다.

5. 보안 및 유지 관리

- [제어판]에서 [보안 및 유지 관리]를 클릭한다.
- 보안 및 유지 관리에서 발견한 문제가 있는지 확인하고 문제를 해결한다.
- '보안' 항목 : 네트워크 방화벽, 바이러스 방지, 인터넷 보안 설정, 사용자 계정 컨트롤, 네트워크 액세스 보호 등
- '유지 관리' 항목 : 문제 보고, 자동 유지 관리, 파일 히스토리, 드라이브 상태 등

10 프린터 설정 및 인쇄

1. 프린터

- 프린터 설정 및 인쇄를 실행하기 위해 [제어판]-[장치 및 프린터]를 선택한다.

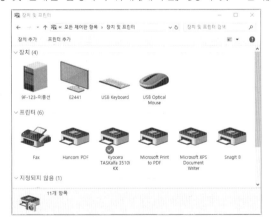

- 기본 프린터는 한 대만 지정할 수 있으며, 기본 프린터로 설정된 프린터도 삭제할 수 있다.
- 기본 프린터로 설정된 프린터 아이콘에는 ✔ 표시가 되어 있다.

- 여러 대의 프린터를 한 대의 컴퓨터에 설치할 수 있고, 한 대의 프린터를 네트워크로 공유하여 여러 대의 컴퓨터에서 사용할 수 있다.
- 같은 네트워크상에서는 여러 대의 프린터를 공유할 수 있다.
- 설치한 프린터를 다른 이름으로 변경하여 재설치가 가능하며, 프린터마다 개별적으로 이름을 부여하여 설치한다.

2. 프린터 공유

- 네트워크 공유 프린터에 연결한 후에는 마치 내 컴퓨터에 연결되어 있는 것처럼 프린터를 사용할 수 있다.
- [제어판]-[장치 및 프린터]를 선택한 후, 공유하고자 하는 프린터의 바로 가기 메뉴에서 [프린터 속성]을 클릭하고, 프린터의 속성 대화 상자의 [공유] 탭에서 설정한다.

》 TIP
프린터의 공유를 중지하려면 [장치 및 프린터] 창에 있는 해당 프린터의 속성 창의 [공유] 탭에서 [이 프린터 공유] 선택을 해제한다.

- 네트워크의 여러 클라이언트와 프린터를 공유하는 경우에는 프린터 이름을 80자 이하로 사용해야 하고 이름에 일부의 특수 문자("\", "/", ",")가 들어가지 않도록 한다.
- 네트워크에서 프린터 공유를 설정하는 과정에서 공유할 프린터의 이름을 변경할 수 있다.

》 TIP
다른 컴퓨터에 연결된 네트워크 프린터 공유 순서는 [프린터 추가] 실행 → [네트워크, 무선 또는 Bluetooth 프린터 추가] 선택 → [프린터 찾아보기] 후 해당 프린터 선택 → [기본 프린터 사용 여부] 선택 순이다.

3. 스풀링(Spooling)

- 컴퓨터 내부 장치에 비해 상대적으로 처리 속도가 느린 프린터 작업을 효율적으로 처리하기 위하여 사용하는 기능이다.
- 인쇄할 내용(문서 전체 또는 일부)을 하드디스크 장치에 임시로 저장한 후에 인쇄 작업을 수행한다.

》 TIP
스풀 설정의 유무에 따라 인쇄 속도의 차이가 있을 수 있다.

- 프린터와 같은 저속의 입출력장치를 CPU와 병행하여 작동시킴으로써 컴퓨터의 전체 효율을 향상시킨다.
- 스풀 기능을 설정하면 동시 작업 처리는 가능하나, 인쇄 속도는 느려진다.

» TIP
인쇄 대기 중인 문서에 대해서는 용지 방향, 용지 종류, 인쇄 매수 등을 설정할 수 없다. 용지 방향, 용지 종류, 인쇄 매수 등은 인쇄를 실행하기 전에 설정해 준다.

4. 문서 인쇄

- 인쇄 대기열에는 인쇄 대기 중인 문서가 표시되며, 목록의 각 항목에는 인쇄 상태 및 페이지 수와 같은 정보가 제공된다.
- 문서가 인쇄되는 동안 프린터 아이콘이 알림 영역에 표시되며, 인쇄가 완료되면 아이콘이 사라진다.
- 인쇄 대기 중에서는 문서 이름, 인쇄 상태, 페이지 수, 크기 등을 확인할 수 있다.
- 여러 개의 출력 파일들의 출력 대기 상태를 확인 및 출력 순서를 임의로 조정할 수 있다.
- 프린터에서 인쇄 작업에 들어간 것도 잠시 중지하거나 다시 인쇄, 또는 강제 종료시킬 수 있다.
- 현재 인쇄가 수행 중인 상태에서 새로운 문서의 인쇄 명령을 하면 인쇄 대기열에 추가된다.
- 인쇄 중 오류가 발생할 경우 오류가 해결되지 않는 한 이후의 모든 인쇄 작업이 보류 상태가 된다.
- [문서]-[취소]를 선택하면 인쇄 대기열에 있는 문서의 인쇄가 취소된다.

▶▶▶ 기출 문제로 중간 테스트 하기

01 다음 중 Windows의 [제어판]-[시스템]의 '컴퓨터에 대한 기본 정보 보기'에서 확인할 수 있는 정보로 옳지 않은 것은?

① Windows 업데이트 날짜
② Windows 버전
③ 설치된 메모리 용량
④ Windows 정품 인증

02 다음 중 Windows에서 프린터 설정과 관련된 설명으로 옳지 않은 것은?

① 여러 개의 프린터를 한 대의 컴퓨터에 설치할 수 있다.
② 기본 프린터는 두 대까지 설치할 수 있으며, 기본 프린터로 설정된 프린터는 삭제할 수 없다.
③ 로컬 프린터와 네트워크 프린터 모두 기본 프린터로 설정이 가능하다.
④ 스풀(SPOOL) 기능이 설정되면 인쇄 도중에도 다른 작업을 할 수 있는 병행 처리 기능을 갖게 되어 컴퓨터의 활용성을 높여 준다.

컴퓨터 시스템 설정 변경

시스템 관리

1 디스크 최적화

1. 디스크 정리

- [시작(■)]-[Windows 관리 도구]-[디스크 정리]를 선택한다. 또는 디스크 드라이브를 선택한 후 바로 가기 메뉴에서 [속성]을 선택하고 [일반] 탭의 [디스크 정리] 단추를 클릭한다.
- 불필요한 파일을 삭제하여 디스크의 여유 공간을 확보한다.
- Windows에서 더 이상 사용되지 않는 임시 파일이나 휴지통에 있는 파일을 삭제하여 디스크 공간을 늘려준다.
- **디스크 정리 대상** : 임시 인터넷 파일, 오프라인 웹 페이지, 다운로드한 프로그램 파일, 임시 파일, 휴지통 파일 등

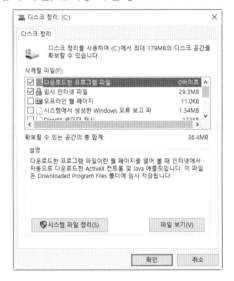

2. 드라이브 조각 모음 및 최적화

》 TIP
[드라이브 조각 모음]은 디스크의 접근 속도를 향상시키고자 할 때 실행하는 것으로, 디스크 속도가 예전보다 느려졌을 경우 디스크 조각 모음을 수행한 후 단편화를 제거하여 디스크 최적화를 유지한다.

- [시작(![])]–[Windows 관리 도구]–[드라이브 조각 모음 및 최적화]를 선택한다. 또는 디스크 드라이브를 선택한 후 바로 가기 메뉴에서 [속성]을 선택하고 [도구] 탭의 [최적화] 단추를 클릭한다.
- 디스크에 분산되어 있는 저장 파일들을 연속된 공간에 저장하여 디스크의 접근 속도를 향상시킨다.
- 네트워크 드라이브에 대해서는 디스크 조각 모음을 실행할 수 없다.
- 디스크 공간의 최적화로 안정성이 향상된다.
- 컴퓨터 관리자 계정에서만 수행할 수 있다.

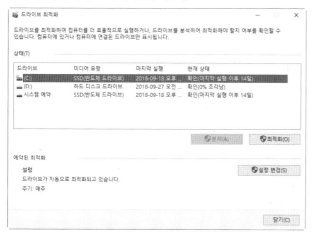

2 시스템 유지 보수

1. 디스크 검사

- 해당 드라이브의 바로 가기 메뉴에서 [속성]을 선택한 후 [도구] 탭에서 [검사] 단추를 클릭하여 실행한다.
- 파일과 폴더 및 디스크의 논리적/물리적 오류를 검사하여 논리적 오류를 수정한다.
- 하드디스크의 파일이 손상되었을 경우에는 디스크 오류 검사를 통해 해결하도록 한다.
- 디스크의 오류를 검사하기 위하여 정기적으로 [디스크 검사]를 수행하는 것이 좋다.

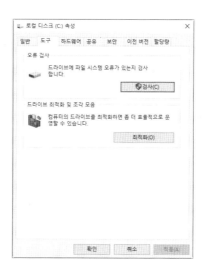

2. 레지스트리(Registry)

- 컴퓨터에 설치된 각종 소프트웨어나 하드웨어에 대한 설정 정보 등을 저장/관리하는 계층적인 데이터베이스이다.
- 레지스트리 편집기를 실행하려면 [시작(⊞)]−[Windows 시스템]−[실행]을 선택한 후 [실행] 창에 'Regedit'를 입력하고 [확인] 단추를 클릭한다.
- 레지스트리의 정보는 레지스트리 편집기(REGEDIT)를 실행하여 수정 및 삭제가 가능하다.
- 레지스트리 편집기를 사용하면 레지스트리 폴더 및 각 레지스트리 파일에 대한 설정을 볼 수 있다.
- 하드웨어 자원(IRQ, I/O 주소, DMA 등)과 소프트웨어 자원(프로그램 실행 정보 등)을 관리한다.
- 레지스트리에 이상이 있을 경우 Windows 운영체제에 치명적인 손상이 생길 수 있다.
- 레지스트리를 복원하려면 고급 부팅 옵션 화면에서 '마지막으로 성공한 구성'을 선택하여 Windows를 다시 시작해야 한다.
- 사용자 프로필과 관련된 부분은 'ntuser.dat' 파일에 저장된다.

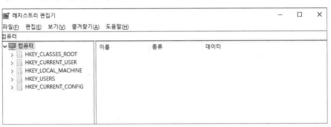

>> TIP
- **디스크 정리** : 불필요한 파일들을 삭제하여 디스크의 사용 공간을 늘리는 작업
- **디스크 포맷** : 플로피디스크나 하드디스크를 내용을 지워 초기화하는 작업

3. 디스크 포맷

- 디스크를 포맷하면 디스크의 모든 데이터가 지워지며 디스크 포맷 창에서 용량, 할당 단위 크기, 볼륨 레이블 등을 지정할 수 있다.
- 디스크 드라이브를 선택한 후 바로 가기 메뉴에서 [포맷]을 선택한다.
- 빠른 포맷은 디스크의 불량 섹터를 검색하지 않고 디스크에서 파일을 제거한다.

4. 시스템 복원

- 시스템에 문제가 발생한 경우 미리 정해둔 특정 시점으로 시스템을 되돌려 시스템을 복원하는 기능이다.
- 시스템 복원을 실행하려면, [시작 (⊞)]-[Windows 시스템]-[제어판]-[시스템]을 선택한 후 [설정 변경]을 클릭하여 [시스템 속성] 대화 상자가 나타나면, [시스템 보호] 탭의 [시스템 복원] 단추를 클릭한다.
- 복원 지점은 사용자가 임의로 설정할 수 있다.
- 응용 프로그램에서 작성한 문서나 전자 메일, 내 문서, 휴지통, 웹에서 열어 본 페이지 등에 저장된 데이터는 손상시키지 않고 복원 지점으로 시스템의 상태를 복원한다.

》 TIP

Windows에 문제가 생겼을 때를 대비하여 시스템이 최적의 상태일 때 시스템 복원을 위한 복원 지점을 만들어 둔다.

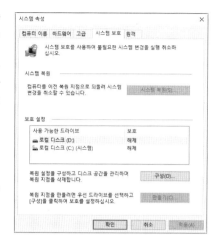

5. Windows Defender 방화벽

- 보안이 필요한 네트워크의 통로를 단일화하여 관리함으로써 외부의 불법 침입으로부터 내부의 정보 자산을 보호하기 위한 시스템이다.
- Windows 방화벽을 실행하려면, [시작(⊞)]-[Windows 시스템]-[제어판]-[Windows Defender 방화벽]을 클릭한다.
- 방화벽을 이용해도 외부 보안에 완벽한 것은 아니며, 특히 내부로부터의 불법적인 해킹은 막지 못한다.
- 사용자의 컴퓨터를 무단으로 액세스하려는 사람이나 바이러스 및 웜(Worm)을 포함하는 프로그램을 차단하기 위한 기능을 지원한다.

》 TIP

방화벽을 이용하여 권한이 없는 사람이나 악성 소프트웨어 등의 접근을 방지한다.

》 TIP

방화벽 시스템(Firewall System)
내부 네크워크에서 인터넷으로 나가는 패킷은 그대로 통과시키고, 인터넷에서 내부 네트워크로 들어오는 패킷은 내용을 엄밀히 체크하여 인증된 패킷만 통과시키는 구조로, 해킹 등에 의한 외부로의 정보 유출을 막기 위해 사용하는 보안 시스템이다.

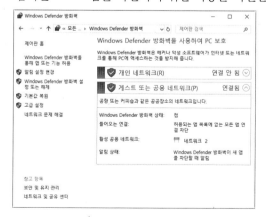

» TIP
작업 표시줄의 바로 가기 메뉴에서 [작업 관리자]를 클릭한다.

작업 관리자(T)
설정(N)
파일 탐색기(E)
검색(S)
실행(R)

6. Windows 작업 관리자

- 실행 중인 응용 프로그램이나 프로세스에 대한 정보를 작업 관리자 창을 통해 확인할 수 있다.
- 실행 중인 응용 프로그램의 작업 끝내기(강제 종료)를 하려면, Ctrl+Shift+Esc 키 또는 Ctrl+Alt+Delete 키, 작업 표시줄의 바로 가기 메뉴에서 [작업 관리자]를 클릭하여 실행할 수 있다.
- 시스템의 CPU 사용 내용이나 할당된 메모리의 크기를 파악할 수 있다.
- 시스템을 로그오프할 수 있다.
- 작업 관리자에서 실행 중인 응용 프로그램의 수행 순서는 변경할 수 없다.

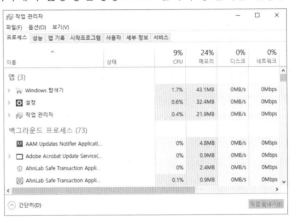

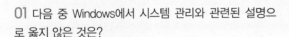

▶▶▶ 기출 문제로 테스트 하기

01 다음 중 Windows에서 시스템 관리와 관련된 설명으로 옳지 않은 것은?

① Windows에 문제가 생겼을 때를 대비하여 시스템이 최적의 상태일 때 시스템 복원을 위한 복원 지점을 만들어 둔다.

② 컴퓨터의 프로그램이 응답하지 않으면 Windows에서 문제를 검색하여 자동으로 해결하려고 하지만, 기다리지 않으려면 작업 관리자를 사용하여 프로그램을 직접 끝낸다.

③ 하드디스크의 파일이 손상되었을 경우 [디스크 조각 모음]을 실행하여 디스크 최적화를 유지한다.

④ 하드웨어가 작동하지 않을 때는 [장치 관리자]를 이용하여 드라이버의 업데이트를 실행한다.

02 다음 중 Windows에서 시스템을 효율적으로 활용하기 위한 방법에 대한 설명으로 옳지 않은 것은?

① 불필요한 파일을 제거하기 위하여 [디스크 정리]를 수행한다.

② 시스템 장애시 응급 복구를 위하여 디스크에 있는 파일이나 폴더에 대하여 [백업 및 복원]을 수행한다.

③ 사용 가능한 디스크 공간을 늘리기 위하여 [디스크 조각 모음]을 수행한다.

④ 디스크의 오류를 검사하기 위하여 정기적으로 [디스크 검사]를 수행한다.

정답 | 01 ③ 02 ③

네트워크 관리

1 네트워크 및 TCP/IP의 구성 요소

1. 네트워크의 구성 요소

- [이더넷 속성] 대화 상자에서는 Microsoft 네트워크용 클라이언트, Microsoft 네트워크용 파일 및 프린터 공유, 인터넷 프로토콜(TCP/IP), QoS 패킷 스케줄러, 인터넷 프로토콜 버전 등을 설치, 제거할 수 있다.
- [이더넷 속성] 대화 상자에서 [설치] 단추를 클릭하면 [네트워크 기능 유형 선택] 대화 상자가 나타난다. 클라이언트, 서비스, 프로토콜이 있다.

클라이언트	사용자가 연결하는 네트워크에 있는 컴퓨터 및 파일 액세스를 제공한다.
서비스	파일 및 프린터 공유와 같은 기능을 제공한다.
프로토콜	사용자의 컴퓨터가 다른 컴퓨터와 통신할 때 사용하는 규약이다.

2. TCP/IP의 구성 요소

[이더넷 속성] 대화 상자에서 'Internet Protocol Version 6(TCP/IPv6)' 또는 'Internet Protocol Version 4(TCP/IPv4)'를 더블 클릭한다.

IP 주소	• IPv4에서 주소는 인터넷에 연결된 호스트 컴퓨터의 유일한 주소로 네트워크 주소와 호스트 주소로 구성된다. • IPv4 주소 : 32bit 주소를 8비트씩 점(.)으로 구분 • IPv6 주소 : 128bit 주소를 16비트씩 콜론(:)으로 구분
서브넷 마스크	• IPv4 주소의 네트워크 주소와 호스트 주소를 구별하기 위해 IPv4 수신인에게 허용하는 32비트 주소이다. • 사용자 컴퓨터가 속한 네트워크를 식별하는 데 사용된다.
서브넷 접두사 길이	IPv6 수신인에게 허용하는 서비스 마스크 부분의 길이를 비트(Bit)로 표현한 것이다.
기본 게이트웨이	다른 네트워크와의 데이터 교환을 위한 출입구 역할을 하는 장치이다.
DNS 서버 주소	문자 형식의 도메인 네임을 숫자로 된 IP 주소 형식으로 변환해 주는 DNS 서버의 IP 주소를 지정한다.

» TIP
네트워크는 2대 이상의 여러 컴퓨터들을 통신 회선(전화선이나 케이블 등)으로 연결하여 자원을 공유하는 것을 말한다.

» TIP
[제어판]-[네트워크 및 공유 센터]에서 [활성 네트워크 보기]의 '연결 : 이더넷'을 클릭하거나 왼쪽의 [어댑터 설정 변경]을 클릭한 후 [이더넷]을 더블 클릭하면 [이더넷 상태] 대화상자가 나타난다. 여기서 [속성] 단추를 클릭하면 [이더넷 속성] 대화상자가 표시된다.

» TIP
어댑터 : 컴퓨터와 컴퓨터 또는 컴퓨터와 네트워크 등을 연결하는 하드웨어 장치를 의미한다.

» TIP
DHCP 서버는 컴퓨터에 IP 주소를 자동 할당해 주는 기능을 하는 서버를 말한다.

2 네트워크 관련 명령어

Netstat	활성 TCP 연결 상태, 컴퓨터 수신 포트, 이더넷 통계 등을 표시한다.
Nslookup	DNS가 가지고 있는 특정 도메인의 IP Address를 검색해 준다.
Finger	원격 컴퓨터의 사용자 정보를 알아보기 위해 사용되는 서비스이다.
Ping	• 원격 컴퓨터가 현재 네트워크에 연결되어 정상적으로 작동하고 있는지 확인할 수 있는 명령어이다. • 해당 컴퓨터의 이름, IP 주소, 전송 신호의 손실률, 전송 신호의 응답 시간 등이 표시된다.
Tracert	• 인터넷 서버까지의 경로를 추적하여 IP 주소, 목적지까지 거치는 경로의 수, 각 구간 사이의 데이터 왕복 속도 등을 파악할 수 있도록 한다. • 특정 사이트가 열리지 않을 때 해당 서버가 문제인지 인터넷 망이 문제인지 확인할 수 있다. • 인터넷 속도가 느릴 때 어느 구간에서 정체를 일으키는지 확인할 수 있다.
Ipconfig	현재 컴퓨터의 IP 주소, 서브넷 마스크, 기본 게이트웨이 등을 확인할 수 있다.
Route	로컬 IP 라우팅 테이블에서 항목을 표시하거나 변경한다.

▶▶▶ 기출 문제로 테스트 하기

01 다음 중 고정 IP 주소를 설정하여 인터넷 서비스를 사용하려고 한다. Windows의 [Internet Protocol Version 4(TCP/IPv4) 속성] 대화 상자에서 설정해야 하는 항목으로 옳지 않은 것은?

① IP 주소 ② 서브넷 마스크
③ 홈페이지 주소 ④ 기본 게이트웨이

02 다음 중 Windows의 [명령 프롬프트] 창에서 ping 명령을 실행한 후 확인할 수 있는 내용으로 옳지 않은 것은?

① 대상이 되는 IP 주소의 호스트 이름
② 전송 신호의 손실률
③ 전송 신호의 응답 시간
④ 게이트웨이와 DNS의 IP 주소

Chapter 03

컴퓨터 시스템 관리

컴퓨터의 개념 및 분류

》 TIP

컴퓨터의 구성

컴퓨터 = 하드웨어 + 소프트웨어

》 TIP

하드웨어

컴퓨터를 구성하고 있는 물리적 부분(기계 장치)

》 TIP

소프트웨어

• 프로그램과 같은 명령어의 집합
• 시스템 소프트웨어와 응용 소프트웨어로 구분

》 TIP

GIGO(Garbage In Garbage Out)

'쓰레기가 들어오면 쓰레기가 나간다.'라는 의미로, 올바른 입력이 있어야만 올바른 출력을 기대할 수 있음을 의미한다.

1 컴퓨터의 개념

1. 컴퓨터의 특징

- **신속성** : 입력된 데이터를 보다 빠르게 처리하고, 유효한 데이터를 출력
- **정확성** : 입력되는 데이터가 올바르면 출력되는 결과도 정확함 → GIGO
- **대용량성** : 많은 양의 자료를 신속하게 처리
- **호환성** : 서로 다른 컴퓨터의 자료를 연계하여 처리
- **범용성** : 과학, 사무, 교육, 문화, 군사 등 여러 분야에 다기능적으로 사용

2. 컴퓨터의 5대 기능

① **입력** : 자료와 명령을 컴퓨터에 입력하는 기능
② **제어** : 입출력 및 저장, 연산 장치들에 대한 지시 또는 감독 기능을 수행하는 기능
③ **연산** : 산술적/논리적 연산을 수행하는 기능
④ **기억** : 입력된 자료들을 주기억장치나 보조기억장치에 기억하거나 저장하는 기능
⑤ **출력** : 컴퓨터 내부에 기억된 정보나 처리된 정보를 외부로 보여주는 기능

3. 컴퓨터의 발전 과정

파스칼의 계산기(최초의 기계식 계산기) → 바베지의 해석기관 → 홀러리스의 천공카드시스템 → 에이컨의 MARK-1(최초의 전기 기계식 계산기) → 에커트와 머큘리의 ENIAC(최초의 전자식 전자 계산기, 프로그램 외장 방식) → 윌키스의 EDSAC(최초의 프로그램 내장 방식 사용) → 에커트와 머큘리의 UNIVAC-1(최초의 상업용 전자 계산기) → 폰노이만의 EDVAC(프로그램 내장 방식 완성, 이전법 채택)

4. 컴퓨터의 세대별 특징

구분	제1세대	제2세대	제3세대	제4세대	제5세대
회로 소자	진공관(Tube)	트랜지스터(TR)	집적회로(IC)	고밀도 집적회로(LSI)	초고밀도 집적회로(VLSI)
연산 속도	ms(10^{-3})	μs(10^{-6})	ns(10^{-9})	ps(10^{-12})	fs(10^{-15})
사용 언어	저급 언어 (기계어, 어셈블리어)	고급 언어 (FORTRAN, COBOL, ALGOL)	구조적 언어 (PASCAL, LISP, BASIC)	문제지향 언어 (C, ADA)	객체지향 언어 (Visual C/ Basic, Java)
주요 특징	• 하드웨어 중심 • 과학 계산용 • 일괄 처리	• 소프트웨어 중심 • 고급 언어 탄생 • 다중 프로그래밍 • 온라인 실시간 처리 시스템	• 다중처리 시스템 • MIS(경영 정보 시스템) 도입 • 시분할 시스템	• 개인용 컴퓨터 등장 • 분산처리 시스템 • 종합정보통신망(ISDN)	• 인공 지능(AI) • 전문가 시스템 • 의사결정 시스템 • 퍼지 이론 • 패턴 인식

》 TIP

컴퓨터 연산(처리) 속도 단위

[느림] ms(밀리 초, 10^{-3}) → μs(마이크로 초, 10^{-6}) → ns(나노 초, 10^{-9}) → ps(피코 초, 10^{-12}) → fs(펨토 초, 10^{-15}) → as(아토 초, 10^{-18}) [빠름]

---

2 컴퓨터의 분류

1. 데이터 처리 능력에 따른 분류

• 슈퍼 컴퓨터(초대형 컴퓨터), 메인 프레임(대형 컴퓨터), 미니 컴퓨터(중형 컴퓨터), 마이크로 컴퓨터(소형 컴퓨터)로 분류한다.

• 마이크로 컴퓨터는 워크스테이션, 데스크톱 컴퓨터, 휴대용 컴퓨터(랩톱, 노트북, 팜톱)로 분류한다.

■ 휴대용 컴퓨터의 분류

랩톱	무릎 위에 올려놓고 사용하는 손가방 크기의 컴퓨터
노트북	크기가 노트만한 컴퓨터
팜톱	PDA와 같은 손바닥 위에 올려놓고 사용할 수 있는 컴퓨터

2. 사용 용도에 따른 분류

• **전용 컴퓨터** : 군사, 기상 관측, 자동 제어 시스템 등 특수 목적으로 사용되는 컴퓨터를 말한다.

• **범용 컴퓨터** : 다양한 분야에서 여러 가지 용도로 사용되는 컴퓨터를 말한다.

3. 데이터 취급에 따른 분류

디지털 컴퓨터, 아날로그 컴퓨터, 하이브리드 컴퓨터로 분류된다.

■ 디지털 컴퓨터와 아날로그 컴퓨터의 비교

	디지털 컴퓨터	아날로그 컴퓨터
입력 형태	숫자, 문자	전류, 전압, 속도, 온도
출력 형태	숫자, 문자	곡선, 그래프
프로그래밍	필요	필요 없음
구성 회로	논리 회로	증폭 회로
정밀도	필요 한도까지 가능	제한적
가격	고가	저가
용도	범용	특수 목적용
연산 방식	산술, 논리 연산	미/적분 연산
연산 속도	느림	빠름

▶▶▶ 기출 문제로 테스트 하기

01 다음 중 컴퓨터의 발전 과정을 세대별로 구분할 때, 5세대 컴퓨터의 특징으로 볼 수 없는 것은?

① 퍼지 컴퓨터
② 인공 지능
③ 패턴 인식
④ 집적회로(IC) 사용

02 다음 중 디지털 컴퓨터의 특성을 설명한 것으로 옳지 않은 것은?

① 부호화된 숫자와 문자, 이산 데이터 등을 사용한다.
② 산술논리 연산을 주로 한다.
③ 증폭 회로를 사용한다.
④ 연산 속도가 아날로그 컴퓨터보다 느리다.

03 다음 중 컴퓨터의 연산 속도 단위로 가장 빠른 것은?

① 1ms
② 1μs
③ 1ns
④ 1ps

04 다음 중 연속적인 데이터 형식을 사용하는 아날로그 컴퓨터의 주요 구성 회로로 옳은 것은?

① 논리 회로
② 증폭 회로
③ 연산 회로
④ 제어 회로

자료의 구성단위 및 표현 방식

1 자료와 정보

자료(Data)는 단순한 사실이나 결과값이고, 정보(Information)는 자료를 처리하여 인간에게 유용한 형태로 가공한 것을 말한다.

2 자료의 구성단위

컴퓨터에서 사용하는 논리적 구성단위는 비트(Bit) → 니블(Nibble, 4Bit) → 바이트(Byte, 8Bit) → 워드(Word, 하프/풀/더블 워드) → 필드(Field) → 레코드(Record) → 파일(File) → 데이터베이스(Database) 순으로 커진다.

비트(Bit)	자료 표현의 최소 단위, 2진수 1자리(0 또는 1)
니블(Nibble)	4개의 Bit로 구성
바이트(Byte)	문자 표현 최소 단위, 1Byte = 8Bit 구성
워드(Word)	• CPU가 처리할 수 있는 명령 단위 • 구분 : Half Word(2Byte), Full Word(4Byte), Double Word(8Byte)
필드(Field)	파일 구성의 최소 단위
레코드(Record)	• 자료 처리의 기본 단위 • 논리 레코드 : 일반적인 레코드를 의미 • 물리 레코드 : 기억 장치의 입출력 단위로, 하나 이상의 논리 레코드가 모여 하나의 물리 레코드(=블록(Block))가 됨
파일(File)	프로그램 구성의 기본 단위
데이터베이스 (Database)	상호 관련 있는 파일들의 모임

》 TIP
• 비트(Bit) : 정보 표현의 최소 단위
• 바이트(Byte) : 문자 표현의 최소 단위
• 필드(Field) : 파일 구성의 최소 단위
• 워드(Word) : CPU가 한 번에 처리할 수 있는 단위

3 자료의 표현 방식

1. 문자 데이터의 표현

BCD	• 6비트 구성 : 2개의 존 비트, 4개의 디지트 비트로 표현 • 2^6(64)가지의 문자를 표현 → 영문 소문자는 표현 불가능
EBCDIC	• 8비트 구성 : 4개의 존 비트, 4개의 디지트 비트로 표현 • 2^8(256)가지의 문자를 표현
ASCII	• 7비트 구성 : 3개의 존 비트, 4개의 디지트 비트로 표현 • 2^7(128)가지의 문자를 표현 → 주로 데이터 통신용이나 개인용 PC에서 많이 사용
유니코드 (Unicode)	• 전 세계의 모든 문자를 16비트(2바이트) 체계로 통일한 국제 표준 코드이다. • 한글은 조합형, 완성형, 옛글자 모두를 표현할 수 있다. • 최대 65,536자의 글자를 코드화할 수 있다.

》 TIP

패리티 비트(Parity Bit)
1로 된 비트들의 개수가 항상 짝수 또는 홀수가 되도록 바이트의 끝에 붙임

짝수 (우수, Even) 패리티	1의 개수가 짝수 개가 되도록 만듦
홀수 (기수, Odd) 패리티	1의 개수가 홀수 개가 되도록 만듦

2. 에러 검출 및 교정 코드

• **패리티 코드(Parity Code)** : 오류가 생겼는지를 검사하기 위해 원래의 정보에 추가되는 1비트를 의미하는 에러 검출용 코드이다.
• **해밍 코드(Hamming Code)** : 오류 검출 및 교정이 가능한 코드이다.
→ 2비트의 오류 검출, 1비트의 오류 교정
• **블록합 검사(BSC)** : 패리티 검사를 보완한 검사 방식이다.
• **순환 중복 검사(CRC)** : 다항식 검사를 이용하여 검사하는 방식이다.

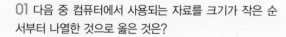

▶▶▶ 기출 문제로 테스트 하기

01 다음 중 컴퓨터에서 사용되는 자료를 크기가 작은 순서부터 나열한 것으로 옳은 것은?

① bit-nibble-byte-word
② bit-byte-nibble-word
③ bit-nibble-word-byte
④ bit-byte-word-nibble

02 다음에 주어진 보기 중에서 가장 작은 컴퓨터 정보 표현 단위는 무엇인가?

① 바이트(Byte)
② 워드(Word)
③ 레코드(Record)
④ 니블(Nibble)

중앙처리장치

1 중앙처리장치(CPU)

1. 중앙처리장치의 구성

중앙처리장치는 제어장치, 연산장치, 주기억장치(레지스터)로 구성된다.

1) 제어장치(CU)

- CPU 내에서 주기억장치로부터 읽어 들인 명령어를 해독하여 해당 장치에게 제어 신호를 보내 정확하게 수행하도록 지시하는 장치이다.
- 종류 : 프로그램 카운터(PC; Program Counter), 명령 레지스터(IR; Instruction Register), 명령 해독기(Decoder), 부호기(Encoder), 번지 레지스터(MAR), 버퍼 레지스터(MBR) 등

>> TIP
CPU(중앙처리장치) : 컴퓨터의 가장 중요한 부분으로 명령을 해독하고 산술/논리 연산이나 데이터 처리를 실행하는 장치를 말한다.

프로그램 카운터 (PC)	다음에 수행할 명령어의 번지(주소)를 기억하는 레지스터
명령 레지스터(IR)	현재 수행 중인 명령어의 내용을 기억하는 레지스터
명령 해독기 (Decoder)	현재 수행해야 할 명령을 해석하여 부호기로 전달
부호기 (Encoder)	명령 해독기에서 전송된 명령을 실행하기 위한 신호로 변환하여 각 장치로 전달

>> TIP
명령 계수기(IC) = 프로그램 카운터(PC) = 프로그램 계수기

2) 연산장치(ALU)

- 실제로 연산을 수행하는 장치를 의미하며, 산술/논리 연산, 관계 연산, 이동(Shift) 등을 수행하는 장치이다.
- 종류 : 누산기(ACC; Accumulator), 가산기(Adder), 보수기(Complementer), 데이터 레지스터, 상태 레지스터, 인덱스 레지스터 등

누산기(ACC)	연산 결과를 일시적으로 기억하는 레지스터
보수기	뺄셈 연산을 위해 입력된 값을 보수로 표현하는 회로
데이터 레지스터	연산에 사용할 데이터를 일시적으로 기억하는 레지스터
인덱스 레지스터	주소를 변경하기 위해 사용하는 참조용 레지스터

3) 레지스터(Register)

- CPU 내에서 자료를 일시적으로 저장하는 저장장치이다.
- 레지스터는 주기억장치보다 속도가 빠르다. → 레지스터는 메모리 중 속도가 가장 빠름
- ALU(연산장치)에서 연산된 자료를 일시적으로 저장한다.

» TIP

CPU의 성능에 영향을 미치는 요인으로는 클럭 주파수, 캐시 메모리, 워드(명령어) 크기, FSB(시스템 버스) 등이 있다.

2. 중앙처리장치의 성능 평가 단위

MIPS	초당 CPU가 처리하는 명령어의 수(백만 단위)로 처리 속도를 나타내는 단위
FLOPS	1초당 부동 소수점 연산의 명령 실행 횟수
클록 속도(Hz)	CPU의 동작 클록 주파수를 의미 → 1Hz는 1초에 1번의 주기가 반복됨을 의미

» TIP

CISC 프로세서

필요한 모든 명령어 셋을 갖추도록 설계된 마이크로프로세서에 관련된 용어이다.

2 마이크로프로세서

중앙처리장치(CPU)에 해당하는 부분(제어장치, 연산장치, 레지스터)을 하나의 반도체(집적회로) 칩에 내장시켜 기능을 수행하게 하는 장치를 말하며, 마이크로프로세서는 개인용 컴퓨터(PC)에서 중앙처리장치로 사용된다.

1) 설계 방식에 따른 분류

① CISC(Complex Instruction Set Computer)
마이크로 프로그래밍을 통해 사용자가 작성하는 고급 언어에 각각 하나씩 기계어를 대응시킨 회로로 구성된 프로세서이다.

② RISC(Reduced Instruction Set Computer)
비교적 적은 수의 명령 집합을 신속하고 효율적으로 처리하도록 설계된 프로세서이다.

2) CISC와 RISC의 비교

구 분	CISC	RISC
명령어 수	많음	적음
레지스터 수	적음	많음
프로그래밍	간단	복잡
처리 속도	느림	빠름
전력 소모	많음	적음
생산 가격	고가	저가
용도	일반 PC	워크스테이션, 그래픽용 컴퓨터, 서버

▶▶▶ 기출 문제로 ^{중간} 테스트 하기

01 다음 중 산술/논리 연산장치(Arithmetic and Logic Unit)의 구성 요소가 아닌 것은?

① 상태 레지스터
② 누산기
③ 프로그램 카운터
④ 보수기

02 다음 중 컴퓨터에서 사용하는 코드와 관련하여 패리티 비트(Parity Bit)에 대한 설명으로 옳지 않은 것은?

① 에러가 발생한 비트를 의미한다.
② 에러 검출용 비트이다.
③ 짝수(Even)와 홀수(Odd) 등의 패리티 비트를 사용할 수 있다.
④ 패리티 비트는 1비트를 사용한다.

03 다음 중 컴퓨터에서 제어장치의 구성 요소로 옳지 않은 것은?

① 명령 계수기(Instruction Counter)
② 명령 해독기(Instruction Decoder)
③ 누산기(Accumulator)
④ 부호기(Encoder)

04 다음 중 CPU에 관한 설명으로 옳지 않은 것은?

① CPU의 성능을 나타내는 단위 중 MIPS는 1초당 100만개 단위의 명령어를 연산하는 것을 의미하는 단위이다.
② 연산장치는 산술연산과 논리연산을 수행하는 장치로 가산기, 보수기, 누산기 등으로 구성된다.
③ 제어장치는 컴퓨터의 모든 동작을 지시, 감독, 제어하는 장치이다.
④ CISC는 범용 마이크로프로세서의 명령 세트를 축소하여 설계한 컴퓨터 방식으로, 주로 고성능의 워크스테이션이나 그래픽용 컴퓨터에서 사용된다.

주기억장치와 보조기억장치

1 주기억장치

1. 롬(ROM; Read Only Memory)

기억된 내용을 읽을 수만 있고, 전원이 꺼져도 기억된 내용이 소멸되지 않는 비휘발성 메모리이다.

» TIP

플래시 메모리
- 전원이 공급되지 않아도 내용이 지워지지 않는 비휘발성 메모리
- EEPROM의 일종
- 읽고 쓰는 속도가 매우 빠르고, 소비 전력이 적음
- 디지털 카메라, MP3 플레이어, 휴대전화 등에 사용

■ ROM의 종류

Mask ROM	제조 단계에서 내용이 기억되어져 있어 사용자는 읽기만 가능하며, 추가나 변경이 불가능한 ROM
PROM	사용자가 한 번만 내용 기록이 가능한 ROM
EPROM	자외선을 쬐어 메모리를 지우고 Writer로 다시 프로그램을 입력할 수 있는 기억 ROM
EAROM	전기적 가변 롬으로 저장된 데이터를 모두 지우지 않고 선택적으로 변경할 수 있는 기억 ROM
EEPROM	전기적인 충격을 이용하여 메모리를 지우고 다시 기록이 가능한 ROM

2. 펌웨어(Firmware)

- 주로 ROM에 반영구적으로 저장되어 있다. 하드웨어를 제어, 관리하는 역할을 수행한다.
- 하드웨어의 동작을 지시하는 소프트웨어이지만 하드웨어적으로 구성되어 하드웨어의 일부분으로도 볼 수 있는 제품을 말한다.
- 하드웨어 교체 없이 소프트웨어 업그레이드만으로 시스템의 성능을 높이기 위한 목적으로 사용한다.
- 하드웨어와 소프트웨어의 중간에 해당한다.
- 기계어 처리, 데이터 전송, 부동 소수점 연산 채널 제어 등의 처리 루틴을 가지고 있다.

3. 램(RAM; Random Access Memory)

읽고 쓰기가 가능하며, 전원이 꺼지면 기억된 내용이 지워지는 휘발성 메모리이다.

■ RAM의 종류 및 비교

구분	SRAM(정적 램)	DRAM(동적 램)
용도	캐시 메모리	주기억 장치
구성	플립플롭	콘덴서
재충전(Refresh)	필요 없음	필요함
접근 속도	빠름	느림
집적도	낮음	높음
구조	복잡함	간단함
전력소모량	많음	적음
가격	고가	저가

2 보조기억장치

1. 보조기억장치

· 주기억 장치의 단점을 보완하는 기억장치이다.
· 주기억 장치보다 속도는 느리지만 저장 용량이 크고, 전원이 꺼져도 데이터 가 유지된다.

하드디스크	컴퓨터 본체에 부착되어 있는 대용량의 기억장치
SSD	· 컴퓨터에서 사용하는 일반 하드디스크에 비하여 속도가 빠르고 기계적 지 연이나 실수의 확률 및 발열 소음이 적음 · 소형화, 경량화 할 수 있는 하드디스크 대체 저장장치
CD-ROM	650MB 대용량 정보 저장이 가능한 읽기 전용 매체
DVD	· 4.7~17GB 대용량 정보 저장이 가능한 매체 · 뛰어난 화질과 음질의 멀티미디어 데이터 저장이 가능
블루레이 디스크	· HD급 고화질 비디오를 저장할 수 있는 차세대 광학장치 · 디스크 한 장에 25GB 이상 저장이 가능

2. 자기 디스크

· 구성 : 트랙, 섹터, 실린더, 클러스터 등
· TIP(Track Per Inch) : 디스크의 기록 밀도 단위로, 인치당 기록할 수 있는 트랙 수를 의미

》 TIP

기억 용량 단위

· KB(Kilo Byte) : 2^{10} = 1,024byte
· MB(Mega Byte) : 2^{20} = 1,024KB (1024× 1024Bytes)
· GB(Giga Byte) : 2^{30} = 1,024MB (1024×1024× 1024Bytes)
· TB(Tera Byte) : 2^{40} = 1,024GB (1024×1024× 1024×1024Bytes)
· PB(Peta Byte) : 2^{50} = 1,024TB (1024×1024× 1024×1024×1024Bytes)

■ 자기 디스크 사이클

접근 시간 (Access Time)	기억장치에서 데이터를 저장하거나 읽는 데 소요되는 시간
탐색 시간 (Seek Time)	헤드가 지정된 트랙에 도착하는 트랙 이동 시간
회전지연 시간 (Search Time = Latency Time)	트랙상의 레코드가 섹터를 찾는 데 소요되는 시간
전송 시간 (Transmission Time)	헤드가 해당 위치로 옮겨져 읽은 데이터를 컴퓨터의 메모리에 전달하는 데까지 소요되는 시간

3 기타 기억장치

» TIP

처리(연산) 속도 단위

느림 ms(밀리 초, 10^{-3}) → μs(마이크로 초, 10^{-6}) → ns(나노 초, 10^{-9}) → ps(피코 초, 10^{-12}) → ks(펨토 초, 10^{-15}) → as(아토 초, 10^{-18}) 빠름

1. 캐시(Cache) 메모리

• 중앙처리장치와 주기억장치 사이에 위치하여 컴퓨터의 처리 속도를 향상시키는 역할을 한다.
• 접근 속도가 빠른 정적 램(SRAM)을 사용한다.
• 캐시 메모리에는 데이터뿐만 아니라 프로그램도 들어가며, 데이터와 메인 메모리에 있는 데이터가 항상 일치하지는 않는다.
• 캐시 메모리의 효율성은 적중률(Hit Ratio)로 나타낼 수 있으며, 적중률이 높을수록 시스템의 전체적인 속도가 향상된다.

2 가상(Virtual) 메모리

• 주기억장치의 용량을 실제보다 크게 활용할 수 있도록 하기 위하여 실제 자료를 보조기억장치에 두고 주기억장치에 있는 것과 같이 처리시킬 수 있는 메모리이다.
• 주기억장치의 용량 제한으로 발생하는 문제를 해결한다.

3. 연관(연상, Associative) 메모리

메모리에 저장된 데이터를 찾는데 있어서 메모리 주소보다 데이터 내용으로 접근하여 찾는 메모리이다.

4. 버퍼(Buffer) 메모리

중앙처리장치와 주변장치 사이에 발생하는 전송 속도의 차이를 해결해 주는 임시 기억장소이다.

5. 플래시(Flash) 메모리

* 전원이 공급되지 않아도 내용이 지워지지 않는 비휘발성 메모리로, EEPROM의 일종이다.
* 디지털 카메라, MP3 플레이어, 휴대전화 등에 사용한다.

》 TIP

기억장치의 접근 속도

느림 보조기억 장치(자기 테이프 → 자기 디스크 → 플로피디스크 → CD-ROM → 하드디스크) → 주기억 장치(롬(ROM) → 램(DRAM)) → 캐시 메모리(SRAM) → 레지스터(CPU) 빠름

▶▶▶ 기출 문제로 테스트 하기

01 다음 중 플래시 메모리에 대한 설명으로 옳지 않은 것은?

① 소비 전력이 적다.
② 휘발성 메모리이다.
③ 정보의 입출력이 자유롭다.
④ 휴대전화, 디지털카메라, 게임기, MP3 플레이어 등에 널리 이용된다.

02 다음 중 기억장치의 접근 속도가 빠른 것에서 느린 순으로 올바르게 나열한 것은?

① 캐시 메모리 → 레지스터 → 주기억장치 → 보조기억장치
② 레지스터 → 캐시 메모리 → 주기억장치 → 보조기억장치
③ 레지스터 → 주기억장치 → 캐시 메모리 → 보조기억장치
④ 주기억장치 → 레지스터 → 캐시 메모리 → 보조기억장치

03 다음 중 컴퓨터에서 사용하는 펌웨어(Firmware)에 관한 설명으로 옳은 것은?

① 컴퓨터 운영에 필수적인 하드웨어 구성 요소이다.
② 주로 RAM에 저장되어 하드웨어를 제어하거나 관리한다.
③ 내용을 변경하거나 추가 또는 삭제할 수 있다.
④ 업그레이드를 위하여 하드웨어를 교체하여야 한다.

04 다음 중 주기억장치의 크기보다 큰 프로그램을 실행하기 위해 디스크의 일부 영역을 주기억장치처럼 사용하게 하는 메모리 관리 방식으로 옳은 것은?

① 캐시 메모리
② 버퍼 메모리
③ 연관 메모리
④ 가상 메모리

정답 | 01 ② 02 ② 03 ③ 04 ④

입출력장치와 기타 장치

1 입력장치

》 TIP
터치 스크린은 입/출력 겸용 장치이다.

키보드, 마우스, 터치 패드, 트랙볼, 포인팅 스틱, 펜 마우스, OMR(광학 마크 판독기), OCR(광학 문자 판독기), MICR(자기 잉크 문자 판독기), BCR(바코드 판독기), 스캐너, 디지타이저/태블릿, 디지털 카메라, 터치 스크린 등이 있다.

2 출력장치

1. 화면 표시 장치

CRT(음극선관), LCD(액정 디스플레이), TFT LCD(박막 트랜지스터 LCD), PDP(플라즈마 디스플레이) 등이 있다.

》 TIP
모니터의 영상(화면)을 표현하는 최소 단위는 픽셀(화소, Pixel)이다.

■ 화면 표시 장치 관련 용어
- **화면의 크기** : 대각선의 길이를 인치(Inch)로 나타낸 것
- **화소(픽셀, Pixel)** : 모니터 화면을 구성하는 최소 구성단위로, 픽셀의 수가 많을수록 해상도가 높음(선명함)
- **점 간격(Dot Pitch)** : 픽셀들 사이의 공간을 나타내는 것으로, 간격이 가까울수록 영상은 선명함
- **해상도(Resolution)** : 한 화면에 표시할 수 있는 픽셀(Pixel)의 수에 따라 결정되며, 해상도를 높이면 픽셀 수가 많아 선명하며, 화면에 더 많은 정보를 표시할 수 있음
- **재생률(Refresh Rate)** : 픽셀들이 밝게 빛나는 것을 유지하기 위해 1초 동안 전자 빔을 쏘아 보내는 횟수를 말하며, 재생률이 높을수록 모니터의 깜빡임이 줄어듦

2. 프린터

도트 매트릭스 프린터, 라인 프린터, 잉크젯 프린터, 레이저 프린터, 플로터 등이 있다.

» TIP

3D 프린터
- 3차원의 입체적인 물품을 만드는 프린터이다. 잉크젯 프린터의 원리와 같다.
- 쌓아 모양을 만드는 '적층형'과 깎아 모양을 만드는 '절삭형' 방식이 있다.

- **■ 프린터 관련 용어**
  - CPS : 1초에 출력되는 글자 수 → 도트 매트릭스 속도 단위
  - LPM : 1분에 출력되는 줄 수 → 라인 프린터 속도 단위
  - PPM : 1분에 출력되는 페이지 수 → 잉크젯 프린터, 레이저 프린터 등의 속도 단위
  - DPI : 1인치에 출력되는 점(Dot, 도트)의 수

3 포트(Port) / 바이오스(BIOS) / 버스(BUS)

1. 포트(Port)

직렬(Serial)	한 비트씩 전송 → 마우스, 모뎀 등을 연결
병렬(Parallel, LPT)	8비트씩 전송 → 프린터, 스캐너, ZIP 드라이브 등을 연결
USB	• 주변장치를 최대 127개까지 연결 • 컴퓨터를 종료하거나 다시 시작하지 않아도 USB 장치를 연결하거나 연결을 끊을 수 있음 • 직렬, 병렬, PS/2 포트 등을 하나의 포트로 대체하기 위한 범용 직렬 인터페이스 규격 • 플러그 앤 플레이(Plug & Play), 핫 플러그인(Hot Plug-In) 지원
PS/2	PS/2용 마우스나 키보드를 단독으로 연결
IEEE 1394	• 주변장치뿐 아니라 디지털 캠코더, 외장 하드디스크 등과 같은 빠른 전송이 필요한 장비를 연결 • 핫 플러그인을 지원하며, 주변장치를 최대 63개까지 연결 가능한 직렬 인터페이스 규격
IrDA (무선 직렬)	각종 데이터를 적외선을 통해 무선으로 주고받을 수 있는 방식 → 노트북과 휴대폰, 디지털 카메라 등의 통신을 가능하게 연결

» TIP

핫 스와핑(Hot Swapping)
=핫 플러깅(Hot Plugging)
컴퓨터의 전원이 연결된 상태에서 장치를 연결하거나 분리할 수 있도록 하는 기능을 의미한다.

2. 바이오스(BIOS)

- 기본 입출력 시스템으로, 하드웨어 작동에 필요한 명령을 모아 놓은 프로그램을 말한다.
- 롬(ROM)에 저장되어 있어 ROM-BIOS 또는 하드웨어와 소프트웨어의 중간 형태로 펌웨어(Firmware)라고도 한다.
- 칩을 교환하지 않고도 업그레이드를 할 수 있다.

3. 버스(BUS)

- 컴퓨터에서 데이터를 주고받는 통로를 의미한다.
- 사용 용도에 따라 내부 버스, 외부(시스템) 버스, 확장 버스로 나뉜다.
  → 외부 버스는 주소 버스, 데이터 버스, 제어 버스로 나뉨

4 하드웨어 관련 용어

1. 인터럽트(Interrupt)

- 컴퓨터에서 정상적인 프로그램을 처리하고 있는 도중 특수한 상태가 발생했을 때 현재 실행하고 있는 프로그램을 일시 중단(보류)하고 그 특수한 상태를 처리한 후 다시 원래의 프로그램을 처리하는 과정을 말한다.
- 종류 : 외부 인터럽트, 내부 인터럽트, 소프트웨어 인터럽트가 있다.

>> TIP
인터럽트는 발생 원인에 따라 정전/입출력/하드웨어 고장/외부 인터럽터(타이머나 오퍼레이터의 콘솔 조작으로 발생)/프로그램 에러/감시 프로그램 호출 인터럽트가 있다.

외부 인터럽트	입출력장치, 타이밍 장치, 전원 이상 등의 외부적 요인
내부 인터럽트	불법적인 명령 또는 잘못된 데이터를 사용할 때 발생 = 트랩(Trap)
소프트웨어 인터럽트	• 프로그램 명령의 수행에 의해 발생 • SVC(Super Visor Call) 인터럽트가 대표적

2. 채널(Channel)

- 중앙처리장치(CPU)와 입출력장치 사이의 속도 차이로 인한 문제점을 해결하기 위해 사용한다.
- 주변장치에 대한 제어 권한을 CPU로부터 넘겨받아 입출력을 관리한다.
- 입출력 작업이 끝나면 CPU에게 인터럽트 신호를 보낸다.
- 채널에는 셀렉터(Selector, 고속 제어), 멀티플렉서(Multiplexer, 저속 제어), 블록 멀티플렉서(Block Multiplexer) 등이 있다.

3. DMA(직접 메모리 접근)

- 데이터 전송이 중앙처리장치(CPU)를 통하지 않고 메모리와 입출력기기 사이에서 직접 행해지는 방식을 말한다.
- DMA 과정에서 인터럽트가 발생하는 시점은 DMA 제어기가 자료 전송을 종료했을 때이다.

4. 교착 상태(Dead Lock)

둘 이상의 프로세스들이 다른 프로세스가 차지하고 있는 자원을 서로 무한정 기다리고 있어서 결국 프로세스의 진행이 중단되는 상태를 말한다.

▶▶▶ 기출 문제로 ^{중간} 테스트 하기

01 다음 중 컴퓨터에 연결하여 사용하는 모니터에 관한 설명으로 옳지 않은 것은?

① 출력장치의 하나로 문자나 그림을 화면에 표시해 주는 장치이다.
② 비디오 어댑터와 관계없이 모니터는 영상을 표현하기 위하여 도트(Dot)라는 화소 단위를 사용한다.
③ 모니터의 해상도가 높을수록 모니터에 나타나는 영상은 선명하다.
④ 모니터는 표현 방식에 따라 PDP, LCD, CRT, LED 등으로 분류된다.

02 다음 중 Windows를 부팅하는 과정에서 컴퓨터의 자기 진단과 주변 기기 등의 점검을 먼저 실시하는 기능을 하는 프로그램으로 옳은 것은?

① SYS　　　　　② BIOS
③ DOS　　　　　④ WIN

03 다음 중 컴퓨터의 인터럽트에 관한 설명으로 옳지 않은 것은?

① 프로그램 실행 중에 현재의 처리 순서를 중단시키고 다른 동작을 수행하도록 하는 것이다.
② 인터럽트 수행을 위한 인터럽트 서비스 루틴 프로그램이 따로 있다.
③ 하드웨어 결함이 생긴 경우에는 인터럽트가 발생하지 않는다.
④ 인터럽트 서브 루틴이 끝나면 주 프로그램으로 돌아간다.

04 다음 중 컴퓨터의 전원이 연결된 상태에서 장치를 연결하거나 분리할 수 있도록 하는 기능을 의미하는 것은?

① 플러그 앤 플레이(Plug and Play)
② 핫 스와핑(Hot Swapping)
③ 채널(Channel)
④ 인터럽트(Interrupt)

05 다음 중 컴퓨터에서 사용하는 USB 장치에 관한 설명으로 옳지 않은 것은?

① 주변장치를 127개까지 연결할 수 있다.
② 컴퓨터의 전원이 켜진 상태에서도 장치를 연결하거나 제거할 수 있다.
③ 기존의 직렬, 병렬, PS/2 포트 등을 하나의 포트로 대체하기 위한 범용 직렬 버스이다.
④ 한번에 8비트의 데이터가 동시에 전송되는 방식을 사용한다.

06 다음 중 컴퓨터 내부에서 중앙처리장치와 메모리 사이의 데이터 전송을 위해 사용되는 버스(Bus)로 옳지 않은 것은?

① 제어 버스(Control Bus)
② 프로그램 버스(Program Bus)
③ 데이터 버스(Data Bus)
④ 주소 버스(Address Bus)

운영체제 사용

1 운영체제(OS; Operating System)

1. 운영체제 개요

- 컴퓨터와 사용자의 중재적 역할을 하여 시스템을 효율적으로 운영할 수 있도록 도와주는 시스템 소프트웨어이다.
- 프로세스 및 기억장치 관리, 파일 및 주변장치 관리, 그리고 컴퓨터에 설치된 프로그램 등을 관리하는 역할과 유틸리티 프로그램을 제공한다.
- 사용자들 간의 하드웨어 공동 사용 및 자원의 스케줄링 등의 기능을 수행한다.
- **종류** : MS-DOS, Windows NT/XP/Vista/7/8/10, Unix, Linux, OS/2 등

2. 운영체제 목적

운영체제의 목적은 처리 능력(Throughput) 향상, 응답 시간(Turnaround Time) 단축, 신뢰도(Reliability) 향상, 사용 가능도(Availability) 향상이다.

처리 능력	일정한 시간 내에 시스템이 처리하는 일의 양
응답 시간 (=반환 시간)	시스템에 작업을 의뢰한 시간부터 처리가 완료될 때까지 걸린 시간
신뢰도	주어진 문제를 정확하게 해결하고 작동하는 정도
사용 가능도	사용자가 컴퓨터를 사용하고자 할 때 얼마나 신속하게 사용할 수 있는가의 정도

3. 운영체제 구성

1) 제어 프로그램

감시 프로그램 (Supervisor Program)	제어 프로그램의 핵심, 처리 프로그램의 실행 과정과 시스템 전체의 동작 상태를 감독하고 지원
데이터 관리 프로그램	주기억장치와 보조기억장치 사이의 데이터 전송 및 갱신, 파일의 조작/활용, 입출력 데이터를 관리
작업 관리 프로그램	특정 업무를 처리하고 다른 업무를 자동적으로 이동하기 위한 준비 및 그 완료 처리를 담당하는 기능을 수행

» TIP

시스템 로그(System Log)
사용자가 원할 경우 기록을 만들어 컴퓨터에 대해 성공한 연결 시도와 실패한 연결 시도를 기록

2) 처리 프로그램

언어 번역 프로그램	원시 프로그램을 시스템이 이해할 수 있는 기계어로 바꾸어주는 프로그램
서비스 프로그램	사용자가 컴퓨터 효율적으로 사용할 수 있도록 제작된 프로그램
문제 처리 프로그램	사용자가 업무를 컴퓨터로 처리하기 위하여 작성된 응용 프로그램

2 운영체제의 운영 방식

① **일괄처리** : 데이터를 일정량 또는 일정기간 동안 모았다가 한꺼번에 처리하는 방식이다. → 급여 계산, 공공요금 계산 등에 사용

② **실시간처리** : 데이터가 생겨날 때마다 바로 처리하는 방식이다. → 항공기나 열차의 좌석 예약, 은행 업무 등에 사용

③ **분산처리 시스템** : 지역적으로 분산된 여러 대의 컴퓨터를 연결해 작업을 분담하여 처리하는 방식이다.

④ **시분할 시스템** : 한 대의 시스템을 여러 사용자가 공동으로 이용하는 경우 각 사용자들에게 CPU에 대한 사용권을 일정 시간동안 할당하여 마치 각자가 컴퓨터를 독점하여 사용하고 있는 것처럼 느끼게 하는 방식이다.

⑤ **다중처리** : 하나의 컴퓨터에 여러 개의 CPU를 설치하여 프로그램을 처리하는 방식이다. → 처리 속도를 향상시키는 데 그 목적을 둠

⑥ **다중 프로그래밍** : 한 대의 CPU로 여러 개의 프로그램을 동시에 처리하는 방식이다.

⑦ **임베디드(Embedded) 시스템**

* 데이터 처리나 컴퓨터의 동작에 필요한 명령어나 데이터들을 시스템의 주기억장치에 보관하고, 순서대로 하나씩 꺼내어 중앙처리장치(CPU)에서 실행하도록 하는 시스템이다.

* TV, 냉장고, 이동전화 등과 같이 해당 제품의 특정 기능에 맞게 특화되어 제품 자체에 포함된 시스템이다.

》 TIP

Load Balancing(부하 분배)
다중 처리 시스템에서 특정 처리기에 과중한 부하가 걸리지 않도록 시간 조정을 하여 부하를 골고루 분배하는 것

》 TIP

클러스터링(Clustering)
여러 대의 컴퓨터를 연결하여 하나의 서버로 사용하는 기술

》 TIP

듀얼 시스템과 듀플렉스 시스템
듀얼 시스템은 2개의 컴퓨터가 같은 업무를 동시에 처리하므로 한쪽 컴퓨터에 문제가 생겨도 업무가 중단되지 않는다. 듀플렉스 시스템은 2개의 컴퓨터를 설치하지만 한쪽은 대기상태로 두었다가 컴퓨터에 문제가 발생한 경우 가동한다.

▶▶▶ 기출 문제로 테스트 하기

01 다음 중 운영체제의 구성에서 제어 프로그램에 해당되지 않는 것은?

① 데이터 관리 프로그램　　② 작업 관리 프로그램
③ 감시 프로그램　　④ 문서 편집 프로그램

02 두 개 이상의 CPU를 가지고 동시에 여러 개의 작업을 처리하는 방식은?

① 일괄처리 시스템　　② 다중처리 시스템
③ 다중 프로그래밍 시스템　　④ 듀플렉스 시스템

PC 유지와 보수

1 PC 응급 처치

1. 부팅 오류

전원이 안 들어오는 경우	전원공급장치(Power Supply)와 전원 연결선을 확인
Non-System disk or disk error	• 디스크 인식이 안 된다는 오류 • CMOS Setup을 통해 복구 작업 또는 초기화 작업을 수행한 후 재부팅
Disk boot failure …	• 부팅에 필요한 디스크를 찾을 수 없다는 오류 • Windows 설치 CD를 통해 복구 작업 수행
BIOS 업데이트 후 부팅이 안 되는 경우	ROM BIOS가 손상되었는지 확인하고, 메인보드를 점검해 본 후 이상이 있으면 A/S 신청

2. CMOS 오류

- CMOS 설정이 변경된 경우 : 바이러스에 노출된 가능성이 높으므로, 백신 프로그램을 통해 감염 여부를 확인한다.
- CMOS 설정이 초기화 된 경우 : 메인보드에 장착되어 있는 배터리의 방전 여부를 확인한다.
- CMOS Setup의 비밀번호를 잊어버린 경우 : 메인보드에 장착되어 있는 배터리를 뽑았다가 다시 장착한다.

3. 하드디스크 오류

- 시스템 파일 또는 부트 섹터가 손상된 경우 : 시동 디스크를 삽입하여 부팅한 후 시스템 파일을 전송 또는 디스크 오류 검사를 통해 부트 섹터를 복구한다.
- 하드디스크가 인식이 안 될 경우 : 하드디스크 연결 상태 확인, 연결 케이블 선 연결 상태 확인, CMOS 설정과 하드디스크의 타입이 CMOS 셋업에서 일치하는지 확인, 하드디스크의 점퍼 스위치 확인, 백신 프로그램을 통해 바이러스를 검사한다.

》 TIP
- CMOS는 메인보드의 내장 기능 설정과 주변 장치에 대한 사항을 저장하고 있다.
- COMS 설정 프로그램은 메인보드의 CMOS SRAM에 저장되어 있고, 내장 배터리에 의해 기억 내용이 유지되며 시스템의 전원이 공급되지 않는 상태에서도 계속 저장되어 부팅할 때 사용된다.

4. 인쇄 오류

- **인쇄가 안 되는 경우** : 프린터 드라이버 설정이 올바른지 확인, 프린터에 [인쇄 일시 중지] 옵션이 지정되었는지 확인, 프린터의 전원이 켜져 있는지 확인한다.
- **인쇄지 스풀 오류가 발생한 경우** : [프린터]의 속성에서 스풀 기능에 관련된 설정 사항을 확인, 스풀 공간을 확인한다.

> **》 TIP**
> - 스풀은 인쇄의 효율성을 위하여 인쇄와 별개로 CPU가 다른 작업을 수행 가능하게 해주는 병행처리 기능이다.
> - 프린터에 인쇄하기 전에 인쇄 내용을 하드디스크에 임시로 보관하므로 스풀에 사용될 디스크의 추가 용량이 필요하다.

2 디스크 공간 부족 해결

- 휴지통 비우기를 실행한다.
- [디스크 정리]를 실행하여 최근에 복원한 내용을 제외하고 모두 제거한다.
- [디스크 정리]를 실행하여 임시 인터넷 파일을 삭제한다.
- 인터넷에서 사용한 캐시 폴더의 내용을 삭제한다.
- 인터넷에서 다운로드한 ActiveX 컨트롤 및 Java 애플릿 등 불필요한 프로그램 파일을 제거한다.
- 사용하지 않는 Windows 구성 요소 및 프로그램을 제거한다.
- 확장명이 .bak 또는 .tmp인 파일을 삭제한다.

3 PC 업그레이드 및 파티션

1. PC 업그레이드(Upgrade)

- PC 업그레이드란 하드웨어나 소프트웨어의 성능을 향상시켜 작업의 효율성을 높이는 것을 말한다.
- **하드웨어 업그레이드** : 하드웨어 장치를 교체하거나 새로 추가하여 시스템 성능을 향상시킨다.

CPU	• 시스템 성능을 개선하는 가장 좋은 방법으로, 메인보드 지원 여부를 확인 • CPU의 클럭 속도가 높은 것이 좋음 예 펜티엄 4 → 코어 i5
메모리(RAM)	• 시스템의 속도 개선을 위한 방법으로, 메인보드에 램 소켓 여분이 있는지 확인 • 램의 형태, 속도, 용량, 핀 수, 꽂을 자리, 최대 지원 크기 등을 확인 • 접근 속도의 단위인 ns(나노 초)의 수치가 작을수록 성능이 좋음 예 RAM 1GB → RAM 4GB
하드디스크	• 연결 방식의 종류와 버전을 확인 • 디스크 용량과 디스크 속도 단위인 RPM의 수치가 클수록 좋음 예 HDD 500GB → HDD 1TB

- 소프트웨어 업그레이드 : 기능이 향상된 새로운 버전의 소프트웨어로 교체한다.
  예 Windows 7 → Windows 10, Office 2010 → Office 2016

2. 파티션(Partition)

- 하나의 물리적인 하드디스크를 여러 개의 논리적인 파티션으로 나누어 사용할 수 있다.
- 한 개의 하드디스크를 여러 개로 나눠 사용하는 것을 말하며, 파티션에는 기본 파티션과 확장 파티션이 있다.
- 하나의 파티션에는 한 가지의 파일 시스템만을 사용할 수 있다.
- 파티션 설정 후에 포맷을 해야 사용할 수 있다.
- 각 파티션 영역마다 다른 운영체제 설치가 가능하다.

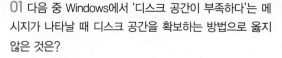

▶▶▶ 기출 문제로 테스트 하기

01 다음 중 Windows에서 '디스크 공간이 부족하다'는 메시지가 나타날 때 디스크 공간을 확보하는 방법으로 옳지 않은 것은?

① Windows 임시 파일을 제거한다.
② 인터넷에서 다운로드한 ActiveX 컨트롤 및 Java 애플릿 등 불필요한 프로그램 파일을 제거한다.
③ 사용하지 않는 Windows 구성 요소를 제거한다.
④ 디스크 검사를 수행하여 하드디스크의 불필요한 파티션을 제거한다.

02 다음 중 컴퓨터에서 사용하는 하드디스크의 파티션(Partition)에 대한 설명으로 옳지 않은 것은?

① 하나의 하드디스크에 여러 개의 파티션을 설정할 수 있다.
② Windows는 해당 하드디스크의 속성 대화 상자에서 파티션 작업을 선택할 수 있다.
③ 운영체제에서는 파티션이 하나의 드라이브로 인식된다.
④ 하드디스크는 파티션을 설정한 후 포맷을 해야 사용할 수 있다.

정답 ㅣ 01 ④ 02 ②

1 프로그래밍 언어

1. 프로그래밍 언어의 종류

FORTRAN (포트란)	과학기술 계산용 언어, 수치 계산 언어
COBOL (코볼)	사무 처리용 언어, 영어 문장 형식으로 기술
ALGOL (알골)	과학기술 계산용 언어, PASCAL과 C 언어의 모체
BASIC (베이직)	문법이 간단한 시분할 방식의 대화형 언어
LISP	인공지능 개발을 위한 언어
자바 (JAVA)	• 웹상에서 멀티미디어 데이터를 효율적으로 처리할 수 있는 객체 지향 언어 • C++ 언어를 기반으로 개발된 것
C	• UNIX 운영체제 제작을 위해 개발된 언어 • 저급/고급 언어 특성을 모두 갖춤
C++	C 언어 기능을 확장하여 만든 객체 지향형 프로그래밍 언어

》 TIP
PL/1은 FORTRAN, COBOL, ALGOL 등의 장점을 모은 범용 언어이다.

》 TIP
구조적 프로그래밍은 입력과 출력이 하나씩 이루어진 구조로 순서, 선택, 반복의 3가지 논리 구조를 사용하는 기법이며, 구조적 프로그래밍 언어로는 PASCAL이 있다.

2. 객체지향 프로그래밍

• 데이터와 그 데이터를 처리하는 함수를 객체로 묶어서 문제를 해결하는 언어이다.
• 객체 내부의 데이터 구조에 데이터의 형(Type)뿐만 아니라 사용되는 함수까지 함께 정의한 것을 '클래스(Class)'라고 한다.
• 객체가 수행할 수 있는 특정한 작업을 '메소드(Method)'라고 한다.
• 객체는 속성과 메소드의 상속뿐만 아니라 재사용이 가능하다.
• 대표적인 객체 지향 언어로는 자바(Java), C++, Visual Basic, SmallTalk 등이 있다.
• **특징** : 상속성, 정보 은폐(캡슐화), 추상화, 다형성, 오버로딩 등

2 언어 번역

1. 프로그램 언어의 번역 과정

| 원시 프로그램 | 번역 → | 목적 프로그램 | 링커 → | 로드 모듈 | 로더 → | 실행 |

- **원시 프로그램** : 사용자가 작성한 프로그램으로 번역되기 전의 프로그램이다.
- **목적 프로그램** : 원시 프로그램을 기계어로 번역한 프로그램으로, 언어 번역기가 필요하다.
- **링커** : 목적 프로그램을 실행 가능한 로드 모듈로 만든다.
- **로드 모듈**(Load Module) : 실행 가능한 형태의 프로그램이다.
- **로더**(Loader) : 실행하기 위해 로드 모듈 프로그램을 주기억장치 내로 옮긴다(적재).

2. 언어 번역 프로그램

① **어셈블러**(Assembler) : 어셈블리어로 작성된 원시 프로그램을 기계어로 번역하는 프로그램이다.

② **컴파일러**(Compiler) : 고급 언어로 작성된 원시 프로그램을 기계어인 목적 프로그램으로 번역하는 프로그램이다.
→ FORTRAN, COBOL, ALGOL, C 등

③ **인터프리터**(Interpreter) : 원시 프로그램을 한 줄씩 대화식으로 번역하여 바로 실행해 주는 프로그램으로, 목적 프로그램을 생성하지 않는다.
→ BASIC, APL, LISP, SNOBOL 등

■ 컴파일러와 인터프리터의 비교

구 분	컴파일러	인터프리터
번역 단위	전체	행(한 줄) 단위
목적 프로그램	생성	없음
번역 속도	느림	빠름
실행 속도	빠름	느림

3 웹 프로그래밍 언어

- HTML : 인터넷의 표준 문서인 하이퍼텍스트 문서를 만들기 위해 사용하는 언어이다.
- DHTML : HTML에 비해 애니메이션이 강화되고 사용자와의 상호 작용에 좀 더 민감한 동적인 웹 페이지를 만들 수 있게 하는 언어이다.
- SGML : 다양한 형태의 멀티미디어 문서들을 원활하게 교환할 수 있도록 제정한 국제 표준 언어이다.
- XML : 기존 HTML 단점을 보완하여 문서의 구조적인 특성들을 고려하여 문서들을 상호 교환할 수 있도록 설계된 프로그래밍 언어이다. 클라이언트의 복잡한 데이터 처리를 쉽게 할 수 있으며, 자신의 목적에 맞는 태그를 정의할 수 있다.
- UML : 요구 분석, 시스템 설계, 시스템 구현 등의 시스템 개발 과정에서 개발자 간의 의사소통을 원활하게 이루어지게 하기 위하여 표준화한 모델링 언어이다.
- VRML : 가상현실 모델링 언어로, 웹에서 3차원 가상공간(가상세계)을 표현하고 조작할 수 있게 하는 언어이다.
- **자바(JAVA)** : C++ 언어를 기반으로 개발되었다. 웹상에서 멀티미디어 데이터를 효율적으로 처리할 수 있는 객체 지향 언어이다.
- **자바 스크립트(Java Script)** : 자바 애플릿(Java Applet)의 단점을 극복하고자 개발된 언어이다. 클래스가 존재하지 않으며, 변수 선언도 필요 없다. 소스 코드가 HTML 문서에 포함되어 있고, 사용자의 웹 브라우저에서 직접 번역되고 실행된다.
- ASP : 서버 측에서 동적으로 처리되는 페이지를 만들기 위한 언어이다.
- CGI : 서버와 응용 프로그램 간에 데이터를 주고받기 위한 방법이나 규약이다.
- JSP : 자바를 기반으로 만들어진 서버 스크립트로, 서버 측에서 동적으로 수행하는 페이지를 만드는 언어이다.
- PHP : 서버측 스크립트 언어로서 Linux, Unix, Windows 운영체제에서 사용 가능하다.

》 TIP

HTML 5

HTML의 최신 규격이다. 그림, 동영상, 음악 등을 실행하는 기능을 포함시켜 액티브X, 어도비 플래시 등과 같은 플러그인 기반의 각종 프로그램을 별도로 설치할 필요가 없다.

01 다음 중 컴퓨터에서 고급 언어로 프로그래밍하는 과정의 순서로 옳은 것은?

가. 원시 프로그램 작성	나. 로딩(Loading)
다. 링킹(Linking)	라. 번역(Compile)
마. 프로그램 실행	

① 가-라-다-나-마　　② 가-다-라-나-마
③ 가-나-다-라-마　　④ 가-라-마-다-나

02 다음 중 컴퓨터에서 사용하는 객체지향 언어의 특징으로 옳지 않은 것은?

① 그룹화　　　　　　② 캡슐화
③ 다형성　　　　　　④ 상속성

03 다음 중 컴퓨터에서 사용하는 언어 번역 프로그램으로 옳지 않은 것은?

① 인터프리터　　　　② 유틸리티
③ 컴파일러　　　　　④ 어셈블러

04 다음 중 언어 번역 프로그램에 대한 설명으로 옳지 않은 것은?

① 컴파일러에 입력되는 프로그램을 원시 프로그램이라 하고, 기계어로 출력되는 프로그램을 목적 프로그램이라 한다.
② 인터프리터는 원시 프로그램을 입력으로 받아 기계어를 생성하고 이를 실행해서 그 결과를 출력하여 주는 프로그램이다.
③ 어셈블리 언어는 어셈블러라고 하는 언어 번역기에 의해서 기계어로 번역된다.
④ 언어 번역 프로그램에는 컴파일러, 어셈블러, 인터프리터 등이 있다.

05 다음 중 객체지향 프로그래밍 언어가 아닌 것은?

① COBOL　　　　　　② JAVA
③ SmallTalk　　　　　④ C++

정답 | 01 ① 02 ① 03 ② 04 ② 05 ①

인터넷과 멀티미디어 활용

인터넷 활용

1 IP 주소

1. IPv4(Internet Protocol Version 4)

- 주소는 인터넷에 연결된 호스트 컴퓨터의 유일한 주소로, 네트워크 주소와 호스트 주소로 구성되며, 8비트씩 4부분으로 총 32bit 주소 체계이다.
- 각 부분은 점(.)으로 구분하며, 10진수로 표현한다.
- 각 자리는 0~255까지의 숫자를 사용한다.

2. IPv6(Internet Protocol Version 6)

- 16비트씩 8부분, 총 128비트 구성이다.
- 각 부분은 콜론(:)으로 구분하며, 16진수로 표현한다.
- 주소의 확장성, 융통성, 연동성이 뛰어나며, IPv4에 비해 전송 속도가 빠르다.
- 인증성, 기밀성, 데이터 무결성의 지원으로 보안 문제를 해결한다.
- 실시간 흐름 제어로 향상된 멀티미디어 서비스를 제공할 수 있다.
- 구분 : 유니캐스트, 애니캐스트, 멀티캐스트 등

3. IP 주소의 구분

- 주소를 네트워크 부분의 길이에 따라 A 클래스~E 클래스까지 총 5단계로 구분한다.
- 서브넷 마스크 : A 클래스는 '255.0.0.0', B 클래스는 '255.255.0.0', C 클래스는 '255.255.255.0' 값을 사용한다.

》 TIP
- IPv6은 IPv4의 주소 부족 문제를 해결하여 줄 수 있다.
- IPv6 주소의 한 부분이 0으로만 연속되는 경우 연속된 0은 '::'으로 생략하여 표시할 수 있다.

A Class	• IP 주소 : 1.0.0.0~127.255.255.255 • 국가나 대형 통신망에 사용
B Class	• IP 주소 : 128.0.0.0~191.255.255.255 • 중대형 통신망에 사용
C Class	• IP 주소 : 192.0.0.0~223.255.255.255 • 소규모 통신망에 사용

D Class	• IP 주소 : 224.0.0.0~239.255.255.255 • 멀티캐스트용으로 사용
E Class	• IP 주소 : 240.0.0.0~247.255.255.255 • 실험용으로 사용

2 도메인 네임 / URL

1. 도메인 네임(Domain Name)

- 숫자로 된 IP 주소를 사용자가 알아보기 쉽도록 문자 형태로 표현한 이름이다.
- **형식 : 호스트이름.소속기관.소속기관의 종류.소속국가**
- 도메인 네임은 오른쪽으로 갈수록 상위 도메인에 속한다.
- 도메인 네임은 전 세계를 대상으로 중복되지 않는 고유한 주소이다.

2. DNS

- 'Domain Name Server' 또는 'Domain Name System'의 약자로 쓰인다.
- 문자로 만들어진 도메인 이름을 숫자로 된 IP 주소로 바꾸는 시스템이다.
- 모든 호스트들을 각 도메인별로 계층화시켜서 관리한다.

■ 최상위 도메인의 종류

미국의 도메인명	기관 종류	미국 이외의 도메인명
com	상업기관	co
int	국제기관	
gov	정부기관	go
edu	교육기관	ac
net	네트워크 관련 기관	ne
mil	군사기관	
org	비영리(기타) 기관	or

■ **학교 관련 기관 도메인**

초등학교	es
중학교	ms
고등학교	hs
전문대 이상	ac
특수학교	sc

3. URL

- 인터넷상에 존재하는 각종 자원들의 위치를 같은 형식으로 나타내기 위한 표준 주소 체계이다.
- 인터넷에 존재하는 정보나 서비스에 대해 접근 방법, 존재 위치, 자료 파일명 등의 요소를 표시한다.
- **형식 : 프로토콜://서버 주소[:포트 번호]/파일 경로/파일명**

■ **포트 번호**

FTP	21
GOPHER	70
HTTP	80
NEWS	119
TELNET	23

3 인터넷 프로토콜 및 OSI 7계층

1. 프로토콜(Protocol)

- 통신을 원하는 두 개체 간에 무엇을, 어떻게, 언제 통신할 것인가에 대해 약속한 통신 규정이다.
- 프로토콜에는 흐름 제어 기능, 동기화 기능, 에러 제어 기능이 있다.

2. 인터넷 프로토콜

1) TCP/IP

• 인터넷 연결을 위한 대표적인 통신 프로토콜이다.

• 서로 다른 기종의 컴퓨터 간 통신을 위한 인터넷 표준 전송 규약이다.

TCP	• 두 종단 간 연결을 설정한 후 데이터를 패킷 단위로 교환 → 데이터의 흐름 제어, 에러 유무를 검사 • OSI 7계층 중 전송 계층에 해당
IP	• 패킷 주소를 해석하고 경로를 결정하여 다음 호스트로 전송 • OSI 7계층 중 네트워크 계층에 해당

2) ARP(주소 결정 프로토콜)

호스트의 IP 주소를 호스트와 연결된 네트워크 접속 장치의 물리적 주소 (MAC)로 찾아주는 프로토콜이다.

3) DHCP

TCP/IP 통신에서 클라이언트가 인터넷을 사용할 수 있도록 하기 위해 동적인 IP 주소를 할당받도록 해주는 프로토콜이다.

4) ICMP

호스트나 라우터의 오류 상태 통지 및 예상치 못한 상황에 대한 정보를 제공할 수 있게 하는 인터넷 프로토콜이다.

5) UDP(사용자 데이터그램 프로토콜)

비접속형 통신을 제공하며, 메시지가 분실되거나 송신된 순서와 서로 다른 순서로 수신될 수 있다. → 전송 계층에 해당

6) SNMP(TCP/IP 네트워크 관리 프로토콜)

네트워크상의 각 호스트에서 정기적으로 여러 가지 정보를 자동적으로 수집하여 네트워크 관리를 하기 위한 프로토콜이다.

》 TIP
프로토콜 전환이 필요한 다른 네트워크와 연결하기 위해서는 게이트웨이(Gateway)가 사용된다.

》 TIP
OSI 7계층은 국제표준화기구에서 네트워크 통신의 접속에서부터 완료까지의 과정을 구분하여 정의한 통신 규약 명칭이다.

- **상위 계층(4~7계층)** : 전송(Transport) 계층, 세션(Session) 계층, 표현(Presentation) 계층, 응용(Application) 계층
- **하위 계층(1~3계층)** : 물리(Physical) 계층, 데이터링크(Data Link), 네트워크(Network) 계층

1	물리	• 전송 매체에서의 전기 신호 전송 기능과 제어 및 클럭 신호를 제공 • 관련 장비 : 리피터, 허브
2	데이터 링크	• 동기화, 에러 제어, 흐름 제어, 순서 제어, 링크 확립 기능을 제공 • 관련 장비 : 랜카드, 스위치, 브리지
3	네트워크	• 정보 교환 및 중계, 경로 설정 기능을 제공 • 관련 장비 : 라우터
4	전송	• 송수신 시스템 간의 논리적 안정과 균일한 서비스를 제공 → 신뢰성 있는 연결 보장 • 관련 장비 : 게이트웨이
5	세션	응용 프로그램 사이의 연결을 확립, 유지, 단절시키는 수단을 제공
6	표현	암호화와 해독, 효율적 전송을 위한 데이터 압축, 코드 변환, 구문 검색 기능 수행
7	응용	네트워크를 통한 응용 프로세스 간의 정보 교환, 파일 전송 담당

4 전자우편

1. 전자우편의 개요

- 인터넷을 통하여 사용자끼리 서로 편지를 주고받는 서비스를 말한다. → 발송된 메일은 메일 서버에 저장되게 되므로 인터넷에 접속되어 있지 않더라도 추후에 확인하고 받아볼 수 있음
- 주소 형식 : 사용자 ID@호스트 주소
- 기본적으로 7비트의 ASCII 코드를 사용하여 메시지를 주고받는다.
- 전자우편은 메일 서버에 별도의 계정이 있어야만 여러 사용자와 메일을 주고받을 수 있다.
- 전자우편을 통해 한 사람이 동시에 여러 사람에게 동일한 전자우편을 보낼 수 있다.

■ **전자우편의 구성**

머리부(헤더부)	받는 사람 주소, 참조 주소, 숨은 참조 주소, 제목, 송신 날짜, 첨부 등
본문부	본문, 서명 등

2. 전자우편 관련 프로토콜

SMTP	• 사용자의 컴퓨터에서 작성한 메일을 다른 사람의 계정이 있는 곳으로 전송해 주는 역할을 하는 프로토콜 • 전자우편 송신 프로토콜
POP3	• 메일 서버에 도착한 이메일을 사용자 컴퓨터로 가져올 수 있도록 메일 서버에서 제공하는 프로토콜 • 전자우편 수신 프로토콜
MIME	• 텍스트, 이미지, 오디오, 비디오 등의 멀티미디어 전자우편을 주고받기 위한 인터넷 메일의 표준 • 멀티미디어 파일의 내용을 확인 및 실행
IMAP	• 메일 서버의 이메일 메시지를 관리하고, 메일을 읽기 위한 인터넷 표준 프로토콜 • 전자우편 수신 프로토콜

》 TIP

보낸 E-mail이 반송되는 경우
• 수신자 메일 주소의 형식이 틀린 경우
• 해당 메일 서버가 문제가 있을 경우
• 해당 사용자의 메일 보관함이 가득 차 있을 경우

》 TIP

스팸(Spam) 메일
수신인이 원하지 않는 메시지나 정보를 일방적으로 보내는 행위로, 불특정 다수에게 대량으로 보내는 광고성 메일

5 웹 브라우저 / 검색 엔진 / 인터넷 옵션

1. 웹 브라우저(Web Browser)

• 보통 브라우저라고도 하며, 인터넷 서비스 중 WWW 관련 정보들을 볼 수 있게 해주는 프로그램을 말한다.
• 종류로는 모자이크, 넷스케이프, 익스플로러, 크롬, 첼로, 파이어폭스, 오페라, 사파리, 아라크네, 삼바, 핫자바 등이 있다.

■ 웹 브라우저 관련 용어

캐싱 (Caching)	자주 사용하는 사이트의 자료를 따로 저장하고 있다가 사용자가 다시 그 자료에 접근하려고 할 때 인터넷을 접속하지 않고 저장한 자료를 활용해서 빠르게 보여주는 기능
쿠키 (Cookie)	인터넷 웹 사이트의 방문 기록을 남겨 사용자와 웹 사이트 사이를 매개해 주는 정보를 담은 임시 파일
플러그 인 (Plug-In)	프로그램을 설치하여 동영상이나 소리 등의 다양한 멀티미디어 데이터를 처리
북마크 (Bookmark)	인터넷의 웹 브라우저에서 다시 방문하고 싶은 웹 사이트의 주소를 등록해 놓고, 나중에 쉽게 찾아 바로 찾아 갈 수 있도록 하는 기능
히스토리 (History)	웹 브라우저를 처음 실행시킨 후부터 종료 전까지 사용자가 방문했던 웹 사이트 주소들을 순서대로 기억하여 보존하는 기능
즐겨찾기	자주 방문하는 웹 사이트를 쉽게 찾아갈 수 있도록 해당 웹 사이트 주소를 목록 형태로 저장해 둔 것

2. 검색 엔진

주제별 검색엔진	'디렉토리형 검색엔진'이라고도 하며, 웹 페이지의 정보를 분류하여 저장해 놓고 정보를 제공하는 방법
키워드 검색엔진	찾으려는 정보의 특정 키워드(단어)를 입력하여 원하는 결과를 얻는 방법
메타 검색엔진	인터넷을 이용한 자체 검색 기능은 가지고 있지 않으나, 한 번의 검색어 입력으로 여러 개의 검색엔진에서 정보를 찾아 주는 방법
하이브리드 검색엔진	주제별 검색엔진과 키워드 검색엔진의 기능을 모두 제공하는 방법

3. 인터넷 옵션

인터넷 익스플로러에서 [도구]-[인터넷 옵션]을 선택하면 [인터넷 옵션] 대화 상자가 나타난다.

》 TIP
- [내용] 탭 : 과도한 노출이나 폭력적인 사이트에는 접속을 할 수 없도록 등급을 사용하여 볼 수 있는 인터넷 내용을 제한하도록 설정
- [개인 정보] 탭 : 팝업을 허용할 웹 사이트를 추가
- [일반] 탭 : 웹 페이지의 색 및 글꼴 설정

[일반] 탭	홈 페이지 지정, 검색 기록(임시 파일, 열어본 페이지 목록, 쿠키, 저장된 암호 및 웹 양식 정보) 삭제/설정
[보안] 탭	웹 영역별로 보안 설정, 보안 수준 설정
[개인 정보] 탭	인터넷 영역에 대한 설정, 사용자 위치 정보 요청 허용 여부, 팝업 차단 여부 설정
[내용] 탭	등급 제한 설정, 인증서 관리, 자동 완성 설정
[연결] 탭	인터넷 연결, 프록시 서버 구성 설정, LAN 설정
[프로그램] 탭	기본 웹 브라우저, 브라우저 추가 기능 관리, HTML 편집기, 전자 메일/뉴스 그룹 등 인터넷 서비스에 사용할 프로그램 설정
[고급] 탭	검색, 멀티미디어, 보안, 접근성 등의 고급 설정 관리

6 인터넷 서비스

1. 주요 인터넷 관련 용어

FTP	컴퓨터와 컴퓨터 사이에서 파일을 주고받을 수 있도록 하는 원격 파일 전송 프로토콜
텔넷 (Telnet)	원격지에 있는 컴퓨터에 접속하여 프로그램을 실행시키거나 시스템 관리 작업 등을 할 수 있는 서비스
고퍼 (Gopher)	흩어져 있는 정보를 메뉴 형식으로 쉽게 조회할 수 있는 인터넷 검색 서비스
아키 (Archie)	인터넷상에서 전 세계적으로 퍼져 있는 Anonymous FTP 서버내의 파일 목록을 검색하기 위해 사용되는 데이터베이스 검색 서비스
인트라넷 (Intranet)	인터넷 기술을 이용하여 기업 내부의 업무를 해결하려는 네트워크 환경

엑스트라넷 (Extranet)	인터넷 기반 기술을 이용하여 기업들이 외부 보안을 유지한 채 협력 업체 간의 효율적인 업무 처리를 위해 사용하는 네트워크 환경
유비쿼터스 (Ubiquitous)	사용자가 네트워크나 컴퓨터를 의식하지 않고 장소에 상관없이 자유 롭게 네트워크에 접속할 수 있는 정보통신 환경

2. 기타 인터넷 서비스

- 웨이즈(WAIS) : 다양한 분야를 검색할 수 있도록 분산되어 있는 데이터베이스들의 목록을 토대로 정보를 검색할 수 있도록 하는 서비스이다.
- 유즈넷(Usenet) : 분야별로 공통 관심사를 가진 인터넷 사용자들이 서로의 의견을 주고받을 수 있게 하는 서비스이다.
- IRC : 인터넷을 통해 채팅을 할 수 있도록 하는 서비스이다.
- 메일링 리스트(Mailing List) : 관심 분야가 같은 그룹 내에서 특정 주제에 대한 정보 교환 및 토론을 위해 전자 우편 형태로 운영되는 서비스이다.
- 포털 사이트(Portal Site) : 인터넷을 이용할 때 자주 방문하게 되는 웹 사이트로, 전자우편, 뉴스, 쇼핑, 게시판 등 다양한 서비스를 통합하여 제공하는 사이트이다.
- 미러 사이트(Mirror Site) : 인터넷상에서 특정 사이트로 동시에 많은 이용자들이 접속하는 것을 방지하기 위하여 같은 내용을 복사해 놓은 사이트이다.
- 디지털 워터마크(Digital Watermark) : 디지털 이미지, 오디오, 비디오 등의 파일에 저작권 정보를 식별할 수 있도록 삽입된 특정한 비트 패턴이다.

▶▶▶ 기출 문제로 ^{중간} 테스트 하기

01 다음 중 인터넷상에 존재하는 각종 자원들의 위치를 같은 형식으로 나타내기 위한 표준 주소 체계를 뜻하는 용어로 옳은 것은?

① DNS ② URL
③ HTTP ④ NIC

02 다음 중 인터넷을 사용할 때 문자로 되어 있는 도메인 네임을 숫자로 구성된 IP 주소로 변환해 주는 장비는?

① 게이트웨이 ② 서브넷 마스크
③ DNS 서버 ④ 라우터

멀티미디어 활용

1 멀티미디어의 개요

1. 멀티미디어의 특징

'Multi(여러 가지, 다중)+Media(미디어, 매체)'의 합성어로, 텍스트나 그래픽, 소리, 동영상 등의 여러 가지 매체를 통합하여 전달한다.

디지털화	아날로그 데이터를 디지털 데이터로 변환하여 처리
쌍방향성	정보를 제공하는 자와 사용자 간 상호 작용을 통해 데이터 전달
비선형성	데이터가 순차적으로 처리되는 것이 아닌 사용자의 의지에 따라 다양한 방향으로 처리
정보의 통합성	텍스트, 그래픽, 사운드/동영상, 애니메이션 등의 매체를 디지털 데이터로 통합하여 전달

2. 멀티미디어 발전 배경

- 인터넷 기술의 발전
- 초고속 통신망 기술의 발전
- 압축 기법과 같은 데이터 처리 기술의 발전
- 하드웨어(저장장치)의 비약적인 발전
- 저장장치의 기술 발전으로 대량의 멀티미디어 데이터 저장

3. 하이퍼텍스트와 하이퍼미디어, 하이퍼링크

하이퍼텍스트 (Hypertext)	정보를 효과적으로 나타내기 위해 문서와 문서를 연결하여 관련된 정보를 쉽게 찾아 볼 수 있도록 한 것
하이퍼미디어 (Hypermedia)	• 하이퍼텍스트와 멀티미디어를 합한 개념 • 특정 텍스트나 다양한 미디어를 클릭하면 연결된 문서로 이동하는 문서 형식 • 하나의 데이터를 여러 사용자가 다른 경로를 통해 검색 가능 • 사용자 의도에 의해 문서를 읽는 순서가 결정되는 비선형 구조
하이퍼링크 (Hyperlink)	웹상에서 정보를 효과적으로 나타내기 위해 문서와 문서를 연결하여 관련된 정보를 쉽게 찾아 볼 수 있는 기능

2 스트리밍 기술과 압축 프로그램

1. 스트리밍(Streaming) 기술

- 웹상에서 오디오나 비디오 등의 데이터를 다운로드하면서 동시에 실시간으로 재생해 주는 기술을 말한다.
- 데이터를 모두 다운로드하지 않고도 바로 재생할 수 있다는 장점이 있다.
- 실시간으로 사운드를 보내기 위해 만들어진 압축 방식으로 인터넷을 통해 데이터를 계속 받으면서 동시에 이미 다운로드 받은 데이터를 재생한다.
- 스트리밍은 데이터 수신 속도가 빠른 경우 매끄럽게 표현되지만, 너무 느린 경우 데이터의 표현이 매끄럽지 않게 된다.
- 스트리밍 기술을 적용한 것으로는 인터넷 방송이나 원격 교육 등이 있다.
- 스트리밍 기술로 재생 가능한 데이터 형식에는 *.ram, *.asf, *.wmv 등이 있다.
- **스트리밍 지원 프로그램** : 윈도우 미디어 플레이어, 리얼 오디오, 스트림웍스, 곰 플레이어 등

2. 압축 프로그램

- 파일의 정보를 그대로 유지하면서 크기를 축소하는 기술이다.
- Windows에서는 기본적으로 파일/폴더의 크기를 줄여주는 압축 기능을 제공한다.
- 파일을 압축하는 목적은 저장 공간 및 통신 시간의 절약이다.
- 여러 개의 파일을 하나로 압축하여 관리할 수 있다. → 한 번 압축한 파일을 재압축한다고 해서 파일의 크기가 계속 줄지는 않음
- **압축 프로그램의 종류** : Winzip, Winrar, Winarj, 알집, 밤톨이 등
- **압축 파일 형식** : zip, arj, rar, lzh, cab, tar 등

>> TIP
스트리밍 기술은 멀티미디어 파일을 다운 받을 때 지연시간을 줄이기 위해 데이터를 다운로드 받으면서 재생할 수 있는 기술이다.

>> TIP
아카이브(Archive) 파일
- 파일 전송을 위해 백업용, 보관용, 기타 다른 목적으로 한 곳에 모아둔 파일로, 압축 파일을 의미한다.
- zip 파일과 같이 압축된 파일이나 '보관 속성' 또는 '저장 속성'을 가진 파일을 의미한다.

3 그래픽(이미지) 데이터

1. 이미지 표현 방식

비트맵	• 픽셀(화소, Pixel)이라는 여러 개의 점으로 이미지를 표현 → 래스터(Raster) 이미지라고도 함 • 이미지를 확대하면 계단 현상과 같이 테두리가 거칠게 표현 → 안티앨리어싱 처리가 필요 • 벡터 방식에 비해 메모리 용량이 크고, 속도가 느림 • 파일 형식 : BMP, GIF, JPEG, PCX, PNG, TIF 등
벡터	• 점과 점을 연결하는 직선이나 곡선을 이용하여 이미지를 표현 • 이미지를 확대하면 테두리가 거칠지 않고, 매끄럽게 표현 → 이미지 확대/축소 시 화질 손상이 거의 없음 • 파일 형식 : AI, DXF, WMF 등

2. 그래픽 파일 형식

1) BMP

Windows에서 기본적으로 지원하는 포맷으로, 고해상도 이미지를 제공하지만 압축을 사용하지 않으므로 파일의 크기가 크다.

2) JPG(JPEG)

• 사진과 같은 정지 영상을 표현하기 위한 국제 표준 압축 방식이다.
• 손실과 무손실 압축 기법을 모두를 사용할 수 있으며, 주로 손실 압축 기법이 사용된다.
• 24비트 컬러를 사용하여 트루 컬러로 이미지를 표현한다.
• 사용자가 압축률을 지정해서 이미지를 압축하는 압축 기법을 사용할 수 있다.

3) GIF

• 인터넷 표준 그래픽 파일 형식으로, 256가지 색을 표현하지만 애니메이션으로도 표현할 수 있다.
• 무손실 압축 기법을 사용한다.
• 여러 번 압축하여도 원본과 비교해 화질의 손상은 없다.
• 배경을 투명하게 처리할 수 있다.

4) WMF

Windows에서 사용하는 메타 파일 방식으로, 비트맵과 벡터 정보를 함께 표현하고자 할 경우 적합하다.

》 TIP

BMP 파일 형식은 비트맵 방식으로, 압축을 하지 않는다.

5) TIF(TIFF)

데이터의 호환성이 좋아 응용 프로그램 간 데이터 교환용으로 사용하는 파일 형식이다.

6) PNG

GIF와 JPEG의 효과적인 기능들을 조합하여 만든 그래픽 파일 포맷이다.

» TIP

그래픽 파일 형식의 종류

BMP, JPG(JPEG), GIF, WMF, TIF(TIFF), PNG, PCX, DXF 등

4 오디오 / 비디오 데이터

1. 오디오(사운드) 데이터

WAVE	• 마이크로소프트사와 IBM이 개발한 PC용 오디오 파일 형식 → 확장자는 '.wav' • 낮은 레벨의 모노에서부터 CD 수준의 스테레오에 이르기까지 다양한 수준으로 저장 가능 • 녹음 조건에 따라 파일의 크기가 가변적 • Windows Media Player로 파일 재생 가능
MIDI (미디)	• 전자 악기 간 디지털 신호에 의한 통신 또는 컴퓨터와 전자 악기 간의 통일 규격 • 음 높이, 음 길이, 세기 등 다양한 음악 기호가 정의되어 있음 → 음성이나 효과음 저장이 불가능
MP3	• 소리에 대한 사람의 청각 특성을 잘 살려 압축하는 기법 • CD 수준의 음질을 들을 수 있는 고음질 오디오 압축 표준 형식
AIFF	• 비압축 무손실 압축 포맷 • Mac OS에서 표준으로 사용되는 오디오 파일 형식

» TIP

샘플링

음성이나 영상 등의 연속적 소리 신호인 아날로그 신호를 일정한 간격으로 측정하여 그 값을 디지털화시키는 작업

» TIP

오디오 파일 형식의 종류

WAVE, MIDI, MP3, AIFF 등

2. 비디오(동영상) 데이터

AVI	MS사가 개발한 Windows의 표준 동영상 파일 형식
DVI	• 인텔(Intel)사가 개발한 동영상 압축 기술 • 멀티미디어 분야의 동영상 압축 기술로 발전
ASF	• MS사에서 개발한 통합 멀티미디어 형식 • 용량이 작고 음질이 뛰어나 주로 스트리밍 서비스를 하는 인터넷 방송국에서 사용
MPEG	• 동영상 전문가 그룹에서 제정한 동영상 압축 기술에 관한 국제 표준 규격 • 동영상뿐만 아니라 오디오 데이터도 압축 가능 • 프레임 간 연관성을 고려하여 중복 데이터를 제거하는 손실 압축 기법을 사용
퀵 타임 (MOV)	• 애플(Apple)사가 개발한 동영상 압축 기술 • JPEG 방식을 사용 • Windows에서도 재생 가능
DivX	MPEG-4와 MP3를 재조합한 비표준 동영상 파일 형식

» TIP

코덱(CODEC)

• 음성이나 비디오 등의 아날로그 신호를 전송에 적합한 디지털 신호로 변환하거나 그 반대로 작업을 수행하는 네트워크 장치이다.
• 멀티미디어 데이터의 전송 및 보관을 위해 대용량의 동영상 및 사운드 파일을 압축하거나 압축을 푸는 데 사용되는 모든 기술, 도구 등을 통칭한다.

» TIP

비디오 파일 용량

가로 픽셀 수 × 세로 픽셀 수 × 픽셀 크기(Byte) × 프레임 수

» TIP

비디오 파일 형식의 종류

AVI, DVI, ASF, WMV, MPEG, MOV, DivX 등

5 MPEG 규격

1) MPEG-1
비디오 CD나 CD-I에서 사용하는 압축 기술이다.

2) MPEG-2
- 차세대 텔레비전 방송이나 ISDN, 케이블망 등을 이용한 영상 전송을 위하여 제정되었다.
- HDTV, 위성방송, DVD 등이 이 규격을 따르고 있다.

3) MPEG-4
- 동영상의 압축 표준안 중에서 IMT-2000 멀티미디어 서비스이다.
- 대화형 인터넷 방송의 핵심 압축 방식으로, 비디오/오디오를 압축하기 위한 표준안이다.
- 통신, PC, 방송 등을 결합하는 복합 멀티미디어 서비스의 통합 표준을 위한 것이다.

4) MPEG-7
- 인터넷에서 키워드를 통해 동영상을 검색하는 등 다양한 종류의 멀티미디어 정보 검색에 사용할 수 있는 기술이다.
- 동영상 데이터 검색과 전자상거래 등에 적합하도록 개발된 동영상 압축 재생 기술이다.

5) MPEG-21
디지털 콘텐츠의 제작 및 유통, 보안 등의 모든 과정을 관리할 수 있게 하는 기술 표준을 제시한 기술이다.

6 멀티미디어 활용

- VOD(주문형 비디오) : 다양한 영상 정보 데이터베이스를 구축하여 사용자가 요구하는 영상 정보를 원하는 시간에 볼 수 있도록 하는 서비스이다.
- VCS(화상회의 시스템) : 초고속 통신망을 이용하여 먼 거리에 있는 사람들과 비디오와 오디오를 통해 회의를 할 수 있도록 하는 서비스이다.
- CAI : 컴퓨터를 이용하여 학습자에게 교육 내용을 설명하거나 연습 문제를 주어서 학습자가 개별적으로 학습을 진행하는 것을 가능하게 하는 교육 시스템이다.
- PACS(의학영상정보 시스템) : 의학용 영상정보의 저장, 판독 및 검색 기능 등의 수행을 통합적으로 처리하는 시스템이다.
- IPTV(Internet Protocol TV) : 초고속 인터넷망을 이용하여 제공되는 양방향 텔레비전 서비스이다.
- 키오스크(KIOSK) : 전시장이나 쇼핑센터 등에 설치하여 방문객이 각종 안내를 받을 수 있도록 한 것으로, 터치 패널을 이용해 메뉴를 손가락으로 선택해서 정보를 얻을 수 있는 시스템이다.
- 가상현실(VR) : 다양한 장치를 통해 컴퓨터가 만들어낸 가상 세계에서 여러 다른 경험을 체험할 수 있게 하는 서비스이다.
- 증강현실(AR) : 사용자가 눈으로 보는 현실 화면이나 실제 영상에 문자나 그래픽과 같은 가상의 3차원 정보를 실시간으로 겹쳐 보여주는 기술이다.
- 스마트 TV(Smart TV) : 인터넷 기능을 결합한 TV로, 각종 앱을 설치하여 웹 서핑, VOD 시청, 게임 등 다양한 기능을 활용할 수 있는 다기능 TV를 말한다.

》 TIP

VOD 서비스

- 비디오를 디지털로 압축하여 비디오 서버에 저장하고, 가입자가 원하는 콘텐츠를 제공하며 재생, 제어, 검색, 질의 등이 가능하다.
- 뉴스, 드라마, 영화, 게임과 같은 다양한 영상 정보를 통신망을 통해 전송받아 가정에서 원하는 것을 선택하여 볼 수 있도록 해주는 서비스이다.
- VCR 같은 기능의 셋탑 박스는 비디오 서버로부터 압축되어 전송된 디지털 영상과 소리를 복원, 재생하는 역할을 한다.

》 TIP

킨들(Kindle)
인터넷 서점 아마존의 전자책 서비스 전용 단말기

》 TIP

프리젠터(Presenter)

- 페이지 넘김, 레이저 포인터 등의 기능을 하는 장치
- 프리젠테이션이나 연설, 발표 등에 유용하게 사용하는 단말기

01 다음 중 멀티미디어의 개념에 대한 설명으로 옳지 않은 것은?

① 멀티미디어는 정보 제공자의 선택에 의해 하나의 방향으로 데이터가 전달된다.
② 다양한 형태의 데이터를 디지털 데이터로 변환하여 통합 처리한다.
③ 멀티미디어 데이터는 용량이 크기 때문에 압축하여 저장한다.
④ 인터넷 기술의 발전으로 대용량 멀티미디어 데이터를 전 세계의 모든 사람들이 쉽고, 빠르게 사용할 수 있다.

02 다음 중 그래픽 파일 형식 중 GIF에 대한 설명으로 옳지 않은 것은?

① 비손실 압축과 손실 압축을 모두 지원한다.
② 여러 번 압축을 하여도 원본과 비교해 화질의 손상은 없다.
③ 최대 256 색상까지만 표현할 수 있다.
④ 배경을 투명하게 처리할 수 있다.

03 MPEG는 큰 용량의 동영상을 효율적으로 압축하기 위한 표준을 제정하고 있다. 다음의 MPEG에 관한 설명 중 옳지 않은 것은?

① MPEG-1 : 기존의 비디오테이프 수준의 화질을 제공하고 있으며, 비디오 CD 제작에 사용된다.
② MPEG-2 : 높은 화질과 음질을 제공하고 있으며, DVD나 HDTV 등에 사용된다.
③ MPEG-7 : 동영상 데이터 검색과 전자상거래 등에 적합하도록 개발된 동영상 압축 재생 기술이다.
④ MPEG-21 : 인터넷이나 무선통신 등에 필요한 동화상과 음성의 고능률 부호화 방식으로, 복합 멀티미디어 서비스의 통합 표준이다.

04 다음 중 멀티미디어 파일을 다운 받을 때 지연시간을 줄이기 위해 데이터를 다운로드 받으면서 재생할 수 있는 기술로 옳은 것은?

① CSS 기술
② 스트리밍 기술
③ 가상현실 기술
④ 매핑 기술

05 다음 중 컴퓨터에 저장되는 이미지 파일 포맷인 래스터(Raster) 방식에 대한 설명으로 옳지 않은 것은?

① 주로 스캐너나 디지털 카메라를 이용해서 생성된다.
② 픽셀 단위로 이미지를 저장한다.
③ WMF는 Windows에서 기본으로 사용되는 래스터 파일 형식이다.
④ 파일의 크기는 이미지의 해상도에 비례해서 커진다.

06 다음 중 컴퓨터에서 사용하는 소리 파일인 웨이브(Wave) 파일에 관한 설명으로 옳지 않은 것은?

① 파일의 확장자는 .wav이다.
② 녹음 조건에 따라 파일의 크기가 가변적이다.
③ Windows Media Player로 파일을 재생할 수 있다.
④ 음 높이, 음 길이, 세기 등 다양한 음악 기호가 정의되어 있다.

정답 | 01 ① 02 ① 03 ④ 04 ② 05 ③ 06 ④

최신 정보통신 기술 활용

정보통신 기술

1 정보 전송, 정보 교환, 네트워크 운영 방식

1. 정보 전송 방식

》TIP

베이스밴드 전송
디지털 데이터 신호를 변조하지
않고 직접 전송하는 방식 → 일
반적으로 근거리통신망에 사용

단방향(Simplex)	한쪽 방향으로만 송수신이 이루어지는 형태 → 라디오, TV 방송 등
반이중(Half Duplex)	양방향 송수신이 가능하지만 동시에 송수신은 불가능 → 무전기, FAX 등
전이중(Full Duplex)	데이터를 동시에 양방향으로 전송 가능 → 전화 등

2. 정보 교환 방식

1) 회선 교환 방식

송신측 회선과 수신측 회선을 미리 연결하여 접속 경로를 설정한 후 연결이 되면 통신이 끝날 때까지 설정된 회선이 유지되므로 교환기 내에서 처리시간 지연이 없고 즉시성이 유지되는 장점을 가진 방식이다.

2) 메시지 교환 방식

교환기가 송신측의 메시지를 받아 저장하였다가 수신측이 수신 가능한 상태가 되면 보내주는 방식이다.

3) 데이터그램 패킷 교환 방식

- 교환기를 이용하여 정보를 패킷(Packet) 단위로 저장 및 전송하는 방식이다.
- 송신 데이터와 수신 데이터 간의 순서가 일치할 필요는 없지만, 각 패킷에는 수신측 주소가 필요한 방식이다.

4) 가상회선 패킷 교환 방식

연결형 서비스를 지원하기 위한 기능으로, 하나의 연결을 통해 전송되는 패킷의 경로가 동일한 방식이다.

3. 네트워크 운영 방식

클라이언트/서버 (Client/Server)	• 클라이언트는 다른 프로그램에게 서비스를 요청하고, 서버는 그 요청에 대해 응답을 해주는 방식 • 여러 다른 지역에 걸쳐 분산되어 있는 프로그램들을 연결시켜주는 편리한 수단을 제공
동배간 처리 (피어 투 피어, Peer To Peer)	• 컴퓨터와 컴퓨터가 동등하게 연결되는 방식 • 각각의 컴퓨터는 클라이언트인 동시에 서버가 될 수 있음 • 워크스테이션이나 PC를 단말기로 사용하는 작은 규모의 네트워크에 많이 사용 • 유지 보수, 보안 유지가 어렵다는 단점을 가짐

2 정보통신망의 종류

1. 주요 통신망의 종류

LAN (근거리 통신망)	• 비교적 가까운 지역에 한정된 기업이나, 학교, 회사 등의 구내에서 사용하는 통신망 • 전송 거리가 짧은 구내에서 사용하는 통신망
MAN (도시권 통신망)	• LAN과 WAN의 중간 형태의 통신망 • 특정 도시 내에 구성된 각각의 LAN들을 상호 연결하여 자원을 공유
WAN (광대역 통신망)	한 국가나 대륙 또는 전 세계에 걸쳐 수많은 컴퓨터 및 통신기기 등을 서로 연결하는 통신망
VAN (부가가치통신망)	통신 회선을 빌려 단순한 전송 기능 이상의 정보 축적이나 가공, 변환 처리 등의 부가가치를 부여한 정보를 제공하는 통신망
ISDN (종합정보통신망)	음성이나 문자, 화상 데이터를 종합적으로 제공하는 디지털 통신망
B-ISDN (광대역 종합정보통신망)	• ISDN보다 더 광범위한 서비스로, 음성 통신 및 고속 데이터 통신, 정지화상 및 고해상도의 동영상 등의 다양한 서비스를 제공 • 비동기식 전달 방식(ATM)을 사용하여 초고속 대용량 데이터를 전송

2. 기타 통신망의 종류

• ADSL : 양쪽 방향의 전송 속도가 서로 다른 특징을 가지며, 데이터 통신과 일반 전화를 동시에 이용할 수 있는 통신 기술이다.

HDSL (고속 디지털 가입자망)	• 기존의 전화선을 이용하여 컴퓨터가 데이터 통신을 할 수 있게 하는 통신 수단 • 별도의 회선을 설치하지 않고도 기존에 사용하던 전화선으로 통신이 가능함
VDSL (초고속 디지털 가입자망)	• ADSL에 이어 등장한 초고속 디지털 전송 기술의 하나 • 일반적인 가입자 전화선을 이용해 양방향으로 빠른 속도로 많은 데이터를 전송

》TIP

서버(Server)와 클라이언트(Client)가 모두 처리 능력을 가지고 있어 분산처리 환경에 적합하다.

》TIP

포인트 투 포인트 방식
• 전송할 데이터의 양과 회선 사용시간이 많을 때 효율적인 방식이다.
• 중앙 컴퓨터와 터미널이 1:1로 연결되어 유지 보수가 쉽다.

》TIP

무선 근거리 통신 네트워크(WLAN)
• 현재 개발 및 상용중인 고속 무선 LAN은 2.4GHz대에서 운용한다.
• 무선 전송 방식에는 CDMA, TDMA, 적외선 방식이 있다.
• 무선 LAN은 인위적으로 전자기 신호를 유도하는 케이블이 필요하지 않으므로 설치장소에 제한을 받지 않는다.

》TIP

정보통신 관련 용어
• 흐름 제어(Flow Control) : 자료를 송수신할 때 버퍼를 사용하여 그 속도의 흐름을 조절하기 위한 기능
• 정지 비트(Stop Bit) : 전송되는 데이터의 끝을 알리기 위해 보내는 비트
• 패리티 비트(Parity Bit) : 데이터 전송 시 에러 검출을 위해 데이터 비트에 붙여서 보내는 비트
• 전송 속도(BPS) : 'Bits Per Second'의 약자로, 1초 동안에 전송되는 비트 수를 의미

- VPN(가상사설망) : 인터넷망과 같은 공중망을 사설망처럼 이용해 회선 비용을 크게 절감할 수 있는 기업통신 가상사설망이다.
- VoIP : 음성 데이터를 인터넷 프로토콜 데이터 패킷으로 변환하여 일반 데이터망에서 통화를 가능하게 해주는 통신 서비스 기술이다.
- WLL(무선가입자망) : 가정이나 사무실에 설치된 각종 통신 단말기들을 전화국과 무선으로 연결해 음성과 팩시밀리, 화상통신 서비스를 제공하는 전화망이다.

3 정보통신망의 구성 형태

1) 스타형(성형, Star)

- 중앙에 컴퓨터가 있고, 이를 중심으로 단말 장치들이 연결되는 중앙 집중식 통신망이다.
- Point-to-Point(1:1) 방식으로 회선을 연결한다.
- 단말 장치의 보수와 관리가 쉽다.

▲ 스타형

2) 링형(루프형, Ring)

- 근거리통신망에 주로 사용되는 형태이다.
- 가까운 거리의 컴퓨터와 단말장치를 연결하는 통신망이다.
- 단말장치의 보수와 관리가 어렵다.
- 하나의 단말장치가 고장이 나면 전체 통신망에 영향을 준다.

▲ 링형

3) 버스형(Bus)

- 한 개의 통신 회선에 여러 대의 단말장치가 연결되어 있는 통신망이다.
- 모든 노드들이 하나의 케이블에 연결되어 있으며, 케이블 종단에는 종단장치가 있어야 한다.

▲ 버스형

4) 트리형(계층형, Tree)

- 중앙 컴퓨터와 일정 지역의 단말장치까지는 하나의 통신 회선으로 연결시키고, 이웃하는 단말장치는 일정 지역 내에 설치된 단말장치로부터 다시 연결시키는 형태이다.
- 확장이 많을 경우 트래픽이 과중될 수 있다.

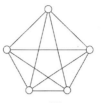

▲ 트리형

5) 망형(그물형, Mesh)

- 네트워크상의 모든 노드들이 서로 연결되는 방식의 통신망이다.
- 특정 노드에 이상이 생겨도 전송이 가능하다.
- 전화통신망과 같은 공중 데이터통신망에 많이 이용한다.

▲ 망형

4 네트워크 관련 장비

라우터 (Router)	• 네트워크 계층의 연동 장치 • 최적 경로 설정에 이용되는 장치
리피터 (Repeater)	• 장거리 전송을 위하여 전송 신호를 재생시키거나 출력 전압을 높여주는 장치 • 디지털 데이터의 감쇠 현상을 방지하기 위해 사용
게이트웨이 (Gateway)	• 주로 LAN에서 다른 네트워크에 데이터를 보내거나 다른 네트워크로부터 데이터를 받아들이는 데 사용되는 장치 • 프로토콜이 전혀 다른 네트워크 사이를 결합하는 장치
브리지 (Bridge)	• 두 개의 근거리통신망(LAN) 시스템을 이어주는 접속 장치 • 양쪽 방향으로 데이터의 전송만 해줄 뿐 프로토콜 변환 등 복잡한 처리는 불가능 • 네트워크 프로토콜과는 독립적으로 작용하므로 네트워크에 연결된 여러 단말들의 통신 프로토콜을 바꾸지 않고도 네트워크 확장 가능
허브(Hub)	네트워크를 구성할 때 각 회선을 통합적으로 관리하여 한꺼번에 여러 대의 컴퓨터를 연결하는 장치
스위칭 허브 (Switching Hub)	• 근거리통신망 구축시 단말기의 집선 장치로 이용하는 스위칭 기능을 가진 통신 장비 • 통신 효율을 향상시킨 허브

》 TIP
- 허브는 OSI 7계층 중 물리 계층에서 사용되는 장비이다.
- 허브의 종류에는 더미 허브, 스위칭 허브 등이 있다.

》 TIP
모뎀은 컴퓨터 내부의 디지털 신호를 아날로그 신호로 바꾸어 보내는 장치이다.

5 정보통신기술 관련 용어

• **ALL-IP** : PSTN과 같은 유선전화망과 무선망, 패킷 데이터망과 같은 기존 통신망 모두가 하나의 IP 기반 망으로 통합된다.

• **UWB(Ultra-Wide Band)** : 근거리에서 컴퓨터와 주변기기 및 가전제품 등을 연결하는 초고속 무선 인터페이스이다. → 개인 통신망에 사용

• **텔레매틱스** : 자동차와 무선 통신을 결합한 새로운 개념의 차량 무선 인터넷 서비스이다.

• **지그비(Zigbee)** : 저전력, 저비용, 저속도와 2.4GHz를 기반으로 하는 홈 자동화 및 데이터 전송을 위한 무선 네트워크 규격이다. → 30m 이내에서 데이터 전송이 가능

▶▶▶ 기출 문제로 ^{중간} 테스트 하기

01 다음 중 각 통신망에 대한 설명으로 옳지 않은 것은?

① LAN : 전송 거리가 짧은 구내에서 사용하는 통신망

② WAN : 국가 간 또는 대륙 간처럼 넓은 지역을 연결하는 통신망

③ B-ISDN : 초고속으로 대용량 데이터를 전송하며, 동기식 전달 방식을 사용하는 통신망

④ VAN : 통신 회선을 빌려 기존의 정보에 새로운 가치를 더해 다수의 사용자에게 판매하는 통신망

02 다음 중 통신 장비에 대한 설명으로 옳지 않은 것은?

① 게이트웨이(Gateway) : 네트워크에서 다른 네트워크로 들어가는 관문의 기능을 수행하는 지점을 말한다.

② 라우터(Router) : 서로 독립적으로 동작하면서 같은 프로토콜을 사용하는 두 LAN(Local Area Network)을 연결하는 네트워크 장치이다.

③ 스위칭 허브(Switching Hub) : 여러 대의 컴퓨터를 연결하는 장치로, 더미 허브(Dummy Hub)와는 달리 노드가 늘어나도 속도에는 변화가 없다.

④ 리피터(Repeater) : 디지털 방식의 통신 선로에서 전송 신호를 재생시키거나 출력전압을 높여 전송하는 장치이다.

모바일 기기

1 모바일 기기 관련 용어

- Wi-Fi(와이파이) : 무선 접속 장치가 설치된 곳에서 전파나 적외선 전송 방식을 이용하여 일정 거리 안에서 무선 인터넷을 할 수 있는 근거리 통신망 기술이다.
- Hot Spot(핫 스팟) : 무선으로 초고속 인터넷을 사용할 수 있도록 전파를 중계하는 무선 랜 기지국 또는 무선 랜 서비스 지역을 지칭한다.
- 블루투스(Bluetooth) : 휴대가 가능한 장치(휴대폰/핸드폰, PDA, 노트북 등)들 간 양방향 정보 전송이 가능한 근거리 무선 통신 방식이다.
- NFC : 가까운 거리(10cm 이내)에서 다양한 무선 데이터를 주고받는 통신 기술이다.
- 테더링(Tethering) : 휴대폰을 모뎀으로 활용할 수 있는 기능이다. 노트북과 같은 기기를 휴대폰에 연결하여 무선 인터넷 사용이 가능하도록 하는 방법이다.
- SNS : 특정한 관심이나 활동을 공유하는 사람들 사이의 관계망을 구축해주는 온라인 서비스이다. → 페이스북, 트위터, 밴드 등
- MOD : 모바일 인터넷에 접속하여 각종 음악 파일이나 음원을 제공받는 주문형 음악 서비스이다. → 스트리밍 기술 등을 이용하여 음악을 실시간으로도 들을 수 있음
- 위치기반서비스(LBS) : 위성에서 보내는 신호를 수신해 사용자 현재 위치를 알아내는 시스템이다.
- 와이브로(WiBro) : 이동하면서도 초고속 인터넷 서비스를 활용할 수 있도록 해주는 고속 무선 인터넷 서비스이다.
- 사물 인터넷(IoT ; Internet Things) : 모든 사물을 네트워크로 연결하여 인간과 사물, 사물과 사물 간에 언제 어디서나 서로 소통할 수 있게 하는 새로운 정보통신 환경이다.
- 증강현실 : 실제 환경에 가상의 사물이나 정보를 추가하여 표시하는 그래픽 기법이다.

》 TIP
- 블루투스는 무선 마우스를 PC에 연결한다.
- Wi-Fi는 노트북 컴퓨터를 무선 핫스팟(Hot Spot)에 연결한다.

2 유비쿼터스

- 유비쿼터스란 사용자가 컴퓨터나 네트워크를 의식하지 않고 장소에 상관없이 자유롭게 네트워크에 접속할 수 있는 정보 통신 환경을 말하며, 유비쿼터스 환경과 가장 관련이 깊은 기술은 RFID/USN이다.
- RFID(Radio Frequency Identification) : 전자태그 기술로 IC칩과 무선을 통해 식품, 동물, 사물 등 다양한 개체의 정보를 관리할 수 있는 인식기술이다. 무선 주파수를 이용해 빛을 전파하여 먼 거리의 태그도 읽고 정보를 수신할 수 있다. 예 출입관리, 주차관리
- 유비쿼터스 센서 네트워크(Ubiquitous Sensor Networtk ; USN) : 모든 사물에 부착된 RFID 태그 또는 센서를 통해 탐지된 사물의 인식 정보는 물론 주변의 온도, 습도, 위치정보, 압력, 오염 및 균열 정도 등과 같은 환경 정보를 실시간으로 네트워크와 연결하여 수집하고 관리하는 네트워크 시스템이다.

▶▶▶ 기출 문제로 테스트 하기

01 다음 중 모든 사물을 네트워크로 연결하여 인간과 사물, 사물과 사물 간에 언제 어디서나 서로 소통할 수 있게 하는 새로운 정보통신 환경을 의미하는 것은?

① 클라우드 컴퓨팅(Cloud Computing)
② RSS(Rich Site Summary)
③ IoT(Internet of Things)
④ 빅 데이터(Big Data)

02 다음 중 사물에 전자 태그를 부착하고 무선 통신을 이용하여 사물의 정보 및 주변 상황 정보를 감지하는 센서 기술로 옳은 것은?

① 텔레매틱스 서비스　　② DMB 서비스
③ W-CDMA 서비스　　④ RFID 서비스

03 다음 중 아래에서 설명하는 용어는?

> 모바일 인터넷에 접속하여 각종 음악 파일이나 음원을 제공받는 주문형 음악 서비스로, 스트리밍 기술 등을 이용하여 음악을 실시간으로도 들을 수 있다.

① VOD　　　　　　　② VDT
③ PDA　　　　　　　④ MOD

04 무선 접속 장치가 설치된 곳에서 전파나 적외선 전송 방식을 이용하여 일정 거리 안에서 무선 인터넷을 할 수 있는 근거리 통신망 기술을 의미하는 것은?

① 블루투스　　　　　② Wi-Fi
③ Ethernet　　　　　④ 와이브로

정답 | 01 ③ 02 ④ 03 ④ 04 ②

정보 보안과
시스템 보안 유지

정보 보안 유지

1 저작권

• 저작권법은 저작자의 권리와 이에 인접하는 권리를 보호하고 저작물의 공정한 이용을 도모함으로써 문화 및 관련 산업의 향상발전에 이바지함을 목적으로 한다.
• 저작물은 인간의 사상 또는 감정을 표현한 창작물을 말하고, 저작자는 저작물을 창작한 자를 말한다.
• 저작재산권은 특별한 규정이 있는 경우를 제외하고는 저작자가 생존하는 동안과 사망한 후 70년 간 존속한다. 공동저작물의 저작재산권은 맨 마지막으로 사망한 저작자가 사망한 후 70년 간 존속한다.

2 사용권(저작권)에 따른 소프트웨어 분류

• 애드웨어(Adware) : 배너 광고를 보는 대가로 무료로 사용하는 소프트웨어이다.
• 셰어웨어(Shareware) : 일정기간 무료로 사용하다가 계속 사용하기를 원하면 금액을 지불하고 정식으로 사용할 수 있는 소프트웨어이다.
• 프리웨어(Freeware) : 무료 사용 및 배포, 기간 및 기능에 제한이 없는 누구나 사용할 수 있는 소프트웨어이다.
• 상용 소프트웨어 : 정해진 금액을 지불하고 정식으로 사용하는 프로그램이다.
• 공개 소프트웨어 : 사용 기간의 제한 없이 무료 사용과 배포가 가능한 프로그램이다.
• 베타(Beta) 버전 : 정식 버전이 출시되기 전에 프로그램에 대한 일반인의 평가를 받기 위해 제작된 소프트웨어이다.
• 데모(Demo) 버전 : 정식 프로그램의 기능을 홍보하기 위해 기능 및 기간을 제한하여 배포하는 프로그램이다.
• 알파(Alpha) 버전 : 베타 테스트를 하기 전에 제작 회사 내에서 테스트할 목적으로 제작된 프로그램이다.

- 패치(Patch) 버전 : 오류 수정이나 성능 향상을 위해 이미 배포된 프로그램의 일부를 변경해 주는 프로그램이다.
- 오픈 소스(Open Source) 소프트웨어 : 소스 코드까지 제공되어 사용자들이 자유롭게 수정하거나 변경할 수 있는 소프트웨어이다.

» TIP

번들(Bundle)
특정한 하드웨어나 소프트웨어를 구매하였을 때 끼워주는 소프트웨어

» TIP

벤치마크(Benchmark) 테스트
컴퓨터 하드웨어 및 소프트웨어 성능을 비교 평가하는 검사

▶▶▶ 기출 문제로 중간 ✓ 테스트 하기

01 다음 중 각 소프트웨어에 대한 설명으로 옳지 않은 것은?

① 공개 소프트웨어(Open Software) : 특정한 하드웨어나 소프트웨어를 구매하였을 때 무료로 주는 프로그램
② 셰어웨어(Shareware) : 정상적인 프로그램을 구매하도록 유도하기 위해 사용 기간이나 기능 등을 제한하여 배포하는 프로그램
③ 데모 버전(Demo Version) : 정식 프로그램을 홍보하기 위해 사용 기간이나 기능을 제한하여 배포하는 프로그램
④ 패치 버전(Patch Version) : 이미 제작하여 배포된 프로그램의 오류 수정이나 성능 향상을 위해 프로그램의 일부 파일을 변경해 주는 프로그램

02 다음 중 패치 프로그램에 대한 설명으로 옳은 것은?

① 컴퓨터 하드웨어 및 소프트웨어 성능을 비교 평가하는 프로그램이다.
② 프로그램의 오류 수정이나 성능 향상을 위해 프로그램의 일부를 변경해 주는 프로그램이다.
③ 베타 테스트를 하기 전에 프로그램 개발사 내부에서 미리 평가하고 오류를 찾아 수정하기 위해 시험해 보는 프로그램이다.
④ 정식으로 프로그램을 공개하기 전에 한정된 집단 또는 일반인에게 공개하여 기능을 시험하는 프로그램이다.

시스템 보안 유지

1 컴퓨터 바이러스의 예방과 치료

1. 컴퓨터 바이러스

- 스스로를 복제하여 컴퓨터를 감염시켜 시스템과 데이터를 훼손시키는 컴퓨터 프로그램을 말한다.
- 하드웨어의 성능에 영향을 미칠 수 있다.
- 최근 네트워크의 발달로 인해 네트워크의 공유 폴더 및 전자우편 등을 통해 급속히 전파되고 있다.

2. 바이러스의 종류

1) 파일 바이러스

- 파일의 확장자가 DLL 또는 COM, EXE인 실행 가능한 프로그램 파일에 감염되는 바이러스를 파일 바이러스라고 한다.
- 파일 바이러스의 경우 주로 실행 파일에 감염되어 실행 파일이 실행될 때 활동을 하지만, LAROUX 바이러스나 멜리사 바이러스 등은 엑셀 파일, 워드의 문서 파일 등을 감염시켜 피해를 끼친다.

2) 부트 바이러스

하드디스크의 부트섹터에 자리 잡은 바이러스를 말한다.

3) 스크립트 바이러스

대상 스크립트가 포함된 파일을 감염시키는데, 스크립트로 작성된 바이러스 코드를 스크립트가 포함된 다른 파일에 복제한다.

4) 매크로 바이러스

매크로 언어로 기록된 바이러스로, 주로 엑셀과 워드 문서 등에 감염된다.

5) 웜(Worm) 바이러스

- 일반적인 바이러스와는 다르게 다른 프로그램을 감염시키지 않고 스스로를 무한히 복제하고 네트워크를 통해 전파하는 바이러스이다.
- 컴퓨터 시스템을 파괴하거나 작업을 지연 또는 방해하는 악성 프로그램이다.
- CPU에 과부하를 걸리게 하고, 인터넷 자원을 부족하게 한다.

6) 폭탄(Bomb) 바이러스

사용자 디스크에 숨어 있다가 날짜와 시간, 파일의 변경, 사용자나 프로그램의 특정한 행동 등의 일정 조건을 만족하면 실행한다.

7) 다형성 바이러스

코드 조합을 다양하게 할 수 있는 조합 프로그램을 암호형 바이러스에 덧붙여 감염시켜서, 실행될 때마다 바이러스 코드 자체를 변경시켜 식별자로는 구분하기 어렵게 하는 바이러스이다.

8) 트로이 목마(Trojan Horse)

정상적인 기능을 하는 프로그램으로 가장하여 프로그램 내에 숨어 있다가 해당 프로그램이 동작할 때 활성화되어 부작용을 일으키는 것이다.

3. 바이러스 예방지침

- 다운로드한 파일이나 외부에서 가져온 파일은 반드시 바이러스 검사를 수행한 후에 사용한다.
- 전자우편을 통해 감염될 수 있으므로 발신자가 불분명한 전자우편은 열어보지 않고 삭제한다.
- 최신 버전의 백신 프로그램을 사용하고, 업데이트를 통해 주기적으로 바이러스 검사를 수행한다.
- 네트워크 공유 폴더에 있는 파일을 사용하기 전에 바이러스 검사 후 사용한다.
- 네트워크를 통해 바이러스에 감염되는 것을 방지하기 위해 공유 폴더의 속성을 '읽기 전용'으로 설정한다.
- 다운로드 받은 파일은 백신 프로그램으로 검사한 후 사용한다.
- 중요 자료는 만일의 경우를 대비해 백업하여 보관한다.

》 TIP
바이러스의 특징
복제 기능, 은폐 기능, 파괴 기능
→ 치료 기능은 없음

》 TIP
최신 백신 프로그램을 사용하여 정기적으로 시스템 전체를 점검하고 주기적으로 업데이트하여 신종 바이러스 전염을 예방한다.

2 컴퓨터 범죄의 예방과 대비책

1. 컴퓨터 범죄

- 인터넷을 통해 다른 사람의 신용 정보를 유출하는 행위
- 음란물 유포/유통 및 관련 사이트 운영
- 다른 사람의 ID와 비밀번호를 불법으로 사용하거나 유출하는 행위
- 소프트웨어나 전자문서의 불법 복사
- 컴퓨터 시스템 해킹을 통한 중요 정보의 위조나 변조
- 컴퓨터를 이용한 금품 횡령 또는 사기 행위

》 TIP

크래커(Cracker)
불법복제가 금지된 소프트웨어들의 암호를 풀어버리거나, 개발자의 허락 없이 남의 소프트웨어에 없는 암호를 만드는 등 소프트웨어를 변조하는 사람

2. 컴퓨터 범죄의 예방과 대비책

- 정보 누출이나 해킹 방지를 위한 방화벽과 해킹 방지 시스템을 설치한다.
- 정기적인 보안 검사를 통해 해킹 여부를 감시하도록 한다.
- 해킹 방지를 위해 패스워드(암호)는 정기적으로 변경해 주는 것이 좋으며, 가급적 알파벳과 숫자, 특수 문자 등을 섞어서 만든다.
- 컴퓨터 바이러스 예방 및 치료에 대한 프로그램을 지속적으로 개발한다.
- 지속적인 해킹 감시 및 접근 통제 도구를 개발한다.

3 정보 보안

1. 보안의 3가지 요소

》 TIP

- **기밀성(비밀성)** : 시스템 내의 정보와 자원은 인가된 사용자만 접근이 허용되어야 한다.
- **무결성** : 정보를 전송하는 과정에서 변경되지 않고 전달되어야 한다.

① **기밀성(Confidentiality)** : 선별적인 접근 체제를 만들어 인가되지 않은 개인이나 시스템의 접근과 이에 따른 정보 공개 · 노출을 막는 것을 말한다.
② **무결성(Integrity)** : 정보의 내용이 전송 중에 수정되지 않고 전달되는 것을 말한다.
③ **가용성(Availability)** : 사용자가 업무 서비스를 필요로 할 때 언제든지 그 서비스를 사용할 수 있음을 보장하는 것을 말한다.

2. 보안 기능

》 TIP

- **인증** : 사용자를 식별하고 접근 권한을 확인할 수 있어야 한다.
- **부인 봉쇄(부인 방지)** : 데이터를 송수신한 자가 송수신 사실을 허위로 부인하는 것을 방지하기 위해 송수신 증거를 제공하여야 한다.

- **인증(Authentication)** : 이용자의 신분을 확인하여 허가하지 않은 사용자가 들어 올 수 없도록 하는 기능이다.
- **부인방지(Non-Repudiation)** : 송수신자가 송수신 사실을 인정하지 않는 것을 막기 위한 기능이다.

- 접근제어(Access Control) : 누군가가 무언가를 사용하는 것을 허가하거나 거부하는 기능이다.

3. 보안 위협의 유형

가로막기(흐름 차단)	자료가 수신측으로 전달되는 것을 방해하는 행위
가로채기	전송한 자료가 수신지로 가는 도중에 몰래 보거나 도청하는 행위
위조	자료가 다른 송신자로부터 전송된 것처럼 꾸미는 행위
수정	원래의 자료를 다른 내용으로 바꾸는 행위

4. 보안 위협의 형태

- 백 도어(Back Door) : 시스템의 보안 예방책을 침입하여 무단 접근하기 위해 사용되는 일종의 비상구(=트랩 도어(Trap Door))이다.
- DDoS(분산 서비스 거부 공격) : 특정 사이트에 오버플로우를 일으켜서 시스템이 서비스를 거부하도록 만드는 것(=DoS)이다.
- 눈속임(Spoof) : 어떤 프로그램이 정상적으로 실행되는 것처럼 속임수를 사용하는 행위이다.
- 스니핑(Sniffing) : 네트워크 주변을 지나다니는 패킷을 엿보면서 아이디와 패스워드를 알아내는 행위이다.
- 스푸핑(Spoofing) : 악의적인 목적으로 임의로 웹 사이트를 구축해 일반 사용자의 방문을 유도한 후 시스템 권한을 획득하여 정보를 빼가거나 암호와 기타 정보를 입력하도록 속이는 해킹 수법이다.
- 피싱(Phishing) : 유명 기업이나 금융기관을 사칭한 가짜 웹 사이트나 이메일 등으로 개인의 금융정보와 비밀번호를 입력하도록 유도하여 예금 인출 및 다른 범죄에 이용하는 수법이다.
- 키 로거(Key Logger) : 크래킹의 도구로, 키보드의 입력을 문서 파일로 저장하거나 주기적으로 전송하여 ID나 암호 등의 개인 정보를 빼낸다.
- 스파이웨어(Spyware) : 사용자 동의 없이 사용자 정보를 수집하는 프로그램을 말한다.
- 파밍(Pharming) : 합법적으로 소유하고 있던 사용자의 도메인을 탈취하거나 도메인네임시스템(DNS) 이름을 속여 사용자들이 진짜 사이트로 오인하도록 유도한 후 개인정보를 훔치는 수법이다. 인터넷 사기 방식인 '피싱'의 변형이다.
- 드롭퍼(Dropper) : PC에 설치되어 정상 파일처럼 상주하고 있다가 Windows, Adobe, Java 등의 취약점을 확인하고, 내부 보안 프로그램의 설치 여부를 확인한 후, 다른 추가적인 악성 행위를 유발하는 악성코드들을 연속적으로 설치하는 기능을 가지고 있다.

》 TIP
- 분산서비스 거부 공격(DDoS)은 데이터 패킷을 범람시켜 시스템의 성능을 저하시킨다.
- 여러 대의 컴퓨터를 일제히 동작하게 하여 특정 사이트를 공격하는 해킹 방식이다.
- 서비스 거부 공격이라는 해킹 수법의 하나로 한명 또는 그 이상의 사용자가 시스템의 리소스를 독점 하거나, 파괴함으로써 시스템이 더 이상 정상적인 서비스를 할 수 없도록 만드는 공격 방법이다.

》 TIP
해킹이란 컴퓨터 시스템에 불법적으로 접근, 침투하여 시스템과 데이터를 파괴하는 행위이다.

4 암호화 기법

1. 비밀키 암호화 기법

- 대칭키 기법 또는 단일키 암호화 기법이라고 한다.
- 동일한 키로 데이터를 암호화하고 복호화 한다.
- **장점** : 암호화와 복호화의 속도가 빠르며, 알고리즘이 단순하고 파일 크기가 작다.
- **단점** : 사용자의 증가에 따라 관리해야 하는 키의 수가 상대적으로 많아진다.
- **대표적인 암호화 방식** : DES(Data Encryption Standard)

2. 공개키 암호화 기법

- 비대칭 암호화 기법이라고도 한다.
- 구조적 측면에서는 '공개키기반구조(PKI; Public Key Infrastructure)'라고도 한다.
- 암호화에 사용되는 키를 서로 다르게 하여, 암호화할 때 사용하는 키는 공개하고 복호화할 때의 키는 개인키로 비밀이 보장되는 방식이다.
- 데이터를 암호화할 때 사용하는 키(공개키, Public key)는 공개하고, 복호화 할 때의 키(비밀키, Secret key)는 비밀로 한다.
- 서로 다른 키로 데이터를 암호화하고 복호화 한다.
- **대표적인 암호화 방식** : RSA(Rivest Shamir, Adleman)

》 TIP

- **사용자 인증**
  사용자를 식별하고 정상적인 사용자 인지를 검증함으로써 허가되지 않은 사용자의 접근을 차단하는 방법이다.
- **전자 서명**(디지털 서명, Digital Signature)
  전자 문서의 작성자와 변조 여부를 확인할 수 있도록 해당 문서에 삽입하는 암호화된 정보를 말한다.

중간 ✓

▶▶▶ 기출 문제로 테스트 하기

01 다음 중 컴퓨터 범죄에 관한 대비책으로 옳지 않은 것은?

① 컴퓨터 바이러스 예방 및 치료에 대한 프로그램을 지속적으로 개발한다.
② 크래커(Cracker)를 지속적으로 양성한다.
③ 인터넷을 통한 해킹으로부터 보호하기 위해 방화벽과 해킹 방지 시스템을 설치한다.
④ 정기적인 보안 검사를 통해 해킹 여부를 감시하도록 한다.

02 다음 중 컴퓨터 바이러스나 웜(Worm)이 가지고 있는 특징으로 옳지 않은 것은?

① 복제 기능
② 치료 기능
③ 은폐 기능
④ 파괴 기능

정답 | 01 ② 02 ②

PART 2

스프레드시트 일반

스프레드시트 일반

[2과목]은 스프레드시트 즉, 엑셀과 관련된 문제가 출제됩니다. 프로그램 분야이기 때문에 기초적인 프로그램 관련 내용을 모르고 학습할 경우 다소 어려움을 겪을 수 있는 과목입니다. 하지만, 기출문제로 출제되는 형태들을 꼼꼼히 살펴본다면 그다지 어렵게만 느껴지지는 않을 것입니다. 기본적인 용어에 해당하는 셀이나 워크시트 관련 내용은 동일한 내용으로 구성된 부분이 많으므로 연관지어 학습하기 바랍니다. 그리고 사용자 지정 서식 관련 문제가 자주 출제되고 있으니, 기출문제에서 나오는 문제들을 잘 파악하여 변형된 형태의 문제가 나올 경우 잘 대처하기 바랍니다.

출제율과 학습 난이도가 가장 높은 부분이 함수입니다. 보통 함수는 단독으로 출제되어 나오는 것이 아닌 중복 함수 형태의 문제가 출제되고 있습니다. 본 교재에서는 중복 적용되어 출제되는 함수를 반복하여 학습할 수 있도록 정리해 놓았습니다. 함수는 반드시 이론을 이해한 후 기출문제를 많이 풀어봄으로써 함수에 대한 개념을 이해하기 바랍니다.

[2과목]에서는 적어도 자동 채우기, 셀/워크시트 편집, 창 제어, 사용자 지정 서식, 함수 및 오류 메시지, 데이터 관리/분석 도구, 차트 편집, 매크로 개요 및 기록 정도의 내용은 반드시 놓치지 말고 학습하기 바랍니다.

프로그램 환경 설정

1 엑셀의 화면 구성

» TIP

리본 메뉴 최소화
리본 메뉴의 바로 가기 메뉴에서 [리본 메뉴 최소화] 선택 또는 Ctrl + F1 키 또는 탭 이름을 더블 클릭한다.

» TIP

시트 탭에서 이동, 복사, 삽입, 삭제, 이름 바꾸기 등 작업이 가능
• 보기 전환 단추 : [기본(▦)], [페이지 레이아웃(▦)], [페이지 나누기 미리 보기(▦)]로 전환한다.
• 확대/축소 슬라이더 : 슬라이더를 움직여 화면 배율을 10~400%까지 조절한다.

» TIP

[확대/축소 비율] 단추를 클릭하면 [확대/축소] 대화 상자가 나타난다.

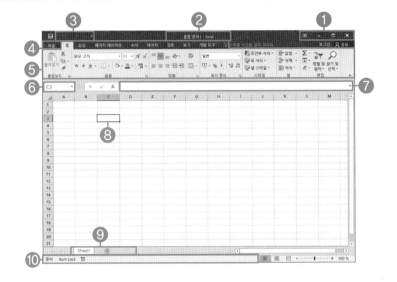

❶ **창 조절 단추** : 창의 크기를 조절한다.
→ 최소화, 최대화/이전 크기로 복원, 닫기

❷ **제목 표시줄** : 프로그램 이름과 현재 작업 중인 파일의 이름, 창 조절 단추를 표시한다.

❸ **빠른 실행 도구 모음** : 작업 시 자주 사용하는 도구들을 모아둔 곳이다.
→ 열기, 빠른 인쇄, 인쇄 미리 보기 등 추가/제거 가능

❹ **[파일] 탭** : 새로 만들기, 열기, 저장, 인쇄, 보내기, Excel 옵션 등의 메뉴가 표시된다.

❺ **리본 메뉴** : 엑셀에서 제공하는 다양한 기능들을 탭으로 분류, 용도에 맞는 명령들을 그룹으로 묶어 구성한다.

❻ **이름 상자** : 셀 주소나 셀 이름이 표시되는 곳이다.

❼ **수식 입력줄** : 사용자가 입력한 데이터나 수식이 표시되는 부분이다.
→ 입력한 데이터나 수식 수정이 가능

❽ **셀** : 행과 열이 교차하여 생기는 네모 모양의 칸을 말한다.
→ 셀들이 모여 하나의 시트를 구성

⑨ **시트 탭** : 통합 문서에서 시트는 엑셀의 작업 영역을 말하며, 시트 탭의 색상은 임의로 변경이 가능하다.

⑩ **상태 표시줄** : 현재 작업 중인 상태에 대한 정보가 표시되는 부분이다.
   → 준비나 입력, [Scroll Lock] 키, 계산 정보 등의 상태를 표시함

2 Excel 옵션

[파일] 탭-[옵션]을 선택해 [Excel 옵션] 대화 상자를 표시한다.

1. [일반] 탭

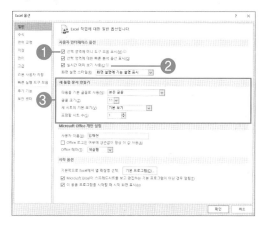

» TIP
· 워크시트란 숫자, 문자와 같은 데이터를 입력하고 입력된 결과가 표시되는 작업공간이다.
· 엑셀에서 열 수 있는 통합 문서 개수는 사용 가능한 메모리와 시스템 리소스에 의해 제한된다.

❶ 선택 영역에 미니 도구 모음 표시	텍스트를 선택할 때 미니 도구 모음을 표시
❷ 실시간 미리 보기 사용	다른 선택 사항(리본 메뉴의 각종 명령)을 마우스 포인터로 가리키면 해당 기능이 문서에 어떻게 영향을 주는지 미리 보여줌
❸ 새 통합 문서 만들기	새 통합 문서를 열었을 때 기본적으로 적용할 글꼴, 글꼴 크기, 보기 형태, 워크시트 수(기본 3개)를 지정

2. [수식] 탭

❶ 수식 자동 완성 사용	등호(=)를 입력하여 수식을 시작하고 처음 몇 개의 문자를 입력하면 해당 문자로 시작하는 함수, 이름 및 텍스트 문자열이 들어있는 목록 표시
❷ 수식에 표 이름 사용	표에 행 이름이나 열 이름이 있을 경우 이것을 수식에 사용

3. [저장] 탭

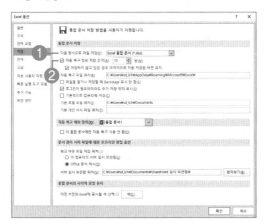

❶ 다음 형식으로 파일 저장	통합 문서 저장시 사용하는 기본 파일 형식을 설정
❷ 자동 복구 정보 저장 간격	• 간격은 1~120 사이의 양수여야 하며, 예기치 않게 전원이 꺼지면 Excel을 시작할 때 자동 복구 파일이 열림 • 통합 문서가 손상된 경우 저장하기 이전의 내용을 자동 복구 파일을 통해 일부 복구를 할 수 있음

4. [고급] 탭

 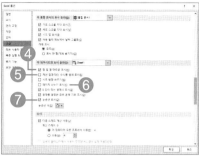

❶ 〈Enter〉 키를 누른 후 다음 셀로 이동	현재 셀에서 Enter 키를 누를 경우 인접한 다음 셀로 이동할 방향을 지정
❷ 소수점 자동 삽입	• 기본적으로 입력한 숫자 데이터에 자동으로 소수점을 넣을 위치를 지정하여 표시 • 양수를 입력하면 소수점이 왼쪽으로 이동하고, 음수를 입력하면 소수점이 오른쪽으로 이동 예) 소수점 위치를 '2'로 지정했을 경우 셀에 입력한 숫자가 500이면, 결과는 5가 됨 예) 소수점 위치를 '0'으로 지정했을 경우 셀에 입력한 숫자가 500이면, 결과는 500이 됨 예) 소수점 위치를 '−2'로 지정했을 경우 셀에 입력한 숫자가 500이면, 결과는 50000이 됨
❸ 셀 내용을 자동 완성	• 셀에 입력하는 처음 몇 글자가 해당 열의 기존 항목과 일치하면 나머지 텍스트가 자동으로 채워지도록 설정 • 한글이나 영문 또는 한글/영문이 혼합된 내용에 대해서만 적용 → 숫자나 날짜 내용에는 적용되지 않음
❹ 행 및 열 머리글 표시	행 머리글과 열 머리글의 표시 여부를 지정
❺ 계산 결과 대신 수식을 셀에 표시	셀에 수식의 결과값 대신 수식을 표시
❻ 페이지 나누기 표시	자동으로 설정된 페이지 나누기 구분선의 표시 여부를 지정
❼ 눈금선 표시	눈금선의 표시 여부를 지정하고, 눈금선의 색을 임의로 설정

》TIP

셀 항목 자동 완성 기능
• 숫자 또는 날짜만으로 구성된 내용에는 적용되지 않는다.
• [파일] 탭의-[옵션]-[고급]에서 '셀 내용을 자동 완성'이 설정되어 있어야 실행된다.
• 나머지 글자가 자동으로 채워진 항목을 그대로 입력하려면 Enter 키를 누른다.

3 창(화면) 제어

1. 화면 확대 및 축소

• [보기] 탭-[확대/축소] 그룹에서 임의로 엑셀 본문의 화면 크기를 확대 또는 축소할 수 있다.

• Ctrl 키를 누른 채 마우스의 스크롤 휠을 위로 굴리면 확대, 아래로 굴리면 축소된다. → 스크롤 휠을 한번 굴릴 때마다 배율이 15%씩 증가 또는 감소

• 화면의 확대/축소는 인쇄에 영향을 미치지 않는다.

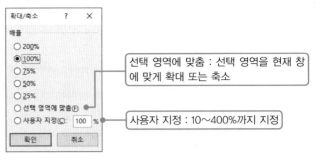

선택 영역에 맞춤 : 선택 영역을 현재 창에 맞게 확대 또는 축소

사용자 지정 : 10~400%까지 지정

≫ TIP
나누기를 취소하려면 창을 나누고 있는 분할줄을 아무 곳이나 두 번 클릭한다.

2. 창 나누기

• 워크시트에 내용이 많아 한 화면으로 모두 보기 힘들 경우 하나의 화면에서 볼 수 있도록 하는 기능이다.
• 창을 나누고자 하는 셀에 셀 포인터를 위치한 후 [보기] 탭-[창] 그룹에서 [나누기]를 선택하면 셀 포인터 위치의 왼쪽과 위쪽에 구분선이 표시된다.

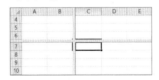

• 창 나누기는 셀 포인터의 위치에 따라 수직, 수평, 수직/수평 분할을 할 수 있다. → 인쇄에 영향을 미치지 않음
• 창 나누기를 실행한 후 창 구분선 부분을 드래그하여 구분된 창 크기를 조절할 수 있다.

3. 창 정렬

• 화면에 열려 있는 모든 통합 문서를 한꺼번에 표시할 경우 사용하는 기능이다.
• [보기] 탭-[창] 그룹에서 [모두 정렬]을 선택하면 [창 정렬] 대화 상자가 나타나며, 바둑판식, 가로, 세로, 계단식 정렬 방법을 지정할 수 있다.
• 다른 엑셀 통합 문서로 작업 화면을 전환하려면 Ctrl + Tab 키를 누른다.

≫ TIP
기타 [보기] 탭-[창] 그룹 메뉴
• 새 창 : 새 통합 문서가 아닌 현재 문서 보기가 있는 새 창 열기
• 모두 정렬 : 현재 실행 중인 통합 문서들을 한 화면에 정렬하여 표시
• 나란히 보기 : 두 개의 통합 문서를 한 화면의 위, 아래에 열어 놓고 비교

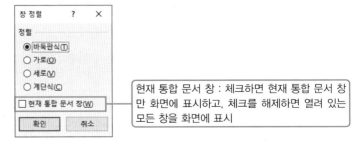

현재 통합 문서 창 : 체크하면 현재 통합 문서 창만 화면에 표시하고, 체크를 해제하면 열려 있는 모든 창을 화면에 표시

4 틀 고정

1. 틀 고정

- 데이터 양이 많을 경우 기준이 되는 부분의 행과 열을 고정시키는 기능이다.
- [보기] 탭-[창] 그룹-[틀 고정]-[틀 고정]을 선택하면 셀 포인터의 왼쪽과 위쪽에 고정선이 표시된다.

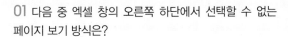

- 틀 고정은 인쇄에는 아무런 영향을 미치지 않는다.
- 틀 고정선은 마우스를 드래그하여 위치를 변경할 수 없다.

》 TIP
틀 고정 기능에는 현재 선택 영역을 기준으로 하는 '틀 고정' 외에도 '첫 행 고정', '첫 열 고정' 등의 옵션이 있다.

2. 틀 고정 옵션

- **틀 고정** : 워크시트 전체를 스크롤할 수 있도록 모든 행과 열의 잠금을 해제한다.
- **첫 행 고정** : 워크시트의 나머지 부분을 스크롤할 때 첫 행이 표시되도록 한다.
- **첫 열 고정** : 워크시트의 나머지 부분을 스크롤할 때 첫 열이 표시되도록 한다.
- **틀 고정 취소** : 셀 포인터의 위치에 상관없이 [보기] 탭-[창] 그룹-[틀 고정]-[틀 고정 취소]를 선택한다.

》 TIP
제목 행으로 설정된 행은 셀 포인터를 화면의 아래쪽으로 이동시켜도 항상 화면에 표시된다.
제목 열로 설정된 열은 셀 포인터를 화면의 오른쪽으로 이동시켜도 항상 화면에 표시된다.

▶▶▶ 기출 문제로 중간 테스트 하기

01 다음 중 엑셀 창의 오른쪽 하단에서 선택할 수 없는 페이지 보기 방식은?

① 기본
② 확대/축소
③ 전체 화면
④ 페이지 나누기 미리 보기

02 다음 중 사용자가 자주 사용하거나 원하는 기능에 해당하는 명령들을 버튼으로 표시하며, 리본 메뉴의 위쪽이나 아래에 표시하는 엑셀의 화면 구성 요소는?

① 상태 표시줄
② 빠른 실행 도구 모음
③ 리본 메뉴
④ 제목 표시줄

03 다음 중 워크시트의 [틀 고정] 기능에 관한 설명으로 옳지 않은 것은?

① 워크시트에서 화면을 스크롤할 때 행 또는 열 레이블이 계속 표시되도록 설정하는 기능이다.
② 행과 열을 모두 잠그려면 창을 고정할 위치의 오른쪽 아래 셀을 클릭한 후 '틀 고정'을 실행한다.
③ [틀 고정] 기능에는 현재 선택 영역을 기준으로 하는 '틀 고정'외에도 '첫 행 고정', '첫 열 고정' 등의 옵션이 있다.
④ 화면에 표시되는 틀 고정 형태는 인쇄 시에도 그대로 적용되어 출력된다.

통합 문서 관리

1 통합 문서 저장

1. 파일(통합 문서) 저장

- [파일] 탭-[저장] 또는 [다른 이름으로 저장]-[찾아보기]를 선택 또는 Ctrl +S 키 또는 F12 키를 누른다.

- 파일 이름으로 '/ ₩ | 〉〈 * ? " : ' 등의 기호는 사용할 수 없다.
- 파일을 저장시 확장자는 기본적으로 '.xlsx'가 자동으로 붙는다.
- **저장 가능한 파일 형식** : Excel 문서(.xls, .xlsx, .xlsm, .xlsb 등), XML 데이터(.xml), 웹 보관 파일(.mht, .mhtml), 웹 페이지(.htm, .html), Excel 서식 파일(.xlt, .xltx, .xltm), 텍스트 파일(.txt, .prn, .csv), DIF (.dif), SYLK(.slk), Excel 추가 기능(.xla, .xlam), PDF(.pdf), XPS 문서 (.xps), OpenDocument 스프레드시트(.ods) 등

■일반 옵션

- [다른 이름으로 저장] 대화 상자에서 [도구]-[일반 옵션]을 선택한다.
- 백업 파일 만들기, 열기 및 쓰기 암호, 읽기 전용 권장 등의 옵션을 설정한다.

열기 암호	• 다른 사용자가 열어볼 수 없도록 암호를 지정 • 암호는 문자나 숫자, 기호 등을 적절히 사용 가능하며, 영문 대소문자를 구분 • 열기 암호는 최대 255자까지 지정 가능

》 TIP

- 'Excel 97 – 2003 통합 문서'로 저장하면 확장자는 xls이며, 이전 버전의 엑셀에서 사용할 수 있다.
- 매크로가 포함된 이전 버전의 통합 문서를 Excel 2010에서 사용하기 위해 매크로가 포함된 통합 문서로 저장한 경우 확장자는 xlsm이다.

》 TIP

CSV(쉼표로 분리) 파일로 저장하면 현재 워크시트만 쉼표로 분리된 텍스트 파일로 저장된다.

》 TIP

- 암호를 잊어버리면 복구할 수 없다.
- 암호는 파일 저장 시 [일반 옵션]에서 쓰기 암호와 열기 암호로 구분하여 설정할 수 있다.
- 쓰기 암호가 설정된 파일을 읽기 전용으로 열어 수정한 경우 동일한 파일명으로는 저장할 수 없다.

쓰기 암호	• 파일 내용 수정은 가능하지만 저장시 암호를 지정하도록 하여 원래 문서를 보호 • 쓰기 암호는 최대 15자까지 지정 가능

2. 웹 페이지로 저장

- 엑셀에서 작성한 통합 문서 또는 일부 시트만 선택하여 웹 페이지 형식으로 저장할 수 있다.
- [파일] 탭-[저장]을 선택하여 파일 형식을 '웹 페이지(＊.htm, ＊.html)'로 지정한 후 저장한다.
- 통합 문서에 포함된 배경 질감이나 그래픽 등은 하위 폴더가 생성되어 따로 저장된다.

3. 작업 영역 저장

- 나중에 복구할 수 있도록 모든 창의 현재 레이아웃을 작업 영역으로 저장한다.
- [보기] 탭-[창] 그룹-[작업 영역 저장]을 선택하여 [작업 영역 저장] 대화 상자를 통해 작업 영역 파일(.xlw)로 저장한다.

2 시트 및 통합 문서 보호

1. 시트 보호

- 사용자가 행과 열을 삽입 혹은 삭제하거나, 서식을 지정하거나, 잠긴 셀 내용을 변경하거나, 커서를 잠긴 셀 또는 잠기지 않은 셀로 이동하는 것을 막을 수 있다.
- [홈] 탭-[셀] 그룹-[서식]-[시트 보호] 선택 또는 [검토] 탭-[변경 내용] 그룹-[시트 보호] 선택 또는 시트 탭의 바로 가기 메뉴에서 [시트 보호]를 선택한다.
- 셀/행/열 서식, 하이퍼링크, 정렬, 자동 필터, 피벗 테이블 보고서, 개체 편집, 시나리오 편집 등의 특정 항목들을 지정하여 보호할 수 있다.

》TIP

새 워크시트의 모든 셀은 기본적으로 '잠금' 속성이 설정되어 있다.

》TIP

셀의 '잠금' 속성과 '숨김' 속성은 시트를 보호하기 전까지는 아무런 효과를 내지 못한다.

2. 통합 문서 보호

- [검토] 탭-[변경 내용] 그룹-[통합 문서 보호]를 선택한다.
- 통합 문서를 보호하는 것으로 시트에 관련된 작업을 할 수 없게 하거나, 통합 문서 창을 보호하여 창의 이동이나 크기를 조절할 수 없도록 한다.

▶▶▶ 기출 문제로 테스트 하기

01 다음 중 엑셀 파일의 암호 설정에 관한 설명으로 옳지 않은 것은?

① 암호는 대소문자를 구별하지 않는다.

② 암호를 잊어버리면 복구할 수 없다.

③ 암호는 파일 저장시 [일반 옵션]에서 쓰기 암호와 열기 암호로 구분하여 설정할 수 있다.

④ 쓰기 암호가 설정된 파일을 읽기 전용으로 열어 수정한 경우 동일한 파일명으로는 저장할 수 없다.

02 다음 중 [시트 보호] 기능에 대한 설명으로 옳지 않은 것은?

① 새 워크시트의 모든 셀은 기본적으로 '잠금' 속성이 설정되어 있다.

② 워크시트에 있는 셀을 보호하기 위해서는 먼저 셀의 '잠금' 속성을 해제해야 한다.

③ 시트 보호를 설정하면 셀에 데이터를 입력하거나 수정하려고 했을 때 경고 메시지가 나타난다.

④ 셀의 '잠금' 속성과 '숨김' 속성은 시트를 보호하기 전까지는 아무런 효과를 내지 못한다.

데이터 입력 및 편집

데이터 입력

1 각종 데이터 입력

1. 문자와 숫자, 수식 입력

1) 문자 입력

- 한글, 영문, 한자, 기호(특수 문자), 문자와 숫자 혼합 등의 데이터로, 입력하면 셀의 왼쪽으로 정렬한다.
- 숫자 데이터를 문자 데이터 형식으로 입력하려면 문자 접두어(')를 숫자 데이터 앞에 입력한다.
- 문자와 숫자가 혼합된 경우 문자열로 인식한다.

2) 숫자 입력

- 0~9까지의 숫자 조합이나 지수 형식(예 2.5E+5)과 같은 데이터로, 입력하면 셀의 오른쪽으로 정렬한다.
- 숫자 입력시 데이터 중간에 공백이나 기호(특수 문자)를 포함하면 문자 데이터로 인식한다.
- 분수의 경우 대분수를 입력한 후 공백을 입력하여 표현한다.
  예 0 1/2
- 형식을 표시하는 통화 스타일(₩, $), 백분율(%), 부호(+, −), 소수점(.), 쉼표(,) 등과 함께 사용한다.
- 입력한 숫자 데이터가 해당 열의 너비보다 숫자의 길이가 긴 경우에는 자동으로 지수 형식으로 변환되어 표시되거나 '####'로 표시된다.
- 셀에 '####'로 표시된 데이터가 있을 경우 열 너비를 길게 조절하면 숫자가 표시된다.

3) 수식 입력

- 데이터 계산을 위한 계산식으로, 반드시 등호(=)나 부호(+, −) 기호로 시작해야 한다.
- 수식 데이터는 숫자와 연산자, 함수 등으로 구성한다.
- 수식이 입력된 셀에는 수식의 계산 결과가 표시되고, 수식 입력줄에는 입

력된 수식 내용이 표시된다.
- 수식 데이터를 수정하려면 수정할 셀을 더블 클릭하거나 F2 키 또는 수식 입력줄을 클릭하여 수정한다.

2. 날짜/시간 데이터 입력

1) 날짜 데이터 입력

- 하이픈(-)이나 슬래시(/)를 이용하여 연, 월, 일을 구분하여 입력한다.
  예 년-월-일, 년/월/일, 년-월, 년/월
- 날짜 데이터는 자동으로 셀의 오른쪽으로 정렬한다.
- 현재 시스템의 날짜 입력 : Ctrl + ; 키

2) 시간 데이터 입력

- 콜론(:)을 이용하여 시, 분, 초를 구분한다. → 예 시:분:초, 시:분, 분:초 등
- 기본적으로 24시간제로 표시되며, 12시간제로 입력할 경우에는 시간을 입력한 후 한 칸 띄우고 오전은 'AM', 오후는 'PM'을 입력한다.
- 시간 데이터는 자동으로 셀의 오른쪽으로 정렬한다.
- 현재 시스템의 시간 입력 : Ctrl + Shift + ; 키

3. 한자와 특수 문자 입력

1) 한자 입력

- 한자로 변환할 한글을 입력한 후 한자 키를 눌러 한자 목록이 나타나면 원하는 한자를 클릭하거나 해당 번호를 눌러 입력한다. → 한글자 단위로 변환 시 사용
- 두 글자 이상의 한글을 한자로 변환할 경우에는 해당 내용을 입력한 후 커서를 글자 안에 위치시킨 후 한자 키를 눌러 [한글/한자 변환] 대화 상자에서 선택하여 입력한다.

2) 특수 문자 입력

한글 자음(ㄱ, ㄴ, ㄷ, …, ㅎ)을 입력한 후 한자 키를 눌러 특수 문자 목록이 나타나면 원하는 문자를 클릭하거나 해당 번호를 선택하여 입력한다.

1. 메모 입력

» TIP

메모 삭제 방법
• [검토] 탭-[메모]-[삭제]를 선택한다.
• 바로 가기 메뉴에서 [메모 삭제]를 선택한다.

• 메모를 삽입할 셀에서 [검토] 탭-[메모] 그룹-[새 메모] 선택 또는 바로 가기 메뉴에서 [메모 삽입] 선택 또는 Shift + F2 키를 누른다.
• 메모는 입력된 내용 중 추가하고자 하는 보충 설명이 있을 경우 사용한다.
• 셀의 데이터 내용을 삭제할 경우 메모는 삭제되지 않는다.
• 메모는 처음에 숨겨져 있다가 마우스 포인터가 메모가 삽입된 셀에 위치하게 되면 메모 내용이 표시된다.

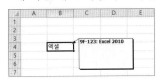

• 삽입된 메모를 표시된 내용대로 인쇄하거나 워크시트의 끝에 모아서 인쇄할 수 있다.
• **메모 표시/숨기기** : 메모가 삽입된 셀에서 [검토] 탭-[메모] 그룹-[메모 표시/숨기기]를 클릭하거나 바로 가기 메뉴에서 [메모 표시/숨기기]를 클릭한다.

2. 윗주 달기

» TIP

숫자 데이터에 윗주 표시
윗주는 문자열 데이터가 입력된 셀에만 삽입할 수 있으며, 숫자가 입력된 셀에서 윗주 삽입은 가능하나 표시는 되지 않는다.

• 윗주를 삽입할 셀에서 [홈] 탭-[글꼴] 그룹-[윗주 필드 표시/숨기기()]-[윗주 편집]을 클릭한 후 내용을 입력한다.

• 윗주는 셀에 입력된 데이터 내용의 위쪽에 추가하여 넣는 주석문(참고 설명)이다.
• 윗주를 삽입하면 바로 표시가 되지 않으므로, [홈] 탭-[글꼴] 그룹-[윗주 필드 표시/숨기기()]-[윗주 필드 표시]를 클릭하여 표시한다.

• 윗주가 들어있는 데이터 셀을 삭제할 경우 윗주도 같이 삭제된다.
• 삽입된 윗주의 맞춤이나 글꼴 속성은 [홈] 탭-[글꼴] 그룹-[윗주 필드 표시/숨기기()]-[윗주 설정]을 클릭하여 [윗주 속성] 대화 상자에서 설정할 수 있다. → 윗주 내용 전체에 대해서만 속성 설정이 가능함

1. 그래픽 개체

그래픽 개체는 워크시트와 분리되어 움직이기 때문에 크기나 위치 등을 임의로 조절할 수 있다.

1) 그림

- 그림은 워크시트나 워크시트의 배경으로 그림을 삽입할 때 사용한다.
- [삽입] 탭-[일러스트레이션] 그룹-[그림]을 선택한다.

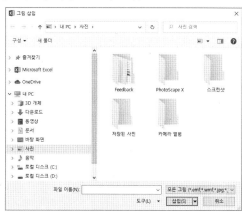

》TIP

개체(Object)
- 개체란 어떤 특정 작업을 처리할 때 작업의 대상이 되는 하나의 독립된 사물을 말한다.
- 엑셀에서 사용하는 통합 문서나 셀, 시트, 차트, 파일 등이 이에 속한다.

2) 온라인 그림

- 온라인 그림은 인터넷에서 그림을 삽입할 때 사용한다.
- [삽입] 탭-[일러스트레이션] 그룹-[온라인 그림]을 선택한다.

3) 도형

- 사각형과 원, 화살표, 선, 순서도 기호 및 설명선 등 기본으로 제공되는 도형을 삽입할 때 사용한다.
- 다양한 도형을 삽입하고 크기, 스타일, 색 등 변경이 가능하다.
- 정사각형, 정원 등을 그리려면 Shift 키를 이용한다.
- [삽입] 탭-[일러스트레이션] 그룹에서 [도형]을 선택한다.

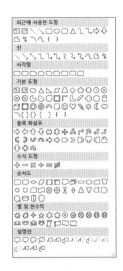

4) SmartArt(스마트아트)

» TIP

SmartArt 그래픽의 범위는 그래픽 목록과 프로세스 다이어그램에서부터 벤 다이어그램이나 조직도와 같이 좀 더 복잡한 그래픽까지 다양하다.

- 정보를 시각적으로 교환할 때 SmartArt 그래픽을 삽입한다.
- [삽입] 탭-[일러스트레이션] 그룹에서 [SmartArt]를 선택한다.

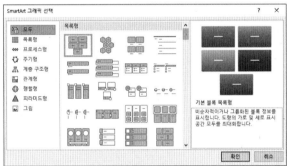

5) WordArt(워드아트)

» TIP

작성한 개체 중 직사각형, 화살표, WordArt, 그림, 클립 아트 등은 회전이나 대칭이 가능하나, 텍스트 상자나 차트 등은 회전이나 대칭 기능을 사용할 수 없다.

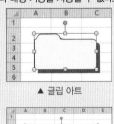

▲ 글립 아트

▲ 워드 아트

- 문서에 장식 텍스트를 삽입하여 제목 등을 보기 좋은 글씨체로 꾸미기 위해 사용한다.
- [삽입] 탭-[텍스트] 그룹에서 [WordArt]를 선택한다.

2. 하이퍼링크

》 TIP
하이퍼링크의 바로 가기 메뉴에서 [하이퍼링크] 선택 또는 Ctrl + K 키를 누른다.

- 하이퍼링크는 다른 파일이나 웹 페이지에 있는 관련 정보에 빠르게 연결하기 위해 사용하는 것으로, 텍스트나 도형, 그래픽 개체 등에 삽입할 수 있다. → 단추에는 하이퍼링크를 지정할 수 없음
- 셀이나 개체를 선택한 후 [삽입] 탭-[링크] 그룹-[하이퍼링크]를 선택한다.

❶ 연결 대상	기존 파일/웹 페이지, 현재 문서, 새 문서 만들기, 전자 메일 주소 중 선택	
❷ 표시할 텍스트	하이퍼링크를 나타내는데 사용할 텍스트를 입력	
❸ 화면 설명 (스크린 팁)	마우스 포인터를 하이퍼링크 위로 가져갈 때 표시할 유용한 정보 입력	
❹ 책갈피	파일이나 웹 페이지의 특정 위치로 이동하는 하이퍼링크 생성 → 연결할 파일이나 웹 페이지에 책갈피가 있어야 함	
❺ 주소	연결할 웹 페이지 주소를 입력	

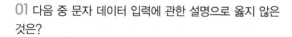

▶▶▶ 기출 문제로 테스트 하기

01 다음 중 문자 데이터 입력에 관한 설명으로 옳지 않은 것은?

① 숫자와 문자가 혼합된 데이터가 입력되면 문자열로 입력된다.

② 오른쪽의 셀이 비어 있는 경우 한 셀의 너비보다 긴 문자열이 입력되면, 다음 셀에 걸쳐서 표시된다.

③ 한 셀에 두 줄 이상의 문자열을 입력할 때는 Shift + Enter 키를 누르고 입력하면 된다.

④ 문자 데이터는 기본적으로 왼쪽으로 정렬된다.

02 다음 중 메모에 대한 설명으로 옳지 않은 것은?

① 통합 문서에 포함된 메모를 시트에 표시된 대로 인쇄하거나 시트 끝에 인쇄할 수 있다.

② 메모에는 어떠한 문자나 숫자, 특수 문자도 지정하여 표현할 수 있다.

③ 모든 메모를 표시하려면 [검토] 탭의 [메모] 그룹에서 '메모 모두 표시'를 클릭한다.

④ 셀에 입력된 데이터를 지우면 메모도 자동으로 삭제된다.

데이터 편집

1 데이터 편집 및 셀 포인터 이동

1. 셀 포인터 이동

↑, ↓, ←, →	셀의 상/하/좌/우로 이동
Ctrl + ↑/ ↓/ ←/ →	데이터 영역의 상/하/좌/우 끝으로 이동
Shift + Tab, Tab	셀의 왼쪽, 오른쪽으로 이동
Shift + Enter, Enter	셀의 위쪽, 아래쪽으로 이동
Page Up, Page Down	위쪽, 아래쪽 한 화면씩 이동
Alt + Page Up, Alt + Page Down	왼쪽, 오른쪽 한 화면씩 이동
Ctrl + Page Up, Ctrl + Page Down	현재 위치한 시트의 왼쪽, 오른쪽 시트로 이동
Home	행의 처음 [A] 열로 이동
Ctrl + Home	[A1] 셀로 한 번에 이동
Ctrl + End	데이터 영역의 맨 마지막 셀로 이동
F5 또는 Ctrl + G	[이동] 대화 상자 호출 → 이동하고자 하는 셀 주소 입력

2. 데이터 편집

1) 수정

• 수정할 셀에 선택하고 수식 입력줄을 클릭하여 데이터를 수정한 후 Enter 키를 누른다.
• 수정할 셀을 선택하고 F2 키를 눌러 데이터를 수정한 후 Enter 키를 누른다.
• 수정할 셀을 더블 클릭하여 데이터를 수정한 후 Enter 키를 누른다.
• 수정할 셀을 선택한 후 데이터를 입력하면 기존 데이터가 지워지면서 새로운 데이터가 입력된다.

- 수정할 셀에 데이터를 입력하면 셀에 설정된 서식은 그대로 유지하고, 내용만 변경된다.

2) 삭제

- 삭제하고자 하는 셀을 선택한 후 Delete 키를 누른다. → 내용만 삭제될 뿐 메모나 서식 등은 함께 삭제되지 않음
- 삭제하고자 하는 셀의 바로 가기 메뉴에서 [내용 지우기]를 선택한다.
- [홈] 탭–[편집] 그룹–[지우기]에서 [내용 지우기]를 선택한다. → [지우기] 하위 메뉴로는 '모두 지우기', '서식 지우기', '내용 지우기', '메모 지우기'등이 있음

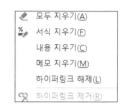

2 찾기 및 바꾸기

1. 데이터 찾기

- 워크시트 내에 입력된 데이터 내용 중 특정 내용(문자열)을 검색하여 찾는 기능이다.
- 찾기는 워크시트 전체를 대상으로 하거나, 특정 셀 범위를 지정하여 찾을 수도 있다.
- [홈] 탭–[편집] 그룹–[찾기 및 선택]–[찾기] 선택 또는 Ctrl + F 키 또는 Shift + F5 키를 누른다.

» TIP

[찾기] 탭에서 검색 항목을 '열'로 지정하게 되면 셀 포인터가 위치한 열의 아래쪽으로 찾기가 진행된다.

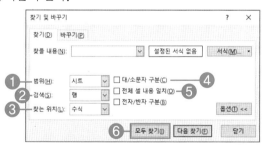

» TIP

• 와일드카드 문자(?, *)를 사용할 수 있다.
• +, −와 같은 특수 문자를 찾을 수 있다.

❶ 범위	시트, 통합 문서를 선택하여 검색
❷ 검색	• 열 선택 : 열에서 아래쪽으로 검색 • 행 선택 : 행에서 오른쪽으로 검색
❸ 찾는 위치	수식, 값, 메모 중 선택하여 검색
❹ 대/소문자 구분	검색시 대소문자를 구분
❺ 전체 셀 내용 일치	완전히 일치하는 문자를 검색
❻ 모두 찾기	검색 조건과 일치하는 항목을 모두 검색

》 TIP

• 데이터 찾기 단축키 :
  Ctrl + F
• 데이터 바꾸기 단축키 :
  Ctrl + H

2. 데이터 바꾸기

• 워크시트 내에 입력된 데이터 내용 중 특정 내용(문자열)을 찾아 다른 내용 (문자열)으로 바꾸어 주는 기능이다.
• [홈] 탭-[편집] 그룹-[찾기 및 선택]-[바꾸기] 선택 또는 Ctrl + H 키를 누른다.

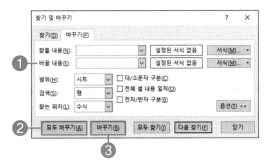

❶ **바꿀 내용**	찾을 내용에 입력된 문자열을 바꿀 내용에 입력한 문자열로 바꿈
❷ **모두 바꾸기**	선택된 범위나 시트 전체에 대하여 바꿀 내용으로 한꺼번에 바꿈
❸ **바꾸기**	현재 찾은 내용을 바꿀 내용으로 바꾼 후 [다음 찾기] 단추로 다시 검색

3 셀 범위 지정 및 자동 채우기

1. 연속된 셀 범위 선택

• 마우스 왼쪽 단추를 클릭한 채 원하는 위치만큼 끌어서 범위를 선택한다.
• 첫 번째 셀을 선택한 후 Shift 키를 누른 채 범위의 마지막 셀을 클릭하여 선택한다.
• 연계된 데이터 목록 전체를 한 번에 선택하려면 데이터 목록 안에 셀 포인 터가 위치한 상태에서 Ctrl + Shift + 8 키 또는 Ctrl + 숫자 키패드의 * 키를 누르면 된다.

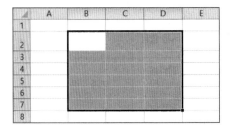

2. 서로 떨어진 셀 범위 선택

첫 번째 셀 범위를 선택한 후 Ctrl 키를 누른 채 원하는 셀 또는 범위를 마우스
로 클릭하거나 드래그하여 선택한다.

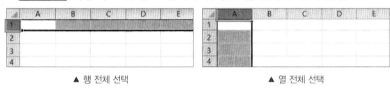

3. 행/열 전체 선택

• 선택하려는 행 머리글 번호나 열 머리글 문자를 클릭하면 행/열 단위로 범
  위가 지정된다.
• Shift + Space Bar 키를 누르면 셀 포인터가 위치한 행 전체가 선택되고, Ctrl
  + Space Bar 키를 누르면 셀 포인터가 위치한 열 전체가 선택된다.

▲ 행 전체 선택   ▲ 열 전체 선택

4. 시트 전체 선택

행/열 머리글의 시작 부분인 [시트 전체 선택(▨)]을 클릭하여 워크시트 전체
를 선택하거나 바로 가기 키인 Ctrl + A 또는 Ctrl + Shift + Space Bar 를 누른다.

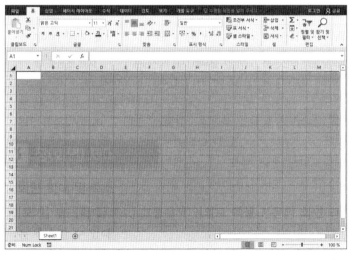

》 TIP
다른 시트로 전환하려면, 원하
는 시트 탭을 클릭하거나 Ctrl
+ Page Down 키를 눌러 다
음 워크시트로 이동, Ctrl +
Page Up 키를 눌러 이전 워
크시트로 이동할 수 있다.

5. 데이터 자동 채우기

1) 숫자 데이터

- 한 셀의 숫자 데이터에서 채우기 핸들을 드래그하면 숫자가 그대로 복사된다.

>> TIP

실수인 경우 채우기 핸들을 이용한 [연속 데이터 채우기]의 결과는 일의 자리 숫자가 1씩 증가한다. → 예 42.5를 입력한 후 채우기 핸들을 이용한 [연속 데이터 채우기]를 하면 43.5, 44.5, 45.5, …로 채워진다.

- 한 셀의 숫자 데이터에서 채우기 핸들을 Ctrl 키를 누른 채 드래그하면 숫자가 1씩 증가하면서 입력된다.

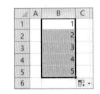

- 숫자 데이터가 입력된 두 개의 셀을 범위 지정한 후 채우기 핸들을 드래그하면 두 셀의 값 차이만큼 증가 또는 감소하면서 입력된다.

2) 문자 데이터

채우기 핸들을 드래그하면 동일한 문자가 그대로 복사된다.

3) 혼합 데이터(문자+숫자)

>> TIP

혼합 데이터에서 Ctrl 키를 누른 채 드래그하면 문자와 숫자가 그대로 복사된다.

- 문자와 숫자가 혼합된 데이터에서 채우기 핸들을 드래그하면 문자는 그대로 복사되고, 숫자는 1씩 증가하면서 채워진다.

- '1-홍길동-01'과 같이 양쪽에 숫자가 있는 데이터를 자동 채우기하면 앞에 있는 '1'과 문자는 그대로 복사되고, 뒤에 있는 '01'은 1씩 증가하면서 채워진다.

4) 날짜/시간 데이터

날짜 및 시간 데이터가 입력된 셀을 채우기 핸들로 드래그하면 1일 또는 1시간씩 증가하면서 채워진다.

5) 사용자 지정 목록

- 사용자 지정 목록에 기본적으로 등록이 되어 있는 데이터 중 하나가 입력된 셀을 드래그하면 사용자 지정 목록에 등록된 순서에 맞게 반복적으로 입력된다.
- **사용자 지정 목록 편집** : [파일] 탭-[옵션]-[고급]에서 '일반' 항목의 [사용자 지정 목록 편집] 단추를 클릭하면 사용자 지정 목록의 추가 또는 제거가 가능하다.

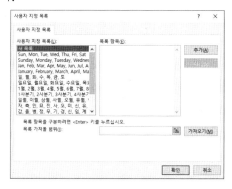

6. 연속 데이터 채우기

[홈] 탭-[편집] 그룹-[채우기]-[계열]을 선택하면 [연속 데이터] 대화 상자가 나타난다.

❶ 방향	자동 채우기할 방향으로 행, 열 지정
❷ 유형	• 선형 : 단계 값만큼 더해서 채움 • 급수 : 단계 값만큼 곱해서 채움 • 날짜 : 날짜 단위에서 지정한 값만큼 증가해서 채움 • 자동 채우기 : 채우기 핸들로 드래그한 것과 같은 결과
❸ 단계 값/종료 값	연속으로 채워질 값의 증가/감소 값 및 마지막 값을 지정

4 행/열 크기 조절 및 숨기기

1. 행/열 크기 조절

1) 행 높이

* 행에 입력된 데이터의 글자 크기를 크게 설정하면 자동으로 행의 높이가 조절되며, 글자 크기를 작게 줄일 경우 표준 글꼴 크기에 맞춘 행의 높이를 유지한다.
* [홈] 탭-[셀] 그룹-[서식]-[행 높이 자동 맞춤] 선택 또는 행 머리글 사이를 더블 클릭하면 가장 큰 데이터에 맞추어 높이가 조절된다.
* [홈] 탭-[셀] 그룹-[서식]-[행 높이] 선택 또는 바로 가기 메뉴의 [행 높이] 선택 또는 행 머리글 사이의 경계선을 마우스로 드래그하여 설정한다.

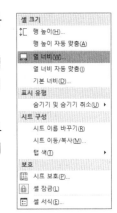

2) 열 너비

* 열에 입력된 데이터의 글자 수에 따라 열의 너비가 조절된다.
* [홈] 탭-[셀] 그룹-[서식]-[열 너비 자동 맞춤] 선택 또는 열 머리글 사이를 더블 클릭하면 가장 큰 데이터에 맞추어 너비가 조절된다.
* [홈] 탭-[셀] 그룹-[서식]-[열 너비] 선택 또는 바로 가기 메뉴의 [열 너비] 선택 또는 열 머리글 사이의 경계선을 마우스로 드래그하여 설정한다.

2. 행/열 숨기기

* [홈] 탭-[서식]-[숨기기 및 숨기기 취소]-[행 숨기기]/[열 숨기기]를 선택하여 화면에서 행 또는 열이 보이지 않도록 숨긴다.
* 행의 높이 또는 열의 너비를 크기가 '0'이 되도록 조정하면 행 또는 열을 숨길 수 있다.

» TIP

행 높이 또는 열 너비를 조절한다고 해서 글자의 크기가 변하지는 않는다.

» TIP

숨겨진 행 또는 열을 화면에 다시 나타나게 하려면 양쪽 행 또는 열을 범위로 지정한 후 [홈] 탭-[서식]-[숨기기 및 숨기기 취소]-[행 숨기기 취소]/[열 숨기기 취소]를 선택해야 한다.

5 워크시트 편집

1. 워크시트 선택

- **연속적인 선택** : 첫 번째 워크시트를 클릭한 후 Shift 키를 누른 채 마지막 워크시트를 클릭하면 첫 번째부터 마지막 워크시트까지 연속적인 선택이 된다.

- **비연속적인(떨어져 있는) 선택** : 첫 번째 워크시트를 클릭한 후 Ctrl 키를 누른 채 원하는 워크시트를 차례로 클릭하면 클릭한 워크시트만 선택이 된다.

- **모든 시트 선택** : 시트 탭을 선택한 후 바로 가기 메뉴에서 [모든 시트 선택]을 클릭한다.

》 TIP
시트의 바로 가기 메뉴

2. 워크시트 숨기기

- [홈] 탭-[셀] 그룹-[서식]-[숨기기 및 숨기기 취소]-[시트 숨기기]를 선택하거나 바로 가기 메뉴에서 [숨기기]를 선택한다.
- 여러 개의 시트를 선택한 후 숨기기는 가능하지만, 모든 시트에 대해서는 숨기기가 불가능하다. 통합 문서에는 적어도 하나 이상의 시트가 존재해야 한다.

》 TIP
워크시트 숨기기 취소
[홈] 탭-[셀] 그룹-[서식]-[숨기기 및 숨기기 취소]-[시트 숨기기 취소]를 선택하거나 바로 가기 메뉴에서 [숨기기 취소]를 선택한다.

3. 워크시트 이름 바꾸기

• [홈] 탭-[셀] 그룹-[서식]-[시트 이름 바꾸기] 선택 또는 시트 탭의 바로 가기 메뉴에서 [이름 바꾸기] 선택 또는 시트를 더블 클릭하여 이름을 바꾼다.
• 시트의 이름은 공백을 포함하여 최대 31자까지 가능하며, '₩ / * [ ] ?' 등의 특수 문자는 사용할 수 없다.
• 통합 문서 안에서는 동일한 이름의 시트가 존재할 수 없다.

4. 워크시트 삽입/삭제

• [홈] 탭-[셀] 그룹에서 [삽입]-[시트 삽입]/[삭제]-[시트 삭제] 선택 또는 시트 탭의 바로 가기 메뉴에서 [삽입]/[삭제]를 선택한다.

▲ [홈] 탭-[셀] 그룹-[삽입]　　　▲ [홈] 탭-[셀] 그룹-[삭제]

• 새 워크시트의 삽입 바로 가기 키는 Shift + F11 또는 Alt + Shift + F1 이며, 새 워크시트는 현재 시트의 앞에 삽입된다.
• 연속된 여러 개의 시트를 선택한 후 시트의 삽입은 가능하지만, 떨어져 있는 여러 개의 시트를 선택한 시트의 삽입은 불가능하다.
• 한 번 삭제된 시트는 되살릴 수 없다.

5. 워크시트 이동/복사

• 시트를 드래그하면 이동이 된다.
• 시트를 Ctrl 키를 누른 채 드래그하면 복사가 된다.

6 데이터 복사/이동, 붙여넣기

• 복사 : 복사할 범위를 지정한 후 범위의 가장자리에 마우스 포인터를 맞춘 후 Ctrl 키를 누른 채 복사할 위치까지 드래그한다.
• 이동 : 복사할 범위를 지정한 후 범위의 가장자리에 마우스 포인터를 맞춘 후 이동할 위치까지 드래그한다.

복사	[홈] 탭-[클립보드] 그룹-[복사]	Ctrl + C 키
잘라내기(이동)	[홈] 탭-[클립보드] 그룹-[잘라내기]	Ctrl + X 키
붙여넣기	[홈] 탭-[클립보드] 그룹-[붙여넣기]	Ctrl + V 키

» TIP
[홈] 탭-[클립보드] 그룹-[붙여넣기]의 하위 메뉴

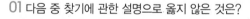

▶▶▶ 기출 문제로 ^{중간} 테스트 하기

01 다음 중 찾기에 관한 설명으로 옳지 않은 것은?

① 대/소문자를 구분하여 찾을 수 있다.

② 수식이나 값을 찾을 수 있지만, 메모 안의 텍스트는 찾을 수 없다.

③ 위쪽 방향이나 왼쪽 방향으로 검색 방향을 바꾸려면 Shift 키를 누른 채 [다음 찾기] 단추를 클릭한다.

④ 와일드카드 문자인 ' * '는 모든 문자를 대신할 수 있고, '?'는 해당 위치의 한 문자를 대신할 수 있다.

02 다음 그림처럼 셀 값을 입력하기 위해서 [A1] 셀에 숫자 1을 입력하고, [A1] 셀에서 마우스로 채우기 핸들을 아래로 드래그하려고 한다. 이때 숫자가 증가하여 입력되도록 하기 위해 함께 눌러줘야 하는 키로 옳은 것은?

	A	B
1	1	
2	2	
3	3	
4	4	
5	5	
6	6	
7	7	
8		

① Alt   ② Ctrl

③ Shift   ④ Tab

1 셀 서식

- 셀에 입력된 데이터에 '표시 형식, 맞춤, 글꼴, 테두리, 채우기, 보호' 등의 여러 가지 서식을 지정할 수 있다.
- [홈] 탭-[글꼴]/[맞춤] 그룹에서 ▣ 클릭하거나 [홈] 탭-[셀] 그룹-[서식]-[셀 서식] 또는 바로 가기 메뉴에서 [셀 서식] 또는 Ctrl+1 키를 누른다.

1. [표시 형식] 탭

» TIP
- '숫자' 서식은 일반적인 숫자를 나타내는 데 사용된다.
- '회계' 서식은 통화 기호와 소수점에 맞추어 열을 정렬하는 데 사용된다.

숫자	숫자의 소수점 이하 자릿수, 1000 단위 구분 기호 사용, 음수 표시 형식을 지정
통화	숫자 왼쪽에 통화 기호를 붙이고, 1000 단위마다 쉼표(,)를 붙여 표시 예) 1234 → ₩1,234
회계	음수 표기 형식을 설정할 수 없으며, 통화 기호 붙는 위치가 다름 예) 1234 → ₩ 1,234
분수	셀에 입력된 값(숫자)을 분수로 표시

텍스트	입력된 데이터를 문자 데이터로 취급하여 왼쪽 정렬
기타	우편번호, 전화번호, 주민등록번호 등의 형식으로 표시 → 숫자만 입력된 경우 자동 줄표(−) 삽입
사용자 지정	사용자가 기존의 형식 중 하나를 선택하여 지정하거나, 직접 서식 코드를 이용하여 표시 형식 지정

2. [맞춤] 탭

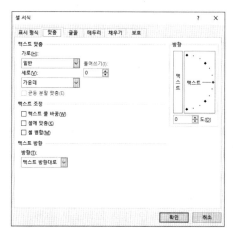

텍스트 맞춤	• 가로 : 일반, 왼쪽(들여쓰기), 가운데, 오른쪽(들여쓰기), 채우기, 양쪽 맞춤, 선택 영역의 가운데로, 균등 분할(들여쓰기) 중 선택 • 세로 : 위쪽, 가운데, 아래쪽, 양쪽 맞춤, 균등 분할 중 선택
텍스트 조정	• 텍스트 줄 바꿈 : 셀에서 텍스트를 여러 줄로 나누어 표시 • 셀에 맞춤 : 선택한 셀의 모든 데이터가 열에 맞게 표시되도록 글꼴의 크기가 줄어들며, 열 너비를 변경하면 글꼴의 크기가 자동으로 조정 • 셀 병합 : 두 개 이상의 셀을 한 개의 셀로 결합
텍스트 방향	• 읽는 순서와 맞춤을 지정하려면 방향의 목록 상자에서 옵션(텍스트 방향대로, 왼쪽에서 오른쪽, 오른쪽에서 왼쪽)을 선택 • 데이터의 표시 각도를 '−90도'~'90도' 범위 사이에서 지정, 세로 방향 지정 가능

2 사용자 지정 서식

1. 사용자 지정 서식 코드

- 서식 코드는 '양수, 음수, 0값, 텍스트'의 4개 구역으로 지정하며, 각 구역은 세미콜론(;)으로 구분하여 작성한다.
- 서식 코드에서 특정 구역을 생략할 필요가 있을 경우 서식 코드를 입력하지 않고 세미콜론(;)만으로 구분해 준다.
- 코드 작성에서 조건이나 글꼴 색 등을 지정할 때는 대괄호([ ])로 묶어서 입력한다.
- **기본 형식**

예

#,##0;	[빨강](#,##0);	0.00;	@"님"
양수	음수	0값	텍스트

2. 숫자 서식 코드

#	유효한 자릿수만 표시, 유효하지 않은 0은 표시하지 않음 예 ##.## : 32.456 → 32.46
0	숫자의 자릿수가 서식에 지정된 자릿수보다 적으면 유효하지 않은 0을 표시 예 0.0 : 32456 → 32456.0
,	1000 단위마다 구분 기호로 콤마 표시 예 #,###,# : 32456 → 32.456
%	데이터에 100을 곱한 후 '%'를 붙임 예 ##% : 32.456 → 3246%
?	유효하지 않은 자릿수에 0 대신 공백을 표시하고, 소수점을 기준으로 정렬 예 ?.?? : 32.456 → 32.46

[DBNUM1] ~ [DBNUM4]	숫자 데이터를 한자나 한글, 한자+숫자 등으로 표시 예 숫자 데이터가 2015일 경우 • [DBNUM1] 지정 ⇒ 二千一十五 • [DBNUM2] 지정 ⇒ 貳阡壹拾伍 • [DBNUM3] 지정 ⇒ 2千十5 • [DBNUM4] 지정 ⇒ 이천일십오
[조건]	보통 비교 연산자와 같이 사용하며, 조건에 일치할 경우에만 서식을 적용 예 [>300]#,##0 : 324.5 → 325
[글꼴 색]	각 구역의 첫 번째 부분에 지정하며, 텍스트 형태로 글꼴 색을 지정 예 [빨강](#,##0) : −324.5 → −(325)

3. 문자열 서식 코드

≫ TIP
숫자와 문자가 혼합된 데이터가
입력되면 문자열로 입력된다.

@	표시 위치를 지정하여 특정 문자열을 연결하여 함께 표시함 예 @교육 : 시대 → 시대교육
*	* 기호 다음의 문자를 셀 너비만큼 반복하여 채워 넣음 예 @*! : 시대 → 시대!!!!!!!!
아래 밑줄 (_)	입력된 숫자 데이터의 오른쪽 끝에 하나의 공백을 추가 → _ 기호 다음에는 반드시 하나의 문자를 사용해야 함(주로 −, ~) 예 #,##0"원"_− : 32,456 → 32원 (원 다음에 공백이 하나 있음)

4. 날짜 서식 코드

년	yy	연도를 뒤의 두 자리로 표시
	yyyy	연도를 네 자리로 표시
월	m	월을 1 ~ 12로 표시
	mm	월을 01 ~ 12로 표시
	mmm	월을 Jan ~ Dec로 표시
	mmmm	월을 January ~ December로 표시
일	d	일을 1 ~ 31로 표시
	dd	일을 01 ~ 31로 표시
요일	ddd	요일을 Sun ~ Sat로 표시
	dddd	요일을 Sunday ~ Saturday로 표시
	aaa	요일을 월 ~ 일로 표시
	aaaa	요일을 월요일 ~ 일요일로 표시

5. 시간 서식 코드

시	h	시간을 0 ~ 23으로 표시
	hh	시간을 00 ~ 23으로 표시
분	m	분을 0 ~ 59로 표시
	mm	분을 00 ~ 59로 표시
초	s	초를 0 ~ 59로 표시
	ss	초를 00 ~ 59로 표시
오전/오후	am/pm, AM/PM, a/p, A/P	• 시간을 12시간제로 표시 • 보통 시간 뒤에 표시

■ **원본 데이터를 지정된 서식으로 설정하면 나타나는 결과 데이터 예**

원본 데이터	서식	결과 데이터
5054.2	###	5054
대한민국	@"파이팅"	대한민국파이팅
2019-02-01	yyyy-mm-ddd	2019-02-Fri
2019/5/4	yy.m.d	19.5.4
우리	@사랑	우리사랑
2234543	#,##0.00	2,234,543.00
43.1	##.#0	43.10
424000000	#,###,,"백만원"	424백만원

》 TIP

지정된 서식 #,###,와 같이 마지막에 쉼표(,)가 하나 붙은 경우 천 단위가 생략된다.

예 #,###,, → 백만 단위 생략

예 #,###,,, → 십억 단위 생략

원본 데이터	지정한 서식	결과 데이터
5135600	#,###, "천원"	5,135천원

3 조건부 서식

1. 조건부 서식 개요

• 조건에 따라 데이터 막대, 색조 및 아이콘 집합을 사용하여 주요 셀이나 예외적인 값을 강조하고 데이터를 시각적으로 표시할 때 사용한다.

• [홈] 탭-[스타일] 그룹-[조건부 서식]에서 적용한다. [조건부 서식] 하위 메뉴에는 셀 강조 규칙, 상위/하위 규칙, 데이터 막대, 색조, 아이콘 집합, 새 규칙, 규칙 지우기, 규칙 관리 등이 있다.

- 특정 조건을 만족하는 셀에 대해서만 각종 서식을 설정하고자 할 때 사용하는 기능이다.
- 조건에 맞는 셀 범위는 해당 조건에 따라 서식이 지정되고, 조건에 맞지 않는 셀 범위는 조건에 따라 서식이 지정되지 않는다.
- 셀이나 범위에 기존 셀 서식이 적용되어 있을 경우 조건부 서식은 그에 우선하여 적용된다.
- 조건부 서식으로 지정하는 규칙은 서로 다른 서식을 적용할 수 있으며, 규칙 지정 수에 대한 제한은 없다.
- 지정된 규칙이 여러 개일 경우 모두 참인 규칙이면 지정된 서식이 모두 적용되어 나타나며, 서식이 서로 겹칠 경우 우선순위가 높은 규칙의 서식이 적용된다.
- 지정한 규칙을 만족할 경우 데이터의 행 전체에 대하여 서식을 지정하고자 할 때는 규칙 지정시 열 이름에 '$'를 붙여야 한다.
- 규칙은 셀 값이나 수식으로 설정할 수 있으며, 수식으로 입력할 경우 반드시 등호(=)를 입력해야 한다.

》 TIP
- 하나의 셀에 2개의 규칙이 모두 참이고, 두 규칙에 지정된 서식이 서로 충돌하지 않으면 두 규칙이 모두 적용된다.
- 다른 시트의 데이터를 참조하여 서식을 적용할 수 있다.

2. [새 서식 규칙] 대화 상자 이용

[홈] 탭-[스타일] 그룹-[조건부 서식]-[새 규칙]을 선택하여 실행한다.

》 TIP
조건부 서식이 적용된 후 셀 값이 바뀌어 규칙과 일치하지 않게 되면 셀 서식 설정은 해제된다.

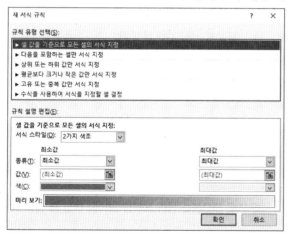

■ 규칙 유형 선택

셀 값을 기준으로 모든 셀의 서식 지정	2가지 색조, 3가지 색조, 데이터 막대, 아이콘 집합의 서식 스타일을 이용하여 모든 셀의 서식을 지정
다음을 포함하는 셀만 서식 지정	셀 값, 특정 텍스트, 발생 날짜, 빈 셀, 내용 있는 셀, 오류, 오류 없음 등에 포함된 셀 값에 따라 조건을 지정하여 서식을 지정
상위 또는 하위 값만 서식 지정	지정하는 기준 값에 따라 셀 범위에서 최상위 값과 최하위 값을 찾을 수 있음
평균보다 크거나 작은 값만 서식 지정	셀 범위에서 평균이나 표준 편차보다 크거나 작은 값을 찾을 수 있음
고유 또는 중복 값만 서식 지정	지정된 범위의 셀 값 중 고유 값이나 중복 값에 서식을 지정
수식을 사용하여 서식을 지정할 셀 결정	논리 수식이나 함수를 사용하여 서식 조건을 지정하면 복잡한 조건부 서식 적용 가능

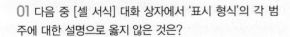

▶▶▶ 기출 문제로 테스트 하기

01 다음 중 [셀 서식] 대화 상자에서 '표시 형식'의 각 범주에 대한 설명으로 옳지 않은 것은?

① '일반' 서식은 각 자료형에 대한 특정 서식을 지정하는 데 사용된다.
② '숫자' 서식은 일반적인 숫자를 나타나는 데 사용된다.
③ '회계' 서식은 통화 기호와 소수점에 맞추어 열을 정렬하는 데 사용된다.
④ '기타' 서식은 우편번호, 전화번호, 주민등록번호 등의 형식을 설정하는 데 사용된다.

02 다음 중 [조건부 서식]의 서식 지정에 대한 설명으로 옳지 않은 것은?

① 조건부 서식은 기존의 셀 서식에 우선하여 적용된다.
② 하나의 셀에 2개의 규칙이 모두 참이고, 두 규칙에 지정된 서식이 서로 충돌하지 않으면 두 규칙이 모두 적용된다.
③ 하나의 영역에 대하여 규칙은 5개까지 지정할 수 있다.
④ 다른 시트의 데이터를 참조하여 서식을 적용할 수 있다.

Chapter 03

데이터 계산 및 관리

기본 계산식

1 수식의 셀 참조

1. 수식 작성

- 수식은 등호(=)나 '+', '−'로 시작한다.
- 수식에 문자열이 사용될 경우 큰 따옴표(" ")로 묶어줘야 한다.
- 수식을 작성할 경우 결과 값이 수식이 아닌 상수로 입력되게 하려면 수식을 작성한 후 F9 키를 누른 후 Enter 키를 누른다. 그러면 수식이 아닌 결과 값으로 표시된다.

2. 상대 참조

상대 참조는 상대적인 거리를 참조하므로 수식을 복사하면 자동으로 참조 범위가 바뀌며, 자동 채우기를 통한 수식을 복사시 상대적 위치로 변경되어 나타난다. 예 A1

3. 절대 참조

- 수식에 특정한 셀 주소를 고정시켜 사용하는 참조 방식으로, 수식을 다른 곳에 복사하더라도 셀 주소는 고정되어 변경되지 않는다.
- 절대 참조는 열 문자와 행 번호 앞에 '$'를 붙여 표시한다. 예 $A$1

4. 혼합 참조

- 열 문자에만 '$'를 붙여 절대 참조로 적용하면 열 고정 혼합 참조, 행 숫자에만 '$'를 붙여 절대 참조로 적용하면 행 고정 혼합 참조가 된다. 예 $A1, A$1
- 혼합 참조 방식을 다른 셀에 복사시 '$'가 붙은 열이나 행의 셀 주소는 고정되어 변경되지 않는다.

》 TIP

F4 키로 참조 방식 변경하기
- F4 키를 눌러 참조 방식을 변경한다.
- F4 키를 누를 때마다 '절대 참조 → 행 고정 혼합 참조 → 열 고정 혼합 참조 → 상대 참조' 순으로 참조 방식이 변경된다.
- 예 'A1' 입력 후 F4 키 → $A$1 → F4 키 → A$1 → F4 키 → $A1 → F4 키 → A1

5. 시트 및 통합 문서 간 수식 계산

1) 워크시트 간 셀 참조

- 다른 워크시트 간 셀 데이터를 참조할 경우 시트 이름과 셀 주소는 느낌표 (!)로 구분한다. 예 =A1+Sheet2!A1
- 워크시트 이름에 공백이 있을 경우에는 작은 따옴표(' ')로 워크시트 이름을 묶는다. 예 =A1+'매출 현황'!A1

2) 통합 문서 간 셀 참조

- 다른 통합 문서 간 셀 데이터를 참조할 경우 대괄호([ ])로 통합 문서 이름을 묶는다. 예 =A1+[매출현황표.xlsx]Sheet2!A1
- 통합 문서 이름 또는 워크시트 이름에 공백이 있을 경우에는 작은 따옴표 (' ')로 통합 문서와 워크시트 이름을 한꺼번에 묶는다.
  예 =A1+'[매출현황표.xlsx]매출 현황'!A1
  예 =A1+'[매출 현황표.xlsx]매출현황'!A1

3) 3차원 참조

- 통합 문서에서 여러 시트의 동일한 셀 데이터나 셀 범위 데이터에 대한 참조를 의미한다.
  예 =SUM(Sheet1: Sheet3!A1) → Sheet1부터 Sheet3까지의 [A1] 셀을 모두 더하라는 식
- 사용할 수 있는 함수로는 SUM, AVERAGE, COUNTA, STDEV 등이 있다.
- 배열 수식에는 3차원 참조를 사용할 수 없다.

》 TIP
- A:A → [A] 열 전체를 참조
- 1:3 → [1] 행에서 [3] 행까지의 모든 셀 참조
- Sheet1!A1:A5 → 'Sheet1' 시트의 [A1] 셀에서 [A5]까지의 셀 범위 참조

2 이름 정의

1. 이름 작성 규칙

- 첫 문자는 반드시 문자(한글, 영문)나 _(밑줄), \(역슬래시) 중 하나로 시작해야 한다.
- 이름의 첫 문자를 제외한 나머지는 문자, 숫자, .(마침표) 등을 사용할 수 있으며, 공백이나 '+, −, *'와 같은 특수 문자를 포함할 수 없다.
- 최대 255자까지 지정 가능하며, 대소문자를 구분하지 않는다.
- 셀 주소(예 A1)와 같은 이름은 사용될 수 없다.
- 같은 통합 문서 내에서는 동일한 이름을 중복 사용할 수 없으며, 정의된 이름은 절대 참조 방식으로 사용된다.

2. 이름 정의하기

1) 이름 상자 이용

≫ TIP

셀의 이름을 지정하여 수식의 이름으로 셀을 참조할 수 있다.

예 [A10] 셀 부터 [A30] 셀 까지의 셀 이름을 "컴퓨터"로 지정할 수 있다.

이름을 정의할 셀 또는 범위를 영역으로 지정한 후 이름 상자에 원하는 이름을 입력하고 Enter 키를 누른다.

2) 리본 메뉴 이용

[수식] 탭–[정의된 이름] 그룹–[이름 정의]를 클릭한 후 [새 이름] 대화 상자에서 이름과 참조 대상 영역을 지정하고 [확인] 단추를 클릭한다.

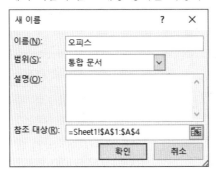

3) 선택 영역에서 이름 만들기

- [수식] 탭–[정의된 이름] 그룹–[선택 영역에서 만들기] 선택 또는 Ctrl +Shift+F3 키를 누른다.
- 이름 만들기 항목에서 '첫 행'을 선택하면 첫 행의 항목 이름이 각 열의 범위 이름이 된다. → 첫 행의 항목 이름에 공백이 포함되어 있을 경우 공백은 '_'로 채워짐

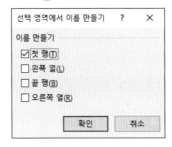

3 오류 메시지

#DIV/0!	값이 포함되지 않은 셀이나 영(0)으로 숫자를 나눈 경우 발생
#NAME?	인식할 수 없는 문자열을 수식에 사용했을 경우, 함수 이름이나 정의되지 않은 셀 이름을 사용했을 경우 발생
#NULL!	교차하지 않은 두 영역의 교차점을 참조 영역으로 지정하였을 경우 발생
#NUM!	수식이나 함수에 잘못된 숫자 값이나 표시할 수 있는 숫자 값의 범위를 벗어났을 경우 발생
#N/A	함수나 수식에 사용할 수 없는 값을 지정했을 때 발생
#REF!	셀 참조가 유효하지 않거나 이상이 있는 경우 발생
#VALUE!	잘못된 인수나 피연산자를 사용했을 경우 발생

》 TIP

• [A3] 셀에 수식 =SUM(A1:C1 A2:C2)를 입력하면 [A3] 셀에 '#NULL!'이라는 오류 메시지가 발생한다.

• '=SUM(A3:B3)' 수식이 '=SUM(A3B3)'와 같이 범위 참조의 콜론(:)이 생략된 경우 '#NAME?'이라는 오류 메시지가 발생한다.

- **■ 순환 참조 경고**
  - 수식에서 직접 또는 간접적으로 자체 셀을 참조하는 경우를 순환 참조라고 한다.
  - 열려 있는 통합 문서 중 하나에 순환 참조가 있으면 모든 통합 문서가 자동으로 계산되지 않는다.

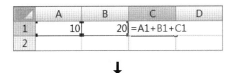

↓

1. 수학/삼각 함수

1) 중요 수학/삼각 함수

① SUM(인수1, 인수2, …) 함수

인수들의 합계를 구한다.

B6	▼	:	×	✓	fx	=SUM(B2:B5)	
▲	A	B	C	D	E	F	
1	이름	수학점수					
2	김영희	90					
3	곽수정	85					
4	김경식	80					
5	이미정	70					
6	합계	325					
7							

② SUMIF(조건 적용 범위, 조건, 합계 구할 범위) 함수

- 주어진 조건에 해당하는 지정 범위의 합계를 구한다.
- '합계를 구할 범위'를 생략한 경우 범위에 있는 셀이 조건에 맞는지 확인하고 해당 조건에 맞으면 셀의 합계를 구한다.

③ SUMIFS(합계 구할 범위, 조건1 적용 범위, 조건1, 조건2 적용 범위, 조건2,…) 함수

범위 내에서 여러 조건을 만족하는 셀의 합계를 구한다.

④ ABS(인수) 함수

인수의 절대값을 구한다.

B2	▼	:	×	✓	fx	=ABS(A2)	
▲	A	B	C	D	E	F	
1	숫자	절대값					
2	-5	5					
3							

⑤ INT(인수) 함수

가장 가까운 정수로 내림한 값을 구한다.

B2	▼	:	×	✓	fx	=INT(A2)	
▲	A	B	C	D	E	F	
1	숫자	내림값					
2	7.8	7					
3							

⑥ MOD(인수1, 인수2) 함수

인수1을 인수2로 나눈 나머지 값을 구한다.

C2	▼	:	×	✓	fx	=MOD(A2,B2)	
▲	A	B	C	D	E	F	
1	숫자	나누는 수	나머지				
2	6	3	0				
3							

》 TIP
인수를 최대 30개까지 사용할 수 있다.

》 TIP
나눗셈은 0으로 나눌 수 없으므로 MOD 함수의 인수2가 0이면 #DIV/0! 오류가 표시된다.

C2	▼		fx	=MOD(A2,B2)	
	A	B	C		
1	숫자	나누는 수	나머지		
2	6	0	#DIV/0!		
3					

⑦ ROUND(인수, 자릿수) 함수

인수를 지정한 자릿수로 반올림한 값을 구한다.

B2	▾	:	×	✓	fx	=ROUND(A2,1)	
	A	B	C	D	E	F	
1	숫자	반올림					
2	6.412	6.4					
3							

⑧ ROUNDUP(인수, 자릿수) 함수

인수를 지정한 자릿수로 올림한 값을 구한다.

B2	▾	:	×	✓	fx	=ROUNDUP(A2,1)	
	A	B	C	D	E	F	
1	숫자	올림					
2	6.412	6.5					
3							

⑨ ROUNDDOWN(인수, 자릿수) 함수

인수를 지정한 자릿수로 내림한 값을 구한다.

B2	▾	:	×	✓	fx	=ROUNDDOWN(A2,1)	
	A	B	C	D	E	F	
1	숫자	내림					
2	6.412	6.4					
3							

⑩ POWER(인수1, 인수2) 함수

인수1을 인수2 만큼 거듭제곱한 값을 구한다.

C2	▾	:	×	✓	fx	=POWER(A2,B2)	
	A	B	C	D	E	F	
1	숫자	제곱수	제곱값				
2	2	10	1024				
3							

⑪ SQRT(인수) 함수

인수의 양의 제곱근을 구한다.

B2	▾	:	×	✓	fx	=SQRT(A2)	
	A	B	C	D	E	F	
1	숫자	제곱근					
2	64	8					
3							

⑫ TRUNC(인수, 자릿수) 함수

인수의 소수점 이하를 버리고 정수로 변환한다.

B2	▾	:	×	✓	fx	=TRUNC(A2)	
	A	B	C	D	E	F	
1	숫자	제곱근					
2	-67.25	-67					
3							

⑬ PRODUCT(인수1, 인수2, …) 함수

인수를 모두 곱한 결과를 구한다.

D2	▾	:	×	✓	fx	=PRODUCT(A2,B2,C2)	
	A	B	C	D	E	F	
1	숫자	숫자	숫자	값			
2	900	10	400	3600000			
3							

2) 기타 수학/삼각 함수

RAND( )	• 인수 필요 없음 • 0보다 크거나 같고, 1보다 작은 균등하게 분포된 난수를 구함 • 재계산할 때마다 변경됨
PI( )	• 인수 필요 없음 • 원주율(3.1415922654) 값을 구함
EXP(인수)	• 인수를 지수로 하는 e의 누승을 계산함 • 인수 : 밑 e에 적용할 지수 • e : 자연 로그의 밑(상수)
FACT(인수)	• 인수의 계승 값을 구함 • 인수는 0 또는 양수여야 함 　예 인수가 3인 경우 : 1×2×3

2. 통계 함수

1) 중요 통계 함수

① AVERAGE(인수1, 인수2, …) 함수

인수들의 평균을 구한다.

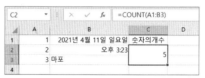

② COUNT(인수1, 인수2, …) 함수

인수 목록에서 숫자가 들어 있는 셀의 개수를 구한다.

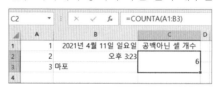

③ COUNTA(인수1, 인수2, …) 함수

인수 목록에서 공백이 아닌 셀의 개수를 구한다.

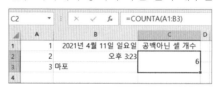

④ COUNTIF(범위, 조건) 함수

범위에서 조건에 맞는 셀의 개수를 구한다.

E8		=COUNTIF(E2:E5,E7)			
	A	B	C	D	E	F
1	지역	1분기	2분기	3분기	평균	
2	서울	640,000	711,000	320,000	557,000	
3	부산	180,000	195,000	191,000	188,667	
4	대구	124,000	144,000	410,000	226,000	
5	광주	545,000	283,000	244,000	357,333	
6						
7				조건	>=200000	
8			조건에 맞는 셀의 개수		3	
9						

⑤ COUNTBLANK(범위) 함수

범위에 있는 빈 셀의 개수를 구한다.

E7		=COUNTBLANK(A1:E5)			
	A	B	C	D	E	F
1	지역	1분기	2분기	3분기	평균	
2	서울	640,000		320,000	480,000	
3	부산		195,000		195,000	
4	대구		144,000	410,000	277,000	
5	광주	545,000		244,000	394,500	
6						
7			빈 셀의 개수		5	
8						

⑥ MAX(인수1, 인수2, …) 함수

인수 목록 중 최대값을 구한다.

E7		=MAX(E2:E5)			
	A	B	C	D	E	F
1	지역	1분기	2분기	3분기	평균	
2	서울	640,000	711,000	320,000	557,000	
3	부산	180,000	195,000	191,000	188,667	
4	대구	124,000	144,000	410,000	226,000	
5	광주	545,000	283,000	244,000	357,333	
6						
7				최대값	557,000	
8						

⑦ MIN(인수1, 인수2, …) 함수

인수 목록 중 최소값을 구한다.

E7		=MIN(E2:E5)			
	A	B	C	D	E	F
1	지역	1분기	2분기	3분기	평균	
2	서울	640,000	711,000	320,000	557,000	
3	부산	180,000	195,000	191,000	188,667	
4	대구	124,000	144,000	410,000	226,000	
5	광주	545,000	283,000	244,000	357,333	
6						
7				최소값	188,667	
8						

⑧ RANK(인수, 범위, 결정 방법) 함수

지정 범위에서 인수의 순위를 구한다.

B6		=RANK(E2,E2:E5)			
	A	B	C	D	E	F
1	지역	1분기	2분기	3분기	평균	
2	서울	640,000	711,000	320,000	557,000	
3	부산	180,000	195,000	191,000	188,667	
4	대구	124,000	144,000	410,000	226,000	
5	광주	545,000	283,000	244,000	357,333	
6	순위	1				
7						

》 TIP

RANK 함수 결정 방법 : 0 또는 생략하면 내림차순, 0 이외의 값은 오름차순으로 표시

» TIP

VAR과 STDEV 함수

• VAR 함수는 표본 집단의 분산을 구하고, STDEV 함수는 표본 집단의 표준 편차를 구한다.

• 2007 및 이전 버전과 호환성을 위해 제공되는 함수이다.

• 표본 집단에서 논리값과 텍스트는 제외한다.

2) 기타 통계 함수

AVERAGEA (인수1, 인수2, …)	텍스트로 나타낸 숫자, 논리값 등도 포함하여 인수의 평균을 구함
AVERAGEIF (비교 범위, 조건, 계산할 범위)	주어진 조건에 맞는 지정된 셀의 평균을 구함
AVERAGEIFS (계산할 범위, 조건1, 조건2, …)	여러 주어진 조건에 맞는 지정된 셀의 평균을 구함
MAXA(인수1, 인수2, …)	논리값과 텍스트도 포함하여 인수 목록 중 최대값을 구함
COUNTIFS (조건1 적용 범위, 조건1, 조건 2 적용 범위, 조건2, …)	범위에서 여러 조건을 만족하는 셀의 개수를 구함
LARGE(범위, k번째)	범위에서 k번째로 큰 값을 구함
SMALL(범위, k번째)	범위에서 k번째로 작은 값을 구함
MODE(인수1, 인수2, …)	인수 목록 중 빈도수가 가장 높은 값(최빈수)을 구함
MEDIAN(인수1, 인수2, …)	인수 목록에서 중간값을 구함

5 날짜/시간 함수, 텍스트 함수, 논리 함수

1. 날짜/시간 함수

1) 중요 날짜/시간 함수

① NOW( ) 함수

현재 날짜와 시간을 자동으로 표시한다.

② TODAY( ) 함수

현재 날짜를 자동으로 표시한다.

③ DATE(년, 월, 일) 함수

날짜의 일련번호를 구한다. (1900년 1월 1일 기준)

④ WEEKDAY(날짜,반환 타입) 함수

날짜에 해당하는 요일을 번호로 표시한다.

반환 타입	되돌리는 수
1 또는 생략	1(일요일)~7(토요일)까지의 숫자
2	1(월요일)~7(일요일)까지의 숫자
3	0(월요일)~6(일요일)까지의 숫자

⑤ DAYS360(시작 날짜,끝 날짜) 함수

1년을 360일 기준으로 두 날짜 사이의 일 수를 계산한다.

2) 기타 날짜/시간 함수

YEAR(날짜)	날짜에서 연도만 표시
MONTH(날짜)	날짜에서 월만 표시
DAY(날짜)	날짜에서 일만 표시
TIME(시, 분, 초)	지정된 시간의 일련번호를 구함
HOUR(시간)	• 시간에서 시만 표시 • 시 : 0(12:00 AM) ~ 23(11:00 PM)
MINUTE(시간)	시간에서 분만 표시
SECOND(시간)	시간에서 초만 표시
EDATE(날짜, 월수)	• 지정한 시작 날짜 이전 또는 이후의 개월 수를 나타내는 날짜의 일련번호를 구함 • 월수가 양수이면 앞으로의 날짜를, 음수이면 지나간 날짜를 표시
EOMONTH (날짜, 월수)	• 지정한 개월 수 이전 또는 이후 달의 마지막 날짜의 일련번호를 구함 • 월수가 양수이면 앞으로의 날짜를, 음수이면 지나간 날짜를 표시

》 TIP

WORKDAY 함수
• 특정 일(시작 날짜)로부터 지정된 작업 일수의 이전 또는 이후에 해당하는 날짜를 구한다.
• 주말이나 휴일을 제외한 평일을 구한다.

》 TIP

YEARFRAC 함수
두 날짜 사이의 날짜 수가 일년 중 차지하는 비율을 구한다.

2. 텍스트 함수

1) 중요 텍스트 함수

① LEFT(문자열, 개수) 함수

문자열의 왼쪽부터 지정된 개수만큼 문자를 표시한다.

E2	▼	:	×	✓	fx	=LEFT(B2,2)

⊿	A	B	C	D	E	F
1	대학명	대학코드	모집인원		추출	
2	중화대	JH-01	421명		JH	
3	수락대	SH-01	332명			
4	계양대	KY-01	228명			
5						

② RIGHT(문자열, 개수)

문자열의 오른쪽부터 지정된 개수만큼 문자를 표시한다.

E2		× ✓ fx	=RIGHT(B2,2)			
▲	A	B	C	D	E	F
1	대학명	대학코드	모집인원		추출	
2	중화대	JH-01	421명		01	
3	수락대	SH-01	332명			
4	계양대	KY-01	228명			
5						

③ MID(문자열, 시작 번호, 개수)

문자열의 시작 위치부터 지정된 개수만큼 문자를 표시한다.

E2		× ✓ fx	=MID(B2,2,3)			
▲	A	B	C	D	E	F
1	대학명	대학코드	모집인원		추출	
2	중화대	JH-01	421명		H-0	
3	수락대	SH-01	332명			
4	계양대	KY-01	228명			
5						

》TIP

문자열의 특정 텍스트를 바꾸려면 SUBSTITUTE 함수를 사용하고, 문자열의 특정 위치에 있는 텍스트를 바꾸려면 REPLACE 함수를 사용한다.

》TIP

TEXT와 VALUE 함수

TEXT 함수는 숫자를 텍스트로 변환한다. 서식 코드를 이용하여 숫자에 서식을 적용할 수도 있다. VALUE 함수는 숫자를 나타내는 텍스트를 숫자로 변환한다.

》TIP

• FIXED 함수 : 수를 고정 소수점 형식의 텍스트로 변경한다.
• EXACT 함수 : 두 개의 텍스트 값이 같은지 비교한다. 대/소문자를 구분한다. → 같으면 True, 다르면 False
• REPT 함수 : 텍스트를 지정된 횟수만큼 반복한다.

2) 기타 텍스트 함수

LOWER(문자열)	문자열을 모두 소문자로 전환한다.
UPPER(문자열)	문자열을 모두 대문자로 전환한다.
PROPER(문자열)	문자열의 첫 문자만 대문자로 전환한다.
REPLACE (문자열1, 시작 위치, 개수, 문자열2)	문자열1의 시작 위치에서 개수로 지정한 문자를 문자열2로 전환한다.
TRIM(문자열)	단어 사이의 1개 공백을 제외한 모든 공백을 삭제한다.
LEN(문자열)	문자열의 문자 수를 구한다.
CONCATENATE (문자열1, 문자열2, …)	여러 텍스트 항목을 한 텍스트 항목으로 조인한다.
FIND(찾을 텍스트, 문자열, 시작 위치)	• 문자열의 시작 위치부터 찾을 텍스트의 위치를 반환한다. • 대/소문자를 구분하며, 찾을 텍스트에 와일드카드 문자(* , ?)는 사용할 수 없다.
FINDB(찾을 텍스트, 문자열, 시작 위치)	
SEARCH(찾을 텍스트, 문자열, 시작 위치)	• 문자열의 시작 위치부터 찾을 텍스트의 위치를 반환한다. • 대/소문자를 구분하지 않으며, 찾을 텍스트에 와일드카드 문자(* , ?)를 사용할 수 있다.
SEARCHB(찾을 텍스트, 문자열, 시작 위치)	

3. 논리 함수

1) 중요 논리 함수

① IF(조건, 인수1, 인수2) 함수
지정한 조건이 참이면 인수1을, 거짓이면 인수2를 실행한다.

G3	▼	:	×	✓	fx	=IF(E3+F3>=180, "A",IF(E3+F3 >=160, "B"))

	A	B	C	D	E	F	G	H
1	입사일자	이름	직급	연차	상반기 고과점수	하반기 고과점수	성과급 등급	
2	2021-03-22	이재욱	사원	0	0	0		
3	2019-12-10	임채현	주임	2	89	98	A	
4	2012-08-12	이수미	과장	9	78	85		
5								

② OR(인수1, 인수2, …) 함수
인수(또는 조건) 중 하나라도 참이면 TRUE를 반환한다.

A5	▼	:	×	✓	fx	=OR(D3>0,E3+F3>200)

	A	B	C	D	E	F	G	H
1	입사일자	이름	직급	연차	상반기 고과점수	하반기 고과점수	성과급 등급	
2	2021-03-22	이재욱	사원	0	0	0		
3	2019-12-10	임채현	주임	2	89	98	A	
4	2012-08-12	이수미	과장	9	78	85	B	
5	TRUE							
6								

③ AND(인수1, 인수2, …) 함수
인수(또는 조건)가 모두 참이면 TRUE를 반환한다.

A5	▼	:	×	✓	fx	=AND(D3>0,E3+F3>180)

	A	B	C	D	E	F	G	H
1	입사일자	이름	직급	연차	상반기 고과점수	하반기 고과점수	성과급 등급	
2	2021-03-22	이재욱	사원	0	0	0		
3	2019-12-10	임채현	주임	2	89	98	A	
4	2012-08-12	이수미	과장	9	78	85	B	
5	TRUE							
6								

A5	▼	:	×	✓	fx	=AND(D3>0,E3+F3>200)

	A	B	C	D	E	F	G	H
1	입사일자	이름	직급	연차	상반기 고과점수	하반기 고과점수	성과급 등급	
2	2021-03-22	이재욱	사원	0	0	0		
3	2019-12-10	임채현	주임	2	89	98	A	
4	2012-08-12	이수미	과장	9	78	85	B	
5	FALSE							

2) 기타 논리 함수

TRUE( )	논리값 TRUE를 표시
FALSE( )	논리값 FALSE를 표시
NOT( )	인수의 반대 논리 값을 표시

》 TIP

IFERROR(인수1, 인수2)
인수1이 오류이면 인수2를 표시하고, 그렇지 않으면 인수1을 그대로 표시한다.

》 TIP

• AND 조건식 : 같은 행에 조건 입력

지역	나이
경기	>=40

→ 지역이 '경기'이고, 나이가 '40세' 이상인 데이터 추출

부서	직급	상여급
인*	과장	<=100000

→ 부서가 '인'으로 시작하고, 직급이 '과장' 이면서, 상여금이 100000 이하인 세 가지 조건이 모두 만족하는 데이터 추출

• OR 조건식 : 다른 행에 조건 입력

지역	성별
서울	
	여자

→ 지역이 '서울'이거나, 성별이 '여자'인 두 가지 조건 중 하나만 만족하는 데이터 추출

• OR 와 AND 조건식 혼합

지역	나이
서울	>=20
대전	>=50

→ 지역이 '서울'이고 나이가 '20세 이상'이거나, 지역이 '대전'이고 나이가 '50세'이 상인 데이터 추출

6 찾기/참조 함수

1. 중요 찾기/참조 함수

» TIP

HLOOKUP과 VLOOKUP의 '범위' 인수는 수식을 입력한 후에 채우기 핸들로 복사할 때 범위가 변하지 않고, 값을 고정하기 위해 절대 참조로 지정한다.

① HLOOKUP(찾을 값, 범위, 행 번호, 찾을 방법) 함수

범위의 첫 행에서 찾을 값에 해당하는 데이터를 찾은 후 찾을 값이 있는 열에서 행 번호 위치에 해당하는 데이터를 구한다.

E2			f_x	=HLOOKUP(D2,$B$8:$E$9,2)	
	A	B	C	D	E	F
1	이름	중간	기말	평균	학점	
2	손상빈	93	97	95	A	
3	김희철	81	93	87		
4	권우영	78	100	89		
5	김현진	68	42	55		
6						
7	학점표					
8	평균	0	70	80	90	
9	학점	F	C	B	A	
10						

» TIP

HLOOKUP/VLOOKUP 찾을 방법 지정

• TRUE 또는 생략 : 셀 범위에 똑같은 값이 없을 때 찾을 값의 아래로 근사 값을 찾아준다. 이때 셀 범위는 첫 번째 행(HLOOKUP) 또는 첫 번째 열(VLOOKUP)을 기준으로 오름차순 정렬되어 있어야 한다.
• FALSE : 정확한 값을 찾아주며, 정확한 값이 없을 때는 '#N/A' 오류값을 반환한다.

② VLOOKUP(찾을 값, 범위, 열 번호, 찾을 방법) 함수

범위의 첫 열에서 찾을 값에 해당하는 데이터를 찾은 후 찾을 값이 있는 행에서 열 번호 위치에 해당하는 데이터를 구한다.

E2			f_x	=VLOOKUP(D2,B7:C11,2)	
	A	B	C	D	E	F
1	이름	중간	기말	평균	학점	
2	손상빈	93	97	95	A	
3	김희철	81	93	87		
4	권우영	78	100	89		
5	김현진	68	42	55		
6						
7	학점표	평균	학점			
8		0	F			
9		70	C			
10		80	B			
11		90	A			
12						

③ CHOOSE(인수, 값1, 값2, …) 함수

인수의 번호에 해당하는 값을 구한다.(인수가 1이면 값1, 2이면 값2, …)

A1			f_x	=CHOOSE(2,"가","나","다")	
	A	B	C	D	E	F
1	나					
2						

» TIP

INDEX 함수는 여러 개의 인수 목록이 있다.
• INDEX(범위, 행 번호, 열 번호)
• INDEX(범위, 행 번호, 열 번호, 범위 번호)

④ INDEX(범위, 행 번호, 열 번호) 함수

지정된 범위에서 행 번호와 열 번호에 해당하는 데이터를 표시한다.

E1			f_x	=INDEX(A2:C4,1,2)	
	A	B	C	D	E	F
1	대학명	대학코드	모집인원		JH-01	
2	중화대	JH-01	421명			
3	수락대	SH-01	332명			
4	계양대	KY-01	228명			
5						

2. 기타 찾기/참조 함수

MATCH (찾을 값, 범위, 찾을 방법)	찾을 방법에 따라 지정된 범위에서 찾을 값과 같은 데이터를 찾아 상대 위치를 반환함
COLUMN(셀)	주어진 셀의 열 번호를 구함
COLUMNS (셀 범위 또는 배열)	주어진 셀 범위나 배열에서 열 개수를 구함
ROW(셀)	주어진 셀의 행 번호를 구함
ROWS(셀 범위 또는 배열)	주어진 셀 범위나 배열에서 행 개수를 구함

7 데이터베이스 함수

① DSUM(범위, 열 번호, 조건) 함수

범위에서 조건에 맞는 레코드 필드 열에 있는 값의 합계를 계산한다.

B11		✕ ✓ fx	=DSUM(A1:D8,4,A10:A11)			
	A	B	C	D	E	F
1	숙소명	지역	요금	성수기요금		
2	가야호텔	제주도	250,000	400,000		
3	신라호텔	대구	190,000	650,000		
4	백제호텔	서해	150,000	500,000		
5	고구려호텔	강원도	145,000	200,000		
6	고려호텔	강원도	195,000	370,000		
7	조선호텔	제주도	300,000	550,000		
8	서울호텔	서울	160,000	450,000		
9						
10	지역		성수기요금			
11	제주도		950,000			
12						

② DAVERAGE(범위, 열 번호, 조건) 함수

범위에서 조건에 맞는 레코드 필드 열에 있는 값의 평균을 계산한다.

B11		✕ ✓ fx	=DAVERAGE(A1:D8,3,A10:A11)			
	A	B	C	D	E	F
1	숙소명	지역	요금	성수기요금		
2	가야호텔	제주도	250,000	400,000		
3	신라호텔	대구	190,000	650,000		
4	백제호텔	서해	150,000	500,000		
5	고구려호텔	강원도	145,000	200,000		
6	고려호텔	강원도	195,000	370,000		
7	조선호텔	제주도	300,000	550,000		
8	서울호텔	서울	160,000	450,000		
9						
10	지역		평균 요금			
11	강원도		170,000			
12						

③ DCOUNT(범위, 열 번호, 조건) 함수

범위에서 조건에 맞는 레코드 필드 열에 수치 데이터가 있는 셀의 개수를 계산한다.

B11	▼	× ✓ fx	=DCOUNT(A1:D8,3,A10:A11)		
⊿	A	B	C	D	E	F
1	숙소명	지역	요금	성수기요금		
2	가야호텔	제주도	250,000	400,000		
3	신라호텔	대구	190,000	650,000		
4	백제호텔	서해	150,000	500,000		
5	고구려호텔	강원도	145,000	200,000		
6	고려호텔	강원도	195,000	370,000		
7	조선호텔	제주도	300,000	550,000		
8	서울호텔	서울	160,000	450,000		
9						
10	지역		지역수			
11	서해		1			
12						

④ DCOUNTA(범위, 열 번호, 조건) 함수

범위에서 조건에 맞는 레코드 필드 열에 비어 있지 않은 셀의 개수를 계산한다.

A15	▼	× ✓ fx	=DCOUNTA(A1:D8,3,A10:B12)		
⊿	A	B	C	D	E	F
1	숙소명	지역	요금	성수기요금		
2	가야호텔	제주도	250,000	400,000		
3	신라호텔	대구	190,000	650,000		
4	백제호텔	서해	150,000	500,000		
5	고구려호텔	강원도	145,000	200,000		
6	고려호텔	강원도	195,000	370,000		
7	조선호텔	제주도	300,000	550,000		
8	서울호텔	서울	160,000	450,000		
9						
10	지역	요금				
11	강원도					
12		>=200000				
13						
14	지역이 강원도이거나 요금이 200000 이상인 숙소 수					
15	4					
16						

⑤ DMAX(범위, 열 번호, 조건) 함수

범위에서 조건에 맞는 레코드 필드 열에서 가장 큰 값을 계산한다.

A14	▼	× ✓ fx	=DMAX(A1:D8,4,A10:A11)		
⊿	A	B	C	D	E	F
1	숙소명	지역	요금	성수기요금		
2	가야호텔	제주도	250,000	400,000		
3	신라호텔	대구	190,000	650,000		
4	백제호텔	서해	150,000	500,000		
5	고구려호텔	강원도	145,000	200,000		
6	고려호텔	강원도	195,000	370,000		
7	조선호텔	제주도	300,000	550,000		
8	서울호텔	서울	160,000	450,000		
9						
10	성수기요금					
11	>=300000					
12						
13	이상인 성수기요금의 최대값					
14	650000					
15						

⑥ DMIN(범위, 열 번호, 조건) 함수

범위에서 조건에 맞는 레코드 필드 열에서 가장 작은 값을 계산한다.

A14		▼	× ✓ fx	=DMIN(A1:D8,4,A10:A11)	
	A	B	C	D	E	F
1	숙소명	지역	요금	성수기요금		
2	가야호텔	제주도	250,000	400,000		
3	신라호텔	대구	190,000	650,000		
4	백제호텔	서해	150,000	500,000		
5	고구려호텔	강원도	145,000	200,000		
6	고려호텔	강원도	195,000	370,000		
7	조선호텔	제주도	300,000	550,000		
8	서울호텔	서울	160,000	450,000		
9						
10	성수기요금					
11	>=300000					
12						
13	이상인 성수기요금의 최소값					
14	370000					
15						

▶▶▶ 기출 문제로 테스트 하기

01 다음 중 참조의 대상 범위로 사용하는 이름에 대한 설명으로 옳은 것은?

① 이름 정의시 첫 글자는 반드시 숫자로 시작해야 한다.
② 시트가 다른 경우에는 이름 상자를 이용하여 동일한 이름을 지정할 수 있다.
③ 이름 정의시 영문자는 대소문자를 구분하므로 주의하여야 한다.
④ 이름은 기본적으로 절대 참조로 대상 범위를 참조한다.

02 다음 중 오류 값의 표시 내용에 대한 설명으로 옳지 않은 것은?

① #NUM! : 수식이나 함수에 잘못된 숫자 값을 사용할 때 발생한다.
② #VALUE! : 셀에 입력된 숫자 값이 너무 커서 셀 안에 나타낼 수 없음을 의미한다.
③ #REF! : 유효하지 않은 셀 참조를 지정할 때 발생한다.
④ #NAME? : 수식의 텍스트를 인식하지 못할 때 발생한다.

03 [C9:E14] 영역을 참조하여 상품명[D3:D7]을 입력하려고 한다. [D3] 셀에 수식을 입력한 후 나머지 [D4:D7] 영역은 [D3] 셀의 수식을 복사해서 입력한다면, [D3] 셀에 들어갈 수식으로 옳은 것은?

	A	B	C	D	E	F	G
1							
2		판매일	상품코드	상품명	수량	단가	합계
3		2011-10-16	1		50	2,000	
4		2011-10-17	2		300	1,000	
5		2011-10-18	3		45	30	
6		2011-10-19	4		30	5,000	
7		2011-10-20	5		750	500	
8							
9			상품코드	상품명	수량		
10			1	사과	2,000		
11			2	감	1,000		
12			3	밤	30		
13			4	배	5,000		
14			5	귤	500		
15							

① =VLOOKUP(C3,$D$10:$E$14,2)
② =VLOOKUP(C3,D10:E14,2)
③ =VLOOKUP(C3,C10:E14,2)
④ =VLOOKUP(C3,$C$10:$E$14,2)

기본 데이터 관리

1 데이터 정렬

1. 정렬의 개요

• 워크시트에 표 모양으로 작성된 데이터를 특정 순서에 따라 재배열하는 것을 말한다.

• 기본적으로 행 단위로 정렬되며, 정렬 기준의 추가는 최대 64개까지 지정이 가능하다.

• 숨겨진 열이나 행은 정렬시 이동되지 않는다. 데이터를 정렬하기 전에 숨겨진 열과 행을 표시하는 것이 좋다.

• 정렬 기준 : 셀 색, 글꼴 색, 셀 아이콘 등

• 정렬 방식 : 오름차순, 내림차순, 사용자 지정 목록 등

• 오름차순은 '숫자 〉 문자 〉 논리값 〉 오류값 〉 빈 셀' 순, 내림차순은 '오류값 〉 논리값 〉 문자 〉 숫자 〉 빈 셀' 순으로 정렬된다.

■ 세부 정렬 순서 – 오름차순일 경우

숫자	작은 수 → 큰 수 (음수 → 양수)
텍스트(문자)	'기호(특수 문자) → 영문(소문자 → 대문자) → 한글' 순 (대/소문자 구분 설정)
논리값	거짓(FALSE) → 참(TRUE)
오류값	오류값이 발생된 순
빈 셀	항상 마지막으로 정렬

예 영문 대/소문자를 구분하도록 설정했을 경우 오름차순 정렬을 하면 '3 – 5 – @ – a – A'와 같이 정렬된다.

예 텍스트 "A100"이 들어 있는 셀은 "A1"이 있는 셀보다 뒤에, "A11"이 있는 셀보다 앞에 정렬된다.

2. 정렬 방법

- **정렬 기준이 1개일 때** : 임의의 하나의 열을 기준으로 목록 전체를 정렬하고자 할 경우, 기준이 되는 열에서 한 셀을 선택한 후 [데이터] 탭-[정렬 및 필터] 그룹에서 [텍스트 오름차순 정렬(ᅀᅵᆯ)] 또는 [텍스트 내림차순 정렬(힐)]을 클릭한다.
- **정렬 기준이 여러 개일 때** : 데이터 목록 중 임의의 한 셀을 선택한 후 [데이터] 탭-[정렬 및 필터] 그룹-[정렬]을 클릭한다. [정렬] 대화 상자가 나타나면 [기준 추가] 단추를 클릭해 여러 개의 정렬 기준을 생성할 수 있다. 각 기준에 따라 정렬 방식을 다르게 설정할 수 있다.

》 TIP
셀 범위나 표 열의 서식을 직접 또는 조건부 서식으로 설정한 경우 셀 색 또는 글꼴 색을 기준으로 정렬할 수 있다.

3. [정렬 옵션] 대화 상자

- [정렬] 대화 상자에서 [옵션] 단추를 클릭하면 나타나는 대화 상자이다.
- 대/소문자 구분 여부나 정렬 방향(위쪽에서 아래쪽, 왼쪽에서 오른쪽) 등을 지정한다.

4. 사용자 지정 정렬

• 사용자 지정 목록을 추가 또는 삭제하려면 [정렬] 대화 상자에서 정렬 항목 중 '사용자 지정 목록'을 선택하거나, [파일] 탭−[옵션]−[고급]에서 [사용자 지정 목록 편집] 단추를 클릭한다.

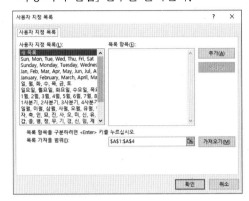

• 기본적으로 제공하는 사용자 지정 목록은 수정 또는 삭제가 불가능하다.
• 사용자가 지정한 목록은 텍스트나 텍스트+숫자 형태로 추가 또는 삭제가 가능하다. → 컴퓨터의 레지스트리에 추가

5. 정렬 관련 오류

1) 셀 포인터 위치 오류

데이터 정렬 시 셀 포인터가 표 범위 밖에 있을 경우 나타나는 오류 메시지 대화 상자이다.

2) 정렬 선택 범위 설정 오류 − [정렬 경고] 대화 상자

정렬시 데이터 범위에서 하나의 열만 범위로 선택한 경우에 나타나는 오류 메시지 대화 상자이다.

선택 영역 확장	인접한 데이터를 포함하기 위해 선택 영역을 늘리기 위해 선택
현재 선택 영역으로 정렬	현재 설정한 열만을 정렬 대상으로 선택

2 자동 필터

1. 자동 필터 개요

- [데이터] 탭–[정렬 및 필터] 그룹–[필터] 선택 또는 Ctrl+Shift+L 키를 누른다.

- 셀에 입력되어 있는 값이나 [사용자 지정 자동 필터] 대화 상자를 이용하여 필터를 적용할 수 있도록 한다.
- 자동 필터를 사용하려면 데이터 목록에 반드시 필드명(열 레이블)이 있어야만 한다.
- 필터를 적용하면 지정한 조건에 맞는 행만 표시되고 나머지 행은 숨겨지며, 필터링된 데이터는 다시 정렬하거나 이동하지 않고도 복사, 찾기, 편집 및 인쇄를 할 수 있다.
- 자동 필터를 사용하면 목록 값, 서식, 조건 유형의 필터를 만들 수 있다. → 각 셀 범위나 표 열에 대해 한 번에 한 가지 유형의 필터만 사용 가능함
- 필터의 결과는 레코드(행) 단위로 추출된다.
- 두 개 이상의 열(필드명)에 조건이 지정된 경우 AND 조건으로 필터링되어 적용된다.
- 같은 열에서 여러 개의 항목을 동시에 선택하여 데이터를 추출할 수 있다.
- 숫자로만 구성된 하나의 열에서는 색 기준 필터와 숫자 필터를 동시에 적용할 수 없다.
- 자동 필터로 조건을 만족하는 데이터를 추출할 수는 있지만, 다른 곳으로 자동 필터 결과를 추출해 낼 수는 없다.
- 필터의 데이터 유형에 따라 '텍스트 필터, 숫자 필터, 날짜 필터'가 나타나며, 같은 열에 날짜, 숫자, 텍스트가 섞여 있을 경우 가장 많이 있는 데이터 형식의 필터가 적용된다.

» TIP

자동 필터 해제

[데이터] 탭–[정렬 및 필터] 그룹–[필터]를 다시 클릭하면 자동 필터 단추가 사라진다.

» TIP

텍스트 필터 항목

» TIP

자동 필터가 적용된 상태에서 빠른 실행 도구 모음의 [인쇄 미리 보기] 아이콘을 클릭하면 필터가 적용된 데이터만 화면에 표시된다.

» TIP

전체 데이터 표시

- [데이터] 탭–[정렬 및 필터] 그룹–[지우기]를 선택하면 필터로 설정한 조건들이 해제되어 모든 데이터가 표시된다.
- 자동 필터가 적용된 필터 단추를 눌러 '모두 선택'을 클릭하거나 'OO에서 필터 해제'를 클릭하면 설정한 조건이 해제된다.

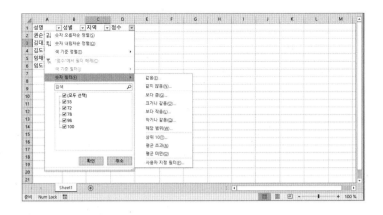

2. 사용자 지정 자동 필터

- 사용자가 필터의 조건을 설정하거나 각종 연산자를 이용하여 조건을 설정할 때 사용한다.
- 하나의 열(필드명)에 2개의 조건을 'AND(그리고)'나 'OR(또는)'로 연결하여 지정할 수 있다.
- 와일드카드(∗, ?)를 사용하거나 연산자를 사용하여 조건을 지정할 수 있다.

3. [상위 10] 자동 필터 적용

- 자동 필터 목록에서 필터 단추를 눌러 [숫자 필터]-[상위 10]을 선택하면 [상위 10 자동 필터] 대화 상자가 나타난다.
- 숫자가 입력된 열에서만 사용할 수 있는 필터로, 항목이나 백분율(%)을 기준으로 상위 또는 하위로 데이터 범위를 지정하여 해당 범위의 레코드만 추출하는 기능이다.

3 고급 필터

1. 고급 필터 개요

- 복잡한 조건을 사용하여 셀 범위를 필터링하거나 여러 필드를 결합하여 조건을 지정할 경우 사용하는 기능이다.
- 자동 필터와는 달리 다른 곳으로 필터의 결과를 추출하여 표시할 수 있다.
- 조건 범위와 복사 위치는 고급 필터 명령을 실행하기 전에 설정해야 한다.
- 고급 필터는 [데이터] 탭-[정렬 및 필터] 그룹-[고급]을 클릭해 실행한다.

2. 고급 필터의 조건 지정

1) 기본 조건 지정

- 고급 필터의 조건 설정 시 첫 번째 행에는 원본 필드명과 똑같은 필드명을 입력한다.
- 조건 지정시 특정 문자나 와일드카드 문자(＊, ?)를 사용할 수 있다.
- 고급 필터는 하나의 필드에 2개 이상의 조건을 지정할 수 있고, 2개 이상의 필드를 AND 또는 OR로 연결하여 추출할 수 있다.
- 조건 범위에 조건을 입력할 경우 같은 행에 입력된 조건은 'AND(~이고, 그리고)'로, 다른 행에 입력된 조건은 'OR(~이거나, 또는)'로 결합된다.

① 단일 조건 : '부서'가 '개발부'인 데이터

부서
개발부

② AND 조건 : '부서'가 '개발부'이고, '직급'이 '과장'인 데이터

부서	직급
개발부	과장

③ OR 조건 : '부서'가 '개발부'이거나, '직급'이 '과장'인 데이터

부서	직급
개발부	
	과장

④ AND, OR 조건 : '부서'가 '개발부'이고 '직급'이 '과장'이거나, '성별'이 '남'인 데이터

부서	직급	성별
개발부	과장	
		남

2) 수식을 활용한 고급 조건 지정

- 고급 필터의 조건으로 수식의 계산이나 함수를 이용하여 지정할 수도 있다. → 단, 조건 입력시 첫 행에 입력할 필드명은 원본 필드명과 같은 필드명을 사용할 수 없음(다른 필드명을 입력하거나 생략함)
- 수식과 함수를 적절히 혼합하여 사용할 수도 있다.
- 수식이나 함수를 이용하여 조건을 입력한 경우 비교되는 값에 따라 TRUE 또는 FALSE가 표시된다.

3. [고급 필터] 대화 상자

» TIP
- 고급 필터에서는 조건 범위는 반드시 필요하고, 복사 위치는 없어도 상관없다.
- 고급 필터는 추출된 결과를 원본 데이터의 다른 위치에 표시할 수 있다.

❶ 결과	• 원본 데이터 목록 위치에 표시할 것인지, 다른 위치에 복사하여 표시할 것인지를 지정한다. • 고급 필터가 실행된 워크시트 이외의 다른 워크시트에 복사 위치를 지정할 수 없다.
❷ 목록 범위	원본 데이터가 입력되어 있는 범위를 지정한다.
❸ 조건 범위	• 찾을 조건이 입력되어 있는 범위를 지정한다. • 열 제목도 범위에 포함시켜야 하며, 사용자가 조건을 직접 입력할 수는 없다. • 조건 범위는 고급 필터를 실행하기 전 특정 범위에 조건을 미리 입력해 두어야 한다.
❹ 복사 위치	• 결과를 복사할 위치를 지정한다. • '다른 장소에 복사'가 선택된 경우에만 활성화된다.
❺ 동일한 레코드는 하나만	추출된 결과 중 중복되는 레코드가 있을 경우 하나만 표시되도록 지정한다.

4 텍스트 나누기

- 워크시트의 한 셀에 입력된 내용을 별도의 열로 나누어 준다.
- 데이터에 따라 공백, 쉼표 등의 구분 기호나 데이터 내의 특정 열 구분선 위치를 기준으로 셀 내용을 나눌 수 있다.
- 워크시트에서 데이터 내용을 분리할 영역을 블록 지정한 후 [데이터] 탭-[데이터 도구] 그룹-[텍스트 나누기]를 선택한다.
- 텍스트 나누기를 실행하면 [텍스트 마법사] 대화 상자가 표시되므로 셀에 입력되어 있는 데이터를 여러 셀로 분리시킬 수 있다.

》 TIP

그림과 같이 [텍스트 나누기] 기능을 사용하려면 열 구분선을 기준으로 내용 나누기를 해야 한다.

■ 텍스트 마법사 3단계

① 텍스트 마법사 1단계

원본 데이터 형식(파일 유형)을 선택한다. → '구분 기호로 분리됨', '너비가 일정함' 중 선택

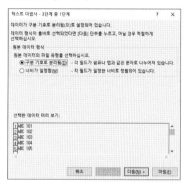

② 텍스트 마법사 2단계

- 1단계에서 '구분 기호로 분리됨'을 선택한 경우 데이터의 구분 기호를 설정한다. → 탭, 세미콜론, 쉼표, 공백, 기타(사용자가 직접 지정) 등의 구분 기호 중 선택

- 1단계에서 '너비가 일정함'을 선택한 경우 각 필드의 너비(열 구분선)를 지정하고, 구분선의 간격을 조절한다.

③ 텍스트 마법사 3단계

각 열을 선택하여 데이터 서식을 지정한다. → '일반', '텍스트', '날짜', '열 가져오지 않음(건너뜀)' 중 선택

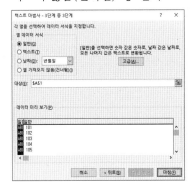

---

5 그룹 및 윤곽 설정

1. 그룹 및 윤곽 설정

- 그룹은 특정 필드를 일정한 단위로 묶어 표현할 때 사용한다. → 문자, 숫자, 날짜, 시간으로 된 필드에서 사용
- 그룹 및 윤곽 설정 기능은 그룹별 계산을 자동으로 수행해주며, 행 또는 열 방향으로 그룹을 묶을 수 있다.
- 그룹 지정을 할 데이디는 오름차순 또는 내림차순 정렬이 되어 있어야 한다.
- 그룹으로 묶고자 하는 데이터를 범위 지정한 후 [데이터] 탭-[윤곽선] 그룹-[그룹] 선택 또는 Shift + Alt + → 키를 누른다. → [그룹] 대화 상자에서 방향(행, 열) 지정

2. 윤곽 기호 사용하기

- 그룹이 설정되면 자동으로 윤곽 기호가 표시되며, 윤곽 기호는 데이터들의 수준을 조절하기 위해 사용된다.
- 윤곽선을 사용하면 요약 행이나 열을 빠르게 표시하거나 각 그룹의 정보 데이터를 보여줄 수 있다.
- 그룹화하여 요약하려는 데이터 목록이 있는 경우 데이터에 최대 8개 수준의 윤곽을 설정할 수 있다.
- 행, 열 또는 행과 열 모두에 윤곽을 설정할 수 있다.
- [파일] 탭-[옵션]-[고급]에서 '이 워크시트의 표시 옵션' 항목에서 '윤곽을 설정한 경우 윤곽 기호 표시'의 체크를 선택/해제하여 지정한다.

예		
	1	전체 계산 항목만을 표시
	2	그룹별 계산 항목과 전체 계산 항목만을 표시
	3	모든 데이터 항목을 표시
	+	기호가 **-** 로 바뀌고, 하위 수준 데이터를 표시
	-	기호가 **+** 로 바뀌고, 하위 수준 데이터를 숨김

▶▶▶ 기출 문제로 테스트 하기 (중간)

01 다음 중 데이터 분석을 쉽게 하기 위해 수행하는 정렬 기능에 대한 설명으로 옳은 것은?

① 정렬 조건을 최대 3개까지 지정할 수 있다.
② 정렬 옵션으로 정렬의 방향을 왼쪽에서 오른쪽으로 지정할 수 있다.
③ 색상별 정렬에서 오름차순은 흰색에서 검정색 순으로 정렬된다.
④ 사용자 지정 정렬 순서는 첫 번째 기준에만 적용할 수 있다.

02 다음 중 필터에 관한 설명으로 옳지 않은 것은?

① 자동 필터는 데이터 영역에 표시되는 목록 단추를 이용하여 쉽고 빠르게 데이터를 추출할 수 있다.
② 필터를 이용하여 추출한 데이터는 항상 레코드(행 단위)로 표시된다.
③ 자동 필터에서는 여러 열에 동시에 조건을 설정하고 '또는(OR)'으로 결합시킬 수는 없다.
④ 필터를 사용하려면 기준이 되는 필드를 반드시 오름차순이나 내림차순으로 정렬하여야 한다.

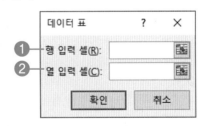

SECTION 03 데이터 분석

1 데이터 표 / 데이터 통합

1. 데이터 표

- [데이터] 탭-[예측] 그룹-[가상 분석]-[데이터 표]를 선택한다.
- 특정 값의 변화에 따른 결과 값의 변화 과정을 한 번의 연산으로 빠르게 계산하여 표의 형태로 표시해 주는 도구이다.
- 데이터 표를 작성하기 위해 변수의 수에 따라 변수가 한 개나 두 개인 데이터 표를 만들 수 있다.
- 데이터 표의 결과 값은 반드시 변화하는 값을 포함한 수식으로 작성되어야 한다.
- 데이터 표는 배열 수식을 이용하여 여러 셀에 데이터를 입력하는 것으로, 수식이 있는 셀을 포함해 수식이 입력될 범위 전체를 영역 지정한 후 데이터 표 기능을 실행해야 한다.
- 데이터 표의 기능을 사용하여 자동 입력된 데이터 값은 일부분만 수정하거나 삭제할 수 없다.

》TIP

표의 기능을 사용하여 입력된 데이터 값은 셀 값 한 개씩 개별로 편집할 수 없다.

■ [데이터 표] 대화 상자

❶ 행 입력 셀	변화되는 값이 한 행에 있을 경우 변화되는 셀 주소를 지정(입력)
❷ 열 입력 셀	변화되는 값이 한 열에 있을 경우 변화되는 셀 주소를 지정(입력)

2. 데이터 통합

- [데이터] 탭-[데이터 도구] 그룹-[통합]을 선택한다.
- 비슷한 형식의 여러 데이터의 결과를 하나의 표로 통합하여 요약해 주는 도구이다.
- 통합 문서 내의 다른 워크시트뿐 아니라 다른 통합 문서에 있는 워크시트도 통합할 수 있다.
- 수식을 자동으로 계산하도록 설정된 통합 문서의 경우 수식으로 통합하면 각 워크시트의 데이터가 변경될 때마다 통합된 데이터가 자동으로 업데이트 된다.
- **통합에서 사용할 수 있는 함수 :** 합계, 개수, 평균, 최대값, 최소값, 곱, 숫자 개수, 표준 편차, 분산 등

■ [통합] 대화 상자

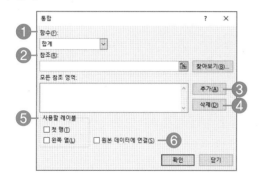

❶ 함수	사용할 함수 선택
❷ 참조	통합할 데이터 범위 지정
❸ 추가	참조에서 지정한 범위를 모든 참조 영역에 추가
❹ 삭제	모든 참조 영역에서 선택된 참조를 삭제
❺ 사용할 레이블	첫 행과 왼쪽 열의 레이블을 통합된 결과에 포함하기 위해 체크
❻ 원본 데이터에 연결	원본 데이터가 변경될 때 통합 시트가 자동으로 업데이트되도록 설정

» TIP

[통합] 대화 상자에서 '원본 데이터에 연결'에서는 참조한 원본 데이터가 변경되면 자동으로 통합 기능을 이용해 구한 계산 결과가 변경되게 할지 여부를 선택한다.

» TIP

[통합] 대화 상자에서 '참조' 입력란에는 통합에 포함하고자 하는 데이터 범위를 선택한 후 [추가] 단추를 클릭한다.

1. 부분합의 개요

- [데이터] 탭-[윤곽선] 그룹-[부분합]을 선택한다.
- 많은 양의 데이터를 그룹별로 분류하고, 각 그룹별로 계산 작업을 수행하는 분석 도구이다.
- 부분합을 작성하려면 첫 행에는 열 이름표가 있어야 하며, 데이터는 그룹화 할 항목을 기준으로 정렬되어 있어야 한다.
- 부분합은 SUBTOTAL 함수를 사용하여 합계나 평균 등의 요약 값을 계산 한다.
- 부분합을 작성하면 그룹 단위로 윤곽이 설정되고, 윤곽 기호가 나타난다.
- 여러 개의 함수를 사용하여 중첩된 수준의 부분합을 작성할 수 있다.
  → '새로운 값으로 대치' 항목의 선택을 해지
- 부분합을 제거하면 부분합과 함께 표에 삽입된 윤곽 및 페이지 나누기도 제거된다.
- 특정한 데이터 범위만을 영역으로 지정한 후 부분합을 실행할 수 있다.
- **부분합에서 사용할 수 있는 함수** : 합계, 개수, 평균, 최대값, 최소값, 곱, 숫자 개수, 표준 편차, 표본 표준 편차, 표본 분산, 분산 등

2. [부분합] 대화 상자

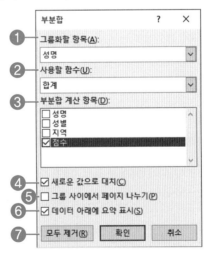

❶ 그룹화 할 항목	부분합을 구할 기준 필드를 선택 → 정렬이 되어 있어야 함
❷ 사용할 함수	부분합 계산에 사용할 함수를 선택
❸ 부분합 계산 항목	부분합을 구할 값이 들어 있는 열을 선택
❹ 새로운 값으로 대치	부분합을 계산할 때마다 결과 값을 새로 표시 → 중첩된 부분합 지정 시 체크 해제
❺ 그룹 사이에서 페이지 나누기	각 부분합 다음에 자동으로 페이지 나누기 삽입
❻ 데이터 아래에 요약 표시	부분합 결과를 각 그룹의 아래에 표시할지 여부를 결정
❼ 모두 제거	부분합을 모두 제거 → 원래의 데이터 목록을 표시

■ 부분합 결과에서 화면에 보이는 셀만 복사하기

그림과 같이 [A1:D11] 영역을 복사하여 부분합의 요약된 결과만 [A14:D18] 영역에 붙여넣기 위한 방법은 다음과 같다.

① [A1:D11] 영역 선택
② [홈] 탭-[편집] 그룹-[찾기 및 선택]-[이동 옵션]에서 '화면에 보이는 셀만' 옵션 선택
③ 복사(Ctrl+C 키)
④ [A14] 셀에서 붙여넣기(Ctrl+V 키)

» TIP

[이동 옵션]-'화면에 보이는 셀만'(Alt+; 키)

워크시트에서 일부 셀이나 행, 열이 표시되지 않을 때(숨겨져 있을 때)는 표시되지 않은 셀을 제외하고 화면에 보이는 그대로의 셀 내용만 선택한다.

1 2 3		A	B	C	D
	1	번호	성명	분기	건수
+	4		강정선 요약		156
+	7		임성훈 요약		235
+	10		최윤식 요약		2,813
−	11		총합계		3,204
	12				
	13				
	14				
	15				
	16				
	17				
	18				

→

1 2 3		A	B	C	D
	1	번호	성명	분기	건수
+	4		강정선 요약		156
+	7		임성훈 요약		235
+	10		최윤식 요약		2,813
−	11		총합계		3,204
	12				
	13				
	14	번호	성명	분기	건수
	15		강정선 요약		156
	16		임성훈 요약		235
	17		최윤식 요약		2,813
	18		총합계		3,204

3 목표값 찾기

1. 목표값 찾기 개요

- [데이터] 탭-[예측]-[가상 분석]-[목표값 찾기]를 선택한다.
- 수식으로 구하려는 결과 값은 알지만 해당 결과를 구하는 데 필요한 수식 입력 값을 모르는 경우 사용하는 기능이다.
- 목표에 대한 결과 값은 입력 값을 참조하는 수식으로 작성되어 있어야 한다.
- 목표값 찾기는 구하려는 결과 값에 대하여 하나의 입력 값만을 변경할 수 있다.

2. [목표값 찾기] 대화 상자

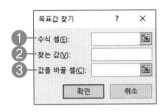

❶ 수식 셀	결과 값이 출력되는 셀 주소를 입력 → 반드시 수식이어야 함
❷ 찾는 값	목표값으로 찾고자 하는 값 입력
❸ 값을 바꿀 셀	목표 결과값을 계산하기 위해 변경되는 값이 입력되어 있는 셀 주소 입력

4 시나리오

1. 시나리오의 개요

- [데이터] 탭-[예측] 그룹-[가상 분석]-[시나리오 관리자]를 선택한다.
- 셀 값의 변동에 대한 여러 가지 변화하는 결과값을 가상의 상황을 통해 예측하기 위해 사용하는 기능이다.
- 주로 주가 분석, 손익분기점 분석, 이자율 분석 등에 사용된다.
- 특정 셀의 변경에 따라 연결된 결과 셀의 값이 자동으로 변경되어 결과값을 예측할 수 있다.
- 여러 시나리오를 비교하기 위해 시나리오를 피벗 테이블로 요약할 수 있다.
- 값이 서로 다른 그룹을 만들어 워크시트에 저장한 후 다른 결과를 얻기 위해 새로운 시나리오로 전환할 수 있다.
- 시나리오 병합을 통하여 다른 통합 문서나 다른 워크시트에 저장된 시나리오를 가져올 수 있다.
- 시나리오의 결과는 요약 보고서나 피벗 테이블 보고서로 만들 수 있다.
- 시나리오 보고서는 현재 작업 중인 워크시트의 바로 앞에 새로운 워크시트 형태로 표시된다.
- 변경 셀과 결과 셀에 이름을 지정한 후 시나리오 요약 보고서를 작성하면 결과에 셀 주소 대신 지정한 이름이 표시된다.

》TIP

- 다양한 상황과 변수에 따른 여러 가지 결과 값의 변화를 가상의 상황을 통해 예측하여 분석할 수 있는 도구를 시나리오 관리자라고 한다.
- 하나의 시나리오에 최대 32개까지 변경 셀을 지정할 수 있다.

2. [시나리오 관리자] 대화 상자

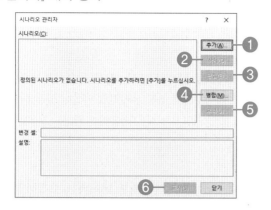

❶ **추가**	[시나리오 추가] 대화 상자 호출
❷ **삭제**	선택한 시나리오 삭제
❸ **편집**	[시나리오 편집] 대화 상자 호출
❹ **병합**	다른 워크시트나 파일에 있는 시나리오를 불러와 병합
❺ **요약**	[시나리오 요약] 대화 상자 호출 → 보고서 종류와 결과 셀 선택
❻ **표시**	선택한 시나리오의 값을 워크시트에 표시

■ 시나리오 요약 보고서를 만드는 순서

① [데이터] 탭-[예측] 그룹-[가상 분석]-[시나리오 관리자] 선택
② [시나리오 관리자] 대화 상자에서 [추가] 단추 클릭 → 시나리오 이름을 정의, 변경 셀 선택
③ [시나리오 관리자] 대화 상자에서 [요약] 단추 클릭
④ [시나리오 요약] 대화 상자의 보고서 종류에서 시나리오 요약과 결과 셀 선택

> **》TIP**
> 여러 시나리오를 비교하기 위해 시나리오를 한 페이지의 피벗 테이블로 요약할 수 있다.

---

5 피벗 테이블 및 피벗 차트 보고서

1. 피벗 테이블의 개요

· [삽입] 탭-[표] 그룹-[피벗 테이블]을 선택한다.
· 피벗 테이블은 많은 양의 데이터를 한눈에 쉽게 파악할 수 있도록 요약, 분석하여 보여주는 대화형 테이블로, 외부의 엑셀이나 데이터베이스 파일, 다른 피벗 테이블, 외부 데이터 등을 사용하여 작성할 수 있다.

- 피벗 테이블 보고서에서 필드 단추를 다른 열이나 행의 위치로 끌어다 놓으면 데이터 표시 형식이 달라진다.
- 피벗 테이블 작성 시 세부 정보 필드에는 한 번에 여러 개의 필드를 삽입하여 분석할 수 있다.
- 피벗 테이블은 작업 중인 워크시트 또는 다른 워크시트에 작성할 수 있다.
- 피벗 테이블 보고서를 이용하면 가장 유용하고 관심이 있는 하위 데이터 집합에 대해 필터, 정렬, 그룹 및 조건부 서식을 적용하여 원하는 정보만 강조할 수 있다.

1) 원본 데이터 수정 시

- 피벗 테이블 보고서를 작성한 후 원본 데이터를 수정하면 수정된 내용이 피벗 테이블 보고서에 자동으로 반영이 안 된다.
- 원본 데이터 수정 시 [피벗 테이블 도구]-[분석] 탭-[데이터] 그룹-[새로 고침]-[모두 새로 고침]을 실행해야 피벗 테이블의 데이터에도 반영된다.

》 TIP

피벗 테이블을 삭제하려면 피벗 테이블 전체를 범위로 지정하고 Delete 키를 누른다.

2) 피벗 테이블 작성 순서

① [삽입] 탭-[표] 그룹-[피벗 테이블] 클릭
② 사용할 데이터가 있는 영역을 입력하거나 선택
③ 피벗 테이블 작성 위치 지정
④ 피벗 테이블 구성을 위한 필드 배열

》 TIP

피벗 테이블 보고서에서는 값 영역에 표시된 데이터를 삭제하거나 수정할 수 없다.

2. 피벗 테이블의 구성 요소

	A	B	C	D	E	F
❶ 1	지점	(모두)				
2						
3	합계 : 매출	분기 ❷				
❸ 4	매니저	1사분기	2사분기	3사분기	4사분기	총합계 ❹
5	구본수	18070000		6792500		24862500
6	설진수		4062500	12285000		16347500 ❺
7	조흥수	9750000	6045000		5037500	20832500
8	채진실		4745000		8092500	12837500
9	총합계	27820000	14852500	19077500	13130000	74880000
10						

❶ **보고서 필터 필드**	특정 항목을 기준으로 데이터를 필터링할 때 사용하는 필드 → 페이지별로 구분하여 표시
❷ **열 레이블 필드**	피벗 테이블에서 열 방향으로 지정된 필드
❸ **행 레이블 필드**	피벗 테이블에서 행 방향으로 지정된 필드
❹ **값 필드**	비교나 측정을 위한 값을 제공하는 원본 데이터의 필드 → 분석할 대상이 표시
❺ **값 영역**	피벗 테이블에서 분석, 요약한 데이터가 표시되는 영역

3. 피벗 테이블 그룹화

- 그룹화하려는 해당 필드에서 [피벗 테이블 도구]-[분석] 탭-[그룹] 그룹-[그룹 선택]을 선택하거나 바로 가기 메뉴에서 [그룹]을 선택한다.
- 필드 항목을 원하는 방식의 그룹으로 묶으면, 정렬이나 필터링과 같은 방법으로는 쉽게 그룹으로 묶을 수 없는 특정 데이터 집합을 따로 묶을 수 있다.
- 문자, 숫자, 날짜 또는 시간 등의 항목에 대하여 그룹화를 실행할 수 있다.
- **문자 데이터 그룹화** : 자동으로 '그룹1, 그룹2, …' 이름이 부여된다.
- **숫자나 날짜 또는 시간 그룹화** : 시작, 끝, 단위를 지정한다.

4. [피벗 테이블 옵션] 대화 상자

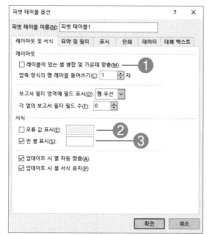

❶ 레이블이 있는 셀 병합 및 가운데 맞춤	항목을 가로/세로로 가운데에 맞출 수 있도록 바깥쪽 행 및 열 항목의 셀을 병합
❷ 오류 값 표시	'유효하지 않음'과 같이 셀에 오류 메시지 대신 표시할 텍스트를 입력
❸ 빈 셀 표시	'비어 있음'과 같이 빈 셀 대신 셀에 표시할 텍스트를 입력
❹ 행 총합계 표시	마지막 열 옆에 총합계 열을 표시 또는 숨김
❺ 열 총합계 표시	맨 아래에 총합계 행을 표시 또는 숨김

5. 피벗 차트 보고서

- 피벗 차트 보고서는 피벗 테이블 보고서를 만들지 않고는 만들 수 없다.
- 피벗 테이블과 피벗 차트를 함께 만든 후 피벗 테이블을 삭제하면 피벗 차트는 일반 차트로 변경된다.
- 피벗 차트 보고서를 삭제해도 관련된 피벗 테이블 보고서는 삭제되지 않는다.
- 피벗 차트 보고서 생성 시 자동으로 항목, 범례 등이 삽입되어 표시된다.
  → 차트 제목은 생성 안 됨
- 피벗 차트 보고서에 필터를 적용하면 피벗 테이블 보고서에 자동 적용된다.

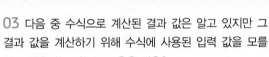

▶▶▶ 기출 문제로 ^{중간} 테스트 하기

01 다음 중 다양한 상황과 변수에 따른 여러 가지 결과 값의 변화를 가상의 상황을 통해 예측하여 분석할 수 있는 도구는?

① 시나리오 관리자　　② 목표값 찾기
③ 해찾기　　　　　　④ 데이터 표

02 다음 중 부분합에 관한 설명으로 옳지 않은 것은?

① 부분합을 작성할 때 기준이 되는 필드가 반드시 정렬되어 있지 않아도 제대로 된 부분합을 실행할 수 있다.
② 부분합에 특정한 데이터만 표시된 상태에서 차트를 작성하면 표시된 데이터에 대해서만 차트가 작성된다.
③ [부분합] 대화 상자에서 '새로운 값으로 대치'는 이미 작성한 부분합을 지우고, 새로운 부분합으로 실행할 경우에 설정한다.
④ 부분합 계산에 사용할 요약 함수를 두 개 이상 사용하기 위해서는 함수의 종류 수만큼 부분합을 반복 실행해야 한다.

03 다음 중 수식으로 계산된 결과 값은 알고 있지만 그 결과 값을 계산하기 위해 수식에 사용된 입력 값을 모를 경우 사용하는 기능으로 옳은 것은?

① 목표값 찾기　　　② 피벗 테이블
③ 시나리오　　　　　④ 부분합

04 다음 중 시나리오에 관한 설명으로 옳지 않은 것은?

① 하나의 시나리오에 최대 32개까지 변경 셀을 지정할 수 있다.
② 시나리오의 결과는 요약 보고서나 피벗테이블 보고서로 작성할 수 있다.
③ 시나리오 병합을 통하여 다른 통합 문서나 다른 워크시트에 저장된 시나리오를 가져올 수 있다.
④ 시나리오는 입력된 자료들을 그룹별로 분류하고 해당 그룹별로 특정한 계산을 수행하는 기능이다.

차트 활용

SECTION 01 · 차트 작성

1 차트의 특징 및 구성 요소

1. 차트의 특징

- 차트는 워크시트에 입력된 데이터를 이용하여 막대나 선, 도형, 그림 등을 통해 시각적으로 표현한 것이다.
- 차트는 2차원 차트와 3차원 차트로 구분된다.
- 차트를 작성하려면 반드시 원본 데이터가 있어야 한다.
- 작성된 차트는 원본 데이터가 변경되면 차트의 내용도 자동으로 함께 변경된다. → 작성된 차트는 사용자가 다른 차트 종류로 변경 가능
- 차트에 2개 이상의 차트 종류를 사용하여 혼합형 차트를 만들 수 있다.
- 차트를 클릭하면 리본 메뉴에 [디자인], [서식] 탭이 있는 [차트 도구]가 표시된다.
- 차트에서 전체 데이터 계열이나 각각의 데이터 계열에 대하여 데이터 값을 표시할 수 있다.
- 데이터를 범위로 지정한 후 [Alt]+[F1] 키를 누르면 데이터가 있는 워크시트에 기본 차트(묶은 세로 막대형)가 작성되고, [F11] 키를 누르면 기본 차트(묶은 세로 막대형)가 별도의 차트 시트에 작성된다. → 차트 시트의 이름은 'Chart1, Chart2, …'로 생성

■ 차트의 요소 서식/스타일 지정

- 차트 요소(차트 제목, 축 제목, 범례 등)에 도형 스타일이나 WordArt 스타일을 적용할 수 있다.
- 차트 요소에 대해서는 도형과 같이 맞춤, 그룹, 회전 등의 정렬 사항을 설정할 수 없다.
- [홈]-[글꼴] 그룹이나 미니 도구 모음을 이용하여 차트 요소의 텍스트 서식을 지정할 수 있다.

2. 차트의 구성 요소

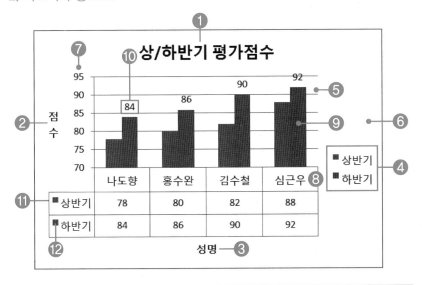

❶ **차트 제목**	차트 제목을 표시
❷ **세로(값) 축 제목**	세로(값) 축의 제목을 표시
❸ **가로(항목) 축 제목**	가로(항목) 축의 제목을 표시
❹ **범례**	차트의 데이터 계열이나 항목에 할당된 무늬 또는 색을 식별하여 표시
❺ **그림 영역**	세로(값) 축과 가로(항목) 축으로 둘러싸인 영역 → 그림, 배경 무늬 등 삽입 가능
❻ **차트 영역**	전체 차트 및 모든 차트 요소를 의미 → 차트 구성 요소에 대한 서식을 한 번에 변경 가능
❼ **세로(값) 축**	데이터 계열의 값을 나타내는 축
❽ **가로(항목) 축**	데이터 항목을 나타내는 축
❾ **데이터 계열**	차트에 값을 가진 항목들을 막대나 선 등으로 표현
❿ **데이터 레이블**	데이터 계열을 대상으로 전체 데이터나 하나의 데이터 또는 하나의 데이터 요소를 선택하여 계열 이름, 항목 이름, 값 등을 표시
⓫ **데이터 표**	차트의 원본 데이터 내용을 표 형태로 표시
⓬ **범례 표지**	데이터 표에 범례에 해당하는 범례 표지를 표시

》 TIP

제목 입력 방법

• 차트 제목을 직접 입력하지 않고 다른 셀에 있는 제목으로 연결하여 입력할 수 있다.

• 예를 들어 [C2] 셀에 있는 텍스트 이름으로 차트 제목을 대신하고자 할 경우 : 차트 제목 선택 → 수식 입력줄을 클릭 → 등호(=) 입력 → 해당 셀 [C2]를 클릭하고 Enter 키

2 차트 작성 및 종류

1. 차트 작성 및 종류 선택

》TIP

차트는 워크시트에 작성된 데이터를 선택한 후 차트 종류를 선택하여 삽입할 수도 있지만, 차트 종류를 먼저 선택하고 [차트 도구]-[디자인] 탭-[데이터] 그룹-[데이터 선택]을 이용하여 [데이터 원본 선택] 대화상자에서 직접 입력할 수도 있다.

① [삽입] 탭-[차트] 그룹에서 적용할 차트의 스타일을 선택한다.

② 각 차트 스타일에 해당하는 세부 차트가 나타난다.

③ 차트를 선택하면 워크시트에 삽입된다.

▲ 세로 · 가로 막대형

▲꺾은선형 · 영역형

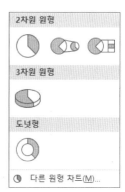

▲원형 · 도넛형

▲ 계층형

▲통계

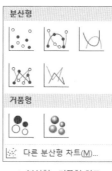

▲ 분산형 · 거품형 차트

▲ 콤보

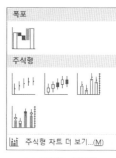

▲ 폭포형 · 주식형

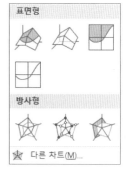

▲ 표면형 · 방사형

2. 차트 종류

1) 세로 막대형 차트

- 항목별 비교를 나타내는 데 유용한 차트이다.
- 일반적으로 항목이 가로 축에 표시되고, 값은 세로 축에 표시된다.

2) 꺾은선형 차트

- 일정 간격에 따라 데이터의 추세를 표시하는 데 유용한 차트이다.
- 항목 데이터는 가로 축을 따라 일정한 간격으로 표시되고, 모든 값 데이터는 세로 축을 따라 일정한 간격으로 표시된다.
- 데이터 계열의 직선을 부드러운 선으로 나타내려면 [데이터 계열 서식] 대화 상자의 [선 스타일] 탭에서 '완만한 선'을 설정한다.

3) 원형 차트

- 데이터 계열 하나에 있는 항목의 크기가 항목 합계에 비례하여 표시되며, 데이터 요소는 원형 전체에 대한 백분율로 표시된다.
- 각 항목의 값들이 항목 합계의 비율로 표시되므로 중요한 요소를 강조할 때 사용한다.

4) 가로 막대형 차트

- 세로 막대형 차트와 사용 용도는 비슷하다.
- 항목이 세로 축에 표시, 값이 가로 축에 표시되는 면에서 세로 막대형 차트와 위치가 서로 다르다.

5) 영역형 차트

- 두 개 이상의 데이터 계열을 갖는 차트에서 시간에 따른 특정 데이터 계열을 강조하고자 할 때 사용하면 편리하다.
- 합계 값을 추세와 함께 살펴볼 때 사용하며, 각 값의 합계를 표시하여 전체에 대한 부분의 관계도 보여준다.

6) 분산형 차트

- 데이터 요소 간의 차이점보다는 큰 데이터 집합 간의 유사점을 표시하려는 경우에 사용한다.
- 가로 축의 값이 일정한 간격이 아닌 경우나, 가로 축의 데이터 요소 수가 많은 경우 사용한다.

》 TIP

묶은 세로 막대형 차트를 사용하는 경우

- 항목이 나타내는 내용이 값 범위(예) 히스토그램의 항목 수)인 경우
- 항목이 나타내는 내용이 특정 척도 배열(예) 찬성, 중립, 반대 등의 척도)인 경우
- 항목이 나타내는 내용이 일정한 순서가 없는 이름(예) 항목, 지역, 사람 이름 등)인 경우

》 TIP

원형 차트의 특징

- 데이터 계열이 하나만 있으므로 축이 없다.
- 차트의 조각은 사용자가 직접 분리할 수 있다.
- 차트에서 첫째 조각의 각을 '0도~360도' 사이의 값을 이용하여 회전시킬 수 있다.

- 데이터의 불규칙한 간격이나 묶음을 보여주는 것으로, 주로 과학, 공학용 데이터 분석에 사용된다.
- 3차원 차트로 작성할 수 없다.

7) 주식형 차트
- 주가 변동을 나타내는 데 주로 사용하며, 고가, 저가, 종가 등의 주식 거래 가격을 바탕으로 작성하고자 할 때 사용한다.
- 과학 데이터에도 사용되며, 일일 기온 또는 연간 기온의 변동을 나타낼 수 있다.

8) 표면형 차트
- 두 데이터 집합 간의 최적 조합을 찾을 때 유용하다.
- 색과 무늬는 같은 값 범위에 있는 영역을 나타낸다.
- 표면형 차트는 항목과 데이터 계열이 모두 숫자 값인 경우에 사용할 수 있다.

9) 도넛형 차트

》 TIP
추세선을 사용할 수 없는 차트로는 3차원 차트, 원형 차트, 도넛형 차트, 방사형 차트, 표면형 차트가 있다.

- 원형 차트와 마찬가지로 전체에 대한 각 부분의 관계를 보여주지만, 데이터 계열이 두 개 이상 포함될 수 있다는 점이 다르다.
- 도넛형 차트의 각 조각에 대하여 다른 색 사용의 옵션을 지정할 수 있다.
- 원형 차트와 마찬가지로 첫째 조각의 각을 '0도~360도' 사이의 값을 이용하여 회전시킬 수 있다.
- 쪼개진 도넛형 차트에서 쪼개진 도넛의 크기는 '0%(함께)~400%(구분)' 사이의 값을 이용하여 조절할 수 있다.
- 도넛형 차트의 도넛 구멍 크기는 '10%(작게)~90%(크게)' 사이의 값으로 변경할 수 있다.

10) 거품형 차트
- 첫 번째 열에 나열된 값이 X 값을 나타내고, 인접한 열에 나열된 값은 해당 Y 값과 거품 크기를 나타낸다.
- 거품형 차트는 3개 값의 집합이 있어야만 유용하게 사용할 수 있는 차트다.
- 거품형 차트는 다른 종류의 차트와 혼합하여 작성할 수 없다.

11) 방사형 차트
- 데이터 계열의 총 값을 비교하여 상호 관계를 살펴보고자 할 때 사용한다.
- 여러 데이터 계열의 집계 값을 비교한다.
- 방사형 차트는 3차원 차트로 만들 수는 없지만, 각 데이터 계열마다 다른 색으로 채울 수 있다.

12) 콤보 차트

- 2개 이상의 차트를 한 차트로 표현한다.
- 콤보 차트는 2차원 차트에서만 가능하며, 3차원 차트를 혼합하여 사용할 수 없다.

》 TIP

총점 계열이 보조 축으로 표시된 이중 축 차트이다.

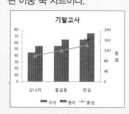

13) 이중 축 차트

- 차트상에 또 하나의 값 축을 추가하여 값을 이중으로 표시하는 차트를 말한다.
- 특정 데이터 계열의 값이 다른 계열의 값과 현저하게 차이가 날 경우나 두 가지 이상의 데이터 계열을 가진 차트에 사용하면 편리하다.

▶▶▶ 기출 문제로 테스트 하기

01 다음 중 차트에 대한 설명으로 옳지 않은 것은?

① 표면형 차트 : 두 개의 데이터 집합에서 최적의 조합을 찾을 때 사용한다.

② 방사형 차트 : 분산형 차트의 한 종류로 데이터 계열 간의 항목 비교에 사용된다.

③ 분산형 차트 : 데이터의 불규칙한 간격이나 묶음을 보여주는 것으로, 주로 과학이나 공학용 데이터 분석에 사용된다.

④ 이중 축 차트 : 특정 데이터 계열의 값이 다른 데이터 계열의 값과 현저하게 차이가 날 경우나 두 가지 이상의 데이터 계열을 가진 차트에 사용한다.

02 다음 중 추세선을 사용할 수 있는 차트 종류는?

① 3차원 묶은 세로 막대형 차트
② 분산형 차트
③ 방사형 차트
④ 표면형 차트

03 아래 괄호에 알맞은 엑셀 차트의 종류는?

- 원형 차트를 개선한 것으로, 원형 차트는 하나의 계열을 가지는데 비해, ( ) 차트는 다중 계열을 가질 수 있다.
- 3차원 차트로 작성할 수 없다.

① 쪼개진 원형 차트
② 원형 대 원형 차트
③ 도넛형 차트
④ 원형 대 가로 막대 차트

04 다음 차트에 대한 설명으로 옳지 않은 것은?

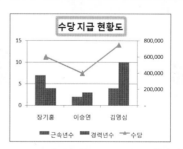

① 두 개의 차트 종류가 혼합되어 있으며, 값 축이 두 개로 설정된 이중 축 혼합형 차트이다.
② 막대 그래프 계열 옵션의 계열 겹치기는 '0%'로 설정되었다.
③ 데이터 레이블이 표시되어 있는 차트이다.
④ 기본 가로 축 제목이 표시되어 있지 않은 차트이다.

차트 편집

1 차트 편집 - 1

1. 차트 종류 변경

- [차트 도구]-[디자인] 탭-[종류] 그룹-[차트 종류 변경]을 선택하거나 차트 영역 또는 특정 데이터 계열의 바로 가기 메뉴에서 [차트 종류 변경]을 클릭한다.
- 차트 영역을 선택한 후 차트 종류를 변경하면 전체에 데이터 계열에 대해 차트가 변경된다.
- 특정 데이터 계열을 선택한 후 차트 종류를 변경하면 해당 데이터 계열만 차트가 변경된다.

2. 원본 데이터 범위 수정

» TIP
차트를 작성한 후 원본 데이터 셀에 입력된 값이 변경되면 자동으로 차트의 값이 변경된다.

[차트 도구]-[디자인] 탭-[데이터] 그룹-[데이터 선택]을 선택하거나 바로 가기 메뉴에서 [데이터 선택]을 클릭한다.

3. 데이터 레이블 추가/제거

- 차트 영역 또는 데이터 레이블을 삽입할 계열을 선택한 후 [차트 도구]-[디자인] 탭-[차트 레이아웃] 그룹-[차트 요소 추가]를 선택하거나 바로 가기 메뉴에서 [데이터 레이블 추가]를 선택한다.
- 데이터 레이블을 지정하면 기본적으로 '값'에 대하여 연결되어 표시된다.
- 삭제하고자 하는 데이터 레이블을 선택한 후 Delete 키 또는 [차트 도구]-[디자인] 탭-[차트 레이아웃] 그룹-[차트 요소 추가]-[데이터 레이블]-[없음]을 선택한다.

4. 범례 위치 변경

- [차트 도구]-[디자인] 탭-[차트 레이아웃] 그룹-[차트 요소 추가]-[범례]에서 위치를 선택하거나 범례를 선택한 후 바로 가기 메뉴에서 [범례 서식]을 선택한다.

- [범례 서식] 대화 상자에서 [범례 옵션] 탭의 범례 위치에서 지정한다. → 위쪽, 아래쪽, 왼쪽, 오른쪽, 오른쪽 위 등

5. 차트의 위치 변경

- [차트 도구]-[디자인] 탭-[위치] 그룹-[차트 이동]을 선택하거나 차트 영역 바로 가기 메뉴에서 [차트 이동]을 선택한다.
- [차트 이동] 대화 상자에서 작성된 차트를 통합 문서의 새 시트나 다른 워크시트로 이동한다.

2 차트 편집 - 2

1. 차트의 구성 요소 서식 변경 방법

- 변경할 요소를 선택한 후 [차트 도구]-[디자인] 탭-[차트 레이아웃] 그룹-[차트 요소 추가]-[영역]-[기타 영역 옵션]을 선택하거나 [서식] 탭-[현재 선택 영역] 그룹-[선택 영역 서식]을 선택한다.
- 변경할 요소를 선택한 후 바로 가기 메뉴에서 [요소 서식] 또는 Ctrl + 1 키를 누른다.

2. 차트 옵션

▲채우기 및 선

▲효과

▲크기 및 속성

>> TIP

[차트 영역 서식]-[테두리 스타일]
- 끝 모양 종류 : '사각형, 원형, 평면' 중 선택
- 조인 유형 : '원형, 빗면, 미터' 중 선택

채우기 및 선	• 채우기 : 채우기 없음, 단색, 그라데이션, 그림 또는 질감, 패턴 등 채우기 설정 • 테두리 : 선 없음, 실선 그라데이션 선을 삽입하거나 색, 너비, 선 종류, 둥근 모서리 등을 설정
효과	그림자, 네온, 부드러운 가장자리, 3차원 서식등을 설정
크기 및 속성	크기 : 높이 너비, 회전 등을 설정

※ 위 요소들은 그림 영역/차트 제목 서식 변경도 동일한 서식을 적용한다.

3. 텍스트 옵션

▲텍스트 채우기 및 윤곽선

▲텍스트 효과

▲텍스트 상자

텍스트 채우기 및 윤곽선	• 텍스트 채우기 : 채우기 없음, 단색, 그라데이션, 그림 또는 질감, 패턴 등 채우기 설정 • 텍스트 윤곽선 : 선 없음, 실선 그라데이션 선을 삽입하거나 색, 너비, 선 종류, 둥근 모서리 등을 설정
텍스트 효과	그림자, 반사, 네온, 부드러운 가장자리, 3차원 서식, 3차원 회전 등을 설정
텍스트 상자	텍스트 레이아웃, 방향, 여백 등을 설정

4. 축 옵션

▲ 가로(항목) 축 서식

》TIP

텍스트 레이아웃

세로 맞춤	위쪽, 중간, 아래쪽, 위쪽 가운데, 정가운데, 아래쪽 가운데 중 선택
텍스트 방향	가로, 세로, 모든 텍스트 90도 회전, 모든 텍스트 270도 회전, 세로형 중 선택
사용자 지정 각	−90도~90도 사이의 값을 입력하여 지정

》TIP

로그 눈금 간격

• 차트에 표시될 값이 큰 경우 사용하며, 로그 눈금 간격 값으로 '2~1000' 사이의 숫자를 입력할 수 있다.
• 일반 차트의 경우 세로(값) 축 눈금 간격이 '0, 200, 400, 600, 800, 1000'과 같이 일정한 간격으로 증가하는 반면, 로그 눈금 간격을 지정하게 되면 '0, 10, 100, 1000, 10000'과 같이 지수승의 간격으로 증가하여 표시된다.

1) 세로(값) 축 서식 – [축 옵션] 탭

▲ 세로(값) 축 서식

축 옵션	채우기 및 선	가로 축	축의 종류 및 축의 위치 등을 설정
		세로 축	차트의 최대 최소 값 설정 및 표시단위를 설정
	눈금		눈금 사이의 간격 및 주 눈금과 보조 눈금의 유무등을 설정
	레이블		레이블의 위치 및, 축과의 간격, 레이블 사이의 간격을 설정
	표시형식		표시형식의 범주를 설정하거나 원본에 연결 등을 설정

5. 데이터 계열 옵션

계열 겹치기	• 기본 설정값은 0%, '–100%~100%' 사이 값 입력 • 데이터 계열의 개별 데이터 요소 사이의 간격을 제어 → 데이터 요소를 구분하려면 음수 값을, 데이터 요소를 겹치려면 양수 값을 사용
간격 너비	• 기본 설정 값은 150%이며, '0%~500%' 사이의 값 입력 • 데이터 요소 집합 사이의 간격을 결정

》TIP

간격 단위 지정
• 레이블 사이에 들어갈 간격을 지정
• 모든 항목에 레이블을 표시하려면 '1', 한 항목 건너마다 레이블을 표시 하려면 '2', 두 항목 건너마다 레이블을 표시하려면 '3'을 입력

》TIP

항목을 거꾸로
선택시 '왼쪽에서 오른쪽'으로 차트 모양이 변경되며, 차트 왼쪽에 표시 되는 값 레이블이 차트 오른쪽에 표시됨

》TIP

값을 거꾸로
선택시 '아래쪽에서 위쪽'으로 차트 모양이 변경되며, 차트 아래쪽에 표시 되는 값 레이블이 차트 위쪽에 표시됨

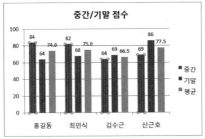

▲ 계열 겹치기 '-50%' 적용

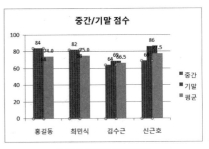

▲ 계열 겹치기 '50%' 적용

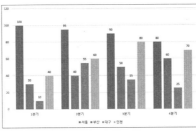

▲ 간격 너비 '100%' 적용

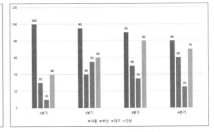

▲ 간격 너비 '500%' 적용

》 TIP

작성된 차트의 데이터 계열의 순서(위치)를 변경하면 포함된 범례의 순서도 같이 자동 변경된다.

■ 데이터 계열 순서 변경

① 차트를 선택한 후 [차트 도구]-[디자인] 탭-[데이터] 그룹-[데이터 선택]을 클릭한다.
② [데이터 원본 선택] 대화 상자에서 범례 항목(계열)에서 계열을 선택한 후 ▲(위로 이동), ▼(아래로 이동)을 클릭하여 순서를 변경한다.

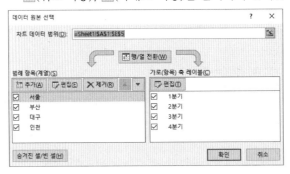

6. 범례 옵션

범례 위치	위쪽, 아래쪽, 왼쪽, 오른쪽, 오른쪽 위 중 선택
차트를 겹치지 않고 범례 표시	• 범례가 차트 위로 겹치지 않도록 함 • 범례를 표시할 공간이 충분히 확보되도록 그림 영역을 조정 • 확인란을 취소하면 범례가 차트 위로 겹칠 수 있음 → 수동으로 그림 영역을 조정 또는 범례를 차트의 다른 위치로 이동

» TIP
- 차트에 범례가 표시되어 있으면 개별 범례 항목을 선택하여 데이터 계열 서식을 변경할 수 있다.
- 차트에서 범례 또는 범례 항목을 클릭한 후 Delete 키를 누르면 범례를 쉽게 제거할 수 있다.
- 범례는 기본적으로 차트와 겹치지 않게 표시된다.

3 추세선 / 3차원 회전

1. 추세선 추가

- 추세선을 표시할 데이터 계열을 선택한 후 [차트 도구]–[디자인] 탭–[차트 레이아웃] 그룹–[차트 요소 추가]–[추세선] 선택 또는 바로 가기 메뉴에서 [추세선]을 선택한다.
- 데이터의 추세나 미래 데이터에 대한 예측을 나타내는데 사용된다.
- 추세선 유형은 6종류로 '지수, 선형, 로그, 다항식, 거듭제곱, 이동 평균'이 있다.
- 하나의 데이터 계열에 두 개 이상의 추세선을 동시에 표시할 수 있다.
- 추세선에 사용된 수식은 추세선과 함께 나타나게 할 수 있다.
- 추세선이 추가된 데이터 계열의 차트 종류를 3차원으로 바꾸면 추세선이 사라진다.
- 누적형, 3차원, 방사형, 원형, 표면형, 도넛형 차트에 있는 데이터 계열에는 추세선을 추가할 수 없다.
- 추세선을 삭제하려면 차트에 표시된 추세선을 선택한 후 Delete 키 또는 바로 가기 메뉴의 [삭제]를 선택한다.

» TIP
누적되지 않은 2차원 영역형, 가로 막대형, 세로 막대형, 꺾은선형 차트 등의 데이터 계열에는 추세선을 추가할 수 있다.

2. 3차원 회전

- [차트 도구]-[서식] 탭-[도형 스타일] 그룹-[도형 효과]-[3차원 회전]을 선택하거나 차트 영역의 바로 가기 메뉴에서 [3차원 회전]을 선택한다.
- [차트 영역 서식] 대화 상자-[3차원 회전] 탭에서 지정한다.
- [3차원 보기] 대화 상자에서 원근감, 상하 회전, 좌우 회전 등을 조절할 수 있다.
- 3차원 차트의 보이는 각도를 조절할 수도 있는데, 3차원 차트의 각 꼭지점을 드래그 앤 드롭하면 된다.

》 TIP

3차원 차트에서 조절할 수 있는 작업으로는 세로(Y) 축 회전 (-90°~180°), 가로(X) 축 회전(0° ~359.9°), 원근감(0.1°~120°), 깊이(0~2000), 높이(5~500) 등을 조절할 수 있다.

회전	X(가로) 축과 Y(세로) 축의 방향과 원근감 등의 조절을 할 수 있다.
크기 자동 조정	높이를 가로(항목) 축 길이에 대한 비율로 자동 조절한다. → 해제 시 높이를 사용자가 조절 가능
깊이	차트 깊이로 기본 깊이는 100이며, 깊이를 변경하려면 '0~2,000' 사이의 양수를 입력한다.

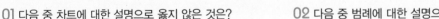

▶▶▶ 기출 문제로 테스트 하기 중간

01 다음 중 차트에 대한 설명으로 옳지 않은 것은?

① 차트를 작성한 후 원본 데이터 셀에 입력된 값이 변경되면 자동으로 차트의 값이 변경된다.
② 차트에 표시되는 데이터 레이블은 차트의 원본 데이터를 표시한다.
③ 차트로 작성할 데이터를 시트에 입력하지 않고 차트를 먼저 삽입한 후 [데이터 원본 선택] 대화 상자에서 직접 모든 원본 데이터를 입력할 수도 있다.
④ 숨겨져 있는 셀은 차트에 표시되지 않는다.

02 다음 중 범례에 대한 설명으로 옳지 않은 것은?

① 차트에 범례가 표시되어 있으면 워크시트에서 상응하는 데이터를 편집하여 개별 범례 항목을 수정할 수 있다.
② 차트에서 범례 또는 범례 항목을 클릭한 다음 Delete 키를 누르면 범례를 쉽게 제거할 수 있다.
③ 범례는 기본적으로 차트와 겹치지 않게 표시된다.
④ 마우스로 범례를 이동하거나 크기를 변경하는 경우에 그림 영역의 크기나 위치는 자동으로 조정된다.

출력 작업

SECTION 01 ▶ 페이지 설정

1 페이지 설정

[페이지 레이아웃] 탭–[페이지 설정] 그룹의 ▣를 클릭하여 나타나는 [페이지 설정] 대화 상자에서 설정할 수 있다.

1. [페이지] 탭

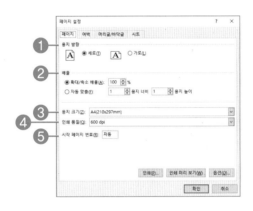

> **》TIP**
> [페이지] 탭에서 '자동 맞춤' 옵션을 이용하여 한 장에 모아서 인쇄할 수 있다.

❶ 용지 방향	인쇄할 용지의 방향(세로, 가로) 설정	
❷ 배율	• 확대/축소 배율 : '10%∼400%' 사이에서 설정 • 자동 맞춤 : 용지 너비와 용지 높이를 '1'로 지정하면 여러 페이지가 한 페이지에 출력되도록 확대/축소 배율이 자동 조정 → '0∼32767' 값으로 설정	
❸ 용지 크기	인쇄 용지의 크기 설정	
❹ 인쇄 품질	인쇄의 해상도 설정 → 높을수록 고해상도 출력	
❺ 시작 페이지 번호	인쇄가 시작될 시작 페이지 번호를 지정	

2. [여백] 탭

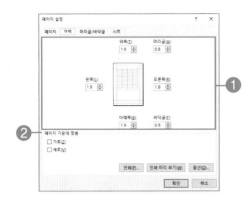

》 TIP

머리글이 데이터와 겹치지 않게 하려면 [페이지 설정]의 [여백] 탭에서 [머리글]의 값이 [위쪽]의 값보다 작아야 한다.

여백	용지의 위쪽/아래쪽/왼쪽/오른쪽 여백과 머리글/바닥글의 여백을 설정
페이지 가운데 맞춤	가로(수평) 방향 가운데, 세로(수직) 방향 가운데, 가로/세로(수직/수평) 방향 가운데 인쇄 여부 지정

3. [머리글/바닥글] 탭

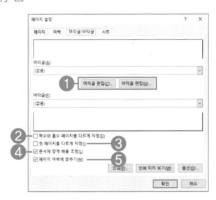

❶ [머리글 편집]/ [바닥글 편집] 단추	[머리글] 또는 [바닥글] 대화 상자 호출
❷ 짝수와 홀수 페이지를 다르게 지정	홀수 페이지의 머리글 및 바닥글을 짝수 페이지와 다르게 지정할 때 확인란 선택
❸ 첫 페이지를 다르게 지정	인쇄되는 첫 번째 페이지에서 머리글과 바닥글을 제거하려면 확인란 선택
❹ 문서에 맞게 배율 조정	머리글 및 바닥글에서 워크시트와 동일한 글꼴 크기와 배율을 사용하도록 지정
❺ 페이지 여백에 맞추기	머리글 또는 바닥글 여백을 워크시트의 오른쪽 및 왼쪽 여백에 맞춤

■ 머리글/바닥글의 편집 단추

머리글 또는 바닥글에 있는 해당 편집 단추를 클릭하여 입력하거나, 직접 입력할 경우 '&' 뒤에 입력할 항목 내용을 '[ ]'로 묶어준다. → 예 &[페이지 번호], &[전체 페이지 수] 등

❶ 텍스트 서식   ❷ 페이지 번호 삽입   ❸ 전체 페이지 수 삽입
❹ 날짜 삽입   ❺ 시간 삽입   ❻ 파일 경로 삽입
❼ 파일 이름 삽입   ❽ 시트 이름 삽입   ❾ 그림 삽입
❿ 그림 서식

4. [시트] 탭

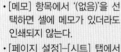

》 TIP

• [메모] 항목에서 '(없음)'을 선택하면 셀에 메모가 있더라도 인쇄되지 않는다.
• [페이지 설정]-[시트] 탭에서 [메모] 항목 중에 '시트 끝'을 선택하면 메모가 시트 끝에 모아서 인쇄된다.

》 TIP

차트 선택 후 페이지 설정

• 작성한 차트를 선택한 후 페이지 설정을 선택하면 [페이지 설정] 대화 상자의 [시트] 탭이 [차트] 탭으로 변경되어 나타난다.
• [차트] 탭에서는 인쇄 품질로 '간단하게 인쇄', '흑백으로 인쇄' 설정을 할 수 있다.

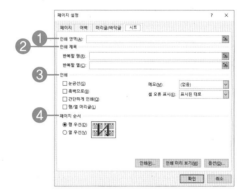

❶ 인쇄 영역	특정 영역만 선택하여 인쇄할 때 해당 범위 지정
❷ 인쇄 제목	• 2페이지 이상 인쇄시 모든 페이지에 반복해서 인쇄될 행 또는 열, 행/열 모두의 제목 지정 • 반복할 행을 지정하면 '$1:$1,$2:$2,…', 반복할 열을 지정하면 '$A:$A,$B:$B,…'로 표시
❸ 인쇄	• 눈금선, 흑백으로, 간단하게 인쇄, 행/열 머리글, 메모, 셀 오류 표시 등의 설정 여부 지정 • 메모 : '시트에 표시된 대로', '시트 끝' 인쇄 여부 지정 • 간단하게 인쇄 : 워크시트에 입력된 차트, 도형, 그림, 워드아트, 클립아트, 괘선 등 모든 그래픽 요소를 제외하고 텍스트만 빠르게 출력하려고 할 때 설정
❹ 페이지 순서	여러 페이지가 인쇄되어야 하는 경우 페이지 번호 순서를 '행 우선' 또는 '열 우선' 방향으로 할지를 설정

2 페이지 나누기 / 페이지 나누기 미리 보기

1. 페이지 나누기

- 작성한 문서의 워크시트를 인쇄할 수 있도록 페이지 단위로 나누는 것을 말한다. → 페이지 구분선이 생성됨
- 용지 크기, 여백, 배율, 사용자가 삽입한 수동 페이지 나누기 위치 등에 따라 자동 페이지 나누기가 삽입된다.
- [페이지 나누기 미리 보기] 상태에서 수동으로 삽입된 페이지 나누기는 실선으로 표시되고, 자동으로 추가된 페이지 나누기는 파선으로 표시된다.
- [페이지 레이아웃] 탭-[페이지 설정] 그룹-[나누기]-[페이지 나누기 삽입]을 선택한다.

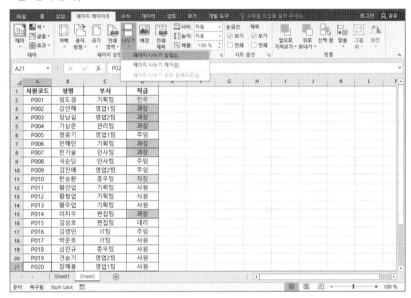

≫ TIP

[페이지 레이아웃] 탭의 [나누기]-[페이지 나누기 모두 원래대로]를 클릭하여 페이지 나누기 전 상태로 원상 복귀할 수 있다.

2. 페이지 나누기 미리 보기

- 작성한 문서가 인쇄될 경우 페이지가 어디서 나눠지는지를 화면에 표시해 준다.
- 페이지 나누기 미리 보기 상태에서는 자동 또는 수동 페이지 나누기 구분선, 페이지 번호 등이 나타난다. → 데이터 입력, 편집은 불가능
- 페이지 나누기 미리 보기 상태에서 기본 보기로 전환하더라도 페이지 구분선은 표시된다.
- 실선 또는 파선으로 된 페이지 나누기 구분선을 마우스로 드래그하여 위치 변경이 가능하다.
- 수동 페이지 나누기 구분선을 제거하려면 마우스로 구분선을 미리 보기 영역 밖으로 드래그하여 이동시키면 된다.

- [보기] 탭–[통합 문서 보기] 그룹–[페이지 나누기 미리 보기]를 선택한다.

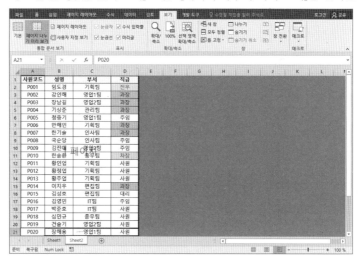

- 원래 화면으로 돌아가려면 [보기] 탭–[통합 문서 보기] 그룹–[기본]을 선택한다.

▶▶▶ 기출 문제로 테스트 하기

01 [페이지 설정] 대화 상자의 [시트] 탭에서 '반복할 행'에 [$3:$3]을 지정하고 워크시트 문서를 출력했다. 다음 중 출력 결과에 대한 설명으로 옳은 것은?

① 처음 쪽만 [1] 행부터 [3] 행의 필드명이 반복되어 인쇄된다.

② 모든 쪽마다 [3] 행의 필드명이 반복되어 인쇄된다.

③ 모든 쪽마다 [3] 열의 필드명이 반복되어 인쇄된다.

④ 모든 쪽마다 [1] 행, [2] 행, [3] 행의 필드명이 반복되어 인쇄된다.

02 다음 중 머리글 또는 바닥글에 인쇄할 '전체 페이지 수'를 표시하려고 할 때 사용하는 것으로 옳은 것은?

①
②
③
④

SECTION 02 — 인쇄 작업

1 인쇄 미리 보기

- [파일] 탭-[인쇄]를 선택하거나 Ctrl + F2 또는 Ctrl + P 키를 누르면 [인쇄 미리 보기] 창에서 출력 결과를 인쇄 전에 확인할 수 있다.

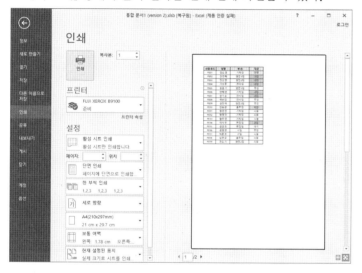

- 작성한 문서를 인쇄하기 전에 화면으로 미리 보기하면 예기치 않은 결과와 용지 낭비를 피할 수 있다.
- 인쇄 미리 보기하고자 하는 워크시트 탭을 Shift 키나 Ctrl 키를 이용하여 다중 선택하여 볼 수 있다.
- [인쇄 미리 보기] 창에서 '여백 표시(▦)'를 클릭하면 여백 표시선이 나타나 며, 마우스로 여백 표시선이나 열 너비를 드래그하여 조정이 가능하다.
  → 단, 행 높이는 조절할 수 없음
- [인쇄 미리 보기] 창에서 열 너비를 조정한 경우 미리 보기를 해제하면 워크 시트에 조정된 너비가 적용되어 나타난다.
- [인쇄 미리 보기] 창을 종료하려면 다른 탭을 클릭하거나 Esc 키를 누른다.

》 TIP

[인쇄 미리 보기] 상태에서 '페이지 확대/축소(▣)'를 누르면 화면에는 적용되지만 실제 인쇄 시에는 적용되지 않는다.

》 TIP

차트를 선택한 후 [파일] 탭-[인쇄]를 클릭하면 [인쇄 미리 보기] 창의 [설정]에 '선택한 차트 인쇄'가 표시되고, 현재 선택한 차트만 인쇄할 수 있게 된다.

2 인쇄 작업

- 워크시트 및 통합 문서 전체 또는 일부를 한 번에 하나씩 인쇄하거나 한 번에 여러 개를 인쇄할 수 있다.
- 인쇄 범위나 인쇄 대상, 인쇄 매수 등을 설정하여 인쇄할 수 있다.

1) 선택 영역 설정 인쇄

- 인쇄할 영역을 블록 지정하고 [파일] 탭-[인쇄]를 선택한 후 [인쇄 미리 보기] 창의 [설정]에서 '선택 영역 인쇄'로 지정하고 인쇄한다.
- 인쇄할 영역을 블록 지정하고 [페이지 레이아웃] 탭-[페이지 설정] 그룹-[인쇄 영역]-[인쇄 영역 설정]을 선택한 후 인쇄한다.

2) 인쇄 영역 해제

[페이지 레이아웃] 탭-[페이지 설정] 그룹-[인쇄 영역]-[인쇄 영역 해제]를 선택한다.

》 TIP

도형의 인쇄 여부
도형을 선택한 후 바로 가기 메뉴에서 [크기 및 속성]을 선택한다. [도형 서식] 대화 상자-[속성] 탭에서 '개체 인쇄'의 체크 표시를 해제하면 선택한 도형을 제외하고 인쇄한다.

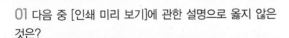

▶▶▶ 기출 문제로 테스트 하기

01 다음 중 [인쇄 미리 보기]에 관한 설명으로 옳지 않은 것은?

① [인쇄 미리 보기] 창에서 셀 너비를 조절할 수 있으나 워크시트에는 변경된 너비가 적용되지 않는다.
② 통합 문서에서 몇 개의 시트만 인쇄하려면 해당 시트를 그룹으로 설정한 후 [인쇄 미리 보기]에서 '활성 시트 인쇄'로 설정한다.
③ [인쇄 미리 보기] 상태에서 '페이지 확대/축소'를 누르면 화면에는 적용되지만 실제 인쇄시에는 적용되지 않는다.
④ [인쇄 미리 보기]를 실행한 상태에서 [여백 표시]를 활성화한 후 마우스 끌기를 통하여 여백을 조절할 수 있다.

02 다음 중 인쇄 기능에 대한 설명으로 옳지 않은 것은?

① 인쇄 미리 보기를 실행한 상태에서 마우스 끌기로 여백과 열의 너비를 조절할 수 있다.
② 차트를 선택하고 [인쇄 미리 보기]를 하면 차트만 보여준다.
③ 머리글과 바닥글은 페이지의 상단이나 하단의 별도 영역에 출력되지만, 인쇄 제목의 반복할 행/열은 본문 영역에 출력된다.
④ 머리글이 데이터와 겹치지 않게 하려면 [페이지 설정]의 [여백] 탭에서 머리글 상자의 값이 위쪽 상자의 값보다 커야 한다.

매크로

매크로 활용

1 매크로 개요

- 매크로는 작업의 자동화를 위해 사용할 수 있는 동작 또는 동작 모음을 말한다. → 매크로는 VBA 프로그래밍 언어로 기록함
- 마우스나 키보드의 반복 작업과 빈번하게 행하는 일련의 조작을 자동적으로 실행할 수 있고, 자주 사용하는 수식을 사용자 지정 함수로 정의해 둘 수 있다.
- 매크로는 [개발 도구] 탭, [보기] 탭, 상태 표시줄의 기록 아이콘(▦)을 활용하여 기록할 수 있다. 그 중 [개발 도구] 탭은 기본적으로 표시되는 부분은 아니다. [개발 도구] 탭은 [Excel 옵션] 대화 상자를 이용해 표시할 수 있다.

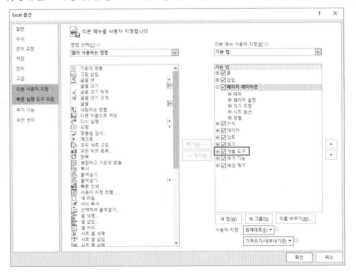

- VBA(Visual Basic Editor)를 통해 고유한 매크로 스크립트를 작성하거나 매크로의 일부 또는 모두를 새 매크로에 복사하여 매크로를 작성할 수도 있다.

2 매크로 기록

- [개발 도구] 탭-[코드] 그룹-[매크로 기록] 선택 또는 [보기] 탭-[매크로] 그룹-[매크로]-[매크로 기록]을 선택한다.
- 매크로 기록은 기본적으로 절대 참조로 기록되며, 상대 참조 방식으로 기록 하려면 [개발 도구] 탭-[코드] 그룹-[상대 참조로 기록]을 선택해야 한다.
- 매크로를 실행할 때 선택한 셀의 위치를 무시하고 매크로가 셀을 선택하도 록 하려면, 절대 참조로 기록하도록 매크로 기록기를 설정한다.
- '상대 참조로 기록'을 클릭하면 Excel을 종료하거나 '상대 참조로 기록'을 다 시 클릭할 때까지 상대 참조로 매크로가 기록된다.

》 TIP
매크로 기록 시 사용자의 마우스 동작이나 키보드 작업 모두 기록된다.

》 TIP
매크로 기록의 종료는 [개발 도구] 탭-[코드] 그룹-[기록 중지]를 클릭해야 한다.

■ [매크로 기록] 대화 상자

❶ 매크로 이름

- 기록할 매크로 이름을 입력한다. → 동일한 이름의 매크로는 존재할 수 없음
- 'Macro1, Macro2, …' 등과 같이 이름이 자동으로 부여된다. → 사용자가 임의로 지정이 가능함
- 매크로 이름의 첫 글자는 반드시 문자로 시작해야 하며, 그 다음에 문자, 숫자 또는 밑줄(_)이 올 수 있다.
- 매크로 이름에 공백이나 '/ ? ' '. - # @ ※' 등의 특수 문자는 입력할 수 없다.
- 통합 문서를 열 때마다 특정 매크로가 작성(실행)되도록 하려면 'Auto_Open' 매크로 이름을 지정한다.

❷ 바로 가기 키

- 매크로 실행시 사용할 바로 가기 키를 지정한다.
- 기본적으로 Ctrl 키+영문 소문자 형식으로 지정하며, 영문 대문자를 입력 할 경우 Ctrl + Shift +영문 대문자로 지정한다. → 바로 가기 키는 생략이 가능함
- 엑셀의 바로 가기 키와 중복되면 매크로 바로 가기 키가 우선시 되며, 나중에 수정이 가능하다.

❸ 매크로 저장 위치

• 기록된 매크로가 저장될 위치를 지정한다.

개인용 매크로 통합 문서	엑셀을 실행할 때마다 모든 통합 문서에서 사용할 수 있도록 함 → 개인용 매크로 통합 문서는 'Personal.xlsb'라는 파일로 저장됨
새 통합 문서	새로운 통합 문서에 매크로를 만들어 사용할 수 있도록 함
현재 통합 문서	현재 작업 중인 파일에서 사용할 수 있도록 함

• 매크로 저장 위치인 [XLSTART] 폴더에 'PERSONAL.XLSB'로 저장하면 엑셀을 실행할 때마다 모든 통합 문서에서 실행이 가능하다.

❹ 설명

• 기록될 매크로에 대한 간략한 설명 내용을 입력한다.
• 생략이 가능하며, 매크로 실행과 무관한 주석문이다.

▶▶▶ 기출 문제로 중간 테스트 하기

01 다음 중 매크로 기록에 관한 설명으로 옳지 않은 것은?

① [개발 도구] 탭-[코드] 그룹-[매크로 기록]을 클릭하여 시작한다.
② 매크로 기록시 바로 가는 키는 지정하지 않아도 된다.
③ 매크로 이름은 공백 문자를 사용할 수 있다.
④ 매크로 이름의 첫 글자는 반드시 문자로 시작해야 한다.

02 다음 중 매크로 작성 절차에 대한 설명으로 옳지 않은 것은?

① [Excel 옵션] 대화 상자를 이용하여 [개발 도구] 탭을 추가하여 표시한다.
② 매크로를 기록하기 위해 [개발 도구] 탭-[코드] 그룹-[매크로 기록]을 클릭한다.
③ 매크로 본문을 위한 작업을 한다.
④ [개발 도구] 탭-[컨트롤] 그룹-[기록 중지]를 클릭하여 매크로 기록을 종료한다.

1 매크로의 실행

- [매크로] 대화 상자가 실행되면, 저장된 매크로를 확인한 후 실행할 매크로를 선택하고 [실행] 단추를 클릭한다.
- 매크로를 기록할 때 설정했던 바로 가기 키를 눌러서 매크로를 실행한다.
- 도형, 그림, 차트, 컨트롤 개체(양식 컨트롤의 단추 등) 등을 이용하여 매크로를 지정하여 실행할 수 있다. → 양식 컨트롤 중 텍스트 필드나 콤보 상자에는 매크로를 연결할 수 없음

1) [매크로] 대화 상자

- [보기] 탭-[매크로] 그룹-[매크로 보기]를 선택 또는 [개발 도구] 탭-[코드] 그룹-[매크로]를 선택한다. → 바로 가기 키 : Alt + F8

» TIP

Visual Basic Editor 편집 창에서의 실행
- 실행 : F5 키 또는 도구 모음에서 ▶[Sub/사용자 정의 폼 실행]을 클릭한다.
- 한 단계씩 코드 실행 : F8 키

» TIP

매크로 편집
[개발 도구] 탭-[코드] 그룹-[Visual Basic](Alt + F11 키) 또는 [매크로] 대화 상자에서 편집할 매크로 이름을 선택한 후 [편집] 단추를 클릭한다.

❶ **한 단계씩 코드 실행**
- 선택한 매크로를 한 단계(줄)씩 실행한다.
- VBA 편집 창의 [디버그] 메뉴-[한 단계씩 코드 실행]을 선택한다.

❷ **편집** : 선택한 매크로를 Visual Basic Editor를 이용하여 매크로 이름이나 바로 가기 키, 명령 내용 등을 편집한다.

❸ **만들기** : Visual Basic Editor를 이용하여 매크로를 작성한다.

❹ **옵션** : [매크로 옵션] 대화 상자에서 선택한 매크로의 바로 가기 키나 설명을 수정할 수 있다.

2) 컨트롤 삽입

- [개발 도구] 탭-[컨트롤] 그룹-[삽입]을 선택한다. '양식 컨트롤', 'ActiveX 컨트롤'을 이용하여 컨트롤을 삽입한다.

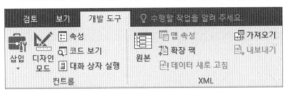

- 보통 매크로는 '양식 컨트롤'에서 선택하여 지정하며, 이벤트 프로시저 작업 같은 경우 'ActiveX 컨트롤'을 이용하여 지정한다.

2 매크로 보안

- 매크로가 포함된 통합 문서를 열 때 발생하는 사항을 제어할 수 있다.
- [개발 도구] 탭-[코드] 그룹-[매크로 보안]을 클릭하여 [보안 센터] 창에서 설정을 할 수 있다.
- 매크로 보안 설정 항목은 '모든 매크로 제외(알림 표시 없음)', '모든 매크로 제외(알림 표시)', '디지털 서명된 매크로만 포함', '모든 매크로 포함(위험성 있는 코드가 실행될 수 있으므로 권장하지 않음)'이 있다.

▶▶▶ *기출 문제로* ✓중간 *테스트 하기*

01 매크로 실행 방법에 관한 설명 중 틀린 것은?

① [개발 도구] 탭-[코드] 그룹-[매크로]를 실행하여 매크로 이름을 선택한 후 [실행] 단추를 클릭한다.
② 양식 컨트롤에서 버튼을 만든 다음 해당 버튼을 클릭하여 실행되도록 할 수 있다.
③ 바로 가기 키를 이용해서 매크로를 실행할 수 있다.
④ 실행하려는 셀을 선택한 후 마우스 오른쪽 단추를 눌러 바로 가기 메뉴를 이용해 실행할 수 있다.

02 다음 중 매크로와 관련된 바로 가기 키에 대한 설명으로 옳지 않은 것은?

① Alt + M 키를 누르면 [매크로 기록] 대화 상자가 표시되어 매크로를 기록할 수 있다.
② Alt + F11 키를 누르면 Visual Basic Editor가 실행되며, 매크로를 수정할 수 있다.
③ Alt + F8 키를 누르면 [매크로] 대화 상자가 표시되어 매크로 목록에서 매크로를 선택하여 실행할 수 있다.
④ 매크로 기록시 Ctrl 키와 영문 문자를 조합하여 해당 매크로의 바로 가기 키를 지정할 수 있다.

PART 3

최신 기출 문제

01회 기출문제

1과목 컴퓨터 일반

01 다음 중 멀티미디어와 관련된 기술인 VOD(Video On Demand)에 대한 설명으로 옳지 않은 것은?

① 비디오를 디지털로 압축하여 비디오 서버에 저장하고, 가입자가 원하는 콘텐츠를 제공하며 재생, 제어, 검색, 질의 등이 가능하다.
② 사용자의 요구에 따라 영화나 뉴스 등의 콘텐츠를 통신 케이블을 통하여 서비스하는 영상 서비스이다.
③ 사용자간 커뮤니케이션을 목적으로 원거리에서 영상을 공유하며, 공간적 시간적 제약을 극복할 수 있다.
④ VCR 같은 기능의 셋탑 박스는 비디오 서버로부터 압축되어 전송된 디지털 영상과 소리를 복원, 재생하는 역할을 한다.

> **SOLUTION**
> ③의 내용은 화상회의 시스템(VCS)에 대한 설명이다.

02 다음 중 인터넷 주소 체계인 IPv6에 대한 설명으로 옳은 것은?

① 주소는 8비트씩 16개 부분으로 총 128비트로 구성되어 있다.
② 주소를 네트워크 부분의 길이에 따라 A클래스에서 E클래스까지 총 5 단계로 구분한다.
③ IPv4와의 호환성은 낮으나, IPv4에 비해 품질 보장은 용이하다.
④ 주소의 한 부분이 0으로만 연속되는 경우 연속된 0은 ':'으로 생략하여 표시할 수 있다.

> **SOLUTION**
> • ①에서 주소는 16비트씩 8개 부분으로 구성된다.
> • ②의 내용은 IPv4에 대한 설명이다.
> • ③에서 IPv4와 호환성이 뛰어나다.

03 다음 중 멀티미디어에 관련된 설명으로 옳지 않은 것은?

① 다중(Multi)과 매체(Media)의 합성어로 그래픽, 이미지, 텍스트, 오디오, 비디오 등의 매체들이 통합된 것을 의미한다.
② 멀티미디어는 매체 정보를 디지털화하고, 대용량으로 생성되므로 이를 저장할 수 있는 저장장치를 사용해야 한다.
③ 대용량의 멀티미디어 정보를 효율적으로 저장하기 위해 다양한 압축 기술이 개발되었으나, 아직 동영상 압축 기술의 개발은 미비하다.
④ 초고속 통신망의 기술이 발달되어 대용량의 멀티미디어 정보를 통신망을 통해 전송할 수 있다.

> **SOLUTION**
> ③에서 대용량의 멀티미디어 정보를 효율적으로 저장하기 위해 다양한 압축 기술이 개발되었으며, 동영상 압축 기술 또한 개발되었다.

04 다음 중 컴퓨터 보안과 관련된 기술에 해당하지 않은 것은?

① 인증(Authentication)
② 암호화(Encryption)
③ 방화벽(Firewall)
④ 브리지(Bridge)

- 인증(Authentication) : 사용자 식별, 사용자의 접근 권한을 검증하는 것
- 암호화(Encryption) : 정보의 의미를 알 수 없는 형식(암호문)으로 변환하는 것
- 방화벽(Firewall) : 보안이 필요한 네트워크의 통로를 단일화하여 관리함으로써 외부의 불법 침입으로부터 내부의 정보 자산을 보호하기 위한 시스템
- 브리지(Bridge) : 두 개의 근거리통신망(LAN) 시스템을 이어주는 네트워크 접속장비 중 하나

05 다음 중 인터넷을 이용한 자체 검색 기능은 가지고 있지 않으나, 한 번의 검색어 입력으로 여러 개의 검색엔진에서 정보를 찾아 주는 검색엔진은?

① 디렉토리형 검색엔진   ② 키워드형 검색엔진

③ 메타 검색엔진   ④ 하이브리드형 검색엔진

자체 검색 기능을 가지고 있지 않은 검색엔진 방법은 메타(Meta) 검색엔진이다.

06 다음 중 컴퓨터 네트워크에서 정보를 전달하기 위한 구성 요소에 해당되지 않은 것은?

① 송수신자   ② 음성 인식

③ 전송 매체   ④ 프로토콜

정보를 전달하기 위한 구성 요소로는 정보가 전송되는 출발지인 정보원(송신자), 정보가 도착되는 목적지인 정보 목적지(수신자), 전송 매체와 프로토콜 등이 필요하다.

07 다음 중 각 통신망에 대한 설명으로 옳지 않은 것은?

① LAN : 전송 거리가 짧은 구내에서 사용하는 통신망

② WAN : 국가간 또는 대륙간처럼 넓은 지역을 연결하는 통신망

③ B–ISDN : 초고속으로 대용량 데이터를 전송하며, 동기식 전달 방식을 사용하는 통신망

④ VAN : 통신회선을 빌려 기존의 정보에 새로운 가치를 더해 다수의 사용자에게 판매하는 통신망

③에서 B–ISDN은 비동기식 전달 방식을 사용하는 통신망이다.

※ **B–ISDN(광대역 종합정보 통신망)**

– ISDN보다 더 광범위한 서비스로, 음성통신 및 고속 데이터 통신, 정지화상 및 고해상도의 동영상 등의 다양한 서비스를 제공

– 비동기식 전달 방식(ATM)을 사용하여 초고속 대용량 데이터를 전송

08 다음 중 디지털 컴퓨터에 대한 설명으로 옳지 않은 것은?

① 입력 형태는 부호화된 숫자, 문자, 이산 자료 등이다.

② 출력 형태는 곡선, 그래프 등 연속된 자료 형태이다.

③ 자료 처리를 위해서는 프로그래밍이 필요하다.

④ 우리가 일상생활에서 사용하는 대부분의 컴퓨터이다.

②는 아날로그 컴퓨터에 대한 설명이다.

09 다음 중 컴퓨터의 연산 속도 단위로 가장 빠른 것은?

① 1ms   ② $1\mu s$

③ 1ns   ④ 1ps

※ **컴퓨터 연산(처리) 속도 단위**

느림 ms(밀리 초, 10^{-3}) – μs(마이크로 초, 10^{-6}) – ns(나노 초, 10^{-9}) – ps(피코 초, 10^{-12}) – fs(펨토 초, 10^{-15}) – as(아토 초 10^{-18}) 빠름

10 다음 중 이진수(0110)의 2의 보수 표현으로 옳은 것은?

① 1001   ② 1010

③ 1011   ④ 1000

- 1의 보수로 변환 : 0을 1로, 1을 0으로 바꾼 값
- 2의 보수로 변환 : 1의 보수로 변환한 후 +1을 한 값
- 따라서 이진 수 0110을 1의 보수로 변환하면 1001, 이것을 2의 보수 바꾸기 위해 +1을 하면 1010이 된다.

11 다음 중 CPU의 성능에 영향을 미치는 요인으로 적절하지 않은 것은?

① 클럭 주파수
② 캐시 메모리
③ 워드(명령어)의 크기
④ 직렬 처리

12 키보드는 키의 기능에 따라 몇 개의 그룹으로 분류할 수 있다. 다음 중 키보드의 분류와 그에 속하는 키의 연결이 옳지 않은 것은?

① 기능키 − F1, F2, F3
② 입력(문자, 숫자) 키 − A, B, %
③ 탐색키 − Tab, Enter, Space Bar
④ 제어키 − Ctrl, Alt, Esc

13 다음 중 컴퓨터에서 사용하는 캐시 메모리(Cache Memory)에 대한 설명으로 옳지 않은 것은?

① 기억 용량은 작으나, 속도가 빠른 버퍼 메모리이다.
② 가능한 최대 속도를 얻기 위해 소프트웨어로 구성한다.
③ 기본적인 성능은 히트율(Hit Ratio)로 표현한다.
④ CPU와 주기억장치 사이에 위치한다.

14 다음 중 Windows의 제어판에서 시각 장애가 있는 사용자가 컴퓨터를 사용하기에 편리하도록 설정할 수 있는 항목은?

① 동기화 센터
② 사용자 정의 문자 편집기
③ 접근성 센터
④ 프로그램 호환성 마법사

15 다음 중 제어판 작업에서 플러그 앤 플레이(PNP)의 지원 여부에 따라 작업 방법이 달라지는 것은?

① 날짜와 시간
② 전원 구성
③ 프로그램 및 기능
④ 장치 및 프린터 추가

16 다음 중 Windows에서 [표준] 사용자 계정의 사용자가 할 수 있는 작업으로 옳지 않은 것은?

① 사용자 자신의 암호를 변경할 수 있다.
② 마우스 포인터의 모양을 변경할 수 있다.
③ 관리자가 설정해 놓은 프린터를 프린터 목록에서 제거할 수 있다.
④ 사용자의 사진으로 자신만의 바탕 화면을 설정할 수 있다.

17 다음 중 Windows의 휴지통에 대한 설명으로 옳지 않은 것은?

① 휴지통은 지워진 파일뿐만 아니라 시간, 날짜, 파일의 경로에 대한 정보까지 저장하고 있다.

② 휴지통은 Windows 탐색기의 폴더와 유사한 창으로 열려, 파일의 보기 방식도 같은 방법으로 변경하여 볼 수 있다.

③ 휴지통에 들어 있는 파일은 명령을 통해 되살리거나 실행할 수 있다.

④ 휴지통에 파일이나 폴더가 없으면 휴지통 아이콘은 빈 휴지통 모양으로 표시된다.

18 다음 중 Windows의 [키보드 속성] 대화 상자에서 설정할 수 없는 것은?

① 문자 재입력 시간

② 문자 반복 속도

③ 한 번에 스크롤할 줄의 수

④ 커서 깜박임 속도

19 다음 중 Windows의 절전 모드에 대한 설명으로 옳지 않은 것은?

① 절전 모드는 작업을 다시 시작하려 할 때 컴퓨터를 빠르게 다시 켤 수 있는 전력 절약 상태이다.

② 최대 절전 모드는 주로 랩톱용으로 디자인된 전력 절약 상태로 열려 있는 문서와 프로그램을 하드디스크에 저장한 다음 컴퓨터를 끈다.

③ 하이브리드 절전 모드는 주로 데스크톱 컴퓨터용으로 설계되었으며, 전원 오류가 발생할 경우 하드디스크에서 작업을 복원할 수 있다.

④ 절전 모드는 오랫동안 컴퓨터를 사용하지 않을 예정이고, 그 시간 동안 배터리를 충전할 기회가 없을 경우 가장 적합한 모드이다.

20 다음 중 Windows에서 제어판의 '프로그램 및 기능'에 대한 설명으로 옳지 않은 것은?

① [프로그램 및 기능]을 이용하여 프로그램을 제거하면 Windows가 작동하는 데 영향을 미치지 않도록 프로그램이 정상적으로 삭제된다.

② 설치된 응용 프로그램의 제거, 변경 또는 복구 등의 작업을 할 수 있다.

③ 컴퓨터에 설치된 업데이트 목록을 확인할 수 있으며 제거도 가능하다.

④ Windows에 포함되어 있는 일부 프로그램 및 기능을 해제할 수 있으며, 기능 해제 시 하드 디스크 공간의 크기도 줄어든다.

21 다음 중 부분합에 관한 설명으로 옳지 않은 것은?

① 부분합을 작성할 때 기준이 되는 필드가 반드시 정렬되어 있지 않아도 제대로 된 부분합을 실행할 수 있다.

② 부분합에 특정한 데이터만 표시된 상태에서 차트를 작성하면 표시된 데이터에 대해서만 차트가 작성된다.

③ [부분합] 대화 상자에서 '새로운 값으로 대치'는 이미 작성한 부분합을 지우고, 새로운 부분합으로 실행할 경우에 설정한다.

④ 부분합 계산에 사용할 요약 함수를 두 개 이상 사용하기 위해서는 함수의 종류 수만큼 부분합을 반복 실행해야 한다.

SOLUTION

①에서 부분합을 작성하기 위해서는 반드시 부분합을 구하고자 하는 항목이 정렬되어 있어야 한다.

22 다음 중 고급 필터를 이용하여 국어 점수가 70점 이상에서 90점 미만인 데이터 행을 추출하기 위한 조건으로 옳은 것은?

①

국어	국어
>=70	<90

②

국어
>=70
<90

③

국어	국어
>=70	
	<90

④

국어	
>=70	<90

SOLUTION

• 고급 필터의 조건 지정 : 조건이 같은 행에 있으면 'AND(~이고, ~에서, ~이면서, 그리고) 조건', 다른 행에 있으면 'OR(~이거나, 또는) 조건'에 해당한다.
• 따라서 국어 점수가 70점 이상에서 90점 미만인 데이터이므로 같은 행에 필드명을 입력하고, 조건도 같은 행에 지정해 주어야 한다.

23 다음 중 다양한 상황과 변수에 따른 여러 가지 결과 값의 변화를 가상의 상황을 통해 예측하여 분석할 수 있는 도구는?

① 시나리오 관리자 ② 목표값 찾기
③ 해찾기 ④ 데이터 표

SOLUTION

• 목표값 찾기 : 수식이 사용된 셀에서 특정한 결과값을 얻기 위해서는 입력값이 어떻게 변경되어야 하는지를 알고자 할 때 사용한다.
• 데이터 표 : 특정 값의 변화에 따른 결과 값의 변화 과정을 표의 형태로 표시해 주는 도구이다.

24 다음 중 정렬에 대한 설명으로 옳지 않은 것은?

① 머리글의 값이 정렬 작업에 포함 또는 제외되도록 설정하거나 해제할 수 있다.

② 숨겨진 열이나 행도 정렬시 이동되므로 데이터를 정렬하기 전에 숨겨진 열과 행을 표시하는 것이 좋다.

③ 사용자 지정 목록을 사용하여 사용자가 정의한 순서대로 정렬할 수 있다.

④ 셀 범위나 표 열의 서식을 직접 또는 조건부 서식으로 설정한 경우 셀 색 또는 글꼴 색을 기준으로 정렬할 수 있다.

SOLUTION

②에서 숨겨진 열이나 행은 정렬시 이동되지 않으므로 정렬 전 숨겨진 열이나 행을 표시한 후 작업하는 것이 좋다.

25 다음 중 데이터가 입력된 셀에서 Delete 키를 눌렀을 때의 상황에 대한 설명으로 옳지 않은 것은?

① 셀에 설정된 메모는 지워지지 않는다.

② 셀에 설정된 내용과 서식이 함께 지워진다.

③ [홈]-[편집]-[지우기]-[내용 지우기]를 실행한 것과 동일한 결과가 발생한다.

④ 바로 가기 메뉴에서 [내용 지우기]를 실행한 것과 동일한 결과가 발생한다.

SOLUTION

②에서 셀에 설정된 내용만 지워질 뿐 서식은 함께 지워지지 않는다.

26 아래 워크시트는 채우기를 이용하여 데이터를 입력한 결과이다. 다음 중 [연속 데이터] 대화 상자에서 방향은 '열', 유형은 '급수'일 때 단계값으로 옳은 것은?

	E	F	G
1		2	
2		-6	
3		18	
4		-54	
5		162	
6		-486	
7		1458	
8		-4374	
9			

① 2   ② −3

③ 3   ④ −6

Solution

[연속 데이터] 대화 상자에서 방향은 '열', 유형은 '급수'로 설정되어 있으므로, 열 방향으로 일정한 값(−3)만큼 곱해서 채워진다.

27 다음 중 원 단위로 입력된 숫자를 백만 원 단위로 표시하기 위한 사용자 지정 표시 형식으로 옳은 것은?

① #,###   ② #,###,

③ #,###,,   ④ #,###,,,

Solution

- ① #,### : 원 단위에 쉼표 스타일 적용
- ② #,###, : 천 단위에 쉼표 스타일 적용
- ③ #,###,, : 백만 단위에 쉼표 스타일 적용
- ④ #,###,,, : 십억 단위에 쉼표 스타일 적용

28 다음 중 찾기에 관한 설명으로 옳지 않은 것은?

① 대/소문자를 구분하여 찾을 수 있다.

② 수식이나 값을 찾을 수 있지만, 메모 안의 텍스트는 찾을 수 없다.

③ 위쪽 방향이나 왼쪽 방향으로 검색 방향을 바꾸려면 Shift 키를 누른 채 [다음 찾기]를 클릭한다.

④ 와일드카드 문자인 '*'는 모든 문자를 대신할 수 있고, '?'는 해당 위치의 한 문자를 대신할 수 있다.

Solution

[찾기 및 바꾸기] 대화 상자의 [옵션] 항목 중 '찾는 위치'에서 수식, 값, 메모 중 선택하여 찾을 수 있다.

29 다음 중 아래 워크시트에서 가입일이 2000년 이전이면 회원등급을 '골드회원', 아니면 '일반회원'으로 표시하려고 할 때 [C19] 셀에 입력할 수식으로 옳은 것은?

	A	B	C
17		회원가입현황	
18	성명	가입일	회원등급
19	강민호	2000-01-05	골드회원
20	김보라	1996-03-07	골드회원
21	이수연	2002-06-20	일반회원
22	황정민	2006-11-23	일반회원
23	최경수	1998-10-20	골드회원
24	박정태	1999-12-05	골드회원

① =TODAY(IF(B19〈=2000, "골드회원", "일반회원")

② =IF(TODAY(B19)〈=2000, "일반회원", "골드회원")

③ =IF(DATE(B19)〈=2000, "골드회원", "일반회원")

④ =IF(YEAR(B19)〈=2000, "골드회원", "일반회원")

Solution

- 가입일이 2000년 이전이라는 조건이 있으므로 년도만 표시하는 YEAR 함수를 사용한다.
- [C19] 셀에는 조건으로 YEAR를 이용하여 가입일([B19])이 2000년 이전인지 판단해야 한다. → YEAR(B19)〈=2000
- 따라서 조건이 참이면 '골드회원', 아니면 '일반회원'으로 표시되도록 IF 함수를 이용하여 완성하면 =IF(YEAR(B19)〈=2000, "골드회원", "일반회원")이 된다.

30 다음 중 아래의 [매크로 기록] 대화 상자의 각 항목에 입력하는 내용으로 옳지 않은 것은?

① 매크로 이름을 '매크로 연습'으로 입력하였다.

② 바로 가기 키 값을 'm'으로 입력하였다.

③ 매크로 저장 위치를 '새 통합 문서'로 지정하였다.

④ 설명에 매크로 기록자의 이름, 기록한 날짜, 간단한 설명 등을 기록하였다.

Solution

①에서 매크로 이름 작성 시 공백을 포함할 수 없다.

31 다음 중 수식의 실행 결과가 다르게 나타나는 것은?

① =POWER(2, 5)

② =SUM(3, 11, 25, 0, 1, −8)

③ =MAX(32, −4, 0, 12, 42)

④ =INT(32.2)

32 다음 중 [A1:C4] 영역에 대한 수식의 실행 결과가 다르게 나타나는 것은?

	A	B	C
1	바나나	7	2500
2	오렌지	6	1500
3	사과	5	1200
4	배	3	1300
5			

① =COUNTIF(B1:B4, "〈〉"&B3)

② =COUNTIF(B1:B4, "〉3")

③ =INDEX(A1:C4,4,2)

④ =TRUNC(SQRT(B1))

33 아래 워크시트에서 [B2:D6] 영역을 참조하여 [C8] 셀에 표시된 바코드에 대한 단가를 [C9] 셀에 표시하였다. 다음 중 [C9] 셀의 수식으로 옳은 것은?

	A	B	C	D
1		바코드	상품명	단가
2		351	CD	1,000
3		352	칫솔	1,500
4		353	치약	2,500
5		354	종이쪽	800
6		355	케이스	1,100
7				
8		바코드	352	
9		단가	1,500	
10				

① =VLOOKUP(C8,$B$2:$D$6,3,0)

② =HLOOKUP(C8,$B$2:$D$6,3,0)

③ =VLOOKUP($B$1:$D$6,C8,3,1)

④ =HLOOKUP($B$1:$D$6,C8,3,1)

34 다음 중 각 워크시트에서 채우기 핸들을 [A3] 셀로 끌었을 때 [A3] 셀에 입력되는 값으로 옳지 않은 것은?

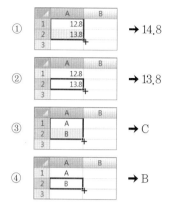

- ①에서 두 개의 셀을 범위 지정 후 채우기 핸들을 드래그하면 데이터 값의 차이만큼 증가 또는 감소되면서 채워진다.
- ②, ④에서 숫자나 문자 하나의 셀만 채우기 핸들을 드래그하면 숫자나 문자가 복사되어 나타난다.
- ③에서 문자를 드래그한 경우 해당 범위의 문자가 복사되어 반복적으로 나타난다.

35 다음 중 [셀 서식] 대화 상자에서 '표시 형식'의 각 범주에 대한 설명으로 옳지 않은 것은?

① '일반' 서식은 각 자료형에 대한 특정 서식을 지정하는데 사용된다.
② '숫자' 서식은 일반적인 숫자를 나타나는데 사용된다.
③ '회계' 서식은 통화 기호와 소수점에 맞추어 열을 정렬하는데 사용된다.
④ '기타' 서식은 우편번호, 전화번호, 주민등록번호 등의 형식을 설정하는데 사용된다.

SOLUTION
'일반' 셀 서식에서는 특정 서식을 지정하지 않는다. 현재 지정된 서식을 해제하여 문자는 왼쪽, 숫자는 오른쪽 정렬하여 표시한다.

36 다음 중 추세선을 사용할 수 있는 차트 종류는?

① 3차원 묶은 세로 막대형 차트
② 분산형 차트
③ 방사형 차트
④ 표면형 차트

SOLUTION
추세선을 사용할 수 없는 차트로는 3차원 차트, 원형 차트, 도넛형 차트, 방사형 차트, 표면형 차트가 있다.

37 다음 중 아래의 피벗 테이블과 이를 활용한 데이터 추출에 대한 설명으로 옳지 않은 것은?

평균 : TOEIC	열 레이블 ▼	
행 레이블 ▼	경영학과	컴퓨터학과
김경호	880	
김영민	790	
박찬진	940	
최미진		990
최우석		860
총합계	**870**	**925**

① 피벗 테이블 옵션에서 열 총합계 표시가 해제되었다.
② 총합계는 TOEIC 점수에 대한 평균이 계산되었다.
③ 행 레이블 영역, 열 레이블 영역, 그리고 값 영역에 각각 하나의 필드가 표시되었다.
④ 행 레이블 필터를 이용하면 성이 김씨인 사람에 대한 자료만 추출할 수도 있다.

SOLUTION
①에서 피벗 테이블 옵션에서 열 총합계가 아닌 행 총합계 표시가 해제되었다.

38 다음 중 차트에서 계열의 순서를 변경할 때 선택해야 할 바로 가기 메뉴는?

① 차트 이동
② 데이터 선택
③ 차트 영역 서식
④ 그림 영역 서식

SOLUTION
차트가 선택된 상태에서 [차트 도구]-[디자인] 탭-[데이터] 그룹에서 [행/열 전환]을 클릭하거나, [데이터 선택]을 클릭하여 [데이터 원본 선택] 대화 상자에서 차트 데이터 범위, 행/열 전환, 계열의 순서를 변경할 수 있다.

39 다음 중 창 나누기 기능에 대한 설명으로 옳지 않은 것은?

① 화면에 표시되는 창 나누기 형태는 인쇄 시에는 적용되지 않는다.

② 셀 포인터의 위치에 따라 수직, 수평, 수직/수평 분할이 가능하다.

③ 창 나누기를 수행하여 나누기 한 각각의 구역의 확대/축소 비율을 다르게 설정할 수 있다.

④ 나누기를 취소하려면 창을 나누고 있는 분할줄을 아무 곳이나 두 번 클릭한다.

SOLUTION

③에서 창 나누기를 수행하면 나누어진 구역 모두에 대하여 확대/축소 비율이 동일하게 적용된다. 나누어진 구역별로 별도 확대/축소할 수 없다.

40 다음 중 [페이지 설정] 대화 상자에 대한 설명으로 옳지 않은 것은?

① '셀 오류 표시' 옵션을 이용하여 오류 값이 인쇄되지 않도록 할 수 있다.

② 인쇄할 내용이 페이지의 가로/세로의 가운데에 위치하도록 설정할 수 있다.

③ '시작 페이지 번호' 옵션을 이용하여 인쇄할 페이지의 시작 페이지 번호를 지정할 수 있다.

④ 설치된 여러 대의 프린터 중에서 인쇄할 프린터를 선택할 수 있다.

SOLUTION

④의 내용은 [인쇄] 대화 상자에서 수행할 수 있는 설명이다.

1과목 컴퓨터 일반

01 다음 중 컴퓨터에 저장되는 이미지 파일 포맷인 래스터(Raster) 방식에 대한 설명으로 옳지 않은 것은?

① 주로 스캐너나 디지털 카메라를 이용해서 생성된다.
② 픽셀 단위로 이미지를 저장한다.
③ WMF는 Windows에서 기본으로 사용되는 래스터 파일 형식이다.
④ 파일의 크기는 이미지의 해상도에 비례해서 커진다.

Solution

③에서 WMF는 기본적으로 사용하는 벡터 파일 형식에 해당한다.

02 다음 중 컴퓨터에서 사용하는 소리 파일인 웨이브(Wave) 파일에 관한 설명으로 옳지 않은 것은?

① 파일의 확장자는 .wav이다.
② 녹음 조건에 따라 파일의 크기가 가변적이다.
③ Windows Media Player로 파일을 재생할 수 있다.
④ 음 높이, 음 길이, 세기 등 다양한 음악 기호가 정의되어 있다.

Solution

④에서 설명한 것은 MIDI(Musical Instrument Digital Interface)에 해당된다.

※ 미디(MIDI)
– 전자 악기간 디지털 신호에 의한 통신 또는 컴퓨터와 전자 악기 간의 통일 규격이다.
– MIDI 파일에는 음 높이, 음 길이, 세기 등 다양한 음악 기호가 정의되어 있다. → 음성이나 효과음 저장이 불가능

※ 웨이브(Wave)
– MS사와 IBM이 개발한 PC용 오디오 파일 형식이다.
– 낮은 레벨의 모노에서부터 CD 수준의 스테레오에 이르기까지 다양한 수준으로 저장할 수 있다.
– Windows Media Player로 음악 CD에서 음원 추출이 가능, 단 편집은 불가능

03 다음 중 인터넷을 사용하기 위한 웹 브라우저에 해당하지 않는 것은?

① 파이어폭스
② 사파리
③ 구글
④ 오페라

Solution

• 파이어폭스(FireFox) : 미국 모질라 재단에서 제작한 웹 브라우저
• 사파리(Safari) : 애플사에서 제작한 웹 브라우저
• 구글(Google) : 세계 최대의 미국 인터넷 검색엔진 회사 또는 검색 사이트(포털 사이트)
• 오페라(Opera) : 노르웨이의 오페라소프트웨어사가 개발한 인터넷 웹 브라우저의 하나

04 다음 중 네트워크 규모에 따른 통신망의 종류로 적절하지 않은 것은?

① MAN
② WAN
③ PCM
④ LAN

05 다음 중 HD급 고화질 비디오를 저장할 수 있는 차세대 광학장치로, 디스크 한 장에 25GB 이상을 저장할 수 있는 것은?

① CD−RW
② DVD
③ 블루레이 디스크
④ ZIP 디스크

06 다음 중 Windows의 [디스크 정리] 기능에 관한 설명으로 옳은 것은?

① 하드디스크에서 불필요한 파일의 수를 줄여 디스크에 여유 공간을 확보한다.
② 분산되어 있는 저장 파일들을 연속된 공간에 저장함으로써 디스크 접근 속도를 향상시킨다.
③ 개인 파일에 영향을 주지 않고, 컴퓨터에 대한 시스템 변경 내용 실행을 취소한다.
④ 심각한 오류가 발생한 경우에 Windows를 복구하는 데 사용한다.

07 다음 중 유명 기업이나 금융기관을 사칭한 가짜 웹 사이트나 이메일 등으로 개인의 금융정보와 비밀번호를 입력하도록 유도하여 예금 인출 및 다른 범죄에 이용하는 수법인 것은?

① 웜(Worm)
② 해킹(Hacking)
③ 피싱(Phishing)
④ 스니핑(Sniffing)

08 다음 중 사용자의 기본 설정을 사이트가 인식하도록 하거나, 사용자가 웹 사이트로 이동할 때마다 로그인해야 하는 번거로움을 생략할 수 있도록 하여 사용자 환경을 향상시키는 것은?

① 쿠키(Cookie)
② 즐겨찾기(Favorites)
③ 웹 서비스(Web Service)
④ 히스토리(History)

09 다음 중 네트워크 연결을 위하여 사용하는 프로토콜에 대한 설명으로 옳지 않은 것은?

① 통신을 원하는 두 개체 간에 무엇을, 어떻게, 언제 통신할 것인가에 대해 약속한 통신 규정이다.

② OSI 7계층 모델의 3번째 계층은 데이터링크 계층이다.

③ 프로토콜에는 흐름 제어 기능, 동기화 기능, 에러 제어기능 등이 있다.

④ 인터넷에서 사용하고 있는 대표적인 프로토콜은 TCP/IP이다.

SOLUTION

②에서 OSI 7계층 모델의 3번째 계층은 네트워크(Network) 계층이다.

※ OSI 7계층
– [1계층] 물리(Physical) 계층(최하위)
– [2계층] 데이터 링크(Data Link) 계층
– [3계층] 네트워크(Network) 계층
– [4계층] 전송(Transport) 계층
– [5계층] 세션(Session) 계층
– [6계층] 표현(Presentation) 계층
– [7계층] 응용(Application) 계층(최상위)

---

10 ASCII 코드는 한 문자를 표시하는데 7개의 데이터 비트와 1개의 패리티 비트를 사용한다. 다음 중 ASCII 코드로 표현 가능한 문자수는?

① 32   ② 64
③ 128   ④ 256

SOLUTION

• BCD 코드 6비트 구성, 2^6(64)가지의 문자를 표현
• EBCDIC 코드 8비트 구성, 2^8(256)가지의 문자를 표현
• ASCII 코드 7비트 구성, 2^7(128)가지의 문자를 표현

---

11 다음 중 파일 삭제시 파일이 [휴지통]에 임시 보관되어 복원이 가능한 경우는?

① 바탕 화면에 있는 파일을 [휴지통]으로 드래그 앤 드롭하여 삭제한 경우

② USB 메모리에 저장되어 있는 파일을 Delete 키로 삭제한 경우

③ 네트워크 드라이브의 파일을 바로 가기 메뉴의 [삭제]를 클릭하여 삭제한 경우

④ [휴지통]의 크기를 0%로 설정한 후 바탕 화면의 파일을 삭제한 경우

SOLUTION

※ 휴지통에 보관되지 않고 바로 삭제되는 경우
– 플로피디스크/USB 메모리/네트워크 드라이브/DOS 모드 등에서 삭제한 경우
– Shift + Delete 키로 삭제한 경우
– [휴지통 속성]에서 '파일을 휴지통에 버리지 않고 삭제할 때 바로 제거' 옵션을 선택한 경우
– [휴지통]의 크기를 '0%'로 설정한 경우

---

12 다음 중 Windows에서 [디스플레이]의 [해상도 조정] 설정에 대한 설명으로 옳지 않은 것은?

① 높은 화면 해상도에서는 텍스트와 이미지가 더 선명하지만 크기는 더 작게 표시된다.

② 해상도를 변경하면 해당 컴퓨터에 로그온한 모든 사용자에게 변경 내용이 적용된다.

③ 다중(여러) 디스플레이 옵션은 Windows에서 둘 이상의 모니터가 PC에 연결되어 있음을 인식할 때만 나타난다.

④ 두 대의 모니터가 연결된 경우 좌측 모니터가 주 모니터로 설정되므로 해상도가 높은 모니터를 반드시 좌측에 배치해야 한다.

SOLUTION

④에서 모니터가 두 대 이상 연결된 경우 주 모니터의 설정은 사용자 편의에 맞게 배치할 수 있다.

---

13 다음 중 Windows의 [폴더 옵션]에서 설정할 수 있는 작업에 해당되지 않는 것은?

① 숨김 파일 및 폴더를 표시할 수 있다.
② 색인되지 않은 위치 검색 시 시스템 디렉터리나 압축 파일(ZIP, CAB 등)을 포함하도록 설정할 수 있다.
③ 숨긴 파일 및 폴더의 숨김 속성을 일괄 해제할 수 있다.
④ 파일이나 폴더를 한 번 클릭해서 열 것인지, 두 번 클릭해서 열 것인지를 설정할 수 있다.

SOLUTION

③에서 [폴더 옵션]을 이용하여 숨김 파일 및 폴더의 표시 여부 설정이 가능하지만, 파일 및 폴더의 숨김 속성을 해제하려면 폴더 창에서 직접 실행해야 한다.

14 다음 중 Windows의 [제어판]에서 보기 기준을 '범주'로 하였을 경우, [시스템 및 보안] 범주에서 설정할 수 있는 기능에 해당하지 않는 것은?

① 백업 및 복원
② 관리 도구
③ 전원 옵션
④ 사용자 계정 추가

SOLUTION

• '사용자 계정 추가'는 제어판을 보기 기준을 '범주'로 설정했을 때 [사용자 계정]에서 설정할 수 있는 기능이다.
• [시스템 및 보안] 메뉴(윈도우 10의 경우) : 보안 및 유지 관리, Windows Defender 방화벽, 전원 옵션, 파일 히스토리, 백업 및 복원, BitLocker 드라이브 암호화, 저장소 공간, 클라우드 폴더, 관리 도구 등

15 다음 중 Windows의 [Windows 탐색기]에 대한 기능과 구조에 대한 설명으로 옳지 않은 것은?

① 컴퓨터에 설치된 디스크 드라이브, 파일 및 폴더 등을 관리하는 기능을 가진다.
② 폴더와 파일을 계층 구조로 표시하며, 폴더 앞의 〉 기호는 하위 폴더가 있음을 의미한다.
③ 현재 폴더에서 상위 폴더로 이동하려면 바로 가기 키인 Home 을 누른다.
④ 세부 정보 창, 미리 보기 창, 탐색 창 등의 표시 여부를 선택할 수 있다.

SOLUTION

③에서 현재 폴더에서 상위 폴더로 이동하려면 ← 방향키를 누르거나 Back Space 키를 누른다.

16 다음 중 각 소프트웨어에 대한 설명으로 옳지 않은 것은?

① 공개 소프트웨어(Open Software) : 특정한 하드웨어나 소프트웨어를 구매하였을 때 무료로 주는 프로그램
② 셰어웨어(Shareware) : 정상적인 프로그램을 구매하도록 유도하기 위해 사용 기간이나 기능 등을 제한하여 배포하는 프로그램
③ 데모 버전(Demo Version) : 정식 프로그램을 홍보하기 위해 사용 기간이나 기능을 제한하여 배포하는 프로그램
④ 패치 버전(Patch Version) : 이미 제작하여 배포된 프로그램의 오류 수정이나 성능 향상을 위해 프로그램의 일부 파일을 변경해 주는 프로그램

SOLUTION

①은 번들 프로그램에 대한 설명이다. 공개 소프트웨어(Open software)는 사용 기간의 제한 없이 무료 사용과 배포가 가능한 프로그램을 말한다.

17 다음 중 PC에서 사용하는 BIOS(Basic Input Output System)에 관한 설명으로 옳지 않은 것은?

① 기본 입출력장치나 메모리 등 하드웨어 작동에 필요한 프로그램이다.
② 전원이 켜지면 POST를 통해 컴퓨터를 점검하고 사용 가능한 장치를 초기화한다.
③ RAM에 저장되며, 펌웨어라고도 한다.
④ 칩을 교환하지 않고도 업그레이드를 할 수 있다.

SOLUTION

③에서 BIOS는 롬(ROM)에 저장되어 있다.

※ 바이오스(BIOS)
– 기본 입출력 시스템으로, 하드웨어 작동에 필요한 명령을 모아 놓은 프로그램을 말한다.
– 롬(ROM)에 저장되어 있어 ROM–BIOS 또는 하드웨어와 소프트웨어의 중간 형태로 펌웨어(Firmware)라고도 한다.

18 다음 중 Windows의 [메모장]에 대한 설명으로 옳지 않은 것은?

① 작성한 문서를 저장할 때 확장자는 기본적으로 '.txt'가 부여된다.
② 특정한 문자열을 찾을 수 있는 찾기 기능이 있다.
③ 그림, 차트 등의 OLE 개체를 삽입할 수 있다.
④ 현재 시간을 삽입하는 기능이 있다.

SOLUTION

③에서 메모장에서는 그림, 차트 등의 OLE 개체는 삽입할 수 없다.

※ 메모장
– 텍스트(txt) 형식의 문서를 작성하거나 저장한다. → 확장자 '.txt'
– 문서 전체에 대하여 글꼴의 종류나 속성, 크기를 변경할 수 있다.
– 문서의 첫 행 왼쪽에 '.LOG'를 입력하면 문서를 열 때마다 현재 시간과 날짜가 맨 마지막 줄에 자동으로 표시된다.
– 메모장에서는 기본적으로 찾기, 바꾸기, 페이지 설정, 자동 줄 바꿈, 글꼴 등의 기능을 제공한다.

19 다음 중 Windows의 사용자 계정을 통해 사용할 수 있는 기능으로 옳지 않은 것은?

① 관리자 계정의 사용자는 다른 계정의 컴퓨터 사용시간을 제어할 수 있다.
② 관리자 계정의 사용자는 다른 계정의 등급 및 콘텐츠, 제목별로 게임을 제어할 수 있다.
③ 표준 계정의 사용자는 컴퓨터에 설치된 대부분의 프로그램을 사용할 수 있고, 자신의 계정에 대한 암호 등을 설정할 수 있다.
④ 표준 계정의 사용자는 컴퓨터 보안에 영향을 주는 설정을 변경할 수 있다.

SOLUTION

표준 사용자 계정은 설치된 프로그램을 실행하거나 테마, 바탕 화면, 계정에 대한 암호 등을 설정할 수 있다. 프로그램이나 하드웨어 등을 설치하거나 중요 파일을 삭제할 수 없다.

20 다음 중 데이터를 효과적으로 이용할 수 있도록 저장, 갱신, 조직, 검색할 수 있는 응용 소프트웨어를 의미하는 것은?

① 그룹웨어
② 데이터베이스 관리 시스템
③ 스프레드시트
④ 전자출판

SOLUTION

• 그룹웨어(Groupware) : 여러 사람이 서로 협력하여 업무를 수행하는 그룹 작업을 지원하기 위한 소프트웨어 또는 소프트웨어를 포함하는 구조를 말한다.
• 데이터베이스 관리 시스템(DBMS) : 응용 프로그램과 데이터베이스 사이에 위치하여 데이터베이스를 관리하는 시스템으로, 파일 시스템의 단점인 데이터의 중복성과 종속성의 문제를 해결하기 위해 제안된 시스템이다.
• 전자출판(Electronic Publishing) : 종이를 표현 매체로 하던 각종 출판물을 컴퓨터와 인쇄기 등을 사용하여 제작하는 디지털 책을 말한다.

21 다음 중 [부분합] 대화 상자의 각 항목 설정에 대한 설명으로 옳지 않은 것은?

① '그룹화할 항목'에서 선택할 필드를 기준으로 미리 오름차순 또는 내림차순으로 정렬한 후 부분합을 실행해야 한다.
② 부분합 실행 전 상태로 되돌리려면 [부분합] 대화 상자의 [모두 제거] 단추를 클릭한다.
③ 세부 정보가 있는 행 아래에 요약 행을 지정하려면 '데이터 아래에 요약 표시'를 선택하여 체크 표시한다.
④ 이미 작성된 부분합을 유지하면서 부분합 계산 항목을 추가할 경우에는 '새로운 값으로 대치'를 선택하여 체크한다.

Solution

• ④에서 중첩 부분합을 설정하려면 반드시 '새로운 값으로 대치' 항목의 체크를 해제해야 된다.
• 만약 '새로운 값으로 대치' 항목을 체크한 상태로 부분합을 설정하면 이전에 등록해 두었던 부분합의 결과는 사라지게 된다.

22 왼쪽 워크시트의 성명 데이터를 오른쪽 워크시트와 같이 성과 이름 두개의 열로 분리하기 위해 [텍스트 나누기] 기능을 사용하고자 한다. 다음 중 [텍스트 나누기]의 분리 방법으로 가장 적절한 것은?

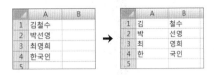

① 열 구분선을 기준으로 내용 나누기
② 구분 기호를 기준으로 내용 나누기
③ 공백을 기준으로 내용 나누기
④ 탭을 기준으로 내용 나누기

Solution

• 입력되어 있는 데이터에서 첫 번째 데이터 '김철수'를 살펴보면 '김'과 '철수'로 구분되어 표시되었다. 텍스트 나누기 작업에서 열 구분선을 이용하여 내용을 구분하였다.
• 입력된 데이터에는 어떠한 구분 기호(, ; 탭(Tab), 공백 등)도 사용되지 않았다.

23 다음 중 아래의 수식을 [A7] 셀에 입력한 경우 표시되는 결과 값으로 옳은 것은?

=IFERROR(VLOOKUP(A6,$A$1:$B$4,2), "입력오류")

	A	B
1	0	미흡
2	10	분발
3	20	적정
4	30	우수
5		
6	-5	
7		
8		

① 미흡　　　　　　　② 분발
③ 입력오류　　　　　④ #N/A

Solution

• =VLOOKUP(A6, $A$1:$B$4, 2)
[$A$1:$B$4] 영역에서 [A6]의 값을 검색하여 2번째 위치에 있는 데이터의 값 = '#N/A'
• =IFERROR(#N/A, "입력오류")
#N/A는 오류임으로, '입력오류'가 표시된다.

24 다음 중 아래의 〈데이터〉와 〈고급 필터 조건〉을 이용하여 고급 필터를 실행한 결과로 옳은 것은?

〈데이터〉

	A	B	C
1	성명	부서명	성적
2	명진수	총무	70
3	김진명	영업	78
4	나오명	경리	90
5	김진수	영업	78
6			

〈고급 필터 조건〉

성명	부서명	성적
??명		
	영업	>80

①

성명	부서명	성적
김진명	영업	78

②

성명	부서명	성적
김진명	영업	78
나오명	경리	90

③

성명	부서명	성적
명진수	총무	70
김진명	영업	78
나오명	경리	90

④

성명	부서명	성적
명진수	총무	70
김진명	영업	78
나오명	경리	90
김진수	영업	78

SOLUTION

※ 고급 필터 조건
- 조건이 같은 행에 있으면 'AND(~이고, ~이면서, 그리고) 조건', 다른 행에 있으면 'OR(~이거나, 또는) 조건'에 해당한다.
- 첫 번째 조건 : 물음표(?) 하나는 1개의 글자 수를 의미한다. 따라서 '명'으로 끝나는 3글자의 성명을 검색한다.
- 두 번째 조건 : 부서명이 영업이고 성적이 80을 초과하는 데이터를 의미한다.
- 두 조건을 합치면 성명이 '명'으로 끝나는 3글자인 데이터이거나 부서명이 영업이고 성적이 80을 초과하는 데이터를 의미한다.
- 따라서 고급 필터의 조건을 만족하는 데이터는 김진명, 나오명의 데이터 2개가 표시된다.

25 다음 중 잘못된 인수나 피연산자를 사용하였거나 수식 자동 고침 기능으로 수식을 고칠 수 없을 때 나타나는 오류 메시지는 무엇인가?

① #NAME?   ② #NUM!

③ #DIV/0!   ④ #VALUE!

SOLUTION

- #DIV/0! : 수식에서 어떤 값을 0으로 나누었을 때 표시되는 오류 메시지
- #VALUE! : 잘못된 인수나 피연산자를 사용했을 경우 발생

26 다음 중 아래 그림과 같이 [A2:D5] 영역을 선택하여 이름을 정의한 경우에 대한 설명으로 옳지 않은 것은?

① 정의된 이름은 모든 시트에서 사용할 수 있으며, 이름 정의 후 참조 대상을 편집할 수도 있다.
② 현재 통합 문서에 이미 사용 중인 이름이 있는 경우 기존 정의를 바꿀 것인지 묻는 메시지 창이 표시된다.
③ 워크시트의 이름상자에서 '코드번호'를 선택하면 [A3:A5] 영역이 선택된다.
④ [B3:B5] 영역을 선택하면 워크시트의 이름상자에 '품 명'이라는 이름이 표시된다.

SOLUTION

이름 정의 시 공백은 가질 수 없으므로, [B3:B5] 영역을 선택하면 워크시트의 이름상자에는 '품_명'이라는 이름이 표시된다.

27 다음 중 [A1] 셀을 선택하고 [연속 데이터] 대화 상자의 항목을 아래 그림과 같이 설정하였을 경우 [C1] 셀에 채워질 값으로 옳은 것은?

① 4   ② 6

③ 8   ④ 16

28 다음 중 [찾기 및 바꾸기] 대화 상자의 각 항목에 대한 설명으로 옳지 않은 것은?

① 찾을 내용 : 검색할 내용을 입력하는 곳으로 와일드카드 문자를 검색 문자열에 사용할 수 있다.

② 서식 : 숫자 셀을 제외한 특정 서식이 있는 텍스트 셀을 찾을 수 있다.

③ 범위 : 현재 워크시트에서만 검색하는 '시트'와 현재 통합 문서의 모든 시트를 검색하는 '통합 문서' 중 선택할 수 있다.

④ 모두 찾기 : 검색 조건에 맞는 모든 항목이 나열된다.

29 다음 중 매크로 기록에 대한 설명으로 옳은 것은?

① 매크로 이름의 첫 글자는 반드시 숫자이어야 하며, 문자, 숫자, 공백 문자 등을 혼합하여 지정할 수 있다.

② 매크로의 바로 가기 키는 숫자 0 ~ 9 중에서 선택하여 사용해야 한다.

③ 선택된 셀의 위치에서 매크로가 실행되도록 하려면 상대 참조로 기록해야 한다.

④ 매크로 기록 후 매크로의 이름은 변경할 수 없으나 바로 가기 키는 변경할 수 있다.

30 다음 중 수식의 실행 결과가 옳지 않은 것은?

① =MOD(13,−3) ⇒ −2

② =POWER(3,2) ⇒ 9

③ =INT(−7.4) ⇒ −7

④ =TRUNC(−8.6) ⇒ −8

31 다음 중 아래 워크시트에서 근무일수를 구하기 위해 [B9] 셀에 사용한 함수로 옳은 것은?

	A	B	C	D
1	9월 아르바이트 현황			
3	날짜	김은수	한규리	정태경
4	09월 22일	V	V	
5	09월 23일	V		V
6	09월 24일	V	V	
7	09월 25일	V	V	V
8	09월 26일	V	V	V
9	근무일수	5	4	3
10				

① =COUNTA(B4:B8)

② =COUNT(B4:B8)

③ =COUNTBLANK(B4:B8)

④ =DCOUNT(B4:B8)

32 다음 중 엑셀에서 저장할 수 있는 파일 형식에 해당하지 않는 것은?

① Excel 매크로 사용 통합 문서(* .xlsm)

② Excel 바이너리 통합 문서(* .xlsb)

③ dBASE 파일(* .dbf)

④ XML 데이터(* .xml)

33 다음 중 차트의 범례 설정에 대한 설명으로 옳지 않은 것은?

① 차트에 범례가 표시되어 있으면 개별 범례 항목을 선택하여 데이터 계열 서식을 변경할 수 있다.

② 차트에서 범례 또는 범례 항목을 클릭한 후 Delete 키를 누르면 범례를 쉽게 제거할 수 있다.

③ 범례는 기본적으로 차트와 겹치지 않게 표시된다.

④ 마우스로 범례를 이동하거나 크기를 변경하면 그림 영역의 크기 및 위치는 자동으로 조정된다.

34 다음 중 매크로를 실행하는 방법에 대한 설명으로 옳지 않은 것은?

① [개발 도구]–[코드] 그룹의 [매크로]를 클릭한 후 매크로를 선택하여 실행한다.

② 셀의 바로 가기 메뉴에서 [매크로 지정]을 클릭하여 셀에 매크로를 연결한 후 실행한다.

③ 매크로를 기록할 때 지정한 바로 가기 키를 눌러 실행한다.

④ 빠른 실행 도구 모음에 매크로를 선택하여 아이콘으로 추가한 후 아이콘을 클릭하여 실행한다.

35 다음 중 [홈]–[클립보드] 그룹의 [붙여넣기]에서 선택 가능한 붙여넣기 옵션으로 옳지 않은 것은?

① 값 붙여넣기
② 선택하여 붙여넣기
③ 테두리만 붙여넣기
④ 연결하여 붙여넣기

SOLUTiON

③에서 테두리만 붙여넣기는 [선택하여 붙여넣기]에 포함되어 있는 옵션이다.

36 다음 중 수식의 실행 결과가 옳지 않은 것은?

① =ROUND(4561.604, 1) ⇒ 4561.6
② =ROUND(4561.604, −1) ⇒ 4560
③ =ROUNDUP(4561.604, 1) ⇒ 4561.7
④ =ROUNDUP(4561.604, −1) ⇒ 4562

SOLUTiON

※ ROUNDUP(인수, 자릿수)
인수를 지정한 자릿수로 올림한 값을 구한다.

• ④ =ROUNDUP(4561.604, −1) ⇒ 4562 → 4570
– 4561.604를 −1자리로 올림하면 4570이 된다.

37 다음 중 [페이지 나누기 미리 보기] 상태에 대한 설명으로 옳지 않은 것은?

① 차트나 그림 등의 개체를 삽입할 수는 없으나 데이터를 입력하거나 편집할 수는 있다.
② 페이지 구분선을 마우스로 드래그하여 페이지 나눌 위치를 조정할 수 있다.
③ [페이지 레이아웃]–[페이지 설정] 그룹의 [나누기]–[페이지 나누기 모두 원래대로]를 클릭하면 사용자가 삽입한 페이지 구분선이 모두 삭제된다.
④ 자동으로 표시된 페이지 구분선은 점선, 사용자가 삽입한 페이지 구분선은 실선으로 표시된다.

SOLUTiON

①에서 페이지 나누기 미리 보기 상태에서는 차트나 그림 등의 개체를 삽입할 수 있다.

38 다음 중 사용자가 자주 사용하거나 원하는 기능에 해당하는 명령들을 버튼으로 표시하며, 리본 메뉴의 위쪽이나 아래에 표시하는 엑셀의 화면구성 요소는?

① [파일] 탭
② 빠른 실행 도구 모음
③ 리본 메뉴
④ 제목 표시줄

SOLUTiON

• [파일] 탭 : 새로 만들기, 열기, 저장, 인쇄, 보내기, 옵션 등의 메뉴가 표시되는 곳이다.
• 리본 메뉴 : 엑셀에서 제공하는 다양한 기능들을 탭으로 분류하고, 해당 탭에서는 용도에 맞는 명령들을 그룹으로 묶어 구성하고 있는 곳이다.
• 제목 표시줄 : 프로그램 이름과 현재 작업 중인 파일의 이름, 창 조절 단추가 표시되는 곳이다.

39 다음 중 워크시트의 [머리글/바닥글] 설정에 대한 설명으로 옳지 않은 것은?

① '페이지 레이아웃' 보기 상태에서는 워크시트 페이지 위쪽이나 아래쪽을 클릭하여 머리글/바닥글을 추가할 수 있다.
② 첫 페이지, 홀수 페이지, 짝수 페이지의 머리글/바닥글 내용을 다르게 지정할 수 있다.
③ 머리글/바닥글에 그림을 삽입하고, 그림 서식을 지정할 수 있다.
④ '페이지 나누기 미리 보기' 상태에서는 미리 정의된 머리글이나 바닥글을 선택하여 쉽게 추가할 수 있다.

SOLUTiON

④에서 '페이지 나누기 미리 보기' 상태가 아닌 '페이지 레이아웃' 상태에서 미리 정의된 머리글이나 바닥글을 선택하여 쉽게 추가할 수 있다.

40 다음 중 아래 차트에 대한 설명으로 옳지 않은 것은?

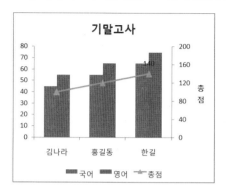

① 총점 계열이 보조 축으로 표시된 이중 축 차트이다.

② 범례는 아래쪽에 배치되어 있다.

③ 영어 계열의 홍길동 요소에 데이터 레이블이 있다.

④ 보조 세로(값) 축의 주 단위는 40이다.

SOLUTION

총점 계열의 한길 요소에 데이터 레이블의 '값'이 표시되어 있다.

1과목 컴퓨터 일반

01 다음 중 아래에서 설명하는 용어는?

> 모바일 인터넷에 접속하여 각종 음악 파일이나 음원을 제공받는 주문형 음악 서비스로, 스트리밍 기술 등을 이용하여 음악을 실시간으로도 들을 수 있다.

① VOD

② VDT

③ PDA

④ MOD

Solution

- ① VOD(주문형 비디오) : 통신망을 통해 각종 영상 자료를 모니터로 볼 수 있는 멀티미디어서비스이다.
- ② VDT(Visual Display Terminal) : 영상 표시 단말장치
- ③ PDA(Personal Digital Assistant) : 전자수첩, 이동통신, 개인 정보관리 등을 가진 컴퓨터로, 펜이나 터치 스크린을 입력 방식으로 사용하는 팜톱 컴퓨터의 일종이다.
- ④ MOD(주문형 음악, Music On Demand) : PC 통신이나 인터넷을 통해 사용자로부터 일정한 사용료를 받고 MP3 음악 파일을 판매하는 것을 말하며, AOD(Audio On Demand)라고도 한다.

※ 스트리밍(Streaming) 기술
- 인터넷에서 오디오나 비디오 등의 데이터를 다운로드하면서 동시에 실시간으로 재생해 주는 기술을 말한다.

02 다음 중 개인용 컴퓨터에서 정보통신용으로 가장 많이 사용되는 코드로, 3개의 Zone 비트와 4개의 Digit 비트로 구성된 코드는?

① BINARY

② BCD

③ EBCDIC

④ ASCII

Solution

ASCII 코드 : 3개의 존 비트, 4개의 디지트 비트로 표현하며, 2^7(128) 가지의 문자를 표현할 수 있다. → 주로 데이터 통신용이나 PC에서 많이 사용

03 다음 중 전자우편과 관련하여 스팸(SPAM)에 관한 설명으로 옳은 것은?

① 바이러스를 유포시키는 행위이다.

② 수신인이 원하지 않는 메시지나 정보를 일방적으로 보내는 행위이다.

③ 다른 사용자의 개인 정보를 허락 없이 가져가는 행위이다.

④ 고의로 컴퓨터 프로그램 파일이나 데이터를 파괴시키는 행위이다.

Solution

- 스팸(SPAM) : 무작위로 불필요한 인터넷 메일이나 불필요한 휴대전화, SMS 등을 보내는 것을 말한다.
- ①, ③, ④는 바이러스(Virus)의 특징에 대한 설명이다.

04 다음 중 Windows에서 [디스크 정리]를 수행할 때 정리 대상 파일로 옳지 않은 것은?

① 임시 인터넷 파일
② 사용하지 않은 폰트(＊.TTF) 파일
③ 휴지통에 있는 파일
④ 다운로드한 프로그램 파일

SOLUTION

- 디스크 정리 : 디스크의 여유 공간을 확보하기 위해 불필요한 파일을 삭제하는 것이다.
- 디스크 정리 대상(삭제할 파일) : 다운로드한 프로그램 파일, 임시 인터넷 파일, 휴지통에 있는 파일, 임시 파일, 오프라인 웹 페이지, 설치 로그 파일, 미리 보기 사진 등

05 다음 중 인터넷 기능을 결합한 TV로, 각종 앱을 설치하여 웹 서핑, VOD 시청, 게임 등 다양한 기능을 활용할 수 있는 다기능 TV를 의미하는 용어는?

① HDTV
② Cable TV
③ IPTV
④ Smart TV

SOLUTION

- HDTV(고품질 텔레비전) : 고선명, 고화질 TV를 말하며, 기존의 TV보다 화질이 월등히 뛰어난 텔레비전이다.
- Cable TV(CATV) : TV 전파 수신이 곤란한 산간지대나 난청 지역에 공동수신 안테나를 설치하여 수신된 공중파를 유선 케이블로 전송하여 TV방송 가입자에게 분배하는 공동수신시스템을 말한다.
- IPTV(Internet Protocol TV) : 초고속 인터넷망을 이용하여 제공되는 양방향 텔레비전 서비스이다.

06 다음 멀티미디어 파일 형식 중에서 이미지 형식에 해당하지 않는 것은?

① BMP
② GIF
③ TIFF
④ WAV

SOLUTION

이미지(그래픽) 파일 형식 : BMP, WMF, TIF, GIF, JPEG/JPG, PNG, PCX, DXF 등

※ **오디오 데이터** : WAVE, MIDI, MP3 등

※ **비디오 데이터** : AVI, DVI, 퀵 타임(Quick Time) MOV, MPEG, ASF, DivX, ram 등

07 다음 중 Windows에서 시스템 관리와 관련된 설명으로 옳지 않은 것은?

① Windows에 문제가 생겼을 때를 대비하여 시스템이 최적의 상태일 때 시스템 복원을 위한 복원 지점을 만들어 둔다.
② 컴퓨터의 프로그램이 응답하지 않으면 Windows에서 문제를 검색하여 자동으로 해결하려고 하지만, 기다리지 않으려면 작업 관리자를 사용하여 프로그램을 직접 끝낸다.
③ 하드디스크의 파일이 손상되었을 경우 [디스크 조각 모음]을 실행하여 디스크 최적화를 유지한다.
④ 하드웨어가 작동하지 않을 때는 [장치 관리자]를 이용하여 드라이버의 업데이트를 실행한다.

SOLUTION

- [디스크 조각 모음]은 디스크의 접근 속도를 향상시키고자 할 때 실행하는 것으로, 디스크 속도가 예전보다 느려졌을 경우 디스크 조각 모음을 수행한 후 단편화를 제거하여 디스크 최적화를 유지한다.
- 하드디스크의 파일이 손상되었을 경우에는 디스크 오류 검사를 통해 해결하도록 한다.

08 다음 중 인터넷을 이용할 때 자주 방문하게 되는 웹 사이트로, 전자우편, 뉴스, 쇼핑, 게시판 등 다양한 서비스를 통합하여 제공하는 사이트는?

① 미러 사이트
② 포털 사이트
③ 커뮤니티 사이트
④ 멀티미디어 사이트

SOLUTION

- 미러 사이트(Mirror Site) : 다른 사이트의 정보를 그대로 복사하여 관리하는 사이트를 말 한다.
- 포털 사이트(Portal Site) : 인터넷에 접속하여 웹 브라우저를 실행시켰을 때 처음 나타나는 웹 사이트로, 이용자가 필요로 하는 다양한 서비스를 종합적으로 모아 놓은 곳이다.

09 다음 중 Windows에서 사용하는 바로 가기 아이콘에 관한 설명으로 옳지 않은 것은?

① 하나의 원본 파일에 대하여 하나의 바로 가기 아이콘만 만들 수 있다.
② 바로 가기 아이콘을 실행하면 연결된 원본 파일이 실행된다.
③ 다른 컴퓨터나 프린터 등에 대해서도 바로 가기 아이콘을 만들 수 있다.
④ 원본 파일이 있는 위치와 관계없이 만들 수 있다.

Solution

①에서 하나의 원본 파일에 대하여 바로 가기 아이콘은 여러 개 만들 수 있다.

※ 바로 가기 아이콘
- 자주 사용하는 문서나 프로그램 등을 빠르게 실행시키기 위한 아이콘으로, 원본 파일에 대하여 위치 정보를 가지고 있다.
- 바로 가기 아이콘을 실행하면 연결된 원본 파일이 실행된다.
- 파일이나 폴더, 드라이브, 프린터 등의 모든 개체에 대하여 만들 수 있다.
- 바로 가기 아이콘의 좌측 하단에 화살표 표시가 되어 있다.
- 컴퓨터에 여러 개 생성할 수 있고 이름을 변경할 수 있으며, 확장자는 '.LNK'이다.
- 바로 가기 아이콘은 원본 파일의 위치와 상관없이 생성할 수 있다.
- 바로 가기 아이콘을 삭제하더라도 원본 파일에는 아무런 영향을 주지 않는다.

10 다음 중 컴퓨터의 전원이 연결된 상태에서 장치를 연결하거나 분리할 수 있도록 하는 기능을 의미하는 것은?

① 플러그 앤 플레이(Plug and Play)
② 핫 스와핑(Hot Swapping)
③ 채널(Channel)
④ 인터럽트(Interrupt)

Solution

- 플러그 앤 플레이(PnP; Plug and Play) : 주변기기 연결 및 설치 시 Windows가 자동으로 인식하여 관련 드라이버를 설치해 주는 기능을 말한다.
- 핫 스와핑(Hot Swapping) : 컴퓨터와 같은 기기의 구성 요소를 컴퓨터가 동작하는 도중에 제거하고 바꾸는 기능으로, 핫 플러깅(Hot Plugging)이라고도 한다.
- 채널(Channel) : 컴퓨터의 CPU와 주변기기 사이에 위치하여 데이터의 입출력 제어를 CPU 대신 실행하는 장치이다.
- 인터럽트(Interrupt) : 컴퓨터에서 정상적인 프로그램을 처리하고 있는 도중 특수한 상태가 발생했을 때 현재 실행하고 있는 프로그램을 일시 중단하고 그 특수한 상태를 처리한 후 다시 원래의 프로그램을 처리하는 과정을 말한다.

11 다음 컴퓨터의 기본 기능 중에서 제어 기능에 대한 설명으로 옳은 것은?

① 자료와 명령을 컴퓨터에 입력하는 기능
② 입출력 및 저장, 연산장치들에 대한 지시 또는 감독 기능을 수행하는 기능
③ 입력된 자료들을 주기억장치나 보조기억장치에 기억하거나 저장하는 기능
④ 산술적/논리적 연산을 수행하는 기능

Solution

- ①은 컴퓨터의 기본 기능 중 입력 기능에 해당한다.
- ③은 컴퓨터의 기본 기능 중 기억 기능에 해당한다.
- ④는 컴퓨터의 기본 기능 중 연산 기능에 해당한다.

※ 컴퓨터 5대 기능
- 입력 기능, 제어 기능, 연산 기능, 기억 기능, 출력 기능

12 다음 중 국제표준화기구에서 네트워크 통신의 접속에서부터 완료까지의 과정을 구분하여 정의한 통신 규약 명칭은?

① Network 3계층
② Network 7계층
③ OSI 3계층
④ OSI 7계층

Solution

※ OSI 7계층
- [1계층] 물리 계층(최하위) : 장치간 물리적인 접속과 비트 정보를 다른 시스템으로 전하는 규칙 정의
- [2계층] 데이터링크 계층 : 동기화, 에러 제어, 흐름 제어, 링크 확립 기능을 담당
- [3계층] 네트워크 계층 : 데이터 전송과 교환 기능을 제공
- [4계층] 전송 계층 : 응용 프로그램간 논리적 연결과 하위 계층들을 연결하는 역할 수행
- [5계층] 세션 계층 : 응용 프로그램 사이의 연결을 확립, 유지, 단절시키는 수단을 제공
- [6계층] 표현 계층 : 암호화와 해독, 효율적 전송을 위한 데이터 압축, 형식 변환 기능 수행
- [7계층] 응용 계층(최상위) : 네트워크를 통한 응용 프로그램간의 정보 교환을 담당

13 다음 중 Windows의 폴더에 대한 설명으로 옳지 않은 것은?

① 폴더는 일반 항목, 문서, 사진, 음악, 비디오 등의 유형을 선택하여 각 유형에 최적화된 폴더로 사용할 수 있다.

② 폴더는 새로 만들기, 이름 바꾸기, 삭제, 복사 등이 가능하며, 파일이 포함된 폴더도 삭제할 수 있다.

③ 하나의 폴더 내에 같은 이름의 파일이나 폴더가 존재할 수 있으나, 이름에 ￦, /, :, *, ?, ", <, >, | 등의 문자는 사용할 수 없다.

④ 폴더의 [속성] 창에서 해당 폴더에 포함된 파일과 폴더의 개수를 확인할 수 있다.

Solution

③에서 하나의 폴더 내에서는 같은 이름의 파일이나 폴더가 존재할 수 없다.

14 다음 중 컴퓨터를 처리 능력에 따라 분류할 때 이에 해당되지 않는 컴퓨터는?

① 하이브리드 컴퓨터

② 메인 프레임 컴퓨터

③ 퍼스널 컴퓨터

④ 슈퍼 컴퓨터

Solution

처리 능력에 따른 분류 : 슈퍼 컴퓨터(초대형 컴퓨터), 메인 프레임 (대형 컴퓨터), 미니 컴퓨터(중형 컴퓨터), 마이크로 컴퓨터(소형 컴퓨터)

※ **데이터 취급에 따른 분류**
– 아날로그 컴퓨터, 디지털 컴퓨터, 하이브리드 컴퓨터

※ **사용 용도에 따른 분류**
– 범용 컴퓨터, 전용 컴퓨터

15 다음 중 학교를 나타내는 기관 도메인과 종류에 대한 연결이 옳지 않은 것은?

① es – 초등학교　　　　② ms – 중학교

③ sc – 고등학교　　　　④ ac – 대학교

Solution

③에서 sc 도메인은 특수학교를 의미하며, hs 도메인이 고등학교를 의미한다.

16 다음 중 1GB(Giga Byte)에 해당하는 것은?

① 1024Bytes

② 1024×1024Bytes

③ 1024×1024×1024Bytes

④ 1024×1024×1024×1024Bytes

Solution

※ **기억 용량 단위**
– KB(Kilo(킬로) Byte) : 2^{10} = 1,024Bytes
– MB(Mega(메가) Byte) : 2^{20} = 1,024KB (1024×1024Bytes)
– GB(Giga(기가) Byte) : 2^{30} = 1,024MB (1024×1024×1024Bytes)
– TB(Tera(테라) Byte) : 2^{40} = 1,024GB (1024×1024×1024× 1024Bytes)
– PB(Peta(페타) Byte) : 2^{50} = 1,024TB (1024×1024×1024×1024× 1024Bytes)

17 다음 입출력장치 중 성격이 다른 장치는?

① 터치패드

② OCR

③ LCD

④ 트랙볼

Solution

①, ②, ④는 입력장치에 해당하고, ③은 액정 표시장치로 출력장치에 해당한다.

18 다음 중 프린터의 스풀 기능에 관련된 설명으로 옳지 않은 것은?

① 프린터와 같은 저속의 입출력장치를 CPU와 병행하여 작동시켜 컴퓨터의 전체 효율을 향상시켜 준다.

② 프린터가 인쇄 중이라도 다른 응용 프로그램을 실행할 수 있다.

③ 인쇄 대기 중인 문서의 용지 방향, 용지 종류, 인쇄 매수 등의 설정을 변경할 수 있다.

④ 기본적으로 모든 사용자는 자신의 문서에 대해 인쇄 일시 중지, 계속, 다시 시작, 취소를 할 수 있다.

> **SOLUTION**
>
> 인쇄 대기 중인 문서에 대해서는 용지 방향, 용지 종류, 인쇄 매수 등을 설정할 수 없다. 용지 방향, 용지 종류, 인쇄 매수 등은 인쇄를 실행하기 전에 설정해 준다.

19 다음 중 컴퓨터가 부팅되지 않을 때의 원인으로 가장 적절하지 않은 것은?

① 전원 공급 장치의 이상

② 롬 바이오스의 이상

③ 키보드 연결의 이상

④ 바이러스의 감염

> **SOLUTION**
>
> 키보드의 연결 이상은 키보드의 작동 유무와 관련 있을 뿐 부팅과는 아무런 관련이 없다.

20 다음 중 Windows 탐색기에서 파일이나 폴더를 선택하는 방법으로 옳은 것은?

① 폴더 내의 모든 항목을 선택하려면 [Alt]+[A] 키를 누른다.

② 선택한 항목 중에서 하나 이상의 항목을 제외하려면 [Ctrl] 키를 누른 상태에서 제외할 항목을 클릭한다.

③ 연속되어 있지 않은 파일이나 폴더를 선택하려면 [Shift] 키를 누른 상태에서 선택하려는 각 항목을 클릭한다.

④ 연속되는 여러 개의 파일이나 폴더 그룹을 선택하려면 첫째 항목을 클릭한 다음 [Ctrl] 키를 누른 상태에서 마지막 항목을 클릭한다.

> **SOLUTION**
>
> • ①에서 폴더 내의 모든 항목 선택은 [Ctrl]+[A] 키를 누른다.
>
> • ③에서 연속되어 있지 않은 파일이나 폴더를 선택하려면 [Ctrl] 키를 누른 상태에서 선택하려는 각 항목을 클릭한다.
>
> • ④에서 연속되는 여러 개의 파일이나 폴더 그룹을 선택하려면 첫째 항목을 클릭한 다음 [Shift] 키를 누른 상태에서 마지막 항목을 클릭한다.

2과목 스프레드시트 일반

21 다음 중 자동 필터가 설정된 표에서 사용자 지정 필터를 사용하여 검색이 불가능한 조건은?

① 성별이 '남자'인 데이터

② 성별이 '남자'이고, 주소가 '서울'인 데이터

③ 나이가 '20'세 이하 이거나 '60'세 이상인 데이터

④ 주소가 '서울' 이거나 직업이 '학생'인 데이터

> **SOLUTION**
>
> • 사용자 지정 필터 적용시 하나의 항목에 대해서는 'AND(~이고, 그리고) 조건', 'OR(~이거나, 또는) 조건' 지정이 모두 가능하다.
>
> • 사용자 지정 필터 적용시 여러 항목에 대해서는 'AND(~이고, 그리고) 조건' 지정만이 가능하다.
>
> • ④에서 주소 항목과 직업 항목을 사용자 지정 필터로 적용할 경우 '~이거나'가 아닌 '~이고'로 조건이 지정되어야 한다.

22 다음 중 [시트 보호] 기능에 대한 설명으로 옳지 않은 것은?

① 새 워크시트의 모든 셀은 기본적으로 '잠금' 속성이 설정 되어 있다.
② 워크시트에 있는 셀을 보호하기 위해서는 먼저 셀의 '잠금' 속성을 해제해야 한다.
③ 시트 보호를 설정하면 셀에 데이터를 입력하거나 수정하려고 했을 때 경고 메시지가 나타난다.
④ 셀의 '잠금' 속성과 '숨김' 속성은 시트를 보호하기 전까지는 아무런 효과를 내지 못한다.

23 다음 중 아래 워크시트에서 [D2] 셀에 그림과 같이 수식을 입력할 때 발생하는 문제는?

	A	B	C	D
1	컴퓨터 일반	스프레드시트	데이터베이스	합계
2	65	85	80	=SUM(A2:D2)
3				

① #### 오류
② #NUM! 오류
③ #REF! 오류
④ 순환 참조 경고

24 다음 중 엑셀에서 사용할 수 있는 파일 형식과 그에 대한 설명이 바르게 연결된 것은?

① *.txt : 공백으로 분리된 텍스트 파일
② *.prn : 탭으로 분리된 텍스트 파일
③ *.xlsm : Excel 매크로 사용 통합 문서
④ *.xltm : Microsoft Office Excel 추가 기능

25 다음 중 정렬 기능에 대한 설명으로 옳지 않은 것은?

① 워크시트에 입력된 자료들을 특정한 순서에 따라 재배열하는 기능이다.
② 정렬 옵션 방향은 '위쪽에서 아래쪽' 또는 '왼쪽에서 오른쪽' 중 선택하여 정렬할 수 있다.
③ 오름차순 정렬과 내림차순 정렬에서 공백은 맨 처음에 위치하게 된다.
④ 선택한 데이터 범위의 첫 행을 머리글 행으로 지정할 수 있다.

26 다음 중 아래 워크시트에서 [E2] 셀의 함수식이 =CHOOSE(RANK(D2, $D$2:$D$5), "천하", "대한", "영광", "기쁨")일 때 결과 값으로 옳은 것은?

	A	B	C	D	E
1	성명	이론	실기	합계	수상
2	김나래	47	45	92	
3	이석주	38	47	85	
4	박명호	46	48	94	
5	장영민	49	48	97	
6					

① 천하
② 대한
③ 영광
④ 기쁨

27 다음 중 아래의 <수정 전> 차트를 <수정 후> 차트와 같이 변경하려고 할 때 사용해야 할 서식은?

<수정 전>

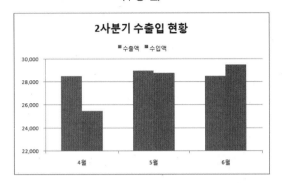

<수정 후>

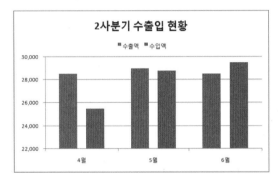

① 차트 영역 서식

② 그림 영역 서식

③ 데이터 계열 서식

④ 축 서식

28 다음 중 [데이터 유효성] 기능의 오류 메시지 스타일에 해당하지 않는 것은?

① 경고(⚠)   ② 중지(❌)

③ 정보(ℹ)   ④ 확인(✔)

29 다음 중 아래 워크시트에서 참고표를 참고하여 55,000원에 해당하는 할인율을 [C6] 셀에 구하고자 할 때의 적절한 함수식은?

	A	B	C	D	E	F
1		<참고표>				
2		금액	30,000	50,000	80,000	150,000
3		할인율	3%	7%	10%	15%
4						
5		금액	55,000			
6		할인율	7%			
7						

① =LOOKUP(C5,C2:F2,C3:F3)

② =HLOOKUP(C5,B2:F3,1)

③ =VLOOKUP(C5,C2:F3,1)

④ =VLOOKUP(C5,B2:F3,2)

30 다음 중 워크시트의 [틀 고정] 기능에 관한 설명으로 옳지 않은 것은?

① 워크시트에서 화면을 스크롤할 때 행 또는 열 레이블이 계속 표시되도록 설정하는 기능이다.

② 행과 열을 모두 잠그려면 창을 고정할 위치의 오른쪽 아래 셀을 클릭한 후 '틀 고정'을 실행한다.

③ [틀 고정] 기능에는 현재 선택 영역을 기준으로 하는 '틀 고정' 외에도 '첫 행 고정', '첫 열 고정' 등의 옵션이 있다.

④ 화면에 표시되는 틀 고정 형태는 인쇄 시에도 그대로 적용되어 출력된다.

SOLUTION

화면에 틀이 고정되어 있어도 인쇄에는 아무런 영향을 미치지 않는다.

31 다음 중 아래 그림의 표에서 조건 범위로 [A9:B11] 영역을 선택하여 고급 필터를 실행한 결과의 레코드 수는?

	A	B	C	D
1	성명	이론	실기	합계
2	김진아	47	45	92
3	이은경	38	47	85
4	장영주	46	48	94
5	김시내	40	25	65
6	홍길동	49	48	97
7	박승수	37	43	80
8				
9	합계	합계		
10	<95	>90		
11		<70		
12				

① 0   ② 3

③ 4   ④ 6

SOLUTION

• 고급 필터에서의 조건 지정 시 같은 행에 입력하면 AND(~이고, ~이면서, 그리고) 조건, 다른 행에 입력하면 OR(~이거나, 또는) 조건이 된다.

• 지정된 조건은 '합계가 95점 미만이면서 90점 초과 또는 합계가 70점 미만'인 데이터를 추출한다.

32 다음 중 항목 레이블이 월, 분기, 연도와 같이 일정한 간격의 값을 나타내는 경우에 적합한 차트로, 일정 간격에 따라 데이터의 추세를 표시하는데 유용한 것은?

① 분산형 차트   ② 원형 차트

③ 꺾은선형 차트   ④ 방사형 차트

SOLUTION

• 분산형 차트 : 여러 데이터 계열에 있는 숫자 값 사이의 관계를 보여주거나, 두 개의 숫자 그룹을 XY 좌표로 이루어진 하나의 계열로 표시한다. → 과학, 통계 및 공학 데이터와 같은 숫자 값을 표시하고 비교하는 데 주로 사용

• 원형 차트 : 데이터 계열 하나에 있는 항목의 크기가 항목 합계에 비례하여 표시되며, 데이터 요소는 원형 전체에 대한 백분율로 표시된다. → 각 항목의 값들이 항목 합계의 비율로 표시되므로 중요한 요소를 강조할 때 사용

• 방사형 차트 : 데이터 계열의 총 값을 비교하여 상호 관계를 살펴보고자 할 때 사용한다. → 여러 데이터 계열의 집계 값을 비교할 때 사용

33 다음 중 피벗 테이블에 대한 설명으로 옳지 않은 것은?

① 원본의 자료가 변경되면 [모두 새로 고침] 기능을 이용하여 피벗 테이블에 반영할 수 있다.

② 작성된 피벗 테이블을 삭제하면 함께 작성한 피벗 차트도 삭제된다.

③ 피벗 테이블을 삭제하려면 피벗 테이블 전체를 범위로 지정하고 [Delete] 키를 누른다.

④ 피벗 테이블 보고서에서는 값 영역에 표시된 데이터를 삭제하거나 수정할 수 없다.

SOLUTION

②에서 작성된 피벗 테이블을 삭제할 경우 함께 작성한 피벗 차트는 일반 차트로 변경될 뿐 삭제되지는 않는다.

34 다음 중 [페이지 나누기] 기능에 대한 설명으로 옳지 않은 것은?

① [보기] 탭의 [페이지 나누기 미리 보기]를 클릭하면 페이지가 나누어진 상태가 더 명확하게 구분된다.

② [페이지 나누기 미리 보기] 상태에서는 페이지 구분선을 마우스로 드래그하여 페이지 나눌 위치를 조정할 수 있다.

③ [페이지 레이아웃] 탭의 [나누기]-[페이지 나누기 모두 원래대로]를 클릭하여 페이지 나누기 전 상태로 원상 복귀할 수 있다.

④ [페이지 나누기 미리 보기] 상태에서는 데이터를 입력하거나 편집할 수 없으므로 [기본] 보기 상태로 변경해야 한다.

SOLUTION

④에서 [페이지 나누기 미리 보기] 상태에서도 데이터 입력 및 편집이 가능하고, 그림이나 차트 등의 삽입도 가능하다.

35 다음 중 새 매크로를 기록할 때의 과정에 대한 설명으로 옳지 않은 것은?

① Alt + F8 키를 눌러 [매크로 기록] 대화 상자를 실행시켰다.

② 매크로 이름을 '서식변경'으로 지정하였다.

③ 바로 가기 키를 Ctrl + Shift + C 로 지정하였다.

④ 매크로 저장 위치를 '새 통합 문서'로 지정하였다.

SOLUTION

①에서 Alt + F8 키를 누르면 매크로를 실행할 수 있는 [매크로] 대화 상자를 불러온다.

36 다음 중 참조의 대상 범위로 사용하는 이름 정의 시 이름의 지정 방법에 대한 설명으로 옳지 않은 것은?

① 이름의 첫 글자로 밑줄(_)을 사용할 수 있다.

② 이름에 공백 문자는 포함할 수 없다.

③ A1과 같은 셀 참조 주소 이름은 사용할 수 없다.

④ 여러 시트에서 동일한 이름으로 정의할 수 있다.

SOLUTION

④에서 같은 통합 문서 내에서는 동일한 이름을 중복 사용할 수 없다.

※ 이름 작성 규칙

– 첫 문자는 반드시 문자(한글, 영문)나 _(밑줄), \(역슬래시) 중 하나로 시작해야 한다.

– 이름의 첫 문자를 제외한 나머지는 문자, 숫자, .(마침표) 등을 사용할 수 있으며, 공백이나 '+, -, *'와 같은 특수 문자를 포함할 수 없다.

– 최대 255자까지 지정 가능하며, 대소문자를 구분하지 않는다.

– 셀 주소(예 A1)와 같은 이름은 사용될 수 없다.

– 같은 통합 문서 내에서는 동일한 이름을 중복 사용할 수 없으며, 정의된 이름은 절대 참조 방식으로 사용된다.

37 다음 중 아래 워크시트에서 [A1:A2] 영역은 '범위1', [B1:B2] 영역은 '범위2'로 이름이 정의되어 있는 경우 각 수식의 결과로 옳지 않은 것은?

	A	B	C
1	1	2	
2	3	4	
3			

① =COUNT(범위1, 범위2) → 4

② =AVERAGE(범위1, 범위2) → 2.5

③ =범위1+범위2 → 10

④ =SUMPRODUCT(범위1, 범위2) → 14

SOLUTION

③에서와 같이 입력하면 #VALUE! 오류값이 표시된다. 합계를 구하려면 '=SUM(범위1, 범위2)'의 수식을 사용해야 한다.

38 다음 중 워크시트 셀에 데이터를 자동으로 입력하는 방법에 대한 설명으로 옳지 않은 것은?

① 셀에 입력하는 문자 중 처음 몇 자가 해당 열의 기존 내용과 일치하면 나머지 글자가 자동으로 입력된다.

② 실수인 경우 채우기 핸들을 이용한 [연속 데이터 채우기]의 결과는 소수점 이하 첫째 자리의 숫자가 1씩 증가한다.

③ 채우기 핸들을 이용하면 숫자, 숫자/텍스트 조합, 날짜 또는 시간 등 여러 형식의 데이터 계열을 빠르게 입력할 수 있다.

④ 사용자 지정 연속 데이터 채우기를 사용하면 이름이나 판매 지역 목록과 같은 특정 데이터의 연속 항목을 더 쉽게 입력할 수 있다.

②에서 실수인 경우 채우기 핸들을 이용한 [연속 데이터 채우기]의 결과는 일의 자리 숫자가 1씩 증가한다. → 예) '42.5'를 입력한 후 채우기 핸들을 이용한 [연속 데이터 채우기]를 하면 '43.5', '44.5', '45.5', …로 채워짐

39 다음 중 각 수식에 대한 결과가 옳지 않은 것은?

① =MONTH(EDATE("2015-3-20", 2)) → 5

② =EDATE("2015-3-20", 3) → 2015-06-20

③ =EOMONTH("2015-3-20", 2) → 2015-05-20

④ =EDATE("2015-3-20", -3) → 2014-12-20

※ EOMONTH(날짜,월수) : 지정한 개월 수 이전 또는 이후 달의 마지막 날짜의 일련번호를 구한다. → 월수가 양수이면 앞으로의 날짜로, 음수이면 지나간 날짜를 표시

• ③ =EOMONTH("2015-3-20", 2)
– 지정된 날짜에서 달이 연산(3+2)되어 그 달의 마지막 날짜로 결과를 표시한다.
– 따라서 =EOMONTH("2015-3-20", 2)를 구하면 '42155'로 표시된다.
• 결과 값에서 셀 서식을 날짜 형식으로 변경하면 '2015-05-31'로 표시된다.

40 다음 중 엑셀의 매크로 사용에 대한 설명으로 옳지 않은 것은?

① 리본 메뉴에 [개발 도구] 탭의 표시 여부는 [옵션]에서 선택할 수 있다.

② 엑셀에서 기본적으로 사용하는 통합 문서(.xlsx)는 매크로 제외 통합문서이다.

③ 엑셀의 매크로 보안 설정은 기본적으로 '디지털 서명된 매크로만 포함'으로 설정되어 있다.

④ [개발 도구] 탭을 사용하면 매크로와 양식 컨트롤을 쉽게 사용할 수 있다.

※ **매크로 보안**

모든 매크로 제외 (알림 표시 없음)	• 매크로를 신뢰하지 않는 경우에 사용한다. • 문서에 포함된 모든 매크로와 매크로에 대한 보안 경고가 사용되지 않는다.
모든 매크로 제외 (알림 표시)	• 기본 보안 설정으로, 매크로를 사용하지 않지만 매크로가 있을 경우 '보안 경고' 메시지를 받으려면 선택한다. • 상황별로 매크로를 사용할지 안할지를 선택할 수 있다.
디지털 서명된 매크로만 포함	• 사용자가 이미 게시자를 신뢰한 경우 신뢰할 수 있는 게시자가 매크로에 디지털 서명을 하면 매크로를 실행할 수 있다는 점을 제외하고 모든 매크로 제외(알림 표시) 옵션과 동일하다. • 게시자를 신뢰하지 않은 경우에는 알림 메시지가 표시된다.
모든 매크로 포함 (위험성 있는 코드가 실행될 수 있으므로 권장하지 않음)	• 모든 매크로가 실행되도록 하려는 경우에 일시적으로 사용한다. • 컴퓨터가 해로울 수 있는 코드에 노출되므로 이 설정을 영구적으로 사용하는 것은 좋지 않다.

1과목 컴퓨터 일반

01 다음 중 Windows의 [제어판]–[접근성 센터]에서 설정할 수 있는 기능으로 옳지 않은 것은?

① 자녀 보호 설정 : 자녀가 컴퓨터를 사용할 수 있는 게임 유형 및 프로그램을 제한할 수 있다.
② 토글키 켜기 : 토글키 기능은 Caps Lock , Num Lock , Scroll Lock 키를 누를 때 신호음을 들을 수 있다.
③ 고대비 : 컴퓨터 화면에서 일부 텍스트와 이미지의 색상 대비를 강조하는 고대비 색 구성표를 설정하여 해당 항목을 보다 뚜렷하고 쉽게 식별되도록 할 수 있다.
④ 마우스 키 켜기 : 키보드의 숫자 키패드로 마우스 포인터의 움직임을 제어할 수 있다.

> **Solution**
> 접근성 센터에서는 컴퓨터에 익숙하지 않거나 신체에 장애가 있는 사용자들을 위해 컴퓨터를 쉽고 편리하게 사용할 수 있도록 설정할 수 있다.

02 다음 중 멀티미디어의 특징에 대한 설명으로 옳지 않은 것은?

① 멀티미디어(Multimedia)는 다중 매체의 의미를 가지며, 다양한 매체를 통해 정보를 전달한다는 의미이다.
② 멀티미디어 데이터는 정보량이 크기 때문에 일반적으로 압축하여 저장한다.
③ 대용량의 멀티미디어 데이터를 저장하기 위해 CD-ROM, DVD, 블루레이 디스크 등의 저장장치가 발전하였다.
④ 멀티미디어 동영상 정보는 용량이 크고 통합 처리하기 어려워 사운드와 영상이 분리되어 전송된다.

> **Solution**
> 저장 장치와 압축 기술 발전으로 인해 대량의 데이터를 저장할 수 있고, 대량의 멀티미디어 데이터를 효율적으로 전송할 수 있다.

03 다음 중 뉴스, 드라마, 영화, 게임과 같은 다양한 영상 정보를 통신망을 통해 전송받아 가정에서 원하는 것을 선택하여 볼 수 있도록 해주는 서비스는?

① VDT
② VLAN
③ VOD
④ VPN

> **Solution**
> • ① VDT(Visual Display Terminal) : 영상 표시 단말장치
> • ② VLAN(가상 LAN) : '스위칭'이라는 LAN의 기술을 기반으로, LAN 분야에 가상(Virtual)이라는 개념을 도입한 것
> • ④ VPN(Virtual Private Network) : 인터넷망과 같은 공중망을 사설망처럼 이용해 회선비용을 크게 절감할 수 있는 기업통신 가상 사설망

04 다음 중 컴퓨터 바이러스의 예방법으로 적절하지 않은 것은?

① 최신 버전의 백신 프로그램을 사용한다.
② 다운로드 받은 파일은 사용하기 전에 바이러스 검사 후 사용한다.
③ 전자우편에 첨부된 파일은 파일명을 다른 이름으로 저장하여 사용한다.
④ 네트워크 공유 폴더에 있는 파일을 사용하기 전에 바이러스 검사 후 사용한다.

> **SOLUTION**
> ③에서 전자우편에 첨부된 파일은 반드시 바이러스 검사를 먼저 한후 저장하여야 하며, 첨부된 파일을 다른 이름으로 저장한다고 해서바이러스를 예방할 수 있는 것은 아니다.

05 다음 중 인터넷 전화와 가장 관련이 있는 기술은?

① IPTV
② ASP
③ VoIP
④ WTP

> **SOLUTION**
> • ① IPTV(Internet Protocol TV) : 초고속 인터넷망을 이용하여 제공되는 양방향 텔레비전 서비스이다.
> • ② ASP : 서버 측에서 동적으로 처리되는 페이지를 만들기 위한언어이다.
> • ③ VoIP : 음성 데이터를 인터넷 프로토콜 데이터 패킷으로 변환하여 일반 데이터망에서 통화를 가능하게 해주는 통신서비스 기술
> • ④ WTP : 휴대전화에서 인터넷으로 접속할 수 있게 하는 WAP(와이파이, 블루투스를 이용해 무선장치를 유선장치에 연결하는 장치)의 한 계층이다.

06 다음 중 인터넷에 존재하는 정보나 서비스에 대해 접근 방법, 존재 위치, 자료 파일명 등의 요소를 표시하는 것은?

① DHCP
② CGI
③ DNS
④ URL

> **SOLUTION**
> • ① DHCP : 네트워크 관리자들이 IP 주소를 중앙에서 관리/할당해줄 수 있도록 해주는 프로토콜이다.
> • ② CGI : 서버와 응용 프로그램간에 데이터를 주고받기 위한 방법이나 규약들을 말한다.
> • ③ DNS : 문자로 된 도메인 네임을 숫자로 된 IP 주소로 변환해주는 시스템이다.

07 다음 중 네트워크에서 사용하는 용어의 설명으로 옳지 않은 것은?

① LAN : 전송거리가 짧은 건물 내에서 사용하는 통신망
② WAN : 국가간 또는 대륙간의 넓은 지역을 연결하는 통신망
③ B-ISDN : 초고속으로 대용량 데이터를 전송하며, 아날로그 방식의 통신 방식을 사용하는 통신망
④ VAN : 통신 회선을 빌려 단순한 전송기능 이상의 정보축적이나 가공, 변환 처리 등의 부가가치를 부여한 정보를 제공하는 통신망

> **SOLUTION**
> ※ B-ISDN(광대역 종합정보통신망)
> - ISDN보다 더 광범위한 서비스로, 음성통신 및 고속 데이터 통신,정지화상 및 고해상도 동영상 등의 다양한 서비스를 제공한다.
> - 비동기식 전달 방식(ATM)을 사용하여 초고속 대용량 데이터를디지털 방식으로 전송한다.

08 다음 중 컴퓨터와 컴퓨터 사이에서 파일을 주고받을 수 있도록 하는 원격 파일 전송 프로토콜은?

① SSL
② FTP
③ Telnet
④ Usenet

> **SOLUTION**
> • ① SSL(Secure Sockets Layer) : 인터넷에서 데이터를 안전하게전송하기 위한 인터넷 통신 규약 프로토콜이다.
> • ③ 텔넷(Telnet) : 원격지에 있는 컴퓨터에 접속하여 프로그램을실행시키거나 시스템 관리 작업 등을 할 수 있는 서비스이다.
> • ④ 유즈넷(USENET) : 분야별로 공통의 관심사를 가진 인터넷 사용자들이 서로의 의견을 주고받을 수 있게 하는 서비스이다.

09 다음의 파일 형식 중에서 압축 파일 형식에 해당되지 않는 것은?

① SAS
② ZIP
③ ARJ
④ RAR

> **SOLUTION**
> • 압축 프로그램의 종류 : Winzip, Winrar, Winarj, 알집, 밤톨이 등
> • 압축 파일 형식 : zip, arj, rar, lzh, cab, tar 등

10 다음 중 패치 프로그램에 대한 설명으로 옳은 것은?

① 컴퓨터 하드웨어 및 소프트웨어 성능을 비교 평가하는 프로그램이다.
② 프로그램의 오류 수정이나 성능 향상을 위해 프로그램의 일부를 변경해 주는 프로그램이다.
③ 베타 테스트를 하기 전에 프로그램 개발사 내부에서 미리 평가하고 오류를 찾아 수정하기 위해 시험해 보는 프로그램이다.
④ 정식으로 프로그램을 공개하기 전에 한정된 집단 또는 일반인에게 공개하여 기능을 시험하는 프로그램이다.

Solution
- ①은 벤치마크(Benchmark) 테스트에 대한 설명이다.
- ③은 알파(Alpha) 버전에 대한 설명이다.
- ④는 베타(Beta) 버전에 대한 설명이다.

11 다음 중 컴퓨터에서 사용하는 ASCII 코드에 관한 설명으로 옳은 것은?

① 패리티 비트를 이용하여 오류 검출과 오류 교정이 가능하다.
② 표준 ASCII 코드는 3개의 존 비트와 4개의 디지트 비트로 구성되며, 주로 대형 컴퓨터의 범용 코드로 사용된다.
③ 표준 ASCII 코드는 7비트를 사용하여 영문 대소문자, 숫자, 문장 부호, 특수 제어 문자 등을 표현한다.
④ 확장 ASCII 코드는 8비트를 사용하며, 멀티미디어 데이터 표현에 적합하도록 확장된 코드표이다.

Solution
- ①은 해밍(Hamming) 코드에 대한 설명이다.
- ②, ④에서 ASCII 코드는 주로 데이터 통신용이나 개인용 PC에서 많이 사용한다.

12 다음 중 주기억장치의 크기보다 큰 프로그램을 실행하기 위해 디스크의 일부 영역을 주기억장치처럼 사용하게 하는 메모리 관리 방식으로 옳은 것은?

① 캐시 메모리
② 버퍼 메모리
③ 연관 메모리
④ 가상 메모리

Solution
- ① 캐시(Cache) 메모리 : 중앙처리장치와 주기억장치 사이에서 컴퓨터의 처리 속도를 향상시키는 역할을 한다.
- ② 버퍼(Buffer) 메모리 : 중앙처리장치와 주변장치 사이에 발생하는 전송 속도의 차이를 해결해 주는 임시 기억장소이다.
- ③ 연관(Associative) 메모리 : 메모리에 저장된 데이터를 찾는데 있어서 메모리 주소보다 데이터 내용으로 접근하여 찾는 메모리이다.

13 다음 중 Windows의 [장치 관리자]에서 각 장치에 표시 될 수 있는 "노란색 물음표"의 원인으로 옳은 것은?

① 인터페이스 장치 충돌
② 드라이버 미설치
③ 시스템 고장
④ 전원 공급 부족

Solution
- 아래 화살표 표시 : 사용되지 않고 있음을 의미한다.
- 물음표 : 알 수 없는 장치로, 드라이버 미설치를 의미한다.
- 느낌표 : 정상적으로 동작하지 않고 있는 장치를 의미한다.

14 다음 중 Windows의 [제어판]-[시스템]의 '컴퓨터에 대한 기본 정보 보기'에서 확인할 수 있는 정보로 옳지 않은 것은?

① Windows 업데이트 날짜
② Windows 버전
③ 설치된 메모리 용량
④ Windows 정품 인증

Solution
※ [시스템] 창 – '컴퓨터에 대한 기본 정보 보기' 화면
- Windows 버전 : Windows 버전 및 종류, 서비스 팩 등에 대한 정보 표시
- 시스템 : 등급, 프로세서, 메모리(RAM), 시스템 종류 등 표시
- 컴퓨터 이름, 도메인 및 작업 그룹 설정 : 컴퓨터 이름, 전체 컴퓨터 이름, 컴퓨터 설명,작업 그룹 등 표시
- Windows 정품 인증 : Windows 정품 인증 여부 표시

15 다음 중 Windows의 작업 표시줄에서 열려 있는 프로그램의 미리 보기를 차례대로 표시하는 바로 가기 키는?

① ⊞ + L

② ⊞ + D

③ ⊞ + T

④ ⊞ + F

16 다음 중 기억장치의 접근 속도가 빠른 것에서 느린 순으로 올바르게 나열한 것은?

① 캐시 메모리 → 레지스터 → 주기억장치 → 보조기억장치

② 레지스터 → 캐시 메모리 → 주기억장치 → 보조기억장치

③ 레지스터 → 주기억장치 → 캐시 메모리 → 보조기억장치

④ 주기억장치 → 레지스터 → 캐시 메모리 → 보조기억장치

17 다음 중 Windows에서 Windows Media Player를 이용한 작업에 해당하지 않는 것은?

① 오디오나 비디오 파일 재생하기

② CD를 복사하여 디지털 음악 파일 만들기

③ 사진과 영상 파일을 편집하여 UCC 만들기

④ 자신의 음악 CD 제작하기

18 다음 중 컴퓨터에 관련된 용어의 설명으로 옳지 않은 것은?

① GIGO : 입력 자료가 좋지 않으면 출력 자료도 좋지 않다는 것으로, 컴퓨터에 불필요한 정보를 입력하면 불필요한 정보가 출력된다는 의미

② ALU : CPU 내에서 주기억장치로부터 읽어 들인 명령어를 해독하여 해당 장치에게 제어 신호를 보내 정확하게 수행하도록 지시하는 장치

③ ADPS : 자동적으로 다량의 데이터를 처리하는 시스템으로, 전자정보처리 시스템인 EDPS와 같이 컴퓨터를 정의하는 용어로 사용

④ CPU : 컴퓨터의 가장 중요한 부분으로 명령을 해독하고 산술논리연산이나 데이터 처리를 실행하는 장치

19 다음 중 Windows의 [제어판]–[프로그램 및 기능]에서 설정할 수 있는 기능으로 옳지 않은 것은?

① 설치된 업데이트를 제거할 수 있다.

② Windows 기능을 설정하거나 해제할 수 있다.

③ Windows 업데이트를 자동으로 수행하도록 설정할 수 있다.

④ Windows에 설치된 응용 프로그램을 변경하거나 제거할 수 있다.

20 다음 중 Windows의 기본 프린터 설정에 관한 설명으로 옳지 않은 것은?

① 기본 프린터는 해당 프린터 아이콘에 체크 표시가 추가된다.

② 기본 프린터는 한 대만 지정할 수 있다.

③ 인쇄 시 특정 프린터를 지정하지 않으면 기본 프린터로 인쇄된다.

④ 네트워크 프린터를 제외한 로컬 프린터만 기본 프린터로 지정할 수 있다.

④에서 기본 프린터는 로컬 프린터 및 네트워크 프린터 모두에 지정할 수 있다.

※ 기본 프린터 지정
- 추가 설정 없이 인쇄 명령을 실행할 경우 인쇄가 이루어지는 프린터를 의미한다.
- 기본 프린터는 1대만 지정이 가능하다.
- 하나의 PC에 여러 대의 프린터가 설치된 경우에 특정 프린터를 기본 프린터로 지정할 수 있다.
- Windows에서 인쇄를 하면 다른 프린터를 선택하거나 기본 프린터로 변경하기 전까지는 기본 프린터로 설정된 프린터로 인쇄가 자동으로 된다.
- 기본 프린터를 따로 지정을 하지 않으면 최초 설치된 프린터가 기본 프린터로 자동 지정된다.

2과목 스프레드시트 일반

21 다음 중 필터에 대한 설명으로 옳지 않은 것은?

① 필터 기능을 이용하면 워크시트에 입력된 자료들 중 특정한 조건에 맞는 자료들만을 워크시트에 표시할 수 있다.

② 자동 필터에서 여러 필드에 조건을 지정하는 경우 각 조건들은 AND 조건으로 설정된다.

③ 고급 필터를 실행하는 경우 조건을 만족하는 데이터를 다른 곳에 추출할 수 있다.

④ 고급 필터가 적용된 결과표를 정렬할 경우 숨겨진 레코드도 정렬에 포함된다.

④에서 고급 필터가 적용된 결과표를 정렬할 경우 숨겨진 레코드는 정렬에 포함되지 않는다.

22 다음 중 아래의 워크시트에서 [A1:B2] 영역을 선택한 후 채우기 핸들을 이용하여 [B4] 셀까지 드래그 했을 때 [A4:B4] 영역의 값으로 옳은 것은?

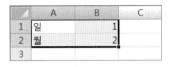

	A	B	C
1	일	1	
2	월	2	
3			

① 월, 4

② 수, 4

③ 월, 2

④ 수, 2

- 여러 개의 셀을 범위 지정한 후 채우기 핸들을 드래그하면 데이터 값의 차이만큼 증가 또는 감소되면서 채워진다.
- [A] 열에 해당하는 값은 요일에 대한 사용자 지정 목록이 등록되어 있어 값의 차이만큼 채우기가 되므로, [A3] 셀에는 '화', [A4] 셀에는 '수'가 채워진다.
- [B] 열에 해당하는 값은 숫자의 값 차이만큼 채우기가 되므로, [B3] 셀에는 '3', [B4] 셀에는 '4'가 채워진다.

23 성명 필드에 아래와 같이 [사용자 지정 자동 필터]의 조건을 설정하였다. 다음 중 결과로 표시되는 성명으로 옳지 않은 것은?

① 남이수

② 이연

③ 연지혜

④ 홍지연

그림에서 찾을 조건은 OR 조건으로 성명이 '이'로 시작하거나 성명에 '연' 글자가 포함된 데이터를 검색한다. 따라서 조건 두 개 중 하나라도 만족하면 된다.

24 다음 중 데이터 분석을 쉽게 하기 위해 수행하는 정렬 기능에 대한 설명으로 옳은 것은?

① 정렬 조건을 최대 3개까지 지정할 수 있다.
② 정렬 옵션으로 정렬의 방향을 왼쪽에서 오른쪽으로 지정할 수 있다.
③ 색상별 정렬에서 오름차순은 흰색에서 검정색 순으로 정렬된다.
④ 사용자 지정 정렬 순서는 첫 번째 기준에만 적용할 수 있다.

25 다음 중 아래의 워크시트에 설정된 기능에 대한 설명으로 옳지 않은 것은?

	A	B	C	D	E	F
1						
2			컴퓨터	영어	수학	평균
3		김경희	60	70	65	65
4		원민지	69	70	70	70
5		나도야	69	60	65	65
6		최은심	90	95	85	90

① 윤곽으로 설정된 데이터를 확장하거나 축소하려면 [+] 및 [-] 윤곽 기호를 클릭한다.
② [하위 수준 숨기기]를 실행하면 컴퓨터, 영어, 수학 열은 숨겨진다.
③ 왼쪽 상단의 단추를 클릭하면 전체 데이터가 표시된다.
④ 윤곽을 해제하려면 [데이터] 탭의 [윤곽선] 그룹에서 [그룹 해제]-[윤곽 지우기]를 클릭한다.

26 다음 중 현재의 화면을 수평이나 수직 또는 수평/수직으로 나누어 볼 수 있는 화면 제어 기능은?

① 창 정렬
② 확대/축소
③ 창 나누기
④ 창 숨기기

27 다음 중 [인쇄 미리 보기] 화면에서 설정할 수 없는 기능은?

① 상하좌우의 여백 조정
② 머리글과 바닥글의 여백 조정
③ 셀의 행 높이 조정
④ 셀의 열 너비 조정

28 다음은 시트 탭에서 원하는 시트를 선택하는 방법이다. 빈칸 ⓐ, ⓑ에 들어갈 키로 알맞은 것은?

> 연속적인 여러 개의 시트를 선택할 경우에는 첫 번째 시트를 클릭하고, (ⓐ) 키를 누른 채 마지막 시트를 클릭한다.
> 서로 떨어져 있는 여러 개의 시트를 선택할 경우에는 첫 번째 시트를 클릭하고, (ⓑ) 키를 누른 채 원하는 시트를 차례로 클릭한다.

① ⓐ Shift , ⓑ Ctrl   ② ⓐ Ctrl , ⓑ Shift

③ ⓐ Alt , ⓑ Ctrl   ④ ⓐ Ctrl , ⓑ Alt

29 다음 중 수식에 잘못된 인수나 피연산자를 사용할 때 표시되는 오류 메시지로 옳은 것은?

① #DIV/0!
② #NUM!
③ #NAME?
④ #VALUE!

30 아래 워크시트에서 코드표 [E3:F6]를 참조하여 과목 코드에 대한 과목명 [B3:B5]을 구하되 코드표에 과목 코드가 존재하지 않으면 과목명을 공백으로 표시하고자 한다. 다음 중 [B3] 셀에 수식을 입력한 후 나머지 셀은 채우기 핸들을 이용하여 입력하고자 할 때 [B3] 셀의 수식으로 옳은 것은?

	A	B	C	D	E	F
1	시험 결과				코드표	
2	과목코드	과목명	점수		코드	과목명
3	W		85		W	워드
4	P		90		E	엑셀
5	X		75		P	파워포인트
6					A	액세스
7						

① =IFERROR(VLOOKUP(A3,E3:F6,2,TRUE),“ ”)
② =IFERROR(VLOOKUP(A3,$E$3:$F$6,2,FALSE),“ ”)
③ =IFERROR(“ ”,VLOOKUP(A3,$E$3:$F$6,2,TRUE))
④ =IFERROR(“ ”,VLOOKUP(A3,E3:F6,2,FALSE))

31 다음 중 아래의 워크시트에서 몸무게가 70Kg 이상인 사람의 수를 구하고자 할 때 [E7] 셀에 입력할 수식으로 옳지 않은 것은?

	A	B	C	D	E	F
1	번호	이름	키(Cm)	몸무게(Kg)		
2	12001	홍길동	165	67		몸무게(Kg)
3	12002	이대한	171	69		>=70
4	12003	한민국	177	78		
5	12004	이우리	162	80		
6						
7	몸무게가 70Kg 이상인 사람의 수?				2	

① =DCOUNT(A1:D5,2,F2:F3)
② =DCOUNTA(A1:D5,2,F2:F3)
③ =DCOUNT(A1:D5,3,F2:F3)
④ =DCOUNTA(A1:D5,3,F2:F3)

32 다음 중 수식 입력줄에 아래의 수식을 입력하였을 때의 결과로 옳은 것은?

=TRIM(PROPER("good morning !"))

① GOOD MORNING !　　　② Good Morning !

③ GoodMorning!　　　④ goodmorning!

33 다음 중 수식의 결과가 다른 셋과 다른 것은?

① =SEARCH("A", "Automation")

② =SEARCH("a", "Automation")

③ =FIND("a", "Automation")

④ =FIND("A", "Automation")

34 다음 중 시트 탭에 관한 설명으로 옳지 않은 것은?

① 시트 탭의 색을 변경할 수 있으나, 각 시트의 색은 반드시 다른 색으로 설정해야 한다.

② 시트 탭을 더블 클릭하여 시트 이름을 변경할 수 있다.

③ 시트 탭의 바로 가기 메뉴에서 [모든 시트 선택]을 클릭하여 전체 시트를 그룹 설정할 수 있다.

④ 시트 탭의 바로 가기 메뉴에서 [삭제]를 클릭하여 시트를 삭제할 수 있다.

35 다음 중 매크로 이름으로 지정할 수 없는 것은?

① 매크로_1

② Macro_2

③ 3_Macro

④ 평균구하기

36 다음 중 매크로에 관한 설명으로 옳지 않은 것은?

① 서로 다른 매크로에 동일한 이름을 부여할 수 없다.

② 매크로는 반복적인 작업을 자동화하여 복잡한 작업을 단순한 명령으로 실행할 수 있도록 한다.

③ 매크로 기록시 사용자의 마우스 동작은 기록되지만 키보드 작업은 기록되지 않는다.

④ 현재 셀의 위치를 기준으로 매크로가 실행되도록 하려면 '상대참조로 기록'을 설정한 후 매크로를 기록한다.

37 다음 중 아래의 차트에 표시되지 않은 차트의 구성 요소는?

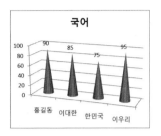

① 데이터 레이블　　② 데이터 계열
③ 데이터 표　　　　④ 눈금선

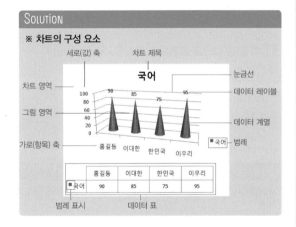
38 다음 중 엑셀 파일의 암호 설정에 관한 설명으로 옳지 않은 것은?

① 암호는 대소문자를 구별하지 않는다.
② 암호를 잊어버리면 복구할 수 없다.
③ 암호는 파일 저장시 [일반 옵션]에서 쓰기 암호와 열기 암호로 구분하여 설정할 수 있다.
④ 쓰기 암호가 설정된 파일을 읽기 전용으로 열어 수정한 경우 동일한 파일명으로는 저장할 수 없다.

39 다음 중 아래의 차트와 같이 데이터를 선으로 표시하여 데이터 계열의 총 값을 비교하고, 상호 관계를 살펴보고자 할 때 사용하는 차트 종류는?

① 도넛형 차트　　　② 방사형 차트
③ 분산형 차트　　　④ 주식형 차트

40 다음 중 Excel에서 지원하는 파일 형식으로 옳지 않은 것은?

① .xlsx : Excel 통합 문서
② .xltm : Excel 매크로 사용 통합 문서
③ .xlsb : Excel 바이너리 통합 문서
④ .xls : Excel 97-2003 통합 문서

1과목 컴퓨터 일반

01 다음 중 사용자의 기본 설정을 사이트가 인식하도록 하거나, 사용자가 웹 사이트로 이동할 때마다 로그인해야 하는 번거로움을 생략할 수 있도록 사용자 환경을 향상시키는 것은?

① 쿠키(Cookie)
② 즐겨찾기(Favorites)
③ 웹 서비스(Web Service)
④ 히스토리(History)

Solution

쿠키(Cookie) : 인터넷 웹 사이트의 방문 기록을 남겨 사용자와 웹 사이트 사이를 매개해 주는 정보를 담은 임시파일

02 다음 중 멀티미디어 기법에 대한 설명으로 옳지 않은 것은?

① 안티앨리어싱(Anti-Aliasing)은 2차원 그래픽에서 개체 색상과 배경색상을 혼합하여 경계면 픽셀을 표현함으로써 경계면을 부드럽게 보이도록 하는 기법이다.
② 모델링(Modeling)은 컴퓨터 그래픽에서 명암, 색상, 농도의 변화 등과 같은 3차원 질감을 넣음으로써 사실감을 더하는 기법을 말한다.
③ 디더링(Dithering)은 제한된 색을 조합하여 음영이나 색을 나타내는 것으로 여러 컬러의 색을 최대한 나타내는 기법을 말한다.
④ 모핑(Morphing)은 한 이미지가 다른 이미지로 서서히 변화하는 과정을 나타내는 기법이다.

Solution

②는 랜더링에 관한 설명이다.

03 다음 중 Windows에서 디스크에 저장된 파일의 위치를 재정렬하는 단편화 제거 과정을 통해 디스크에서의 파일 읽기/쓰기 성능을 향상시키는 기능은?

① 디스크 검사
② 디스크 정리
③ 디스크 포맷
④ 디스크 조각 모음

Solution

• ① 디스크 검사 : 물리적, 논리적 오류 검사
• ② 디스크 정리 : 불필요한 파일을 정리하여 공간을 확보
• ③ 디스크 포맷 : 파일 시스템을 설정하고 사용할 디스크를 준비하는 작업

04 다음 중 정보의 기밀성을 저해하는 데이터 보안 침해 형태는?

① 가로막기(Interruption)
② 가로채기(Interception)
③ 위조(Fabrication)
④ 수정(Modification)

Solution

② 가로채기(Interception) : 전송한 자료가 수신지로 가는 도중에 몰래 보거나 도청하는 행위

정답 | 01 ① 02 ② 03 ④ 04 ②

05 다음 중 Windows의 네트워크 및 공유 센터에서 고급 공유 설정 옵션에 해당하지 않는 것은?

① 이더넷 공유
② 파일 및 프린터 공유
③ 공용 폴더 공유
④ 네트워크 검색

06 다음 중 네트워크 장비인 게이트웨이(Gateway)에 관한 설명으로 옳은 것은?

① 1:1 통신을 통하여 리피터(Repeater)와 동일한 역할을 하는 장비이다.
② 데이터의 효율적인 전송 속도를 제어하는 장비이다.
③ 컴퓨터와 네트워크를 연결하는 장비이다.
④ 서로 다른 네트워크 간에 데이터를 주고받기 위한 장비이다.

07 다음 중 Wi-Fi나 3G망, LTE망 등 무선 통신망을 통해 음성을 전송하는 인터넷전화 방식은?

① IPTV
② m-VoIP
③ TCP/IP
④ IPv6

08 다음 중 EPROM에 관한 설명으로 옳은 것은?

① 제조과정에서 한 번만 기록이 가능하며, 수정할 수 없다.
② 자외선을 이용하여 기록된 내용을 여러 번 수정할 수 있다.
③ 특수 프로그램을 이용하여 한 번만 기록할 수 있다.
④ 전기적 방법으로 기록된 내용을 여러 번 수정할 수 있다.

09 다음 중 멀티미디어 데이터의 표현 방식에 관한 설명으로 옳지 않은 것은?

① PNG는 최대 256색으로 구성된 사진을 품질저하 없이 압축한 정지화상 압축 방법이다.
② MP3는 MPEG-1 동영상의 음성부분으로 개발되었으나 높은 압축률과 음반 CD 수준의 음질로 호평을 받아 음성 전용 코덱으로 발전하였다.
③ AC-3는 돌비 연구소에서 개발한 음성 코덱으로 입체 음향 구현에 최적화되어 DVD 등에 주로 사용된다.
④ DivX는 MPEG-4 코덱에 기반하여 개발된 동영상 코덱으로 용량대비 화질이 높아 영화 파일 압축에 많이 사용된다.

10 다음 중 버전에 따른 소프트웨어에 대한 설명으로 옳지 않은 것은?

① 트라이얼 버전(Trial Version)은 특정한 하드웨어나 소프트웨어를 구매하였을 때 무료로 주는 프로그램이다.

② 베타 버전(Beta Version)은 소프트웨어의 정식 발표 전 테스트를 위하여 사용자들에게 무료로 배포하는 시험용 프로그램이다.

③ 데모 버전(Demo Version)은 정식 프로그램을 홍보하기 위해 사용기간이나 기능을 제한하여 배포하는 프로그램이다.

④ 패치 버전(Patch Version)은 이미 제작하여 배포된 프로그램의 오류 수정이나 성능 향상을 위해 프로그램의 일부 파일을 변경해 주는 프로그램이다.

> **SOLUTION**
> ①은 번들 프로그램에 관한 설명이다.

11 다음 중 정보통신과 관련하여 분산 처리 환경에 가장 적합한 네트워크 운영 방식은?

① 중앙 집중 방식 ② 클라이언트/서버 방식
③ 피어 투 피어 방식 ④ 반이중 방식

> **SOLUTION**
> 클라이언트/서버 방식 : 클라이언트는 다른 프로그램에게 서비스를 요청, 서버는 그 요청에 대해 응답을 해주는 방식

12 다음 중 컴퓨터의 발전 과정에 관한 설명으로 옳지 않은 것은?

① 파스칼의 계산기는 사칙연산이 가능한 최초의 기계식 계산기이다.

② 천공카드시스템은 홀러리스가 개발한 것으로 인구 통계 및 국세 조사에 이용되었다.

③ EDSAC은 최초로 프로그램 내장 방식을 도입하였다.

④ UNIVAC-1은 최초의 상업용 전자계산기이다.

> **SOLUTION**
> 최초의 사칙연산이 가능했던 계산기는 라이프니츠의 계산기이다.

13 다음 중 플래시 메모리에 대한 설명으로 옳은 것은?

① 중앙처리장치와 주기억장치 사이에 위치하여 컴퓨터의 처리 속도를 향상시키는 역할을 한다.

② 보조기억장치의 일부를 주기억장치처럼 사용하는 메모리 관리 기법으로 주기억장치보다 큰 프로그램을 불러와 실행해야 할 때 유용하다.

③ 주기억장치에 저장된 정보에 접근할 때 주소 대신 기억된 정보의 내용의 일부를 이용하여 직접 접근하는 장치이다.

④ 전기적인 방법으로 수정이 가능한 EEPROM을 개선한 메모리 칩으로, MP3 플레이어, 휴대전화, 디지털 카메라 등에 널리 사용된다.

> **SOLUTION**
> • ①은 캐시메모리
> • ②는 가상메모리
> • ③은 연관메모리

14 다음 중 Windows에서 기본으로 제공되어 설치된 프로그램을 삭제하기 위한 방법으로 가장 적절한 것은?

① 제어판 – 프로그램 및 기능 – 프로그램 제거 또는 변경

② 제어판 – 프로그램 및 기능 – 설치된 업데이트 보기

③ 제어판 – 프로그램 및 기능 – Windows 기능 사용/사용 안 함

④ 제어판 – 기본 프로그램 – 기본 프로그램 설정

> **SOLUTION**
> 기본적으로 제공되어 설치된 프로그램은 Windows 기능 사용/사용 안 함을 이용해야 한다.

15 다음 중 W3C에서 제안한 표준안으로 문서 작성 중심으로 구성된 기존 표준에 비디오, 오디오 등 다양한 부가 기능과 최신 멀티미디어 콘텐츠를 액티브X 없이 브라우저에서 쉽게 볼 수 있도록 한 웹의 표준 언어는?

① XML   ② VRML

③ HTML5   ④ JSP

Solution

- ① XML : HTML의 확장 언어. 홈페이지 구축 기능, 검색 기능 등 향상, 웹페이지 추가 작성 편리하다.
- ② VRML : 인터넷 문서에서 3차원 공간을 표현할 수 있는 텍스트 파일이다.
- ③ HTML5 : HTML의 최신규격이다.
- ④ JSP : 서버측에서 동적으로 수행하는 페이지를 만드는 언어이다.

16 다음 중 Windows에서 작업 표시줄의 바로 가기 메뉴에서 설정할 수 있는 항목으로 옳지 않은 것은?

① 아이콘 자동 정렬

② 창 가로 정렬 보기

③ 작업 표시줄 잠금

④ 계단식 창 배열

Solution

아이콘 자동 정렬은 바탕 화면의 바로 가기 메뉴에서 찾을 수 있다.

17 다음 중 Windows에서 유해한 프로그램이나 불법 사용자가 컴퓨터 설정을 임의로 변경하려는 경우 이를 사용자에게 알려 컴퓨터를 제어할 수 있도록 도와주는 기능은?

① 사용자 계정 컨트롤

② Windows Defender

③ BitLocker

④ 시스템 복원

Solution

- Windows Defender : 악성 프로그램을 윈도우가 감지하는 시스템
- BitLocker : 고급 데이터 보호 기능

18 다음 중 네트워크 주변을 지나다니는 패킷을 엿보면서 계정(ID)과 비밀 번호를 알아내는 보안 위협 행위는?

① 스니핑(Sniffing)   ② 스푸핑(Spoofing)

③ 백도어(Back Door)   ④ 키 로거(Key Logger)

Solution

- ① 스푸핑(Spoofing) : 악의적인 목적으로 임의로 웹 사이트를 구축해 일반 사용자의 방문을 유도한 후 시스템 권한을 획득하여 정보를 빼가거나 암호와 기타 정보를 입력하도록 속이는 해킹 수법
- ③ 백도어(Back Door) : 특정한 시스템에서 보안이 제거되어 있는 비밀 통로
- ④ 키 로거(Key Logger) : 키보드의 입력을 문서 파일로 저장하거나 주기적으로 전송하여 ID나 암호 등의 개인 정보를 빼내는 것

19 다음 중 컴퓨터의 연산속도 단위로 가장 빠른 것은?

① 1 ms   ② 1 μs

③ 1 ns   ④ 1 ps

Solution

느림 ms(밀리 초, 10^{-3}) – μs(마이크로 초, 10^{-6}) – ns(나노 초, 10^{-9}) – ps(피코 초, 10^{-12}) – fs(펨토 초, 10^{-15}) – as(아토 초 10^{-18}) 빠름

20 다음 중 프린터 인쇄 시 발생할 수 있는 문제의 해결 방안으로 가장 적절하지 않은 것은?

① 인쇄가 되지 않을 경우 먼저 프린터의 전원이나 케이블 연결 상태를 확인한다.

② 프린터의 스풀 에러가 발생한 경우 프린트 스풀러 서비스를 중지하고 수동으로 다시 인쇄한다.

③ 글자가 이상하게 인쇄될 경우 시스템을 재부팅한 후 인쇄해 보고, 같은 결과가 나타나면 프린터 드라이버를 다시 설치한다.

④ 인쇄물의 상태가 좋지 않은 경우 헤드를 청소하거나 카트리지를 교환한다.

Solution

인쇄 시 스풀 오류가 발생한 경우 [프린터]의 속성에서 스풀 기능에 관련된 설정 사항을 확인, 스풀 공간 확인

2과목 스프레드시트 일반

21 다음 중 데이터 유효성 검사에 관한 설명으로 옳지 않은 것은?

① 유효성 조건에 대한 제한 대상과 제한 방법을 설정할 수 있다.
② 이미 입력된 데이터에 유효성 검사를 설정하는 경우 잘못된 데이터는 삭제된다.
③ 워크시트의 열 단위로 데이터 입력 모드(한글/영문)를 다르게 지정할 수 있다.
④ 유효성 검사에 위배되는 잘못된 데이터가 입력되는 경우 표시할 오류 메시지를 설정할 수 있다.

SOLUTION

입력되어 있는 데이터에 유효성 검사를 설정하게 되면 값은 그대로 지워지지 않고 그대로 남아있다.

22 다음 중 아래 그림과 같이 연 이율과 월 적금액이 고정되어 있고, 적금기간이 1년, 2년, 3년, 4년, 5년인 경우 각 만기 후의 금액을 확인하기 위한 도구로 적합한 것은?

	A	B	C	D	E	F
1						
2		연이율	3%		적금기간(연)	만기 후 금액
3		적금기간(연)	1			6,083,191
4		월 적금액	500,000			1
5		만기 후 금액	₩6,083,191			2
6						3
7						4
8						5

① 고급 필터
② 데이터 통합
③ 목표값 찾기
④ 데이터 표

SOLUTION

[데이터] 탭-[데이터 도구] 그룹-[가상 분석]-[데이터 표]를 선택한 후 [열 입력 셀]을 $C$3(적금기간)으로 해야 제대로된 데이터가 나온다.

23 다음 중 데이터 통합에 관한 설명으로 옳지 않은 것은?

① 데이터 통합은 위치를 기준으로 통합할 수도 있고, 영역의 이름을 정의하여 통합할 수도 있다.
② '원본 데이터에 연결' 기능은 통합할 데이터가 있는 워크시트와 통합결과가 작성될 워크시트가 같은 통합 문서에 있는 경우에만 적용할 수 있다.
③ 다른 원본 영역의 레이블과 일치하지 않는 레이블이 있는 경우에 통합하면 별도의 행이나 열이 만들어진다.
④ 여러 시트에 있는 데이터나 다른 통합 문서에 입력되어 있는 데이터를 통합할 수 있다.

SOLUTION

통합 문서 내의 다른 워크시트뿐 아니라 다른 통합 문서에 있는 워크시트도 통합할 수 있다.

24 다음 중 고급 필터를 이용하여 전기세가 '3만원 이하'이거나 가스비가 '2만원 이하'인 데이터 행을 추출하기 위한 조건으로 옳은 것은?

①

전기세	가스비
<=30000	<=20000

②

전기세	가스비
<=30000	
	<=20000

③

전기세	<=30000
가스비	<=20000

④

전기세	<=30000	
가스비		<=20000

SOLUTION

'OR 조건'이므로 두 번째 가스비 조건은 같은 행이 아닌 아래 행에 조건을 입력한다.

25 다음 중 아래 그림과 같이 [A1:A2] 영역을 선택한 후 채우기 핸들을 아래쪽으로 드래그 했을 때 [A5] 셀에 입력될 값으로 옳은 것은?

A1		▼	:	×	✓	fx	월요일

	A	B	C	D
1	월요일			
2	수요일			
3				
4				
5				

① 월요일
② 화요일
③ 수요일
④ 금요일

A1		▼	:	×	✓	fx	월요일

	A	B	C	D
1	월요일			
2	수요일			
3	금요일			
4	일요일			
5	화요일			
6				
7				

26 다음 중 셀에 데이터를 입력하는 방법에 대한 설명으로 옳지 않은 것은?

① [A1] 셀에 값을 입력하고 Esc 키를 누르면 [A1] 셀에 입력한 값이 취소된다.

② [A1] 셀에 값을 입력하고 오른쪽 방향키 →를 누르면 [A1] 셀에 값이 입력된 후 [B1] 셀로 셀 포인터가 이동한다.

③ [A1] 셀에 값을 입력하고 Enter 키를 누르면 [A1] 셀에 값이 입력된 후 [A2] 셀로 셀 포인터가 이동한다.

④ [C5] 셀에 값을 입력하고 Home 키를 누르면 [C5] 셀에 값이 입력된 후 [C1] 셀로 셀 포인터가 이동한다.

27 다음 중 메모에 관한 설명으로 옳지 않은 것은?

① 메모를 삭제하려면 메모가 삽입된 셀을 선택한 후 [검토] 탭 – [메모] 그룹의 [삭제]를 선택한다.

② [서식 지우기] 기능을 이용하여 셀의 서식을 지우면 설정된 메모도 함께 삭제된다.

③ 메모가 삽입된 셀을 이동하면 메모의 위치도 셀과 함께 변경된다.

④ 작성된 메모의 내용을 수정하려면 메모가 삽입된 셀의 바로 가기 메뉴에서 [메모 편집]을 선택한다.

28 다음 중 [보안 센터] 창의 [매크로 설정]에서 [신뢰할 수 없는 위치에 있는 문서의 매크로]에 대한 선택 항목으로 옳지 않은 것은?

① 모든 매크로 제외(알림 표시 없음)

② 모든 매크로 제외(알림 표시)

③ 디지털 서명된 매크로만 포함

④ 모든 매크로 포함(기본 설정, 알림 표시)

29 다음 중 셀의 이동과 복사에 대한 설명으로 옳지 않은 것은?

① 이동하고자 하는 셀 영역을 선택한 후 잘라내기 바로 가기 키인 Ctrl+X를 누르면 선택 영역 주위에 점선이 표시된다.

② 클립보드에는 최대 24개 항목이 저장 가능하므로 여러 데이터를 클립보드에 복사해 두었다가 다른 곳에 한 번에 붙여넣을 수 있다.

③ 선택된 셀 영역을 이동할 위치로 드래그하는 동안에는 선택된 셀 영역의 테두리만 표시된다.

④ Shift 키를 누른 채 선택 영역의 테두리를 클릭하여 원하는 위치로 드래그하면 선택 영역이 복사된다.

30 다음 중 매크로에 관한 설명으로 옳지 않은 것은?

① 매크로 이름은 자동으로 부여되며, 사용자가 변경할 수 있다.

② 매크로의 바로 가기 키는 Ctrl과 영문자 또는 숫자를 조합하여 사용할 수 있다.

③ 매크로는 해당 작업에 대한 일련의 명령과 함수를 비주얼 베이직 모듈로 저장한 것이다.

④ 매크로가 저장되는 위치는 '개인용 매크로 통합 문서', '새 통합 문서', '현재 통합 문서' 중에서 선택할 수 있다.

31 아래의 워크시트에서 [B2:D5] 영역은 '점수'로 이름이 정의되어 있다. 다음 중 [A6] 셀에 수식 '=AVERAGE(INDEX(점수, 2, 1), MAX(점수))'를 입력하는 경우 결과 값으로 옳은 것은?

	A	B	C	D
1	성명	중간	기말	실기
2	오금희	85	60	85
3	백나영	90	80	95
4	김장선	100	80	76
5	한승호	80	80	85
6				

① 85   ② 90

③ 95   ④ 100

32 [A1] 셀에 '851010-1234567'과 같이 주민등록번호가 입력되어 있을 때, 이 셀의 값을 이용하여 [B1] 셀에 성별을 '남' 또는 '여' 로 표시하고자 한다. 다음 중 이를 위한 수식으로 옳은 것은? (단, 주민등록번호의 8번째 글자가 1이면 남자, 2이면 여자임)

① =CHOOSE(MID(A1,8,1), "남", "여")

② =HLOOKUP(A1, 8, B1)

③ =INDEX(A1, B1, 8)

④ =IF(RIGHT(A1,8)="1", "남", "여")

33 다음 중 워크시트의 [머리글/바닥글] 설정에 대한 설명으로 옳지 않은 것은?

① '페이지 레이아웃' 보기 상태에서는 워크시트 페이지 위쪽이나 아래쪽을 클릭하여 머리글/바닥글을 추가할 수 있다.

② 첫 페이지, 홀수 페이지, 짝수 페이지의 머리글/바닥글 내용을 다르게 지정할 수 있다.

③ 머리글/바닥글에 그림을 삽입하고, 그림 서식을 지정할 수 있다.

④ '페이지 나누기 미리 보기' 상태에서는 미리 정의된 머리글이나 바닥글을 선택하여 쉽게 추가할 수 있다.

34 아래 그림과 같이 짝수 행에만 배경색과 글꼴 스타일 '굵게'를 설정하는 조건부 서식을 지정하고자 한다. 다음 중 이를 위해 아래의 [새 서식 규칙] 대화 상자에 입력할 수식으로 옳은 것은?

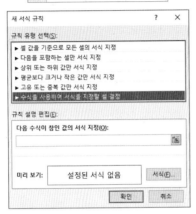

① =MOD(ROW(),2)=1

② =MOD(ROW(),2)=0

③ =MOD(COLUMN(),2)=1

④ =MOD(COLUMN(),2)=0

35 다음 중 함수의 결과가 옳은 것은?

① =COUNT(1, "참", TRUE, "1") → 1

② =COUNTA(1, "거짓", TRUE, "1") → 2

③ =MAX(TRUE, "10", 8, 3) → 10

④ =ROUND(215.143, −2) → 215.14

36 다음 중 통합 문서와 관련된 바로 가기 키에 대한 설명으로 옳지 않은 것은?

① Ctrl + N 키를 누르면 새 통합 문서를 만든다.

② Shift + F11 키를 누르면 새 통합 문서를 만든다.

③ Ctrl + W 키를 누르면 현재 통합 문서 창을 닫는다.

④ Ctrl + F4 키를 누르면 현재 통합 문서 창을 닫는다.

37 다음 중 [보기] 탭−[창] 그룹의 각 기능에 대한 설명으로 옳지 않은 것은?

① [새 창]은 현재 활성화되어 있는 문서를 새 창에 하나 더 열어서 두 개 이상의 창을 통해 볼 수 있게 해준다.

② [틀 고정] 기능으로 열을 고정하려면 고정하려는 열의 왼쪽 열을 선택한 후 틀 고정을 실행한다.

③ [나누기]는 워크시트를 여러 개의 창으로 분리하는 기능으로 최대 4개까지 분할할 수 있다.

④ [모두 정렬]은 [창 정렬] 창을 표시하여 화면에 열려 있는 통합 문서 창들을 선택 옵션에 따라 나란히 배열한다.

38 다음 중 아래의 차트에 대한 설명으로 옳지 않은 것은?

구분	남	여	합계
1반	23	21	44
2반	22	25	47
3반	20	17	37
4반	21	19	40
합계	86	82	168

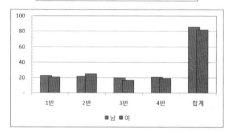

① 차트의 종류는 묶은 세로 막대형으로 계열 옵션의 '계열 겹치기'가 적용되었다.
② 세로 (값) 축의 [축 서식]에는 주 눈금과 보조 눈금이 '안쪽'으로 표시되도록 설정되었다.
③ 데이터 계열로 '남'과 '여'가 사용되고 있다.
④ 표 전체 영역을 데이터 원본으로 차트를 작성하였다.

SOLUTION
표에는 각 반의 남녀의 합계가 있지만 차트에서는 각 반에 대한 합계는 없다.

39 다음 중 아래의 차트에 설정된 차트의 구성요소로 옳지 않은 것은?

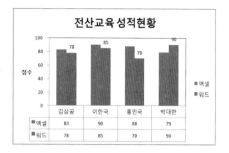

① 눈금선
② 데이터 표
③ '워드' 계열의 데이터 레이블
④ 세로 (값) 축 제목

SOLUTION
차트의 세로축에 0에서 100까지 표시되어 있는 게 눈금선이며 〈보기〉의 차트에는 눈금선이 없다.

40 다음 중 특정한 데이터 계열에 대한 변화 추세를 파악하기 위한 추세선을 표시할 수 있는 차트는?

①   ②

③   ④

SOLUTION
• ① 방사형 (추세선X)
• ② 원형 (추세선X)
• ③ 도넛형 (추세선X)
• ④ 거품형 (추세선O)

1과목 컴퓨터 일반

01 다음 중 JPEG 표준에 대한 설명으로 옳지 않은 것은?

① JPEG은 정지 화상을 위해서 만들어진 손실 압축방식의 표준이며, 비손실 압축 방식도 규정되어 있으나 이 방식은 특허문제나 압축률 등의 이유로 잘 쓰이지 않는다.

② JPEG 표준을 사용하는 파일 형식에는 jpg, jpeg, jpe 등의 확장자를 사용한다.

③ JPEG은 웹 상에서 사진 등의 화상을 보관하고 전송하는 데 가장 널리 사용되는 파일 형식이다.

④ 문자, 선, 세밀한 격자 등 고주파 성분이 많은 이미지의 변환에서는 GIF나 PNG에 비해 품질이 매우 우수하다.

Solution

고주파 성분이 많은 이미지의 변환에서는 GIF, PNG보다 품질이 나쁜 경우가 있다.

02 다음 중 영상의 표현과 압축방식들에 대해서는 관여하지 않으며 특정추출을 통해 디지털방송과 전자도서관, 전자상거래 등에서 멀티미디어 데이터를 효과적으로 검색할 수 있는 영상압축기술은?

① MPEG-1   ② MPEG-4

③ MPEG-7   ④ MPEG-21

Solution

- ① MPEG-1 : 비디오 CD나 CD-I에서 사용하는 압축 기술이다.
- ② MPEG-4 : 동영상의 압축 표준안 중에서 IMT-2000 멀티미디어 서비스이다.
- ④ MPEG-21 : 디지털 콘텐츠의 제작 및 유통, 보안 등의 모든 과정을 관리할 수 있게 하는 기술 표준을 제시한 기술이다.

03 다음 중 정보사회에서 정보 보안을 위협하기 위해 웜 (Worm)의 형태를 이용하는 것에 해당하지 않는 것은?

① 분산 서비스 거부 공격

② 버퍼 오버플로 공격

③ 슬래머

④ 트로이 목마

Solution

- 웜(Worm) : 자기 스스로를 복제함으로써 시스템의 부하를 일으켜 시스템을 다운시키는 프로그램
- DDoS(분산 서비스 거부 공격) : 특정 사이트에 오버플로우를 일으켜서 시스템이 서비스를 거부하도록 만드는 것

04 다음 중 마이크로소프트사의 엑셀이나 워드와 같은 파일을 매개로 하고 특정 응용 프로그램으로 매크로가 사용되면 감염이 확산되는 형태의 바이러스는?

① 부트(Boot) 바이러스

② 파일(File) 바이러스

③ 부트(Boot) &파일(File) 바이러스

④ 매크로(Macro) 바이러스

Solution

매크로는 반복되는 작업을 간단한 명령하나로 자동으로 실행되게 한다. 악의적인 용도로 사용하면 바이러스 프로그램이 자동으로 실행되고 유포될 수 있다. 매크로를 통해 유포되는 바이러스를 매크로 바이러스라고 한다.

05 다음 중 인터넷 기술을 적용한 인트라넷에 관한 설명으로 옳은 것은?

① 핸드폰, 노트북 등과 같은 단말장치의 근거리 무선접속을 지원하기 위한 통신기술이다.
② 인터넷 기술을 기업 내의 전자우편, 전자결재 등과 같은 정보시스템에 적용한 것이다.
③ 납품업체나 고객업체 등 관련있는 기업들 간의 원활한 통신을 위한 시스템이다.
④ 분야별 공통의 관심사를 가진 인터넷 사용자들이 서로의 의견을 주고받을 수 있게 하는 서비스이다.

SOLUTION

인트라넷은 인터넷 기술을 이용하여 기업 내부의 업무를 해결하려는 네트워크 환경이다.

06 다음 중 인터넷 서비스를 위한 프로토콜로 웹페이지와 웹브라우저 사이에서 하이퍼텍스트 문서를 전송하기 위한 것은?

① TCP/IP
② HTTP
③ FTP
④ WAP

SOLUTION

• ① TCP/IP : 서로 다른 기종의 컴퓨터간 통신을 위한 인터넷표준 전송 규약이다.
• ③ FTP : 컴퓨터와 컴퓨터 사이에서 파일을 주고받을 수 있도록 하는 원격 파일 전송 프로토콜
• ④ WAP : 무선 보안 프로토콜

07 다음 중 인터넷상에서 동시 접속자 수가 너무 많아 과부하가 걸리거나, 너무 먼 원격지일 경우 발생하는 속도 저하를 막기 위해 동일한 사이트를 허가 하에 여러 곳으로 복사해 놓는 것은?

① 링크 사이트(Link site)
② 미러 사이트(Mirror site)
③ 인터커넥트(Interconnect)
④ 엑스트라넷(Extranet)

SOLUTION

• ① 링크 사이트(Link site) : 서로 관련 있는 분야의 사이트를 한 곳에 모아 안내 역할을 하는 홈 페이지
• ③ 인터커넥트(Interconnect) : 오디오 신호를 전송하는 케이블
• ④ 엑스트라넷(Extranet) : 기업내부의 인트라넷을 확장하여 기업 간의 협력적 네트워크를 말함

08 다음 중 정보통신에서 네트워크 관련 장비에 대한 설명으로 옳지 않은 것은?

① 라우터 : 네트워크를 구성하기 위해 반드시 필요한 장비로 정보 전송을 위한 최적의 경로를 찾아 통신망에 연결하는 장치
② 허브 : 네트워크를 구성할 때 여러 대의 컴퓨터를 연결하고, 각 회선들을 통합 관리하는 장치
③ 브리지 : 네트워크를 구성할 때 디지털 신호를 아날로그 신호로 변환하여 전송하고 다시 수신된 신호를 원래대로 변환하기 위한 전송 장치
④ 게이트웨이 : 한 네트워크에서 다른 네트워크로 들어가는 입구 역할을 하는 장치로 근거리 통신망(LAN)과 같은 하나의 네트워크를 다른 네트워크와 연결할 때 사용되는 장치

SOLUTION

※ 브리지
− 두 개의 근거리통신망(LAN) 시스템을 이어주는 접속 장치
− 양쪽 방향으로 데이터의 전송만 해줄 뿐 프로토콜 변환 등 복잡한 처리는 불가능
− 네트워크 프로토콜과는 독립적으로 작용하므로 네트워크에 연결된 여러 단말들의 통신 프로토콜을 바꾸지 않고도 네트워크를 확장 가능

09 다음 중 유틸리티 프로그램에 대한 설명으로 적절하지 않은 것은?

① 다수의 작업이나 목적에 대하여 적용되는 편리한 서비스 프로그램이나 루틴을 말한다.
② 컴퓨터의 동작에 필수적이고, 컴퓨터를 이용하는 주목적에 대한 일부 특정 작업을 수행하는 소프트웨어들을 가리킨다.
③ 컴퓨터 하드웨어, 운영 체제, 응용 소프트웨어를 관리하는 데 도움을 주도록 설계된 프로그램을 의미한다.
④ Windows에서 제공하는 유틸리티 프로그램으로는 디스크 조각 모음, 화면 보호기, 스파이웨어 방지 소프트웨어인 Windows Defender 등을 예로 들 수 있다.

SOLUTION

유틸리티는 컴퓨터가 동작하는 데 필수적인 프로그램이 아니다.

11 다음 중 컴퓨터의 롬(ROM)에 기록되어 하드웨어를 제어하며, 하드웨어의 성능 향상을 위해 업그레이드 할 수 있는 마이크로프로그램의 집합을 의미하는 것은?

① 프리웨어(Freeware)
② 셰어웨어(Shareware)
③ 미들웨어(Middleware)
④ 펌웨어(Firmware)

SOLUTION

• 프리웨어(Freeware) : 무료 사용 및 배포, 기간 및 기능에 제한이 없는 누구나 사용할 수 있는 소프트웨어
• 셰어웨어(Shareware) : 일정기간 무료로 사용하다가 계속 사용하기를 원하면 금액을 지불하고 정식으로 사용할 수 있는 소프트웨어

12 다음 중 4비트로 나타낼 수 있는 정보 단위는?

① Character
② Nibble
③ Word
④ Octet

SOLUTION

비트(Bit) → 니블(Nibble, 4Bit) → 바이트(Byte, 8Bit) → 워드(Word, 하프/풀/더블 워드) → 필드(Field) → 레코드(Record) → 파일(File) → 데이터베이스(Database)

10 다음 중 HTML의 단점을 보완하여 이미지의 애니메이션을 지원하며, 사용자와의 상호 작용에 따른 동적인 웹페이지의 제작이 가능한 언어는?

① JAVA
② DHTML
③ VRML
④ WML

SOLUTION

• JAVA : C++ 언어를 기반으로 개발된 것, 웹상에서 멀티미디어 데이터를 효율적으로 처리할 수 있는 객체지향 언어
• VRML : 가상현실 모델링 언어, 웹에 3차원 가상공간(가상세계)을 표현하고 조작할 수 있게 하는 언어
• WML : 무선 인터넷 환경에서 사용할 목적으로 개발한 언어

13 다음 중 컴퓨터 보조기억장치로 사용되는 플래시 메모리에 관한 설명으로 옳지 않은 것은?

① EEPROM의 일종이다.
② 비휘발성 메모리이다.
③ 트랙 단위로 저장된다.
④ 전력 소모가 적고 데이터 전송속도가 빠르다.

SOLUTION

플래시(Flash) 메모리 : 전원이 공급되지 않아도 내용이 지워지지 않는 비휘발성 메모리로, EEPROM의 일종이다. 디지털 카메라, MP3 플레이어, 휴대전화 등에 사용한다.

14 다음 중 컴퓨터의 연산장치에 있는 누산기(Accumulator)에 관한 설명으로 옳은 것은?

① 연산 결과를 일시적으로 기억하는 장치이다.
② 명령의 순서를 기억하는 장치이다.
③ 명령어를 기억하는 장치이다.
④ 명령을 해독하는 장치이다.

Solution

누산기(ACC) : 연산 결과를 일시적으로 기억하는 레지스터

16 다음 중 Windows의 에어로 피크(Aero Peek) 기능에 대한 설명으로 옳은 것은?

① 파일이나 폴더의 저장된 위치에 상관없이 종류별로 파일을 구성하고 파일에 액세스할 수 있게 한다.
② 모든 창을 최소화할 필요 없이 바탕 화면을 빠르게 미리 보거나 작업 표시줄의 해당 아이콘을 가리켜서 열린 창을 미리 볼 수 있게 한다.
③ 바탕 화면의 배경으로 여러 장의 사진을 선택하여 슬라이드 쇼 효과를 주면서 번갈아 표시할 수 있게 한다.
④ 작업 표시줄에서 프로그램 아이콘을 마우스 오른쪽 단추로 클릭하여 최근에 열린 파일 목록을 확인할 수 있게 한다.

Solution

에어로 피크(Aero Peek) : 작업 표시줄 아이콘을 마우스로 가리키면 해당 아이콘과 연결된 열린 창의 축소판 그림 미리 보기가 작업 표시줄 위에 나타나며, 해당 축소판 그림을 클릭하면 창이 열린다.

15 다음 중 Windows의 시스템 복원 기능에 대한 설명으로 옳지 않은 것은?

① 컴퓨터 시스템에 문제가 생겼을 경우 복원 지점을 이용하여 정상적인 상태로 만드는 기능이다.
② 복원 지점은 시스템에 의해 자동으로 설정되지만 사용자가 임의로 복원 지점을 설정할 수도 있다.
③ 시스템 복원은 개인 파일을 백업하지 않으므로 삭제되었거나 손상된 개인 파일을 복구할 수 없다.
④ 시스템 복원 시 Windows Update에 의한 변경 사항은 복원되지 않는다.

Solution

Windows Update를 할 때에도 복원 시점을 만들어 놓고 업데이트를 진행한다.

17 다음 중 Windows의 [제어판]-[접근성 센터]에서 설정할 수 있는 기능으로 옳지 않은 것은?

① [돋보기]를 실행하여 화면의 항목을 더 크게 표시할 수 있다.
② [자녀 보호 설정]은 자녀가 컴퓨터를 사용할 수 있는 시간, 실행할 수 있는 게임 유형 및 실행할 수 있는 프로그램을 제한할 수 있다.
③ [화상 키보드]를 실행하여 실제 키보드를 사용하는 대신 화상 키보드를 사용하여 데이터를 입력할 수 있다.
④ [고대비 설정]으로 화면에서 텍스트와 이미지가 보다 뚜렷하고 쉽게 식별되도록 할 수 있다.

Solution

② [자녀 보호 설정]은 접근성 센터에 해당하지 않는다.

18 다음 중 하드웨어 장치의 설치나 드라이버 확장 시 사용자의 편의를 돕기 위해 사용자가 직접 설정할 필요 없이 운영체제가 자동으로 인식하게 하는 기능은?

① 원격지원
② 플러그 앤 플레이
③ 핫 플러그인
④ 멀티스레딩

19 다음 중 컴퓨터에서 사용하는 일반 하드디스크에 비하여 속도가 빠르고 기계적 지연이나 에러의 확률 및 발열 소음이 적으며, 소형화, 경량화할 수 있는 하드디스크 대체 저장 장치는?

① DVD   ② HDD
③ SSD   ④ ZIP

20 다음 중 올바른 PC 관리에 대한 설명으로 가장 적절하지 않은 것은?

① 데스크탑 PC는 평평하고 흔들림이 없는 곳에 설치하는 것이 바람직하다.
② 컴퓨터를 이동하거나 부품을 교체할 때에는 전원을 끄고 작업한다.
③ 바이러스 감염 방지를 위해 중요한 데이터는 자주 사용하는 하드디스크에 백업한다.
④ 먼지가 많은 환경의 경우 메인보드 내에 먼지가 쌓이지 않도록 주의하고, 자주 확인하여 청소한다.

2과목 스프레드시트 일반

21 다음 중 데이터 관리 기능인 자동 필터에 대한 설명으로 옳지 않은 것은?

① 필터는 데이터 목록에서 설정된 조건에 맞는 데이터만을 추출하여 나타내기 위한 기능으로 워크시트의 다른 영역으로 결과 테이블을 자동 생성할 수 있다.
② 두 개 이상의 필드(열)로 필터링 할 수 있으며, 필터는 누적 적용되므로 추가하는 각 필터는 현재 필터 위에 적용된다.
③ 필터는 필요한 데이터 추출을 위해 조건을 만족하지 않는 데이터를 잠시 숨기는 것이므로 목록 자체의 내용은 변경되지 않는다.
④ 자동 필터를 사용하여 추출한 데이터는 레코드(행) 단위로 표시된다.

22 다음 중 아래 워크시트의 부분합 실행 결과에 대한 설명으로 옳지 않은 것은?

1 2 3 4		A	B	C	D
	1	성명	소속	직무	1차성적
	2	여중택	교통행정과	건축	93
	3	장성태	교통행정과	행정	98
	4	곽배동	교통행정과	행정	86
	5	박난조	교통행정과	환경	88
	6		교통행정과 평균		91.25
	7		교통행정과 최대값		98
	13		보건사업과 평균		85.6
	14		보건사업과 최대값		95
	19		사회복지과 평균		86.25
	20		사회복지과 최대값		95
	21		전체 평균		87.538462
	22		전체 최대값		98

① [부분합] 대화 상자에서 그룹화할 항목을 '소속'으로 설정하였다.
② 그룹의 모든 정보 데이터를 표시하려면 윤곽 기호에서 3 을 클릭하면 된다.
③ 부분합 실행 시 [데이터 아래 요약 표시]를 선택 해제하면 데이터 위에 요약을 표시할 수 있다.
④ [부분합 계산 항목]으로 선택된 항목에는 SUBTOTAL 함수가 자동으로 입력되어 최대값과 평균이 계산되었다.

윤곽 기호란 부분합된 항목들을 그룹화하여 보이거나 감출 수 있는 기능을 말한다.

23 다음 중 아래 워크시트에서 [A4] 셀의 메모가 지워지는 작업에 해당하는 것은?

	A	B	C	D
1		성적관리		
2	성명	영어	국어	총점
3	배순용	91	89	170
4	이길수	장학생	98	186
5	하길주	87	88	175
6	이선호	67	78	145

① [A3] 셀의 채우기 핸들을 아래쪽으로 드래그하였다.
② [A4] 셀의 바로 가기 메뉴에서 [메모 숨기기]를 선택하였다.
③ [A4] 셀을 선택하고, [홈] 탭-[편집] 그룹의 [지우기]에서 [모두 지우기]를 선택하였다.
④ [A4] 셀을 선택하고, 키보드의 Space Bar 키를 눌렀다.

③ 모두 지우기를 선택하면 셀 안에 내용, 메모, 서식 모두가 지워진다.

24 다음 중 아래의 괄호 안에 들어갈 단추명이 바르게 연결된 것은?

매크로 대화 상자의 (㉮) 단추는 바로 가기 키나 설명을 변경할 수 있고, (㉯) 단추는 매크로 이름이나 명령 코트를 수정할 수 있다.

① ㉮-옵션, ㉯-편집
② ㉮-편집, ㉯-옵션
③ ㉮-매크로, ㉯-보기 편집
④ ㉮-편집, ㉯-매크로 보기

[옵션] 단추 : 바로 가기 키(Ctrl+영문 소문자, Ctrl+Shift+영문 대문자)나 설명을 변경할 수 있다.

25 다음 중 원본 데이터를 지정된 서식으로 설정하였을 때, 결과가 옳지 않은 것은?

① 원본 데이터 : 5054.2, 서식 : ###→ 결과 데이터 : 5054
② 원본 데이터 : 대한민국, 서식 : @"화이팅"→ 결과 데이터 : 대한민국 화이팅
③ 원본 데이터 : 15:30:22, 서식 : hh:mm:ss AM/PM → 결과 데이터 : 3:30:22 PM
④ 원본 데이터 : 2013-02-01, 서식 : yyyy-mmddd → 결과 데이터 : 2013-02-Fri

③ 원본 데이터 : 15:30:22, 서식 : hh:mm:ss AM/PM → 결과 데이터 : 03:30:22 PM

26 다음 중 틀 고정과 창 나누기에 대한 설명으로 옳지 않은 것은?

① 틀 고정은 기본적으로 워크시트의 아래쪽에 있는 행과 오른쪽에 있는 열이 고정되지만 워크시트의 중간에 있는 행과 열도 고정할 수 있다.
② 셀 편집 모드에 있거나 워크시트가 보호된 경우에는 틀 고정 명령을 사용할 수 없다.
③ 틀 고정 구분선은 마우스를 이용하여 위치를 변경할 수 없으나 창 나누기 구분선은 위치 변경이 가능하다.
④ 두 개의 스크롤 가능한 영역으로 나뉜 창을 복원하려면 두 창을 나누고 있는 분할줄을 아무 곳이나 두 번 클릭한다.

① 틀 고정 선은 셀의 왼쪽과 위쪽에 생성된다.

27 다음 중 채우기 핸들을 이용하여 데이터를 입력하는 방법으로 옳지 않은 것은?

① 인접한 셀의 내용으로 현재 셀을 빠르게 입력하려면 위쪽 셀의 내용은 Ctrl+D 키를, 왼쪽 셀의 내용은 Ctrl+R 키를 누른다.

② 숫자와 문자가 혼합된 문자열이 입력된 셀의 채우기 핸들을 아래쪽으로 끌면 문자는 복사되고 숫자는 1씩 증가한다.

③ 숫자가 입력된 셀의 채우기 핸들을 Ctrl 키를 누른 채 아래쪽으로 끌면 똑같은 내용이 복사되어 입력된다.

④ 날짜가 입력된 셀의 채우기 핸들을 아래쪽으로 끌면 기본적으로 1일 단위로 증가하여 자동 채우기가 된다.

SOLUTION

③ 숫자가 입력된 셀의 채우기 핸들을 Ctrl 키를 누른 채 아래쪽으로 끌면 숫자가 '1씩 증가'되어 입력된다.

28 다음 중 '페이지 나누기' 기능에 관한 설명으로 옳지 않은 것은?

① '페이지 나누기 미리 보기' 상태에서는 데이터의 입력이나 편집을 할 수 없다.

② 페이지 구분선을 마우스로 드래그하여 구분선의 위치를 변경할 수 있다.

③ 수동으로 삽입된 페이지 나누기는 실선으로 표시되고 자동으로 추가된 페이지 나누기는 파선으로 표시된다.

④ 인쇄할 데이터가 많아 한 페이지가 넘어가면 자동으로 페이지 구분선이 삽입된다.

SOLUTION

'페이지 나누기 미리 보기' 상태에서도 워크시트의 화면 상태를 변경할 수 있다.

29 다음 중 아래 워크시트에서 [D4] 셀에 입력한 수식의 실행 결과로 옳은 것은? (단, [D4] 셀에 설정되어 있는 표시형식은 '날짜'임)

	A	B	C	D	E
1	사원번호	성명	직함	생년월일	
2	101	구민정	영업과장	1980-12-08	
3					
4				=EOMONTH(D2,1)	

① 1980-11-30

② 1980-11-08

③ 1981-01-31

④ 1981-01-08

SOLUTION

EOMONTH(날짜, 월수) : 지정한 개월 수 이전 또는 이후 달의 마지막 날짜의 일련번호를 구함. 월수가 양수이면 앞으로의 날짜를, 음수이면 지나간 날짜를 표시한다.

30 다음 중 매크로에 대한 설명으로 옳지 않은 것은?

① 매크로 이름은 대소문자를 구분하지 않으며, 공백이나 마침표를 포함하여 매크로 이름을 설정할 수 있다.

② 매크로를 실행할 Ctrl 키 조합 바로 가기 키는 매크로가 포함된 통합 문서가 열려 있는 동안 이와 동일한 기본 엑셀 바로 가기 키를 무시한다.

③ 매크로를 기록하는 경우 실행하려는 작업을 완료하는 데 필요한 모든 단계가 매크로 레코더에 기록되며, 리본에서의 탐색은 기록에 포함되지 않는다.

④ 엑셀을 사용할 때마다 매크로를 사용할 수 있게 하려면 매크로 기록 시 매크로 저장 위치 목록에서 '개인용 매크로 통합 문서'를 선택한다.

SOLUTION

매크로 이름의 첫 글자는 반드시 문자로 시작해야 하며, 다음에 문자, 숫자 또는 밑줄(_)이 올 수 있음

31 다음 중 함수식과 그 결과로 옳지 않은 것은?

① =ODD(4) → 5

② =EVEN(5) → 6

③ =MOD(18,−4) → −2

④ =POWER(5,3) → 15

32 다음 중 '=SUM(A3:A9)' 수식이 '=SUM(A3A9)'와 같이 범위 참조의 콜론(:)이 생략된 경우 나타나는 오류 메시지로 옳은 것은?

① #N/A

② #NULL!

③ #REF!

④ #NAME?

33 다음 중 도넛형 차트에 대한 설명으로 옳지 않은 것은?

① 전체에 대한 각 데이터 계열의 관계를 보여주며, 하나의 고리에 여러 데이터 계열을 색상으로 구분하여 표시한다.

② 도넛의 바깥쪽에 위치한 데이터 계열의 모든 조각을 한번에 분리하거나 개별적으로 조각을 선택하여 분리할 수도 있다.

③ [데이터 계열 서식] 대화 상자의 [계열 옵션]에서 첫째 조각의 위치를 지정하는 회전 각을 변경할 수 있다.

④ 데이터 계열이 많아 알아보기가 쉽지 않은 경우 누적 세로 막대형 차트나 누적 가로 막대형 차트로 변경하는 것이 좋다.

34 다음 중 피벗 테이블 보고서에 대한 설명으로 옳지 않은 것은?

① 피벗 테이블 보고서를 작성한 후에 사용자가 새로운 수식을 추가하여 표시할 수 있다.

② 원본 데이터가 변경되면 피벗 테이블 보고서의 데이터도 자동으로 변경된다.

③ 피벗 테이블 보고서는 현재 작업 중인 워크시트나 새로운 워크시트에 작성할 수 있다.

④ 피벗 테이블을 삭제하더라도 피벗 테이블과 연결된 피벗 차트는 삭제되지 않고 일반 차트로 변경된다.

35 다음 중 성명이 '정'으로 시작하거나 출신지역이 '서울'인 데이터를 추출하기 위한 고급 필터 조건은?

①
성명	출신지역
정*	서울

②
성명	출신지역
정*	
	서울

③
서명	정*
출신지역	서울

④
성명	정*
출신지역	

36 다음 중 셀 참조에 관한 설명으로 옳은 것은?

① 수식 작성 중 마우스로 셀을 클릭하면 기본적으로 해당 셀이 절대 참조로 처리된다.
② 수식에 셀 참조를 입력한 후 셀 참조의 이름을 정의한 경우에는 참조 에러가 발생하므로 기존 셀 참조를 정의된 이름으로 수정한다.
③ 셀 참조 앞에 워크시트 이름과 마침표(.)를 차례로 넣어서 다른 워크시트에 있는 셀을 참조할 수 있다.
④ 셀을 복사하여 붙여 넣은 다음 [붙여넣기 옵션]의 [셀 연결] 명령을 사용하여 셀 참조를 만들 수도 있다.

37 다음 중 차트에 대한 설명으로 옳지 않은 것은?

① 기본적으로 워크시트의 행과 열에서 숨겨진 데이터는 차트에 표시되지 않는다.
② 차트 제목, 가로/세로 축 제목, 범례, 그림 영역 등은 마우스로 드래그하여 이동할 수 있다.
③ Ctrl 키를 누른 상태에서 차트 크기를 조절하면 차트의 크기가 셀에 맞춰 조절된다.
④ 사용자가 자주 사용하는 차트 종류를 차트 서식 파일로 저장할 수 있다.

38 다음 중 [페이지 설정] 대화 상자의 [시트] 탭에 대한 설명으로 옳지 않은 것은?

① 셀에 삽입된 메모를 시트 끝에 인쇄되도록 설정할 수 있다.
② 셀 구분선이나 그림 개체 등은 제외하고 셀에 입력된 데이터만 인쇄되도록 설정할 수 있다.
③ 워크시트의 행/열 머리글과 눈금선이 인쇄되도록 설정할 수 있다.
④ 페이지를 기준으로 가운데에 인쇄되도록 '페이지 가운데 맞춤'을 설정할 수 있다.

39 다음 중 [홈] 탭-[클립보드] 그룹의 [붙여넣기]에서 선택 가능한 붙여넣기 옵션으로 옳지 않은 것은?

① 하이퍼링크로 붙여넣기
② 선택하여 붙여넣기
③ 테두리만 붙여넣기
④ 연결하여 붙여넣기

40 다음 중 아래 차트에 대한 설명으로 옳지 않은 것은?

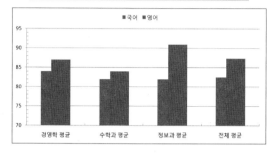

① 세로 (값) 축의 축 서식에서 주 눈금선 표시는 '바깥쪽', 보조 눈금 표시는 '안쪽'으로 설정하였다.
② 세로 (값) 축의 축 서식에서 주 단위 간격을 '5'로 설정하였다.
③ 데이터 계열 서식의 '계열 겹치기' 값을 0보다 작은 값으로 설정하였다.
④ 윤곽 기호를 이용하여 워크시트와 차트에 수준 3의 정보 행이 표시되지 않도록 설정하였다.

SOLUTION

데이터 계열 서식의 '계열 겹치기' 값을 0보다 큰 값으로 설정하면 국어와 영어(계열)의 막대가 겹쳐진다.

07회 기출문제

1과목 컴퓨터 일반

01 다음 중 멀티미디어에 대한 설명으로 옳지 않은 것은?

① 멀티미디어 데이터는 다양한 하드웨어 및 소프트웨어 환경에서 생성, 처리, 전송, 이용되므로 상호 호환되기 위한 표준이 필요하다.

② 정보사회의 멀티미디어는 텍스트, 이미지, 사운드, 애니메이션, 동영상 등을 아날로그화 시킨 복합 구성 매체이다.

③ 가상현실, 전자출판, 화상 회의, 방송, 교육, 의료 등 사회 전 분야에 응용 가능하다.

④ 사용자는 정보 제공자와의 상호작용을 통해 어떤 정보를 언제 어떠한 형태로 얻을 것인지 결정하여 데이터를 전달 받을 수도 있다.

> **SOLUTION**
> 멀티미디어의 특징 : 디지털화, 쌍방향성, 비선형성

02 다음 중 소프트웨어에 대한 설명으로 옳지 않은 것은?

① 소프트웨어란 컴퓨터를 이용하기 위해 필요한 일련의 명령어들의 집합이다.

② 오라클과 같은 데이터베이스 관리 시스템은 응용소프트웨어에 해당된다.

③ 시스템 소프트웨어는 응용소프트웨어가 실행될 때 컴퓨터 하드웨어를 효율적으로 사용하도록 인터페이스 역할을 한다.

④ 시스템 소프트웨어는 기능에 따라 제어 프로그램과 번역 프로그램으로 구분한다.

> **SOLUTION**
> 시스템 소프트웨어는 제어 프로그램과 처리 프로그램으로 구성되어 있으며 제어 프로그램에는 데이터 관리, 작업 관리, 감시 프로그램이 있으며 처리 프로그램에 언어 번역기(어셈블러, 인터프리터, 컴파일러), 문제 처리, 서비스가 있다.

03 다음 중 인터넷에서 사용하는 IPv6 주소체계에 대한 설명으로 옳지 않은 것은?

① 16비트씩 8부분으로 총 128비트로 구성 된다.

② 각 부분은 16진수로 표현하고, 세미콜론(;)으로 구분한다.

③ 유니캐스트, 멀티캐스트, 애니캐스트 등의 3가지 주소 체계로 나누어진다.

④ IPv4의 주소 부족 문제를 해결해 줄 수 있다.

> **SOLUTION**
> 각 부분은 세미콜론(;)이 아닌 콜론(:)으로 구분한다.

04 다음 중 정보 사회의 문제점으로 옳지 않은 것은?

① 정보 기술을 이용한 컴퓨터 범죄가 증가할 수 있다.

② VDT 증후군 같은 컴퓨터 관련 직업병이 발생할 수 있다.

③ 정보의 편중으로 계층 간의 정보 차이가 감소할 수 있다.

④ 정보처리 기술로 인간관계의 유대감이 약화될 가능성도 있다.

> **SOLUTION**
> 계층 간의 정보 차이는 증가할 것이다.

05 다음 중 정당한 사용자가 정상적으로 시스템을 종료하지 않고 자리를 떠났을 때 비인가된 사용자가 바로 그 자리에서 계속 작업을 수행하여 불법적 접근을 행하는 범죄 행위에 해당하는 것은?

① 스패밍(Spamming)

② 스푸핑(Spoofing)

③ 스니핑(Sniffing)

④ 피기배킹(Piggybacking)

06 다음 중 중앙의 주 컴퓨터에 이상이 발생하면 시스템 전체의 기능이 마비되는 통신망 형태는?

① 버스(Bus)형   ② 트리(Tree)형

③ 성(Star)형   ④ 메시(Mesh)형

07 다음 중 인터넷 환경에서 파일을 송수신할 때 사용되는 원격 파일 전송 프로토콜로 옳은 것은?

① DHCP   ② HTTP

③ FTP   ④ TCP

08 다음 중 네트워크 구성에 대한 설명과 해당 프로토콜이 바르게 연결된 것은?

구 성	네트워킹 프로토콜
㉮ 노트북을 무선 핫스팟(hotspot)에 연결 ㉯ 무선마우스를 PC에 연결 ㉰ 비즈니스 네트워크나 유선 홈 네트워크 구성	ⓐ 블루투스 ⓑ Wi-Fi ⓒ Ethernet

① ㉮-ⓑ, ㉯-ⓒ, ㉰-ⓐ

② ㉮-ⓒ, ㉯-ⓐ, ㉰-ⓑ

③ ㉮-ⓑ, ㉯-ⓐ, ㉰-ⓒ

④ ㉮-ⓐ, ㉯-ⓑ, ㉰-ⓒ

09 다음 중 컴퓨터에서 사용하는 자료 표현 형식에 관한 설명으로 옳지 않은 것은?

① 비트(Bit)는 자료 표현의 최소 단위이며, 8Bit가 모여 니블(Nibble)이 된다.

② 워드(Word)는 바이트 모임으로 하프 워드, 풀 워드, 더블 워드로 분류된다.

③ 필드(Filed)는 자료 처리의 최소 단위이며, 여러 개의 필드가 모여 레코드(Record)가 된다.

④ 데이터베이스(Database)는 레코드 모임인 파일(File)들의 집합을 말한다.

10 다음 중 Windows의 라이브러리 기능에 대한 설명으로 옳은 것은?

① 시작 메뉴의 검색 입력상자가 포함되어 프로그램이나 문서, 그림 등 파일을 신속하게 검색할 수 있다.
② 폴더와 달리 실제로 항목을 저장하지 않고 여러 위치에 저장된 파일 및 폴더의 모음을 표시함으로써 보다 신속하고 편리하게 파일을 관리할 수 있도록 한다.
③ 작업표시줄 프로그램 단추에 마우스 오른쪽 단추를 클릭하면 최근 작업한 프로그램 내용을 보여준다.
④ 자녀들이 컴퓨터를 사용하는 시간뿐만 아니라 프로그램 사용여부 등을 제한하여 안전한 컴퓨터 사용을 유도한다.

11 다음 중 운영체제의 성능을 평가하는 항목에 대한 설명으로 옳지 않은 것은?

① 시스템이 일정한 시간 내에 일을 처리하는 능력
② 주어진 문제를 정확하게 처리하는 신뢰할 수 있는 정도
③ 처리할 데이터를 일정시간 동안 모아 일괄 처리할 수 있는 능력
④ 시스템의 즉시 사용 가능한 정도

12 다음 중 Windows의 인쇄 기능에 대한 설명으로 옳지 않은 것은?

① 기본 프린터란 인쇄 시 특정 프린터를 지정하지 않아도 자동으로 인쇄되는 프린터를 말한다.
② 프린터 속성 창에서 공급용지의 종류, 공유, 포트 등을 설정할 수 있다.
③ 인쇄 대기 중인 작업은 취소시킬 수 있다.
④ 인쇄 중인 작업은 취소할 수는 없으나 잠시 중단시킬 수 있다.

13 다음 중 컴퓨터 소프트웨어 배포와 관련하여 셰어웨어(Shareware)에 관한 설명으로 옳은 것은?

① 특정 기능 또는 기간을 제한하여 공개하고, 사용한 후에 사용자의 구매를 유도하는 소프트웨어이다.
② 개발 회사의 1차 테스트 버전으로 제작 회사 내에서 테스트할 목적으로 배포하는 소프트웨어이다.
③ 정식 버전이 나오기 전에 프로그램에 대해 일반인에게 테스트할 목적으로 공개하는 소프트웨어이다.
④ 사용기간 및 기능에 제한 없이 무료로 사용할 수 있는 공개용 소프트웨어이다.

14 다음 중 애니메이션에서의 모핑(Morphing) 기법에 대한 설명으로 옳은 것은?

① 종이에 그린 그림을 셀룰로이드에 그대로 옮긴 뒤 채색하고 촬영하는 기법이다.
② 2개의 이미지나 3차원 모델 간에 부드럽게 연결하여 서서히 변하는 모습을 보여주는 기법이다.
③ 키 프레임을 이용하여 애니메이션을 만드는 기법이다.
④ 점토를 사용하여 애니메이션을 만드는 기법이다.

15 다음 중 Windows의 [보조프로그램]에서 제공하는 [시스템 정보]에서 확인 가능한 각 범주에 대한 설명으로 옳지 않은 것은?

① 시스템 요약 : 컴퓨터 이름 및 제조업체, 컴퓨터에서 사용하는 BIOS 유형, 설치된 메모리 용량 등 컴퓨터 및 운영 체제에 대한 일반 정보가 표시된다.
② 하드웨어 리소스 : 컴퓨터 하드웨어에 대한 IT 전문가용 고급 정보가 표시된다.
③ 구성 요소 : CPU와 저장장치를 제외한 입출력장치의 구성에 대한 정보가 표시된다.
④ 소프트웨어 환경 : 드라이버, 네트워크 연결 및 기타 프로그램 관련 정보가 표시된다.

SOLUTiON

[시스템 정보]의 '구성요소'는 시스템을 구성하는 멀티미디어, 입력, 네트워크, 포트, 저장소, 인쇄 장치, USB 등에 관한 관련된 정보를 표시한다.

16 다음 중 USB 인터페이스에 대한 설명으로 옳지 않은 것은?

① 직렬포트보다 USB 포트의 데이터 전송 속도가 더 빠르다.
② USB는 컨트롤러 당 최대 127개까지 포트의 확장이 가능하다.
③ 핫 플러그인(Hot Plug In)과 플러그 앤 플레이(Plug &Play)를 지원한다.
④ USB 커넥터를 색상으로 구분하는 경우 USB 3.0은 빨간색, USB 2.0은 파란색을 사용한다.

SOLUTiON

④ USB 3.0 단자는 파란색을 사용한다.

17 다음 중 컴퓨터의 CPU에 있는 레지스터(register)에 관한 설명으로 옳지 않은 것은?

① 계산 결과의 임시 저장, 주소색인 등 여러 가지 목적으로 사용될 수 있는 레지스터들을 범용 레지스터라고 한다.
② 주기억장치보다 저장 용량이 적고 속도가 느리다.
③ ALU(산술/논리장치)에서 연산된 자료를 일시적으로 저장한다.
④ 프로그램 카운터는 다음에 수행할 명령어의 주소를 저장하는 레지스터이다.

SOLUTiON

레지스터는 주기억장치보다 속도가 빠르다. → 레지스터는 메모리 중 속도가 가장 빠름

18 다음 중 Windows의 디스크 포맷에 관한 설명으로 적절하지 않은 것은?

① 하드 디스크의 트랙 및 섹터를 초기화하는 작업이다.
② 포맷 요소 중 파일 시스템은 문자 파일, 영상 파일, 데이터 파일 등을 관리하기 위한 기능이다.
③ 포맷을 실행하면 디스크의 모든 데이터가 지워진다.
④ 빠른 포맷은 하드 디스크에 새 파일 테이블을 만들지만 디스크를 완전히 덮어쓰거나 지우지 않는 포맷 옵션이다.

SOLUTiON

포맷 요소 중 파일 시스템에서는 Windows에서 디스크에 정보를 저장할 수 있도록 NTFS, FAT32와 같은 파일 시스템을 선택한다.

19 다음 중 Windows에서 하드디스크의 파일을 삭제할 경우 시스템에 영향을 미칠 수 있는 파일로 주의해야 하는 파일 확장자에 해당하지 않는 것은?

① .exe   ② .ini
③ .sys   ④ .tmp

SOLUTiON

tmp 파일은 임시 파일이므로 삭제해도 상관없다.

20 다음 중 모니터의 전원은 정상적으로 들어와 있음에도 화면이 하얗게 나오는 백화현상의 원인으로 가장 적절한 것은?

① 전원 코드의 문제
② 그래픽 카드 드라이버 문제
③ 모니터 해상도의 문제
④ 모니터의 액정 패널이나 보드상의 문제

Solution

액정 패널이나 모니터의 A/D보드에 문제가 생긴 경우 모니터의 전원은 정상적으로 들어와 있음에도 화면이 하얗게 나오는 것을 백화현상이라고 한다.

2과목 스프레드시트 일반

21 다음 중 정렬 기능에 대한 설명으로 옳지 않은 것은?

① 머리글의 값이 정렬 작업에 포함되거나 제외되도록 설정할 수 있다.
② 날짜가 입력된 필드의 정렬에서 내림차순을 선택하면 이전 날짜에서 최근 날짜 순서로 정렬할 수 있다.
③ 사용자 지정 목록을 사용하여 사용자가 정의한 순서대로 정렬할 수 있다.
④ 셀 범위나 표 열의 서식을 직접 또는 조건부 서식으로 설정한 경우 셀 색 또는 글꼴 색을 기준으로 정렬할 수 있다.

Solution

내림차순은 높은 순서에서 낮은 순서로 정렬하는 것이다.

---

22 다음 중 [D9] 셀에서 사과나무의 평균 수확량을 구하고자 하는 경우 나머지 셋과 다른 결과를 표시하는 수식은?

	A	B	C	D	E	F
1	나무번호	종류	높이	나이	수확량	수익
2	001	사과	18	20	18	105000
3	002	배	12	12	10	96000
4	003	체리	13	14	9	105000
5	004	사과	14	15	10	75000
6	005	배	9	8	8	77000
7	006	사과	8	9	10	45000
8						
9	사과나무의 평균 수확량					
10						

① =INT(DAVERAGE(A1:F7,5,B1:B2))
② =TRUNC(DAVERAGE(A1:F7,5,B1:B2))
③ =ROUND(DAVERAGE(A1:F7,5,B1:B2),0)
④ =ROUNDDOWN(DAVERAGE(A1:F7,5,B1:B2),0)

Solution

• INT(인수) : 가장 가까운 정수로 내림한 값을 구함
• DAVERAGE() : 값의 평균을 계산
• TRUNC(인수,자릿수) : 인수의 소수점 이하를 버리고 정수로 변환
• ROUND(인수, 자릿수) : 인수를 지정한 자릿수로 반올림
• ROUNDDOWN(인수,자릿수) : 인수를 지정한 자릿수로 내림
• (DAVERAGE(A1:F7,5,B1:B2))의 값은 12.66667이 나온다.
  − ①, ②, ④는 12, ③는 13이 결과값으로 나온다.

---

23 다음 중 [삽입] 탭의 [일러스트레이션] 그룹에서 삽입 가능한 개체에 해당하지 않는 것은?

① 도형   ② 온라인 그림
③ WordArt   ④ SmartArt

Solution

WordArt는 [텍스트] 그룹에 있다.

24 다음 중 근무기간이 15년 이상이면서 나이가 50세 이상인 직원의 데이터를 조회하기 위한 고급 필터의 조건으로 옳은 것은?

①

근무기간	나이
>=15	>=50

②

근무기간	나이
>=15	
	>=50

③

근무기간	>=15
나이	>=50

④

근무기간	>=15	
나이		>=50

25 다음 중 [A2:C9] 영역에 아래와 같은 규칙의 조건부 서식을 적용하는 경우 지정된 서식이 적용되는 셀의 개수는?

① 3개
② 10개
③ 14개
④ 24개

26 다음 중 [찾기 및 바꾸기] 대화 상자에서 설정 가능한 기능으로 옳지 않은 것은?

① 대/소문자를 구분하여 찾을 수 있다.
② 수식이나 값을 찾을 수 있지만, 메모 안의 텍스트는 찾을 수 없다.
③ 이전 항목을 찾으려면 Shift 키를 누른 상태에서 [다음 찾기] 단추를 클릭한다.
④ 와일드카드 문자인 '*' 기호를 이용하여 특정 글자로 시작하는 텍스트를 찾을 수 있다.

27 다음 중 매크로의 바로 가기 키에 대한 설명으로 옳지 않은 것은?

① 바로 가기 키는 수정할 수 있다.
② 기본적으로 Ctrl 키와 조합하여 사용하지만 대문자로 지정하면 Shift 키가 자동으로 덧붙는다.
③ 바로 가기 키의 조합 문자는 영문자만 가능하고, 바로가기 키를 설정하지 않아도 매크로를 생성할 수 있다.
④ 엑셀에서 기본적으로 지정되어 있는 바로 가기 키는 매크로의 바로 가기 키로 지정할 수 없다.

28 다음 중 차트에서 계열의 순서를 변경할 때 선택해야 할 바로 가기 메뉴는?

① 차트 이동
② 데이터 선택
③ 차트 영역 서식
④ 그림 영역 서식

29 다음 중 아래 그림과 같이 [A2:D5] 영역을 선택하여 이름을 정의한 경우에 대한 설명으로 옳지 않은 것은?

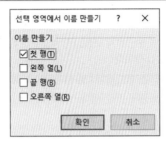

	A	B	C	D
1	1/4분기 소모품 구매 신청서			
2	코드번호	품 명	규 격	단 가
3	A-002	복사용지	A4	16,000
4	A-005	프린터잉크	HP-1120C	35,000
5	B-010	견출지	일반	2,000

선택 영역에서 이름 만들기 ? ✕

이름 만들기
☑ 첫 행(T)
☐ 왼쪽 열(L)
☐ 끝 행(B)
☐ 오른쪽 열(R)

확인 취소

① 정의된 이름은 모든 시트에서 사용할 수 있으며, 이름 정의 후 참조 대상을 편집할 수도 있다.
② 현재 통합문서에 이미 사용 중인 이름이 있는 경우 기존 정의를 바꿀 것인지 묻는 메시지 창이 표시된다.
③ 워크시트의 이름 상자에서 '코드번호'를 선택하면 [A3:A5] 영역이 선택된다.
④ [B3:B5] 영역을 선택하면 워크시트의 이름 상자에 '품명'이라는 이름이 표시된다.

30 다음 중 차트에 대한 설명으로 옳지 않은 것은?

① 기본적으로 워크시트의 행과 열에서 숨겨진 데이터는 차트에 표시되지 않으며 빈 셀은 간격으로 표시된다.
② 표에서 특정 셀 한 개를 선택하여 차트를 생성하면 해당 셀을 직접 둘러싸는 표의 데이터 영역이 모두 차트에 표시된다.
③ 차트를 만들 데이터를 선택한 후 Alt + F1 키를 누르면 별도의 차트 시트가 생성된다.
④ 차트에 두 개 이상의 차트 종류를 사용하여 혼합형 차트를 만들 수도 있다.

31 다음 중 아래의 차트에 대한 설명으로 옳지 않은 것은?

① 데이터 계열이 중심점에서 외곽선으로 나오는 축을 갖는다.
② 여러 데이터 계열의 집계 값을 비교할 때 사용한다.
③ 같은 계열에 있는 모든 값들이 선으로 연결되며, 각 계열마다 축을 갖는다.
④ 여러 데이터 계열에 있는 숫자 값 사이의 관계를 보여주거나 두 개의 숫자 그룹을 xy 좌표로 이루어진 하나의 계열로 표시한다.

32 새 워크시트에서 [A1] 셀에 셀 포인터를 두고, [개발 도구] 탭의 [상대참조로 기록]을 선택한 후 [매크로 기록]을 클릭하여 [그림1]과 같이 데이터를 입력하는 '매크로1'을 작성하였다. 다음 중 [그림2]와 같이 [C3] 셀에 셀 포인터를 두고 '매크로1'을 실행한 경우 '성적 현황'이 입력되는 셀의 위치는?

[그림1]

	A	B	C
1		성적 현황	
2	학과	학번	이름

[그림2]

	A	B	C	D
1				
2				
3				
4				

① [B1]　　② [C3]
③ [C4]　　④ [D3]

SOLUTION

상대참조 기록은 셀 포인터가 있는 위치에서 매크로가 실행된다. [그림2]에서 [C3] 셀에 셀 포인터를 두고, 매크로를 실행하면 [D3] 셀에 '성적 현황' [C4] 셀에 '학과' [D4] 셀에 '학번' [E4] 셀에 '이름'이 입력된다.

33 아래 워크시트에서 [A2:B8] 영역을 참조하여 [E3:E7] 영역에 학점별 학생수를 표시하고자 한다. 다음 중 [E3] 셀에 수식을 입력한 후 채우기 핸들을 이용하여 [E7] 셀까지 계산하려고 할 때 [E3] 셀에 입력해야 할 수식으로 옳은 것은?

	A	B	C	D	E
1	엑셀 성적 분포				
2	이름	학점		학점	학생수
3	김현미	B		A	2
4	조미림	C		B	1
5	심기훈	A		C	2
6	박원석	A		D	1
7	이영준	D		F	0
8	최세종	C			
9					

① =COUNTIF(B3:B8, D3)
② =COUNTIF($B$3:$B$8, D3)
③ =SUMIF(B3:B8, D3)
④ =SUMIF($B$3:$B$8, D3)

SOLUTION

학생 수를 세기 위해 COUNTIF 함수를 사용한다. [B3:B8] 영역은 변하지 않아야 하므로, 절대참조 형식으로 작성해야 계산이 된다. 절대참조를 하지 않는 경우 채우기 핸들을 사용할 때 참조대상이 바뀌어 오류가 발생한다.

34 다음 중 [인쇄 미리 보기] 상태에서의 [페이지 설정] 대화 상자에 대한 설명으로 옳은 것은?

① 눈금선이나 행/열 머리글의 인쇄 여부를 설정할 수 없다.
② 셀에 설정된 메모를 시트에 표시된 대로 인쇄하거나 시트 끝에 인쇄할 수 있도록 설정할 수 있다.
③ 인쇄 배율을 수동으로 설정할 수 있고, 배율은 워크시트 표준 크기의 10%에서 200%까지 가능하다.
④ [페이지] 탭에서 [배율]을 '자동 맞춤'으로 선택하고 '용지 너비'와 '용지 높이'를 1로 지정하는 경우 여러 페이지가 한 페이지에 출력되도록 확대/축소 배율이 자동으로 조정된다.

SOLUTION

- 눈금선이나 행/열 머리글의 인쇄 여부를 설정할 수 있다.
- 메모 관련 인쇄 설정은 할 수 없다.
- 인쇄 배율은 10%에서 400%까지 설정 가능하다.

정답 | 32 ④ 33 ② 34 ④

35 다음 중 각 워크시트에서 채우기 핸들을 [A3] 셀로 드래그 한 경우 [A3] 셀에 입력되는 값으로 옳지 않은 것은?

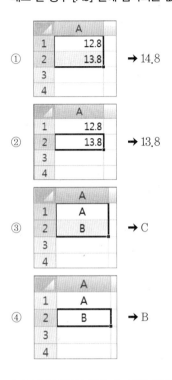

① → 14.8
② → 13.8
③ → C
④ → B

SOLUTION

채우기 핸들 사용 시, 문자는 반복되어 채워지게 된다.

36 다음 중 엑셀의 화면 구성에 대한 설명으로 옳지 않은 것은?

① 화면 상단의 '제목 표시줄'은 현재의 작업 상태나 선택한 명령에 대한 기본적인 정보가 표시되는 곳이다.
② '리본 메뉴'는 엑셀의 다양한 명령들을 용도에 맞게 탭과 그룹으로 분류하여 아이콘으로 표시되는 곳이다.
③ 자주 사용하는 도구들을 모아 두는 곳이 '빠른 실행 도구 모음'이며, 원하는 도구를 추가하거나 제거할 수 있다.
④ '이름 상자'는 현재 작업 중인 셀의 이름이나 주소를 표시하는 부분으로 차트 항목이나 그리기 개체를 선택하면 개체의 이름이 표시된다.

SOLUTION

현재의 작업 상태나 선택한 명령에 대한 기본적인 정보가 표시되는 곳은 화면 하단의 '상태 표시줄'이다.

37 다음 중 판매관리표에서 수식으로 작성된 판매액의 총합계가 원하는 값이 되기 위한 판매수량을 예측하는 데 가장 적절한 데이터 분석 도구는? (단, 판매액의 총합계를 구하는 수식은 판매수량을 참조하여 계산된다.)

① 시나리오 관리자　　　② 데이터 표
③ 피벗 테이블　　　　　④ 목표값 찾기

SOLUTION

목표값 찾기는 수식으로 구하려는 결과 값은 알지만 해당 결과를 구하는데 필요한 수식 입력값을 모르는 경우 사용하는 기능이다.

38 아래 워크시트에서 [A2:B6] 영역을 선택한 후 그림과 같이 중복된 항목을 제거하였다. 다음 중 유지되는 행의 개수로 옳은 것은?

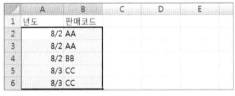

① 1　　　　　　　　　② 2
③ 3　　　　　　　　　④ 4

SOLUTION

8/3 년도의 중복된 값이 2개이고, 8/2 년도의 중복된 값이 3개이므로 8/2 년도의 중복된 값만 제거가 된다.

39 다음 중 아래의 워크시트를 참조하여 작성한 수식 '=VLOOKUP(LARGE(A2:A9,4),A2:F9,5,0)'의 결과로 옳은 것은?

	A	B	C	D	E	F
1	번호	이름	국어	영어	수학	합계
2	1	이대한	90	88	77	255
3	2	한민국	50	60	80	190
4	3	이효리	10	50	90	150
5	4	김애리	88	74	95	257
6	5	한공주	78	80	88	246
7	6	박초아	33	45	35	113
8	7	박예원	84	57	96	237
9	8	김윤이	64	90	68	222

① 90   ② 95

③ 88   ④ 74

Solution

LARGE(A2:A9,4)를 계산하면 [A2:A9] 영역에서 4번째로 큰 수인 '5'가 나온다. 이어서 VLOOKUP(5,A2:F9,5,0)을 계산하면 [A6] 셀에서 시작하여 5번째 열에 있는 값(88)이 출력된다.

40 다음 중 [보기] 탭의 [창] 그룹–[틀 고정] 기능에 대한 설명으로 옳지 않은 것은?

① 워크시트를 스크롤할 때 특정 행이나 열이 한 자리에 계속 표시되도록 선택할 수 있는 기능이다.

② 첫 행과 첫 열을 고정하여 표시되도록 한 번에 설정할 수 있다.

③ 틀 고정 선의 아무 곳이나 더블 클릭하여 틀 고정을 취소할 수 있다.

④ 화면에 표시되는 틀 고정 형태는 인쇄 시 적용되지 않는다.

Solution

선의 아무 곳이나 더블 클릭하여 취소하는 방법은 창 나누기이다.

1과목 컴퓨터 일반

01 다음 중 오디오 데이터와 관련된 용어에 해당하지 않는 것은?

① 시퀀싱(Sequencing)
② 인터레이싱(Interlacing)
③ PCM(Pulse Code Modulation)
④ 샘플링(Sampling)

> **SOLUTION**
> 인터레이싱(Interlacing)이란 화면이 재생되어야 하는 자료 전송률을 줄이기 위해 CRT 화면에 사용되는 기술이다. 화면의 재생률을 높이지 않고서도 세로 방향의 해상도를 두 배로 할 수 있다.

02 다음 중 지하철이나 버스 정류장에서 지역과 관련된 지도나 주변 상가 정보 또는 특정 정보를 인터넷과 연결하여 효과적으로 전달하는 입간판 형태의 정보안내 기기는?

① 주문형 비디오(VOD)
② CAI(Computer Assisted Instruction)
③ 키오스크(Kiosk)
④ 화상회의 시스템(VCS)

> **SOLUTION**
> • CAI(Computer Assisted Instruction) : 컴퓨터를 이용하여 학습자에게 교육 내용을 설명하거나 연습 문제를 주어서 학습자가 개별적으로 학습을 진행하는 것을 가능하게 하는 교육 시스템
> • 주문형 비디오 : 영상·음성·문자 등 다양한 멀티미디어 정보를 사용자가 원하는 시간에 제공해주는 맞춤영상정보 서비스
> • 화상회의 시스템 : 각각 다른 장소에서 TV 화면의 화상 및 음향 등을 통하여 회의를 진행할 수 있도록 만든 시스템

03 다음 중 컴퓨터 바이러스에 대한 설명으로 가장 적절하지 않은 것은?

① 사용자가 인지하지 못한 사이 자가 복제를 통해 다른 정상적인 프로그램을 감염시켜 해당 프로그램이나 다른 데이터 파일 등을 파괴한다.
② 보통 소프트웨어 형태로 감염되나 메일이나 첨부파일은 감염의 확률이 매우 적다.
③ 인터넷의 공개 자료실에 있는 파일을 다운로드하여 설치할 때 감염될 수 있다.
④ 온라인 채팅이나 인스턴트 메신저 프로그램을 통해서 전파되기도 한다.

> **SOLUTION**
> 바이러스는 전자우편을 통해 감염될 수 있으므로 발신자가 불분명한 전자우편은 열어 보지 않고 삭제한다.

04 다음 중 여러 대의 컴퓨터를 일제히 동작시켜 대량의 데이터를 한 곳의 서버 컴퓨터에 집중적으로 전송시킴으로써 특정 서버가 정상적으로 동작하지 못하게 하는 공격 방식은?

① 스니핑(Sniffing)
② 분산서비스거부(DDoS)
③ 백도어(Back Door)
④ 해킹(Hacking)

> **SOLUTION**
> • 스니핑(Sniffing) : 네트워크 주변을 지나다니는 패킷을 엿보면서 아이디와 패스워드를 알아내는 행위
> • 백도어(Back Door) : 특정한 시스템에서 보안이 제거되어 있는 비밀 통로

05 다음 중 인터넷에서 사용하는 IPv6에 관한 설명으로 옳은 것은?

① IPv4의 주소 부족 문제를 해결하기 위하여 개발되었다.

② 64비트의 주소 체계를 가진다.

③ IPv4와는 호환성이 낮아 상호 전환이 어렵다.

④ IPv4에 비해 자료 전송 속도가 느리다.

> **Solution**
>
> ※ IPv6
> - 16비트씩 8부분, 총 128비트 구성이다.
> - 주소의 확장성, 융통성, 연동성이 뛰어나며, IPv4에 비해 전송속도가 빠르다.
> - 인증성, 기밀성, 데이터 무결성의 지원으로 보안 문제를 해결한다.

06 다음 중 무선 랜(WLAN) 시스템을 구성하기 위한 주요 구성 요소에 해당하지 않는 것은?

① 무선 랜카드

② AP(Access Point)

③ 안테나(Antenna)

④ 리피터(Repeater)

> **Solution**
>
> ④ 리피터(Repeater) : 장거리 전송을 위하여 전송 신호를 재생시키거나 출력 전압을 높여 주는 장치, 디지털 데이터의 감쇠 현상을 방지하기 위해 사용한다.

07 다음 중 ISP(Internet Service Provider) 업체에서 각 컴퓨터의 IP주소를 동적으로 할당해 주는 프로토콜은?

① HTTP

② TCP/IP

③ SMTP

④ DHCP

> **Solution**
>
> ④ DHCP : TCP/IP 통신에서 클라이언트가 인터넷을 사용할 수 있도록 하기 위해 동적인 IP 주소를 할당받도록 해주는 프로토콜이다.

08 다음 중 운영체제를 구성하는 제어 프로그램의 종류에 해당하지 않는 것은?

① 감시 프로그램

② 언어 번역 프로그램

③ 작업 관리 프로그램

④ 데이터 관리 프로그램

> **Solution**
>
> • 제어 프로그램 : 감시 프로그램, 작업 관리 프로그램, 데이터 관리 프로그램
> • 처리 프로그램 : 언어 번역 프로그램, 서비스 프로그램, 문제 처리 프로그램

09 다음 중 컴퓨터를 이용한 자료 처리 방식을 발달 과정 순서대로 옳게 나열한 것은?

① 실시간 처리 시스템 – 일괄 처리 시스템 – 분산 처리 시스템

② 일괄 처리 시스템 – 실시간 처리 시스템 – 분산 처리 시스템

③ 분산 처리 시스템 – 실시간 처리 시스템 – 일괄 처리 시스템

④ 실시간 처리 시스템 – 분산 처리 시스템 – 일괄 처리 시스템

> **Solution**
>
> • 일괄 처리 시스템 : 일정 기간 동안 모아 두었다가 한꺼번에 처리하는 시스템
> • 실시간 처리 시스템 : 바로바로 처리하는 시스템
> • 분산 처리 시스템 : 컴퓨터에 의해 작업과 자원을 분산하여 처리하는 시스템

10 다음 중 디지털 컴퓨터와 아날로그 컴퓨터의 차이점에 관한 설명으로 옳은 것은?

① 디지털 컴퓨터는 전류, 전압, 온도 등 다양한 입력값을 처리하며, 아날로그 컴퓨터는 숫자 데이터만을 처리한다.

② 디지털 컴퓨터는 증폭 회로로 구성되며, 아날로그 컴퓨터는 논리회로로 구성된다.

③ 아날로그 컴퓨터는 미분이나 적분 연산을 주로 하며, 디지털 컴퓨터는 산술이나 논리 연산을 주로 한다.

④ 아날로그 컴퓨터는 범용이며, 디지털 컴퓨터는 특수 목적용으로 많이 사용된다.

Solution

구 분	디지털 컴퓨터	아날로그 컴퓨터
입력 형태	숫자, 문자	전류, 전압, 속도, 온도
출력 형태	숫자, 문자	곡선, 그래프
프로그래밍	필요	필요 없음
구성 회로	논리 회로	증폭 회로
정밀도	필요 한도까지 가능	제한적
가격	고가	저가
용도	범용	특수 목적용

11 다음 중 소형화, 경량화를 비롯해 음성과 동작인식 등 다양한 기술이 적용되어 장소에 구애받지 않고 컴퓨터를 활용할 수 있도록 몸에 착용하는 컴퓨터를 의미하는 것은?

① 웨어러블 컴퓨터
② 마이크로 컴퓨터
③ 인공지능 컴퓨터
④ 서버 컴퓨터

Solution

• 마이크로 컴퓨터 : 소형 컴퓨터
• 서버 컴퓨터 : 서버에 연결된 컴퓨터

12 다음 중 프로세서 레지스터에 대한 설명으로 옳은 것은?

① 하드디스크의 부트 레코드에 위치한다.
② 하드웨어 입출력을 전담하는 장치로 속도가 빠르다.
③ 주기억장치보다 큰 프로그램을 실행시켜야 할 때 유용한 메모리이다.
④ 중앙처리장치에서 사용하는 임시기억장치로 메모리 중 가장 빠른 속도로 접근 가능하다.

Solution

레지스터
– CPU 내에서 자료를 일시적으로 저장하는 저장장치이다.
– 레지스터는 주기억장치보다 속도가 빠르다. → 레지스터는 메모리 중 속도가 가장 빠름
– LU(연산장치)에서 연산된 자료를 일시적으로 저장한다.
– 명령 레지스터, 주소 레지스터, 프로그램 카운터 등 여러 유형의 레지스터가 있다.

13 다음 중 인터넷을 이용한 전자 우편에 관한 설명으로 옳지 않은 것은?

① 기본적으로 8비트의 유니코드를 사용하여 메시지를 전달한다.
② 전자 우편 주소는 '사용자ID@호스트 주소'의 형식으로 이루어진다.
③ SMTP, POP3, MIME 등의 프로토콜을 사용한다.
④ 보내기, 회신, 첨부, 전달, 답장 등의 기능이 있다.

Solution

전자우편은 기본적으로 7비트의 ASCII 코드를 사용하여 메시지를 주고받는다.

14 다음 중 HD급 고화질 비디오를 저장할 수 있는 차세대 광학 장치로, 디스크 한 장에 25GB 이상을 저장할 수 있는 것은?

① CD-RW
② DVD
③ Blu-ray 디스크
④ ZIP 디스크

Solution

DVD : 4.7~17GB 대용량 정보 저장이 가능한 매체로, 뛰어난 화질과 음질의 멀티미디어 데이터 저장이 가능

15 다음 중 컴퓨터 시스템을 안정적으로 사용하기 위한 관리 방법으로 적절하지 않은 것은?

① 컴퓨터를 이동하거나 부품을 교체할 때에는 반드시 전원을 끄고 작업하는 것이 좋다.
② 직사광선을 피하고 습기가 적으며 통풍이 잘되고 먼지 발생이 적은 곳에 설치한다.
③ 시스템 백업 기능을 자주 사용하면 시스템 바이러스 감염 가능성이 높아진다.
④ 디스크 조각 모음에 대해 예약 실행을 설정하여 정기적으로 최적화 시킨다.

Solution

백업 기능을 자주 사용한다고 바이러스 감염 가능성이 높아지는 것은 아니다.

16 다음 중 Windows의 멀티 부팅 기능에 대한 설명으로 옳지 않은 것은?

① 컴퓨터의 디스크 공간이 충분한 경우 새 버전의 Windows 를 별도의 파티션에 설치하고 이전 버전의 Windows를 컴퓨터에 유지할 수 있게 하는 기능이다.

② 멀티 부팅을 위해서는 컴퓨터의 하드디스크에 각 운영 체제에 사용할 개별 파티션이 필요하다.

③ 컴퓨터를 시작할 때마다 실행할 Windows 버전을 선택할 수 있다.

④ 멀티 부팅은 2개의 Windows 중에서 최신 버전을 먼저 설치하고 이전 버전을 다음에 설치해야 정상적으로 부팅된다.

17 다음 중 Windows 원격 지원(빠른 지원)에 관한 설명으로 옳지 않은 것은?

① 공유 암호를 입력하면 바로 원격 제어가 가능해진다.

② 원격 지원은 다른 사람의 PC를 원격으로 조정하여 자신의 PC처럼 문제를 해결할 수 있는 편리한 기능이다.

③ 쌍방 중 어느 한 쪽이 언제든지 연결을 해제할 수 있다.

④ 컴퓨터 소유주와 동일한 권한으로 원격 컴퓨터를 탐색할 수 있으므로, 원격 지원은 신뢰할 수 있는 사람과 진행해야만 한다.

18 다음 중 Windows의 제어판에서 시각 장애가 있는 사용자가 컴퓨터를 사용하기에 편리하도록 설정할 수 있는 기능은?

① 동기화 센터
② 사용자 정의 문자 편집기
③ 접근성 센터
④ 프로그램 호환성 마법사

19 다음 중 Windows에서 [표준] 사용자 계정의 사용자가 할 수 있는 작업으로 옳지 않은 것은?

① 사용자 자신의 암호를 변경할 수 있다.

② 마우스 포인터의 모양을 변경할 수 있다.

③ 관리자가 설정해 놓은 프린터를 프린터 목록에서 제거할 수 있다.

④ 사용자의 사진으로 자신만의 바탕 화면을 설정할 수 있다.

20 다음 중 Windows의 [제어판]–[시스템] 창의 '컴퓨터에 대한 기본 정보 보기'에서 확인할 수 있는 정보로 옳지 않은 것은?

① Windows 버전
② Windows 업데이트 날짜
③ 설치된 메모리 용량
④ Windows 정품 인증

21 다음 중 데이터 유효성 검사에 대한 설명으로 옳지 않은 것은?

① 목록의 값들을 미리 지정하여 데이터 입력을 제한할 수 있다.

② 입력할 수 있는 정수의 범위를 제한할 수 있다.

③ 목록으로 값을 제한하는 경우 드롭다운 목록의 너비를 지정할 수 있다.

④ 유효성 조건 변경 시 변경 내용을 범위로 지정된 모든 셀에 적용할 수 있다.

SOLUTION

드롭다운 목록의 너비를 지정할 수 없다.

22 다음 중 아래 워크시트의 [A1:E9] 영역에서 고급 필터를 실행하여 영어 점수가 영어 평균 점수를 초과하거나 성명의 두 번째 문자가 '영'인 데이터를 추출하고자 할 때, 조건으로 ㉮와 ㉯에 입력할 내용으로 옳은 것은?

	A	B	C	D	E	F	G	H
1	성명	반	국어	영어	수학		영어평균	성명
2	강동식	1	81	89	99		㉮	
3	남궁영	2	88	75	85			㉯
4	강명주	2	90	88	92			
5	이동수	1	86	93	90			
6	박영민	2	75	91	84			
7	윤영미래	1	88	80	73			
8	이순영	1	100	84	96			
9	명지오	2	95	75	88			

① ㉮ =D2>AVERAGE(D2:D9) ㉯ ="=?영＊"

② ㉮ =D2>AVERAGE(D2:D9) ㉯ ="＊영?"

③ ㉮ =D2>AVERAGE($D$2:$D$9) ㉯ ="=?영＊"

④ ㉮ =D2>AVERAGE($D$2:$D$9) ㉯ ="=＊영?"

SOLUTION

• 성명의 두 번째 문자가 '영'인 데이터를 추출하기 위해서는 [?영＊]을 입력해야 한다.
• 영어점수의 평균을 초과하는 데이터를 추출할 때는 반드시 절대 참조를 사용해야 한다.

23 아래의 왼쪽 워크시트에서 성명 데이터를 오른쪽 워크시트와 같이 성과 이름 두 개의 열로 분리하기 위해 [텍스트 나누기] 기능을 사용하고자 한다. 다음 중 [텍스트 나누기]의 분리 방법으로 가장 적절한 것은?

	A
1	김철수
2	박선영
3	최영희
4	한국인

→

	A	B
1	김	철수
2	박	선영
3	최	영희
4	한	국인

① 열 구분선을 기준으로 내용 나누기

② 구분 기호를 기준으로 내용 나누기

③ 공백을 기준으로 내용 나누기

④ 탭을 기준으로 내용 나누기

SOLUTION

그림을 보면 열을 구분선으로 나눈 것을 알 수 있다.

24 다음 중 다양한 상황과 변수에 따른 여러 가지 결과 값의 변화를 가상의 상황을 통해 예측하여 분석할 수 있는 도구는?

① 시나리오 관리자

② 목표값 찾기

③ 부분합

④ 통합

SOLUTION

• 목표값 찾기 : 수식으로 구하려는 결과 값은 알지만 해당 결과를 구하는데 필요한 수식입력 값을 모르는 경우 사용하는 기능이다.
• 부분합 : 많은 양의 데이터를 그룹별로 분류하고, 각 그룹별로 계산 작업을 수행하는 분석 도구이다.

25 다음 중 데이터 입력에 대한 설명으로 옳지 않은 것은?

① 셀 안에서 줄 바꿈을 하려면 Alt + Enter 키를 누른다.

② 한 행을 블록 설정한 상태에서 Enter 키를 누르면 블록 내의 셀이 오른쪽 방향으로 순차적으로 선택되어 행단위로 데이터를 쉽게 입력할 수 있다.

③ 여러 셀에 숫자나 문자 데이터를 한 번에 입력하려면 여러 셀이 선택된 상태에서 데이터를 입력한 후 바로 Shift + Enter 키를 누른다.

④ 열의 너비가 좁아 입력된 날짜 데이터 전체를 표시하지 못하는 경우 셀의 너비에 맞춰 '#'이 반복 표시된다.

Solution

여러 셀에 숫자나 문자 데이터를 한 번에 입력하려면 여러 셀이 선택된 상태에서 데이터를 입력한 후 바로 Ctrl + Enter 키를 누른다.

26 다음 중 아래 워크시트에서 [A1:B1] 영역을 선택한 후 채우기 핸들을 이용하여 [B3] 셀까지 드래그 했을 때 [A3] 셀, [B3] 셀의 값으로 옳은 것은?

	A	B
1	가-011	01월15일
2		
3		
4		

① 다-011, 01월17일

② 가-013, 01월17일

③ 가-013, 03월15일

④ 다-011, 03월15일

Solution

• [A1] 셀과 같이 문자+숫자가 혼합되어 입력된 경우 채우기 핸들을 하면 숫자가 하나씩 증가한다.

• [B1] 셀과 같이 날짜가 입력되어 있는 경우 채우기 핸들을 하면 일이 하나씩 증가한다.

27 다음 중 입력 자료에 주어진 표시 형식으로 지정한 경우 그 결과가 옳지 않은 것은?

① 표시 형식: #,##0   입력 자료: 12345
표시 결과: 12

② 표시 형식: 0.00   입력 자료: 12345
표시 결과: 12345.00

③ 표시 형식: dd-mmm-yy   입력 자료: 2019/06/25
표시 결과 : 25-June-19

④ 표시 형식: @@"**"   입력 자료: 컴활
표시결과: 컴활 컴활**

Solution

• yy : 연도 중 뒤의 2자리만 표시
• yyyy : 연도를 4자리로 표시
• m : 월을 1~12로 표시
• mm : 월을 01~12로 표시
• mmm : 월을 Jan~Dec로 표시
• mmmm : 월을 January~December로 표시
• d : 일을 1~31로 표시
• dd : 일을 01~31로 표시
• ddd : 요일을 Sun~Sat로 표시
• dddd : 요일을 Sunday~Saturday로 표시

28 아래 워크시트와 같이 평점이 3.0 미만인 행 전체에 셀 배경색을 지정하고자 한다. 다음 중 이를 위해 조건부 서식 설정에서 사용할 수식으로 옳은 것은?

	A	B	C	D
1	학번	학년	이름	평점
2	20959446	2	강혜민	3.38
3	21159458	1	김경식	2.60
4	21059466	2	김병찬	3.67
5	21159514	1	장현정	1.29
6	20959476	2	박동현	3.50
7	21159467	1	이승현	3.75
8	20859447	4	이병훈	2.93
9	20859416	3	강수빈	3.84

① =$D2<3

② =$D&2<3

③ =D2<3

④ =D$2<3

Solution

[A2:D9] 영역까지 범위를 지정하고 [조건부 서식]의 [새 규칙]에서 [수식을 사용하여 서식을 지정할 셀 결정]을 선택한 후 '=$D2<3'을 입력한다.

29 다음 중 각 함수식과 그 결과가 옳지 않은 것은?

① =TRIM("1/4분기 수익") → 1/4분기 수익

② =SEARCH("세","세금 명세서", 3) → 5

③ =PROPER("republic of korea") → REPUBLIC OF KOREA

④ =LOWER("Republic of Korea") → republic of korea

31 다음 중 매크로의 특징에 대한 설명으로 옳지 않은 것은?

① 매크로 기록을 시작한 후의 키보드나 마우스 동작은 VBA 언어로 작성된 매크로 프로그램으로 자동 생성된다.

② 기록한 매크로는 편집할 수 없으므로 기능과 조작을 추가 또는 삭제할 수 없다.

③ 매크로 실행의 바로 가기 키가 엑셀의 바로 가기 키보다 우선한다.

④ 도형을 이용하여 작성된 텍스트 상자에 매크로를 지정한 후 매크로를 실행할 수 있다.

30 다음 중 매크로의 바로 가기 키에 관한 설명으로 옳지 않은 것은?

① 기본적으로 Ctrl 키와 함께 사용할 영문자를 지정한다.

② 바로 가기 키 지정 시 영문자를 대문자로 입력하면 조합 키는 Ctrl + Shift 로 변경된다.

③ 바로 가기 키로 영문자와 숫자를 함께 지정할 때에는 조합키로 Alt 를 함께 사용해야 한다.

④ 바로 가기 키를 지정하지 않아도 매크로를 기록할 수 있다.

32 다음 중 [A7] 셀에 수식 '=SUMIFS(D2:D6, A2:A6, "연필", B2:B6, "서울")'을 입력한 경우 그 결과 값은?

	A	B	C	D
1	품목	대리점	판매계획	판매실적
2	연필	경기	150	100
3	볼펜	서울	150	200
4	연필	서울	300	300
5	볼펜	경기	300	400
6	연필	서울	300	200
7	=SUMIFS(D2:D6, A2:A6, "연필", B2:B6, "서울")			

① 100　　　　　② 500

③ 600　　　　　④ 750

33 다음 중 차트의 데이터 계열 서식에 대한 설명으로 옳지 않은 것은?

① 계열 겹치기 수치를 양수로 지정하면 데이터 계열 사이가 벌어진다.

② 차트에서 데이터 계열의 간격을 넓게 또는 좁게 지정할 수 있다.

③ 특정 데이터 계열의 값이 다른 데이터 계열 값과 차이가 많이 나거나 데이터 형식이 혼합되어 있는 경우 하나 이상의 데이터 계열을 보조 세로 (값) 축에 표시할 수 있다.

④ 보조 축에 그려지는 데이터 계열을 구분하기 위하여 보조 축의 데이터 계열만 선택하여 차트 종류를 변경할 수 있다.

SOLUTION

양수로 지정하면 사이가 겹쳐진다.

---

34 다음 중 아래의 워크시트를 참조하여 작성한 수식 '=INDEX(B2:D9,2,3)'의 결과는?

	A	B	C	D
1	코드	정가	판매수량	판매가격
2	L-001	25,400	503	12,776,000
3	D-001	23,200	1,000	23,200,000
4	D-002	19,500	805	15,698,000
5	C-001	28,000	3,500	98,000,000
6	C-002	20,000	6,000	96,000,000
7	L-002	24,000	750	18,000,000
8	L-003	26,500	935	24,778,000
9	D-003	22,000	850	18,700,000

① 19,500   ② 23,200,000

③ 1,000   ④ 805

SOLUTION

※ INDEX(범위,행 번호, 열 번호)
지정된 범위에서 행 번호와 열 번호에 해당하는 데이터를 표시

---

35 다음 중 아래의 워크시트에서 '박지성'의 결석 값을 찾기 위한 함수식은?

	A	B	C	D
1	성적표			
2	이름	중간	기말	결석
3	김남일	86	90	4
4	이천수	70	80	2
5	박지성	95	85	5

① =VLOOKUP("박지성", $A$3:$D$5, 4, 1)

② =VLOOKUP("박지성", $A$3:$D$5, 4, 0)

③ =HLOOKUP("박지성", $A$3:$D$5, 4, 0)

④ =HLOOKUP("박지성", $A$3:$D$5, 4, 1)

SOLUTION

※ VLOOKUP(찾을 값,범위,열 번호,찾을 방법)
범위에서 첫 열에서 찾을 값에 해당하는 데이터를 찾은 후 찾을 값이 있는 행에서 열 번호 위치에 해당하는 데이터를 구함

---

36 다음 중 통합 문서 저장 시 설정할 수 있는 [일반 옵션]에 대한 설명으로 옳지 않은 것은?

① '백업 파일 항상 만들기'에 체크 표시한 경우에는 파일 저장 시 자동으로 백업 파일이 만들어진다.

② '열기 암호'를 지정한 경우에는 열기 암호를 입력해야 파일을 열 수 있고 암호를 모르면 파일을 열 수 없다.

③ '쓰기 암호'가 지정된 경우에는 파일을 수정하고 다른 이름으로 저장 시 '쓰기 암호'를 입력해야 한다.

④ '읽기 전용 권장'에 체크 표시한 경우에는 파일을 열 때 읽기 전용으로 열지 여부를 묻는 메시지가 표시 된다.

SOLUTION

쓰기 암호는 파일 내용 수정은 가능하지만 저장 시 암호를 지정하도록 하여 원래 문서를 보호한다.

정답 | 33 ① 34 ② 35 ② 36 ③

37 다음 중 아래 차트에 설정되어 있지 않은 차트 요소는?

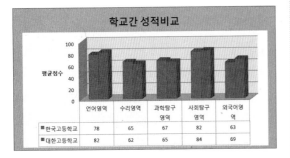

① 차트 제목
② 데이터 표
③ 데이터 레이블
④ 세로 (값) 축 제목

38 다음 중 틀 고정 및 창 나누기에 대한 설명으로 옳지 않은 것은?

① 화면에 나타나는 창 나누기 형태는 인쇄 시 적용되지 않는다.
② 창 나누기를 수행하면 셀 포인터의 오른쪽과 아래쪽으로 창 구분선이 표시된다.
③ 창 나누기는 셀 포인터의 위치에 따라 수직, 수평, 수직·수평 분할이 가능하다.
④ 첫 행을 고정하려면 셀 포인터의 위치에 상관없이 [틀 고정]-[첫 행 고정]을 선택한다.

39 다음 중 워크시트의 인쇄에 대한 설명으로 옳지 않은 것은?

① 인쇄 영역에 포함된 도형은 기본적으로 인쇄가 되지 않으므로 인쇄를 하려면 도형의 [크기 및 속성] 대화 상자에서 '개체 인쇄' 옵션을 선택해야 한다.
② 인쇄하기 전에 워크시트를 미리 보려면 Ctrl + F2 키를 누른다.
③ 기본적으로 화면에 표시되는 열 머리글(A, B, C 등)이나 행 머리글(1, 2, 3 등)은 인쇄되지 않는다.
④ 워크시트의 내용 중 특정 부분만을 인쇄 영역으로 설정하여 인쇄할 수 있다.

40 다음 중 추세선을 추가할 수 있는 차트 종류는?

① 방사형
② 분산형
③ 원형
④ 표면형

1과목 컴퓨터 일반

01 다음 중 모바일 멀티미디어 커뮤니케이션 서비스와 가장 거리가 먼 것은?

① 모바일 화상전화
② LBS
③ DMB
④ MMS

> **Solution**
> DMB는 영상을 휴대용 기기에 방송하는 서비스이다.

02 다음 중 멀티미디어 하드웨어에 대한 설명으로 옳지 않은 것은?

① 사운드 카드의 샘플링이란 아날로그 소리 파형을 일정시간 간격으로 연속적인 측정을 통해 얻어진 각각의 소리의 진폭을 숫자로 표현하여 디지털 데이터로 생성하는 것을 말한다.
② MPEG 보드란 압축된 동영상 파일을 빠른 속도로 복원시켜 재생해 주는 장치이다.
③ 비디오 오버레이 보드란 TV나 비디오를 보면서 컴퓨터 작업을 동시에 할 수 있도록 동영상 데이터를 비디오 카드의 데이터와 합성시켜 표현하는 장치이다.
④ 그래픽 카드는 CPU에 의해 처리된 아날로그 데이터를 디지털로 변환하여 모니터로 보내는 장치이다.

> **Solution**
> 그래픽 카드는 디지털 데이터를 영상 신호로 바꿔주는 장치이다.

03 다음 중 정보 사회의 컴퓨터 범죄 예방과 대책으로 적절하지 않은 것은?

① 보호하고자 하는 컴퓨터나 정보에 비밀번호를 설정하고 주기적으로 변경한다.
② 바이러스 백신 프로그램을 설치하고 자동 업데이트로 설정한다.
③ 정크메일로 의심이 가는 이메일은 본문을 확인한 후 즉시 삭제한다.
④ Windows Update는 자동 설치를 기본으로 설정한다.

> **Solution**
> 의심이 가는 메일은 본문을 확인하지 않고 삭제해야 한다.

04 다음 중 근거리 통신망(LAN)에 관한 설명으로 옳지 않은 것은?

① 비교적 전송 거리가 짧아 에러 발생률이 낮다.
② 반이중 방식의 통신을 한다.
③ 자원 공유를 목적으로 컴퓨터들을 상호 연결한다.
④ 프린터, 보조기억장치 등 주변장치들을 쉽게 공유할 수 있다.

> **Solution**
> 반이중 방식은 양방향 송수신이 가능하지만 동시에 송수신은 불가능한 것을 말한다. 무전기, FAX 등

05 다음 중 전자우편에서 사용하는 POP3 프로토콜에 관한 설명으로 옳은 것은?

① 이메일을 전송할 때 필요로 하는 프로토콜이다.
② 원격 서버에 접속하여 이메일을 사용자 컴퓨터로 가져오기 위한 프로토콜이다.
③ 멀티미디어 이메일을 주고받기 위한 프로토콜이다.
④ 이메일의 회신과 전체 회신을 가능하게 하는 프로토콜이다.

SOLUTION
- SMTP : 사용자의 컴퓨터에서 작성한 메일을 다른 사람의 계정이 있는 곳으로 전송해 주는 역할을 하는 프로토콜을 말한다.
- MIME : 텍스트, 이미지, 오디오, 비디오 등의 멀티미디어 전자우편을 주고받기 위한 인터넷메일의 표준이다.

06 다음 중 정보 보안을 위협하는 형태에 대한 설명으로 옳은 것은?

① 스니핑(Sniffing) : 검증된 사람이 네트워크를 통해 데이터를 보낸 것처럼 데이터를 변조하여 접속을 시도한다.
② 피싱(Phishing) : 적절한 사용자 동의 없이 사용자 정보를 수집하는 프로그램을 설치하여 사생활을 침해한다.
③ 스푸핑(Spoofing) : 실제로는 악성 코드로 행동하지 않으면서 겉으로는 악성 코드인 것처럼 가장한다.
④ 키 로거(Key Logger) : 키보드 상의 키 입력 캐치 프로그램을 이용하여 개인 정보를 빼낸다.

SOLUTION
- ① 스니핑(Sniffing) : 네트워크 주변을 지나다니는 패킷을 엿보면서 아이디와 패스워드를 알아내는 행위
- ② 피싱(Phishing) : 유명 기업이나 금융기관을 사칭한 가짜 웹 사이트나 이메일 등으로 개인의 금융정보와 비밀번호를 입력하도록 유도하여 예금인출 및 다른 범죄에 이용하는 수법
- ③ 스푸핑(Spoofing) : 악의적인 목적으로 임의로 웹 사이트를 구축해 일반 사용자의 방문을 유도한후 시스템 권한을 획득하여 정보를 빼가거나 암호와 기타 정보를 입력하도록 속이는 해킹 수법

07 다음 중 정보 통신 장비와 관련하여 리피터(Repeater)에 관한 설명으로 옳은 것은?

① 적절한 전송 경로를 선택하여 데이터를 전달하는 장비이다.
② 프로토콜이 다른 네트워크를 결합하는 장비이다.
③ 감쇠된 전송 신호를 증폭하여 다음 구간으로 전달하는 장비이다.
④ 같은 프로토콜을 사용하는 독립적인 2개의 근거리 통신망에 상호 접속하는 장비이다.

SOLUTION
- 라우터(Router) : 네트워크 계층의 연동 장치로, 최적 경로 설정에 이용되는 장치
- 게이트웨이(Gateway) : 주로 LAN에서 다른 네트워크에 데이터를 보내거나 다른 네트워크로부터 데이터를 받아들이는데 사용되는 장치
- 브리지(Bridge) : 두 개의 근거리통신망(LAN) 시스템을 이어주는 접속 장치

08 다음 중 인터넷에서 사용하는 도메인 네임에 관한 설명으로 옳은 것은?

① IP 주소를 사람이 이해하기 쉬운 숫자 형태로 표현한 것이다.
② 소속 국가명, 소속 기관명, 소속 기관 종류, 호스트 컴퓨터명의 순으로 구성된다.
③ 퀵돔(QuickDom)은 2단계 체제와 같이 도메인을 짧은 형태로 줄여 쓰는 것을 말한다.
④ 국가가 다른 경우에는 중복된 도메인 네임을 사용할 수 있다.

SOLUTION
퀵돔(QuickDom)은 도메인을 1단계 줄여 입력하는 것으로 예를 들면 3단계 영문 kr 도메인이 Seoul.or.kr이라면, 퀵돔은 Seoul.kr로 도메인의 성격을 나타내는 'or' 단계가 생략된 2단계 체제의 도메인을 말한다.

09 다음 중 추상화, 캡슐화, 상속성, 다형성 등의 특징을 지니고 있으며, 크고 복잡한 프로그램 구축이 어려운 절차형 언어의 문제점을 해결하기 위해 개발된 프로그래밍 기법은?

① 구조적 프로그래밍
② 객체지향 프로그래밍
③ 하향식 프로그래밍
④ 비주얼 프로그래밍

SOLUTION

※ 객체지향 프로그래밍
- 데이터와 그 데이터를 처리하는 함수를 객체로 묶어서 문제를 해결하는 언어이다.
- 대표적인 객체지향 언어로는 자바(Java), C++, Visual Basic, SmallTalk 등이 있다.
- 특징 : 상속성, 정보 은폐(캡슐화), 추상화, 다형성, 오버로딩 등
- 객체 내부의 데이터 구조에 데이터의 형(Type)뿐만 아니라 사용되는 함수까지 함께 정의한 것을 클래스(Class)라고 한다.
- 객체가 수행할 수 있는 특정한 작업을 메소드(Method)라고 한다.
- 객체는 속성과 메소드의 상속뿐만 아니라 재사용이 가능하다.

10 다음 중 상용 소프트웨어가 출시되기 전에 미리 고객들에게 프로그램에 대한 평가를 수행하고자 제작한 소프트웨어로 옳은 것은?

① 알파(Alpha) 버전　　② 베타(Beta) 버전
③ 패치(Patch) 버전　　④ 데모(Demo) 버전

SOLUTION

- ① 알파(Alpha) 버전 : 베타 테스트를 하기 전에 제작회사 내에서 테스트 할 목적으로 제작된 프로그램
- ③ 패치(Patch) 버전 : 오류 수정이나 성능 향상을 위해 이미 배포된 프로그램의 일부를 변경해 주는 프로그램
- ④ 데모(Demo) 버전 : 정식 프로그램의 기능을 홍보하기 위해 기능 및 기간을 제한하여 배포하는 프로그램

11 다음 중 컴퓨터를 이용한 가상 현실(Virtual Reality)에 관한 설명으로 옳은 것은?

① 고화질 영상을 제작하여 텔레비전에 나타내는 기술이다.
② 고도의 컴퓨터 그래픽 기술과 3차원 기법을 통하여 현실의 세계처럼 구현하는 기술이다.
③ 여러 영상을 통합하여 2차원 그래픽으로 표현하는 기술이다.
④ 복잡한 데이터를 단순화시켜 컴퓨터 화면에 나타내는 기술이다.

SOLUTION

특정한 환경을 컴퓨터 그래픽으로 만들어서 사용자가 마치 실제처럼 느끼게 들어주는 기술을 말한다.

12 다음 중 컴퓨터에서 사용하는 ASCII 코드에 관한 설명으로 옳은 것은?

① 패리티 비트를 이용하여 오류 검출과 오류 교정이 가능하다.
② 표준 ASCII 코드는 3개의 존 비트와 4개의 디지트 비트로 구성되며, 주로 대형 컴퓨터의 범용 코드로 사용된다.
③ 표준 ASCII 코드는 7비트를 사용하여 영문 대소문자, 숫자, 문장 부호, 특수 제어 문자 등을 표현한다.
④ 확장 ASCII 코드는 8비트를 사용하며 멀티미디어 데이터 표현에 적합하도록 확장된 코드표이다.

SOLUTION

※ ASCII 코드
- 7비트 구성 : 3개의 존 비트, 4개의 디지트 비트로 표현
- 2^7(128)가지의 문자를 표현 → 주로 데이터 통신용이나 개인용 PC에서 많이 사용

13 다음 중 컴퓨터의 주기억장치인 RAM에 관한 설명으로 옳은 것은?

① 전원이 공급되지 않더라도 기억된 내용이 지워지지 않는다.
② 시스템에서 사용하는 BIOS, POST 등이 저장된다.
③ 현재 사용 중인 응용 프로그램이나 데이터가 저장된다.
④ 주로 하드디스크에서 사용되는 기억장치이다.

Solution

※ RAM의 종류 및 비교

구분	SRAM(정적 램)	DRAM(동적 램)
용도	캐시 메모리	주기억장치
구성	플립플롭	콘덴서
재충전(Refresh)	필요 없음	필요함
접근 속도	빠름	느림
집적도	낮음	높음
구조	복잡함	간단함
전력소모량	많음	적음
가격	고가	저가

14 다음 중 컴퓨터의 저장 매체 관리 방법으로 옳지 않은 것은?

① 주기적으로 디스크 정리, 검사, 조각 모음을 수행한다.
② 강한 자성 물체를 외장 하드디스크 주위에 놓지 않는다.
③ 오랜 기간 동안 저장된 데이터는 재저장한다.
④ 예상치 않은 상황에 대비하여 주기적으로 백업하여 둔다.

Solution

오랜 기간 저장된 데이터도 변함없이 유지된다.

15 다음 중 Windows의 사용자 계정을 통해 사용할 수 있는 기능으로 옳지 않은 것은?

① 관리자 계정의 사용자는 다른 계정의 컴퓨터 사용시간을 제어할 수 있다.
② 관리자 계정의 사용자는 다른 계정의 등급 및 콘텐츠, 제목별로 게임을 제어할 수 있다.
③ 표준 계정의 사용자는 컴퓨터 보안에 영향을 주는 설정을 변경할 수 있다.
④ 표준 계정의 사용자는 컴퓨터에 설치된 대부분의 프로그램을 사용할 수 있고, 자신의 계정에 대한 암호 등을 설정할 수 있다.

Solution

※ 표준 사용자 계정
설치된 프로그램을 실행하거나 테마, 바탕 화면, 계정에 대한 암호 등을 설정할 수 있다. 그러나 프로그램이나 하드웨어 등을 설치하거나 중요 파일을 삭제할 수 없고, 계정 이름이나 유형을 변경할 수 없다.

16 다음 중 바로 가기 아이콘에 대한 설명으로 옳지 않은 것은?

① 바로 가기 아이콘을 삭제해도 해당 프로그램은 지워지지 않는다.
② 바로 가기 아이콘은 폴더, 디스크 드라이버, 프린터 등 모든 항목에 대해 만들 수 있다.
③ 바로 가기 아이콘은 실제 프로그램이 아니라 응용 프로그램의 경로를 기억하고 있는 아이콘이다.
④ 바로 가기 아이콘은 확장자는 '*.exe'이다.

Solution

exe는 컴퓨터 프로그램의 실행 파일을 나타내는 파일 확장자이다.

17 다음 중 Windows에서 작업 표시줄의 바로 가기 메뉴에서 설정할 수 있는 항목으로 옳지 않은 것은?

① 계단식 창 배열
② 창 가로 정렬 보기
③ 작업 표시줄 잠금
④ 아이콘 자동 정렬

18 다음 중 Windows의 [Windows 탐색기]에 대한 설명으로 옳지 않은 것은?

① 컴퓨터에 설치된 디스크 드라이브, 파일 및 폴더 등을 관리하는 기능을 가진다.
② 폴더와 파일을 계층 구조로 표시하며, 폴더 앞의 > 기호는 하위 폴더가 있음을 의미한다.
③ 현재 폴더에서 상위 폴더로 이동하려면 바로 가기 키인 Home 을 누른다.
④ 검색 상자를 사용하여 파일이나 폴더를 찾을 수 있으며, 검색은 입력을 시작함과 동시에 시작된다.

19 다음 중 Windows에서 제어판의 '프로그램 및 기능'에 대한 설명으로 옳지 않은 것은?

① Windows에 포함되어 있는 일부 프로그램 및 기능을 해제할 수 있으며, 기능 해제 시 하드 디스크 공간의 크기도 줄어든다.
② 설치된 응용 프로그램의 제거, 변경 또는 복구 등의 작업을 할 수 있다.
③ 컴퓨터에 설치된 업데이트 목록을 확인할 수 있으며 제거도 가능하다.
④ [프로그램 및 기능]을 이용하여 프로그램을 제거하면 Windows가 작동하는 데 영향을 미치지 않도록 프로그램이 정상적으로 삭제된다.

20 다음 중 플래시 메모리에 대한 설명으로 옳지 않은 것은?

① 소비전력이 작다.
② 휘발성 메모리이다.
③ 정보의 입출력이 자유롭다.
④ 휴대전화, 디지털카메라, 게임기, USB 메모리 등에 널리 이용된다.

21 아래 워크시트에서 [G12] 셀이 500000이 되려면 [G3] 셀이 얼마가 되어야 하는지 목표값 찾기를 이용하여 계산하고자 한다. 다음 중 [목표값 찾기] 대화 상자에 입력할 내용이 순서대로 바르게 나열된 것은?

	A	B	C	D	E	F	G
1							
2		구 분		1사분기	2사분기	3사분기	4사분기
3		판매수량		1,380	1,250	960	900
4		판매단가		100	100	120	120
5		판매금액		138,000	125,000	115,200	108,000
6		판매비	인건비용	3,000	3,100	3,100	3,200
7			광고비용	3,200	4,200	3,000	3,100
8			기타비용	1,900	1,980	2,718	2,396
9		소계		8,100	9,280	8,278	8,696
10		순이익		129,900	115,720	106,922	99,304
11							
12						총이익	451,846

목표값 찾기   ?   ✕

수식 셀(E):

찾는 값(V):

값을 바꿀 셀(C):

확인   취소

① $G$12, 500000, $G$3
② $G$3, 500000, $G$12
③ $G$3, $G$12, 500000
④ $G$12, $G$3, 500000

Solution

수식 셀	결과 값이 출력되는 셀 주소를 입력 → 반드시 수식이어야 함
찾는 값	목표값으로 찾고자 하는 값 입력
값을 바꿀 셀	목표 결과값을 계산하기 위해 변경되는 값이 입력되어 있는 셀 주소 입력

22 다음 중 가상 분석 도구인 [데이터 표]에 대한 설명으로 옳지 않은 것은?

① 테스트할 변수의 수에 따라 변수가 한 개이거나 두개인 데이터 표를 만들 수 있다.

② 데이터 표를 이용하여 입력된 데이터는 부분적으로 수정 또는 삭제할 수 있다.

③ 워크시트가 다시 계산될 때마다 데이터 표도 변경 여부에 관계없이 다시 계산된다.

④ 데이터 표의 결과값은 반드시 변화하는 변수를 포함한 수식으로 작성해야 한다.

Solution

데이터 표의 기능을 사용하여 자동 입력된 데이터 값은 일부분만 수정하거나 삭제할 수 없다.

23 다음 중 [데이터 유효성] 대화 상자의 [설정] 탭에서 '제한 대상' 목록에 해당하지 않는 것은?

① 정수
② 소수점
③ 목록
④ 텍스트

Solution

제한 대상에는 정수, 소수점, 목록, 날짜, 시간, 텍스트 길이, 사용자 지정 등이 있다.

24 다음 중 아래 그림의 표에서 조건 범위로 [A9:B11] 영역을 선택하여 고급 필터를 실행한 결과의 레코드 수는 얼마인가?

	A	B	C	D
1	성명	이론	실기	합계
2	김진아	47	45	92
3	이은경	38	47	85
4	장영주	46	48	94
5	김시내	40	42	65
6	홍길동	49	48	97
7	박승수	37	43	80
8				
9	합계	합계		
10	〈95	〉90		
11		〈70		

① 0
② 3
③ 4
④ 6

25 다음 중 아래 워크시트에서 [A1:B1] 영역을 선택한 후 채우기 핸들을 이용하여 [B3] 셀까지 드래그 했을 때 [A3] 셀, [B3] 셀의 값으로 옳은 것은?

	A	B
1	가-011	01월15일
2		
3		
4		

① 다-011, 01월17일
② 가-013, 01월17일
③ 가-013, 03월15일
④ 다-011, 03월15일

26 다음 중 데이터 입력에 대한 설명으로 옳지 않은 것은?

① 데이터를 입력하는 도중에 입력을 취소하려면 Esc 키를 누른다.

② 셀 안에서 줄을 바꾸어 데이터를 입력하려면 Alt + Enter 키를 누른다.

③ 텍스트, 텍스트/숫자 조합, 날짜, 시간 데이터는 셀에 입력하는 처음 몇 자가 해당 열의 기존 내용과 일치하면 자동으로 입력된다.

④ 여러 셀에 동일한 데이터를 입력하려면 해당 셀을 범위로 지정하여 데이터를 입력한 후 Ctrl + Enter 키를 누른다.

27 다음 중 매크로 작성 시 [매크로 기록] 대화 상자에서 선택할 수 있는 매크로의 저장 위치로 옳지 않은 것은?

① 새 통합 문서
② 개인용 매크로 통합 문서
③ 현재 통합 문서
④ 작업 통합 문서

28 다음 중 참조의 대상 범위로 사용하는 이름 정의 시 이름의 지정 방법에 대한 설명으로 옳지 않은 것은?

① 이름의 첫 글자로 밑줄(_)을 사용할 수 있다.
② 이름에 공백 문자는 포함할 수 없다.
③ 'A1'과 같은 셀 참조 주소 이름은 사용할 수 없다.
④ 여러 시트에서 동일한 이름으로 정의할 수 있다.

29 다음 중 조건부 서식을 이용하여 [A2:C5] 영역에 EXCEL과 ACCESS 점수의 합계가 170 이하인 행 전체에 셀 배경색을 지정하기 위한 수식으로 옳은 것은?

	A	B	C
1	이름	EXCEL	ACCESS
2	김경희	75	73
3	원은형	89	88
4	나도향	65	68
5	최은심	98	96

① =B$2+C$2<=170

② =$B2+$C2<=170

③ =$B$2+$C$2<=170

④ =B2+C2<=170

30 다음 중 매크로를 실행하는 방법으로 옳지 않은 것은?

① 매크로 기록 시 Alt 키 조합 바로 가기 키를 지정하여 매크로를 실행한다.
② 빠른 실행 도구 모음에 매크로 아이콘을 추가하여 매크로를 실행한다.
③ Alt + F8 키를 눌러 매크로 대화 상자를 표시한 후 매크로를 선택하고 [실행] 단추를 클릭하여 실행한다.
④ 그림, 온라인 그림, 도형 등의 그래픽 개체에 매크로 이름을 연결한 후 그래픽 개체 영역을 클릭하여 실행한다.

SOLUTION

매크로 기록은 기본적으로 Ctrl +영문 소문자 형식으로 지정한다. 영문 대문자를 입력할 경우 Ctrl + Shift +영문 대문자로 지정한다.

31 다음 중 아래 워크시트의 [A2] 셀에 수식을 작성하는 경우 수식의 결과가 다른 하나는?

① =MID(A1,SEARCH("대",A1)+2,5)
② =RIGHT(A1,LEN(A1)−2)
③ =RIGHT(A1,FIND("대",A1)+5)
④ =MID(A1,FIND("대",A1)+2,5)

SOLUTION

※ RIGHT(문자열,개수)
문자열의 오른쪽부터 지정된 개수만큼 문자 표시

※ MID(문자열,시작 번호,개수)
문자열의 시작 위치부터 지정된 개수만큼 문자 표시
· ① 상공대학교
· ② 상공대학교
· ③ 한상공대학교
· ④ 상공대학교

32 다음 중 엑셀의 날짜 및 시간 데이터 관련 함수에 대한 설명으로 옳지 않은 것은?

① 날짜 데이터는 순차적인 일련번호로 저장되기 때문에 날짜 데이터를 이용한 수식을 작성할 수 있다.
② 시간 데이터는 날짜의 일부로 인식하여 소수로 저장되며, 낮 12시는 0.5로 계산된다.
③ TODAY 함수는 셀이 활성화 되거나 워크시트가 계산될 때 또는 함수가 포함된 매크로가 실행될 때마다 시스템으로부터 현재 날짜를 업데이트한다.
④ WEEKDAY 함수는 날짜에 해당하는 요일을 구하는 함수로 Return_type 인수를 생략하는 경우 '일월화수목금토' 중 해당하는 한자리 요일이 텍스트 값으로 반환된다.

SOLUTION

Return_type 인수를 1 또는 생략하는 경우에는 1(일요일)에서 7(토요일) 사이의 숫자가 입력된다.

33 다음 중 시트 보호에 관한 설명으로 옳지 않은 것은?

① 차트 시트의 경우 차트 내용만 변경하지 못하도록 보호할 수 있다.
② '셀 서식' 대화 상자의 '보호' 탭에서 '잠금'이 해제된 셀은 보호되지 않는다.
③ 시트 보호 설정 시 암호의 설정은 필수 사항이다.
④ 시트 보호가 설정된 상태에서 데이터를 수정하면 경고 메시지가 나타난다.

SOLUTION

③ 암호의 설정은 선택사항이다.

34 다음 중 [페이지 설정] 대화 상자의 [머리글/바닥글] 탭에 대한 설명으로 옳지 않은 것은?

① 홀수 페이지의 머리글 및 바닥글을 짝수 페이지와 다르게 지정하려면 '짝수와 홀수 페이지를 다르게 지정'을 선택한다.

② 인쇄되는 첫 번째 페이지에서 머리글과 바닥글을 표시하지 않으려면 '첫 페이지를 다르게 지정'을 선택한 후 머리글과 바닥글 편집에서 첫 페이지 머리글과 첫 페이지 바닥글에 아무것도 설정하지 않는다.

③ 인쇄될 워크시트를 워크시트의 실제 크기의 백분율에 따라 확대 · 축소하려면 '문서에 맞게 배율 조정'을 선택한다.

④ 머리글 또는 바닥글을 표시하기에 충분한 머리글 또는 바닥글 여백을 확보하려면 '페이지 여백에 맞추기'를 선택한다.

> **SOLUTION**
> '문서에 맞게 배율 조정'은 머리글 및 바닥글에서 워크시트와 동일한 글꼴 크기와 배율을 지정할 때 사용한다.

35 다음 중 [인쇄 미리 보기]에 관한 설명으로 옳지 않은 것은?

① [인쇄 미리 보기] 창에서 셀 너비를 조절할 수 있으나 워크시트에는 변경된 너비가 적용되지 않는다.

② [인쇄 미리 보기]를 실행한 상태에서 [페이지 설정]을 클릭하여 [여백] 탭에서 여백을 조절할 수 있다.

③ [인쇄 미리 보기] 상태에서 '확대/축소'를 누르면 화면에는 적용되지만 실제 인쇄 시에는 적용되지 않는다.

④ [인쇄 미리 보기]를 실행한 상태에서 [여백 표시]를 체크한 후 마우스 끌기를 통하여 여백을 조절할 수 있다.

> **SOLUTION**
> [인쇄 미리 보기] 창에서 열 너비를 조정한 경우 미리 보기를 해제하면 워크시트에 조정된 너비가 적용되어 나타난다.

36 다음 중 [A7] 셀에 수식 '=SUMIFS(D2:D6,A2:A6, "연필", B2:B6, "서울")'을 입력한 경우 결과 값으로 옳은 것은?

⏴	A	B	C	D
1	품목	대리점	판매계획	판매실적
2	연필	경기	150	100
3	볼펜	서울	150	200
4	연필	서울	300	300
5	볼펜	경기	300	400
6	연필	서울	300	200
7	=SUMIFS(D2:D6, A2:A6, "연필", B2:B6, "서울")			

① 100

② 500

③ 600

④ 750

> **SOLUTION**
> ※ SUMIFS(합계 구할 범위, 조건1 적용 범위, 조건1, 조건2 적용 범위, 조건2....) : 범위 내에서 여러 조건을 만족하는 셀의 합계를 구함
> • [A2:A6] 영역의 값이 '연필'이면서 [B2:B6] 영역의 값이 '서울'인 셀의 행을 찾은 후, [D2:D6] 영역에서 해당하는 행의 값을 합한다.

37 다음 중 차트 편집에 대한 내용으로 옳지 않은 것은?

① 차트의 데이터 범위에서 일부 데이터를 차트에 표시하지 않으려면 행이나 열을 '숨기기'로 지정한다.

② 3차원 차트는 혼합형 차트로 만들 수 없다.

③ F11 키를 눌러 차트 시트를 만들 수 있다.

④ 여러 데이터 계열을 선택하여 한 번에 차트 종류를 변경할 수 있다.

> **SOLUTION**
> ※ **차트 종류 변경**
> – [차트 도구]–[디자인] 탭–[종류] 그룹–[차트 종류 변경]을 선택하거나 차트 영역 또는 특정 데이터 계열의 바로 가기 메뉴에서 [차트 종류 변경]을 클릭한다.
> – 차트 영역을 선택한 후 차트 종류를 변경하면 전체에 데이터 계열에 대해 차트가 변경된다.
> – 특정 데이터 계열을 선택한 후 차트 종류를 변경하면 해당 데이터 계열만 차트가 변경된다.

38 다음 중 차트의 데이터 계열 서식에 대한 설명으로 옳지 않은 것은?

① 계열 겹치기 수치를 양수로 지정하면 데이터 계열 사이가 벌어진다.

② 차트에서 데이터 계열의 간격을 넓게 또는 좁게 지정할 수 있다.

③ 특정 데이터 계열의 값이 다른 데이터 계열의 값과 차이가 많이 나거나 데이터 형식이 혼합되어 있는 경우 보조 세로(값) 축에 하나 이상의 데이터 계열을 나타낼 수 있다.

④ 보조 축에 해당되는 데이터 계열을 구분하기 위하여 보조 축의 데이터 계열만 선택하여 차트 종류를 변경할 수 있다.

SOLUTION

계열 겹치기 수치를 양수로 지정하면 데이터 계열 사이가 가까워진다.

39 다음 중 아래 차트에 설정되어 있지 않은 차트 구성 요소는?

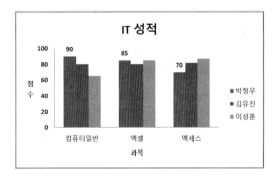

① 차트 제목
② 가로 (항목) 축 보조 눈금선
③ 데이터 레이블
④ 범례

SOLUTION

여러 항목을 비교하는 묶은 세로형 막대형 차트로 '가로 (항목) 축 보조 눈금선'이 설정되어 있지 않다.

40 다음 중 아래 워크시트에서 C열의 수식을 실행했을 때 화면에 표시되는 결과로 옳지 않은 것은?

	A	B	C
1	2017	1	=A1/A2
2	워드	2	=A1*2
3	엑셀	3	=LEFT(A3)
4	파워포인트	4	=VLOOKUP("워", A1:B4, 2, FALSE)

① [C1] 셀 : #VALUE!
② [C2] 셀 : 4034
③ [C3] 셀 : #VALUE!
④ [C4] 셀 : #N/A

SOLUTION

※ LEFT(문자열,개수)
문자열의 왼쪽부터 지정된 개수만큼 문자 표시
• ③ [C3] 셀의 결과 : 엑

1과목 컴퓨터 일반

01 다음 중 멀티미디어에 대한 설명으로 옳지 않은 것은?

① 멀티미디어 데이터는 다양한 하드웨어와 소프트웨어 환경에서 생성, 처리, 전송, 이용되므로 상호 호환되기 위한 표준이 필요하다.
② 멀티미디어는 텍스트, 이미지, 사운드, 애니메이션, 동영상 등의 데이터를 아날로그화 시킨 복합 구성 매체이다.
③ 가상현실, 전자출판, 화상회의, 방송, 교육, 의료 등 사회 전 분야에서 활용되고 있다.
④ 사용자는 정보 제공자와의 상호작용을 통해 어떤 정보를 언제 어떠한 형태로 얻을 것인지 결정하여 데이터를 전달 받을 수도 있다.

Solution

※ **멀티미디어**
멀티미디어는 'Multi(다중)+Media(매체)'의 합성어로, 컴퓨터에서 문자, 그림(사진), 음향, 동화상 등의 여러 가지 미디어가 통합된 매체를 의미한다.

02 다음 중 비트맵 이미지를 확대하였을 때 이미지의 경계선이 매끄럽지 않고 계단 형태로 나타나는 현상을 의미하는 용어는?

① 디더링(Dithering)
② 앨리어싱(Aliasing)
③ 모델링(Modeling)
④ 렌더링(Rendering)

Solution

안티앨리어싱(Anti-Aliasing)은 2차원 그래픽에서 개체 색상과 배경 색상을 혼합하여 경계면 픽셀을 표현함으로써 경계면을 부드럽게 보이도록 하는 기법이다.

03 다음 중 정보사회의 문제점으로 적절하지 않은 것은?

① 정보기술을 이용한 컴퓨터 범죄가 증가할 수 있다.
② VDT증후군과 같은 컴퓨터 관련 직업병이 발생할 수 있다.
③ 정보의 편중으로 계층 간의 정보수준 차이가 감소할 수 있다.
④ 정보처리 기술로 인간관계의 유대감이 약화될 가능성도 있다.

Solution

계층 간의 정보 차이는 정보의 편중으로 증가할 것이다.

04 다음 중 모든 사물을 네트워크로 연결하여 인간과 사물, 사물과 사물 간에 언제 어디서나 서로 소통할 수 있게 하는 새로운 정보통신 환경을 의미하는 것은?

① 클라우드 컴퓨팅(Cloud Computing)
② RSS(Rich Site Summary)
③ IoT(Internet of Things)
④ 빅 데이터(Big Data)

Solution

※ **IoT(Internet of Things)**
사물 인터넷이라고도 하며, 세상에 존재하는 모든 사물을 네트워크로 연결하여 인간과 사물, 사물과 사물 간 언제 어디서나 서로 소통할 수 있게 하는 새로운 정보 통신 환경을 말한다.

05 다음 중 언어 번역 프로그램인 컴파일러와 인터프리터의 차이점에 대한 설명으로 옳지 않은 것은?

① 컴파일러는 프로그램 전체를 번역하고, 인터프리터는 한 줄씩 번역한다.
② 컴파일러는 목적 프로그램을 생성하고, 인터프리터는 생성하지 않는다.
③ 컴파일러는 실행 속도가 빠르고, 인터프리터는 실행 속도가 느리다.
④ 컴파일러는 번역 속도가 빠르고, 인터프리터는 번역 속도가 느리다.

SOLUTION

• 컴파일러 : 고급언어에서 사용하며 목적코드를 생성한다. 기계어로 번역된 프로그램을 실행하므로 속도가 빠르다.
• 인터프리터 : 고급언어에서 사용하며 한 문장씩 읽어 번역하고 바로 실행한다. 행(줄) 단위로 번역하므로 번역속도는 빠르나 실행속도가 느리다.

06 다음 중 인터넷에서 사용하는 FTP 프로토콜에 관한 설명으로 옳지 않은 것은?

① FTP 서비스를 사용하기 위해서는 일반적으로 해당 사이트의 계정을 가지고 있어야 한다.
② 파일의 업로드, 다운로드, 삭제, 이름 변경 등의 작업을 할 수 있다.
③ FTP 서버에 있는 응용 프로그램들을 실행할 수 있다.
④ 데이터 전송을 위하여 Binary 모드와 ASCII 모드를 제공한다.

SOLUTION

FTP 프로토콜은 인터넷 환경에서 파일을 송수신 할 때 사용되는 원격 파일 전송 프로토콜을 말한다.

07 다음 중 인터넷을 이용할 때 자주 방문하게 되는 웹 사이트로 전자우편, 뉴스, 쇼핑, 게시판 등 다양한 서비스를 통합하여 제공하는 사이트를 의미하는 것은?

① 미러 사이트
② 포털 사이트
③ 커뮤니티 사이트
④ 멀티미디어 사이트

SOLUTION

※ 미러 사이트
인터넷상에서 동시 접속자 수가 너무 많아 과부하가 걸리거나, 너무 먼 원격지일 경우 발생하는 속도 저하를 막기 위해 동일한 사이트를 허가 하에 여러 곳으로 복사해 놓는 것을 말한다.

08 다음 중 인터넷에 대한 설명으로 적절하지 않은 것은?

① URL은 인터넷 상에 있는 각종 자원의 위치를 나타내는 표준 주소 체계이다.
② 인터넷은 TCP/IP 프로토콜을 통해 연결된 상업용 네트워크로 중앙통제기구인 InterNIC에 의해 운영된다.
③ IP주소는 인터넷에 연결된 모든 컴퓨터 자원을 구분하기 위한 고유의 주소이다.
④ www는 웹 브라우저를 통해 인터넷을 효과적으로 사용할 수 있게 하는 서비스이다.

SOLUTION

• TCP : 메시지를 송수신자의 주소와 정보를 묶어 패킷 단위로 나누는 역할을 수행하는 프로토콜이다.
• IP : 패킷의 주소를 해석하고 경로를 결정한 다음 호스트로 전송하는 역할을 수행하는 프로토콜이다.

09 다음 중 컴퓨터 범죄의 유형에 해당하지 않는 것은?

① 전산망을 이용한 개인 정보의 유출과 공개
② 컴퓨터 바이러스 백신의 제작과 유포
③ 저작권이 있는 웹 콘텐츠의 복사와 사용
④ 해킹에 의한 정보의 위/변조 및 유출

SOLUTION

② 컴퓨터 바이러스 백신의 제작과 유포로 인해 컴퓨터 범죄를 예방할 수 있다.

10 다음 중 시스템 소프트웨어에 대한 설명으로 옳지 않은 것은?

① 컴퓨터와 사용자 사이에서 중계자 역할을 하는 소프트웨어이다.
② 운영체제의 도움을 받아 컴퓨터를 사용할 수 있게 하는 소프트웨어이다.
③ 컴퓨터 시스템을 효율적으로 운영해 주는 소프트웨어이다.
④ 시스템 소프트웨어는 제어 프로그램과 처리 프로그램으로 구분된다.

Solution

시스템 소프트웨어는 제어 프로그램과 처리 프로그램으로 구성되어 있으며 제어 프로그램에는 데이터 관리, 작업 관리, 감시 프로그램이 있고, 처리 프로그램은 언어 번역기(어셈블러, 인터프리터, 컴파일러), 문제 처리, 서비스가 있다.

11 다음 중 컴퓨터의 문자 표현 코드인 ASCII 코드의 특징으로 옳은 것은?

① BCD 코드를 확장한 코드로 대형 컴퓨터에서 사용한다.
② 확장 ASCII 코드는 8비트를 사용하여 256가지의 문자를 표현한다.
③ 2진화 10진 코드라고도 하며, 하나의 문자를 4개의 Zone 비트와 4개의 Digit 비트로 표현한다.
④ 에러 검출 및 교정이 가능한 코드로 2비트의 에러 검출 코드가 포함되어 있다.

Solution

ASCII 코드는 개인용 컴퓨터에서 정보통신용으로 가장 많이 사용되는 코드로 3개의 Zone 비트와 4개의 Digit 비트로 구성된 코드를 말한다.

12 다음 중 컴퓨터의 연산속도 단위로 가장 빠른 것은?

① 1ms
② 1μs
③ 1ns
④ 1ps

Solution

※ 처리(연산) 속도 단위

느림 ms(밀리 초, 10^{-3}) – μs(마이크로 초, 10^{-6}) – ns(나노 초, 10^{-9}) – ps(피코 초, 10^{-12}) – fs(펨토 초, 10^{-15}) – as(아토 초 10^{-18}) 빠름

13 다음 중 레지스터에 관한 설명으로 옳지 않은 것은?

① 명령 레지스터는 현재 수행 중인 명령어를 가지고 있다.
② 메모리 중에서 가장 빠른 속도로 접근이 가능하다.
③ 프로그램 카운터는 다음번에 실행할 명령어의 주소를 가지고 있다.
④ 운영체제의 시스템 정보를 기억하고 관리한다.

Solution

※ 레지스터(Register)

– CPU 내에서 자료를 일시적으로 저장하는 저장장치이다.
– 레지스터는 주기억장치보다 속도가 빠르다. → 레지스터는 메모리 중 속도가 가장 빠름
– ALU(연산장치)에서 연산된 자료를 일시적으로 저장한다.
– 명령 레지스터, 주소 레지스터, 프로그램 카운터 등 여러 유형의 레지스터가 있다.

14 다음 중 컴퓨터를 업그레이드 하는 경우 수치가 클수록 좋은 것에 해당하지 않는 것은?

① 하드 디스크의 용량
② RAM의 접근 속도
③ CPU의 클럭 속도
④ DVD의 배속

Solution

컴퓨터를 업그레이드할 때 RAM은 접근속도 단위인 ns(나노 초)의 수치가 작을수록 좋다.

15 다음 중 Windows의 네트워크 및 공유 센터에서 고급 공유 설정 옵션에 해당하지 않는 것은?

① 네트워크 검색
② 파일 및 프린터 공유
③ 공용 폴더 공유
④ 이더넷 공유

Solution

네트워크 및 공유 센터의 고급 공유 설정 옵션에서는 네트워크 검색, 파일 및 프린터 공유, 공용 폴더 공유, 미디어 스트리밍, 파일 공유 연결, 암호로 보호된 공유 설정을 변경할 수 있다.

16 다음 중 중앙처리장치의 구성요소에 해당하지 않는 것은?

① ALU(Arithmetic Logic Unit)
② CU(Control Unit)
③ 레지스터(Register)
④ SSD(Solid State Drive)

17 다음 중 Windows의 [제어판]-[프로그램 및 기능]에서 설정할 수 없는 것은?

① 설치된 업데이트를 제거할 수 있다.
② Windows 기능을 설정(켜기)하거나 해제(끄기)할 수 있다.
③ Windows 업데이트가 자동 수행되도록 설정할 수 있다.
④ Windows에 설치된 응용 프로그램을 변경하거나 제거할 수 있다.

18 다음 중 Windows에서 디스크에 저장된 파일의 위치를 재정렬하는 단편화 제거 과정을 통해 디스크에서의 파일 읽기/쓰기 성능을 향상시키는 기능은?

① 리소스 모니터
② 디스크 정리
③ 디스크 포맷
④ 디스크(드라이브) 조각 모음

19 다음 중 Windows 바탕 화면에서 아래 그림과 같이 열려 있는 모든 창들을 미리 보기로 보면서 활성 창을 전환할 수 있는 바로 가기 키는?

① Alt + Tab
② ⊞ + Tab
③ Ctrl + Esc
④ Alt + Esc

20 다음 중 Windows 폴더의 [속성] 창에 대한 설명으로 옳지 않은 것은?

① 해당 폴더의 크기를 알 수 있다.
② 해당 폴더의 바로가기 아이콘을 만들 수 있다.
③ 해당 폴더의 읽기 전용 특성을 설정할 수 있다.
④ 해당 폴더의 만든 날짜를 알 수 있다.

21 다음 중 부분합을 실행했다가 부분합을 실행하지 않은 상태로 다시 되돌리려고 할 때의 방법으로 옳은 것은?

① [부분합] 대화 상자에서 [그룹화할 항목]을 '없음'으로 선택하고 [확인]을 누른다.

② [데이터] 탭의 [윤곽선] 그룹에서 [그룹 해제]를 선택하여 부분합에서 설정된 그룹을 모두 해제한다.

③ [부분합] 대화 상자에서 '새로운 값으로 대치'를 선택하고 [확인]을 누른다.

④ [부분합] 대화 상자에서 [모두 제거]를 누른다.

Solution

부분합을 실행하지 않은 상태로 되돌리려면 [데이터] 탭-[윤곽선] 그룹-[부분합]을 클릭한 후 부분합 대화 상자에서 [모두 제거]를 누르면 부분합을 실행하지 않은 상태로 되돌릴 수 있다.

22 다음 중 피벗 테이블에 대한 설명으로 옳지 않은 것은?

① 값 영역의 특정 항목을 마우스로 더블 클릭하면 해당 데이터에 대한 세부적인 데이터가 새로운 시트에 표시된다.

② 데이터 그룹 수준을 확장하거나 축소해서 요약 정보만 표시할 수도 있고 요약된 내용의 세부 데이터를 표시할 수도 있다.

③ 행을 열로 또는 열을 행으로 이동하여 원본 데이터를 다양한 방식으로 요약하여 표시할 수 있다.

④ 피벗 테이블과 피벗 차트를 함께 만든 후에 피벗 테이블을 삭제하면 피벗 차트도 자동으로 삭제된다.

Solution

피벗 테이블과 피벗 차트를 함께 만든 후에 피벗 테이블을 삭제하면 피벗 차트는 일반 차트로 변경된다.

23 아래 견적서에서 총합계 [F2] 셀을 1,170,000원으로 맞추기 위해서 [D6] 셀의 할인율을 어느 정도로 조정해야 하는지 그 목표값을 찾고자 한다. 다음 중 [목표값 찾기] 대화 상자의 각 항목에 들어갈 내용으로 옳은 것은?

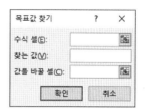

① 수식 셀 : $F$2, 찾는 값 : 1170000, 값을 바꿀 셀 : $D$6

② 수식 셀 : $D$6, 찾는 값 : $F$2, 값을 바꿀 셀 : 1170000

③ 수식 셀 : $D$6, 찾는 값 : 1170000, 값을 바꿀 셀 : $F$2

④ 수식 셀 : $F$2, 찾는 값 : $D$6, 값을 바꿀 셀 : 1170000

Solution

목표값 찾기는 수식이 사용된 셀에서 특정한 결과값을 얻기 위해서는 입력값이 어떻게 변경되어야 하는지를 알고자할 때 사용한다.

※ [목표값 찾기] 대화 상자

- 수식 셀 : 특정 값으로 결과가 나오기를 원하는 수식이 입력되어 있는 셀을 선택해야 하므로 총합계의 [F2] 셀을 선택한다.
- 찾는 값 : 찾고자 하는 것을 숫자 상수로 입력하는 부분으로 '1170000'을 입력해야 한다.
- 값을 바꿀 셀 : 찾는 값에 입력한 결과를 얻기 위해 데이터를 조절할 단일 셀로 할인율의 [D6] 셀을 선택한다.

24 다음 중 엑셀에서 기본 오름차순 정렬 순서에 대한 설명으로 옳지 않은 것은?

① 날짜는 가장 이전 날짜에서 가장 최근 날짜의 순서로 정렬된다.
② 논리값의 경우 TRUE 다음 FALSE의 순서로 정렬된다.
③ 숫자는 가장 작은 음수에서 가장 큰 양수의 순서로 정렬된다.
④ 빈 셀은 오름차순과 내림차순 정렬에서 항상 마지막에 정렬된다.

Solution

오름차순은 '숫자(작은 음수 〉 큰 양수) 〉 문자(왼쪽 〉 오른쪽) 〉 논리값(FALSE 〉 TRUE) 〉 오류값 〉 빈 셀' 순으로 정렬, 내림차순은 '오류값 〉 논리값 〉 문자 〉 숫자 〉 빈 셀' 순으로 정렬된다.

25 다음 중 아래 워크시트에서 [A1:A2] 영역을 선택한 후 Ctrl 키를 누른 채 채우기 핸들을 아래쪽으로 드래그 하는 경우 [A5] 셀에 입력되는 값은?

① 2 　　　　　　　② 16
③ 8 　　　　　　　④ 10

Solution

[A1:A2] 영역을 선택한 후 Ctrl 키를 누른 채 드래그하면 10과 8이 반복하여 표시되므로 [A5] 셀에 입력될 값은 10이 된다.

26 다음 중 셀 서식의 표시 형식에 대한 설명으로 옳지 않은 것은?

① 일반 형식으로 지정된 셀에 열 너비보다 긴 소수가 '0.123456789'와 같이 입력될 경우 셀의 너비에 맞춰 반올림한 값으로 표시된다.
② 통화 형식은 숫자와 함께 기본 통화 기호가 셀의 왼쪽 끝에 표시되며, 통화 기호의 표시 여부를 선택할 수 있다.
③ 회계 형식은 음수의 표시 형식을 별도로 지정할 수 없고, 입력된 값이 0일 경우 하이픈(-)으로 표시된다.
④ 숫자 형식은 음수의 표시 형식을 빨강색으로 지정할 수 있다.

Solution

통화 형식을 지정하게 되면 숫자와 함께 통화 기호(₩)가 표시되는데, 이때 기본 통화 기호(₩)는 왼쪽이 아닌 숫자에 붙어 셀의 오른쪽에 표시된다.

27 다음 중 [찾기 및 바꾸기] 대화 상자의 각 항목에 대한 설명으로 옳지 않은 것은?

① 찾을 내용 : 검색할 내용을 입력하는 곳으로 와일드카드 문자를 검색 문자열에 사용할 수 있다.
② 서식 : 숫자 셀을 제외한 특정 서식이 있는 텍스트 셀을 찾을 수 있다.
③ 범위 : 현재 워크시트에서만 검색하는 '시트'와 현재 통합 문서의 모든 시트를 검색하는 '통합 문서' 중 선택할 수 있다.
④ 모두 찾기 : 검색 조건에 맞는 모든 항목이 나열된다.

Solution

특정 서식이 있는 텍스트 셀과 숫자 셀 모두 찾을 수 있다.

28 다음 중 아래 시트에서 [C2:G3] 영역을 참조하여 [C5] 셀의 점수 값에 해당하는 학점을 [C6] 셀에 구하기 위한 함수식으로 옳은 것은?

	A	B	C	D	E	F	G
1							
2		점수	0	60	70	80	90
3		학점	F	D	C	B	A
4							
5		점수	76				
6		학점					
7							

① =VLOOKUP(C5,C2:G3,2,TRUE)

② =VLOOKUP(C5,C2:G3,2,FALSE)

③ =HLOOKUP(C5,C2:G3,2,TRUE)

④ =HLOOKUP(C5,C2:G3,2,FALSE)

SOLUTION

- VLOOKUP(찾을 값, 범위, 열 번호, 찾을 방법) : 범위에서 첫 열에서 찾을 값에 해당하는 데이터를 찾은 후 찾을 값이 있는 행에서 열 번호 위치에 해당하는 데이터를 구한다.
- HLOOKUP(찾을 값, 범위, 행 번호, 찾을 방법) : 범위에서 첫 행에서 찾을 값에 해당하는 데이터를 찾은 후 찾을 값이 있는 열에서 행 번호 위치에 해당하는 데이터를 구한다.

29 다음 중 조건부 서식 설정을 위한 [새 서식 규칙] 대화 상자의 '규칙 유형 선택' 항목에 해당하지 않는 것은?

① 임의의 날짜를 기준으로 셀의 서식 지정

② 셀 값을 기준으로 모든 셀의 서식 지정

③ 다음을 포함하는 셀만 서식 지정

④ 고유 또는 중복 값만 서식 지정

SOLUTION

※ [새 서식 규칙] 대화 상자의 '규칙 유형 선택' 항목
- 셀 값을 기준으로 모든 셀의 서식 지정
- 다음을 포함하는 셀만 서식 지정
- 상위 또는 하위 값만 서식 지정
- 평균보다 크거나 작은 값만 서식 지정
- 고유 또는 중복 값만 서식 지정
- 수식을 사용하여 서식을 지정할 셀 결정

30 다음 중 [매크로 기록] 대화 상자의 각 항목에 입력하는 내용으로 옳지 않은 것은?

① 매크로 이름 : 공백을 사용할 수 없으므로 단어 구분 기호로 밑줄을 사용한다.

② 바로 가기 키 : 영문자만 사용할 수 있으며, 대문자 입력 시에는 Ctrl + Shift 키가 조합키로 사용된다.

③ 매크로 저장 위치 : '현재 통합 문서'를 선택하면 모든 Excel 문서에서 해당 매크로를 사용할 수 있다.

④ 설명 : 매크로에 대한 설명을 기록할 때 사용하며, 매크로 실행에 영향을 미치지 않는다.

SOLUTION

※ [매크로 기록] 대화 상자
- 매크로 이름 : 첫 글자는 반드시 문자이어야 하며, 나머지는 문자나 숫자, 밑줄 문자 등을 사용 → 이름이 동일한 매크로는 존재할 수 없음
- 바로 가기 키 : 기본적으로 Ctrl 키+영문 소문자 형식으로 지정하며, 영문 대문자를 입력할 경우 Ctrl + Shift +영문 대문자로 지정 → 엑셀의 바로 가기 키와 중복되면 매크로 바로 가기 키가 우선시 되며, 나중에 수정 가능
- 매크로 저장 위치 : 개인용 매크로 통합 문서, 새 통합 문서, 현재 통합 문서 중 선택 → 매크로를 [XLSTART] 폴더에 'PERSONAL. XLSB'로 저장하면 엑셀을 실행할 때마다 모든 통합 문서에서 실행 가능

31 다음 중 [매크로] 대화 상자에 대한 설명으로 옳지 않은 것은?

① 매크로 이름을 선택한 후 [실행] 단추를 클릭하면 매크로가 실행된다.

② [한 단계씩 코드 실행] 단추를 클릭하면 Visual Basic Editor에서 매크로 실행 과정을 단계별로 확인할 수 있다.

③ [만들기] 단추를 클릭하면 빠른 실행 도구 모음에 매크로 실행 명령을 추가할 수 있다.

④ [옵션] 단추를 클릭하면 매크로 바로 가기 키를 수정할 수 있다.

Solution

[만들기] 단추는 새로운 매크로를 작성하기 위해서 Visual Basic을 실행할 때 사용한다.

32 다음 중 아래 워크시트에서 [E2] 셀의 함수식이 '=CHOOSE(RANK(D2, $D$2:$D$5), "천하", "대한", "영광", "기쁨")'일 때 결과로 옳은 것은?

	A	B	C	D	E
1	성명	이론	실기	합계	수상
2	박나래	47	45	92	
3	이홍주	38	47	85	
4	박병호	46	48	94	
5	장용민	49	48	97	

① 천하　　　　　　② 대한
③ 영광　　　　　　④ 기쁨

Solution

RANK 함수는 순위를 구하는 함수로 옵션이 없으면, 내림차순이다. 합계 순위를 비교하면 박나래의 순위는 3등이 된다. 장용민, 박병호 다음으로 세 번째로 순위가 높기 때문에 결과는 '영광'이다.

33 다음 중 [차트 도구]−[디자인] 탭의 [차트 레이아웃] 그룹에서 삽입할 수 없는 항목은?

① 범례　　　　　　② 축 제목
③ 차트 제목　　　　④ 텍스트 상자

Solution

텍스트 상자는 [삽입] 탭의 텍스트 그룹에 있는 기능이다.

34 다음 중 수식에 잘못된 인수나 피연산자를 사용한 경우 표시되는 오류 메시지는?

① #DIV/0!　　　　② #NUM!
③ #NAME?　　　　④ #VALUE!

Solution

#VALUE! 오류는 수식에 잘못된 인수나 피연산자를 사용한 경우에 발생하는 오류이다.

35 다음 중 아래의 워크시트에서 수식 '=DAVERAGE(A4:E10, "수확량", A1:C2)'의 결과 값으로 옳은 것은?

	A	B	C	D	E
1	나무	높이	높이		
2	배	>10	<20		
3					
4	나무	높이	나이	수확량	수익
5	배	18	17	14	105
6	배	12	20	10	96
7	체리	13	14	9	105
8	사과	14	15	10	75
9	배	9	8	8	76.8
10	사과	8	9	6	45

① 15　　　　　　　② 12
③ 14　　　　　　　④ 18

Solution

모두 조건을 만족하는 5행의 수확량은 14이고, 6행의 수확량은 10이다. 그리고 DAVERAGE 함수는 전체 범위에서 조건에 맞는 셀의 평균을 구하는 함수이므로 수확량 14와 10을 더하면 24가 되고 평균을 구하기 위해 2로 나누면 결과는 12가 된다.

36 다음 중 엑셀의 화면 제어에 관한 설명으로 옳지 않은 것은?

① 화면의 확대/축소는 화면에서 워크시트를 더 크게 또는 작게 표시하는 것으로 실제 인쇄할 때에도 설정된 화면의 크기로 인쇄된다.
② 리본 메뉴는 화면 해상도와 엑셀 창의 크기에 따라 다른 형태로 표시될 수 있다.
③ 워크시트에서 특정 영역을 마우스로 드래그하여 블록을 설정한 후 '선택 영역 확대/축소'를 클릭하면 워크 시트가 확대/축소되어 블록으로 지정한 영역이 전체 창에 맞게 보여진다.
④ 리본 메뉴가 차지하는 공간 때문에 작업이 불편한 경우 리본 메뉴의 활성 탭 이름을 더블 클릭하여 리본 메뉴를 최소화할 수 있다.

SOLUTION
화면의 확대/축소 기능은 실제 인쇄 크기에는 영향을 미치지 않는다.

37 다음 중 아래 차트에 대한 설명으로 옳지 않은 것은?

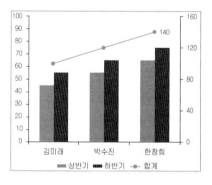

① '합계' 계열이 보조 축으로 설정된 이중 축 차트이다.
② 범례 위치는 '아래쪽'으로 설정되어 있다.
③ '하반기' 계열의 '한창희' 요소에 데이터 레이블이 표시되어 있다.
④ 보조 세로 (값) 축의 주 단위는 '40'으로 설정되어 있다.

SOLUTION
'하반기' 계열이 아니라 '합계' 계열의 '한창희' 요소에 데이터 레이블이 표시되어 있다.

38 다음 중 [페이지 레이아웃] 보기 상태에서의 머리글/바닥글 작업에 대한 설명으로 옳지 않은 것은?

① 머리글/바닥글 여백을 충분히 확보하려면 [머리글/바닥글 도구]–[디자인] 탭의 [옵션] 그룹에서 '문서에 맞게 배율 조정'을 선택한다.
② [머리글/바닥글 도구]–[디자인] 탭의 [머리글/바닥글] 그룹에서 미리정의된 머리글이나 바닥글을 선택할 수 있다.
③ 워크시트 페이지 위쪽의 머리글 영역을 클릭하면 리본 메뉴에 [머리글/바닥글 도구]가 표시된다.
④ 머리글 또는 바닥글의 입력을 마치려면 워크시트에서 아무 곳이나 클릭한다.

SOLUTION
머리글 또는 바닥글을 표시하기 위해 머리글/바닥글 여백을 충분히 확보하려면 '페이지 여백에 맞추기'를 선택한다.

39 다음 중 [페이지 설정] 대화 상자의 [시트] 탭에 관한 설명으로 옳지 않은 것은?

① '메모'는 시트에 포함된 메모의 인쇄 여부와 인쇄 위치를 지정한다.
② '눈금선'은 시트에 회색으로 표시된 셀 눈금선의 인쇄 여부를 지정한다.
③ '인쇄 영역'은 특정 부분만 인쇄하기 위해 범위를 지정하며, 인쇄 영역 내에 포함된 숨겨진 행과 열도 인쇄된다.
④ '간단하게 인쇄'는 워크시트에 입력된 차트, 도형, 그림 등 모든 그래픽 요소를 제외하고 텍스트만 인쇄한다.

SOLUTION
인쇄를 할 때 특정 영역만 범위를 지정하여 인쇄할 수 있으며, 인쇄 영역 내에 포함된 숨겨진 행과 열은 인쇄되지 않는다.

40 다음 중 차트에 대한 설명으로 옳지 않은 것은?

① 표면형 차트는 두 개의 데이터 집합에서 최적의 조합을 찾을 때 사용한다.

② 방사형 차트는 분산형 차트의 한 종류로 데이터 계열간의 항목 비교에 사용된다.

③ 분산형 차트는 데이터의 불규칙한 간격이나 묶음을 보여주는 것으로 주로 과학이나 공학용 데이터 분석에 사용된다.

④ 이중 축 차트는 특정 데이터 계열의 값이 다른 데이터 계열의 값과 현저하게 차이가 나거나 데이터의 단위가 다른 경우 주로 사용한다.

SOLUTION

• ②에서 설명한 내용은 거품형 차트에 해당한다.
• 방사형 차트 : 데이터를 방사형의 선으로 표시함으로써 데이터 계열의 총 값을 비교하여 상호관계를 살펴보고자 할 때 사용한다.

1과목 컴퓨터 일반

01 다음 중 그래픽 데이터의 표현에서 벡터(Vector) 방식에 관한 설명으로 옳은 것은?

① 점과 점을 연결하는 직선 또는 곡선을 이용하여 이미지를 표현한다.
② 이미지를 확대하면 테두리에 계단 현상과 같은 앨리어싱이 발생한다.
③ 래스터 방식이라고도 하며 화면 표시 속도가 빠르다.
④ 많은 픽셀로 정교하고 다양한 색상을 표시할 수 있다.

Solution

※ **비트맵(Bitmap) 방식**
- 픽셀(화소, Pixel)이라는 여러 개의 점으로 이미지를 표현 → 레스터(Raster) 방식
- 이미지를 확대하면 계단 현상과 같이 테두리가 거칠게 표현(앨리어싱) → 안티앨리어싱 처리가 필요
- 벡터 방식에 비해 메모리 용량이 크고, 속도가 느림
- 파일 형식 : BMP, GIF, JPEG(JPG), PCX, PNG, TIF 등

※ **벡터(Vector) 방식**
- 점과 점을 연결하는 직선이나 곡선을 이용하여 이미지를 표현
- 이미지를 확대하면 테두리가 거칠지 않고, 매끄럽게 표현 → 이미지 확대/축소 할 경우 화질 손상이 거의 없음
- 파일 형식 : AI, DXF, WMF 등

02 다음 중 멀티미디어와 관련된 용어에 대한 설명으로 옳지 않은 것은?

① VR이란 컴퓨터가 만들어 낸 가상세계의 다양한 경험을 체험할 수 있도록 하는 컴퓨터 그래픽 기술과 시뮬레이션 기능 등 관련 기술을 통틀어 말한다.
② LBS란 멀티미디어 기능 강화 실시간 TV와 생활정보, 교육 등의 방송 서비스를 말한다.
③ VCS란 화상회의시스템으로 초고속 정보통신망을 이용하여 멀리 떨어져 있는 사람들과 비디오와 오디오를 통해 회의할 수 있도록 하는 멀티미디어 시스템이다.
④ VOD란 주문형 비디오로 보고 싶은 영화나 스포츠 뉴스, 홈 쇼핑 등 가입자가 원하는 시간에 원하는 프로그램을 선택하여 시청할 수 있도록 하는 멀티미디어 서비스이다.

Solution

② LBS란 위성에서 보내는 신호를 수신해 사용자 현재 위치를 알아내는 시스템이다.

03 다음 중 Windows에서 아래 그림의 [오류 검사]에 관한 설명으로 옳지 않은 것은?

① 폴더와 파일의 오류를 검사하여 발견된 오류를 복구한다.
② 디스크의 물리적 손상 영역인 불량 섹터를 검출한다.
③ 네트워크 드라이브를 선택하여 오류 검사를 할 수 있다.
④ 시스템 성능 향상을 위해 정기적으로 수행하는 것이 좋다.

Solution

③ 네트워크 드라이브에는 오류 검사 도구가 없다.

04 다음 중 Windows 사용 시 메모리(RAM) 용량 부족 문제의 해결 방법으로 가장 적절하지 않은 것은?

① 불필요한 프로그램을 종료한다.
② 불필요한 자동 시작 프로그램을 삭제한다.
③ 시스템 속성 창에서 가상 메모리의 크기를 적절히 설정한다.
④ 휴지통에 있는 파일을 삭제한다.

SOLUTION

※ 메모리 용량 부족 문제 해결 방법
- 불필요한 프로그램을 종료한다.
- 시스템을 재부팅 한다.
- 불필요한 자동 시작 프로그램을 삭제한다.
- 시스템 속성 창에서 가상 메모리의 크기를 적절히 설정한다.
- 메모리 관리자 구동 드라이버가 설치되었는지 확인한다.

05 다음 중 Windows에서 바로가기 아이콘에 대한 설명으로 옳지 않은 것은?

① 원본 파일이 있는 위치와 다른 위치에 만들 수 있다.
② 원본 파일을 삭제하여도 바로가기 아이콘을 실행할 수 있다.
③ 바로가기 아이콘의 확장자는 LNK이다.
④ 하나의 원본 파일에 대하여 여러 개의 바로가기 아이콘을 만들 수 있다.

SOLUTION

바로가기 아이콘을 삭제해도 원본 프로그램에는 영향을 미치지 않는다. 그러나 원본 파일을 삭제하면 바로가기 아이콘을 실행할 수 없다.

06 다음 중 Windows에 포함되어 있는 백신 프로그램으로 스파이웨어 및 그 밖의 원치 않는 소프트웨어로부터 컴퓨터를 보호할 수 있는 것은?

① Windows Defender
② BitLocker
③ Archive
④ Malware

SOLUTION

• ① Windows에 기본 탑재되어 제공하는 안티바이러스 프로그램
• ② Windows에서 제공하는 디스크 암호화 기능
• ③ 백업용 또는 다른 목적으로 '한 곳에 파일들을 모아둔 것'을 의미
• ④ 악성 소프트웨어(malicious software)의 줄임말

07 다음 중 Windows의 작업 표시줄에 대한 설명으로 옳지 않은 것은?

① 작업 표시줄 잠금을 설정하여 작업 표시줄의 위치나 크기를 변경하지 못하도록 할 수 있다.
② 마우스 포인터 위치에 따라 작업 표시줄이 표시되지 않도록 작업 표시줄 자동 숨기기를 설정할 수 있다.
③ 작업 표시줄의 오른쪽 끝에 있는 [바탕 화면 보기] 단추를 클릭하여 바탕 화면이 표시되도록 할 수 있다.
④ [작업 표시줄 아이콘 만들기] 기능을 이용하여 작업 표시줄의 바로가기 아이콘을 바탕 화면에 설정할 수 있다.

SOLUTION

④ [작업 표시줄]에 아이콘 만들기 기능은 없다. 작업 표시줄에 아이콘을 추가하려면 바로가기 아이콘을 작업 표시줄로 드래그 해야 한다.

08 다음 중 컴퓨터의 보조기억장치로 사용하는 SSD (Solid State Drive)의 특징으로 옳지 않은 것은?

① HDD보다 빠른 속도로 데이터의 읽기나 쓰기가 가능하다.
② 물리적인 외부 충격에 약하며 불량 섹터가 발생할 수 있다.
③ 작동 소음이 없으며 전력소모가 적다.
④ 자기 디스크가 아닌 반도체를 이용하여 데이터를 저장한다.

SOLUTION

② 물리적으로 움직이는 부품이 없어 물리적인 충격에 상대적으로 강하다. 또한 보조기억장치에서는 언제든 불량 섹터가 발생할 수 있다.

09 다음 중 PC의 BIOS(Basic Input Output System)에 관한 설명으로 옳지 않은 것은?

① 기본 입출력장치나 메모리 등 하드웨어 작동에 필요한 명령을 모아 놓은 프로그램이다.

② 전원이 켜지면 POST(Power On Self Test)를 통해 컴퓨터를 점검하고 사용 가능한 장치를 초기화한다.

③ RAM에 저장되며, 펌웨어라고도 한다.

④ 칩을 교환하지 않고도 업그레이드를 할 수 있다.

> **SOLUTION**
>
> ③ BIOS는 기본 입출력시스템이란 의미로 메인보드의 ROM(Read Only Memory)에 반영구적으로 저장되어 롬—바이오스(ROM—BIOS)라고도 한다.

10 다음 중 제어장치에서 사용되는 레지스터로 다음번에 실행할 명령어의 번지를 기억하는 것은?

① 프로그램 카운터(PC)

② 누산기(AC)

③ 메모리 주소 레지스터(MAR)

④ 메모리 버퍼 레지스터(MBR)

> **SOLUTION**
>
> • ① 다음에 수행할 명령어의 번지를 기억하는 레지스터
> • ② 연산 장치 중 하나로서 중간 연산 결과를 일시적으로 기억하는 레지스터
> • ③ 기억장치를 출입하는 데이터의 번지를 기억하는 레지스터
> • ④ 기억장치를 출입하는 데이터를 잠시 기억하는 레지스터

11 다음 중 컴퓨터 운영체제에 관한 설명으로 옳지 않은 것은?

① 운영체제는 컴퓨터가 작동하는 동안 하드 디스크에 위치하여 실행된다.

② 프로세스, 기억장치, 주변장치, 파일 등의 관리가 주요 기능이다.

③ 운영체제의 평가 항목으로 처리 능력, 응답시간, 사용 가능도, 신뢰도 등이 있다.

④ 사용자들 간의 하드웨어 공동 사용 및 자원의 스케줄링을 수행한다.

> **SOLUTION**
>
> ① 운영체제는 컴퓨터가 작동하는 동안 주기억장치에서 실행된다.

12 다음 중 아래의 ㉠, ㉡, ㉢에 해당하는 소프트웨어의 종류를 올바르게 짝지어 나열한 것은?

> 홍길동은 어떤 프로그램이 좋은지 알아보기 위해 ㉠누구나 임의의 용도로 사용할 수 있는 프로그램과 ㉡주로 일정 기간 동안 일부 기능을 제한한 상태로 사용하는 프로그램을 먼저 사용해 보고, 가장 적합한 ㉢프로그램을 구입하여 사용하려고 한다.

① ㉠ 프리웨어, ㉡ 셰어웨어, ㉢ 상용 소프트웨어

② ㉠ 셰어웨어, ㉡ 프리웨어, ㉢ 상용 소프트웨어

③ ㉠ 상용 소프트웨어, ㉡ 셰어웨어, ㉢ 프리웨어

④ ㉠ 셰어웨어, ㉡ 상용 소프트웨어, ㉢ 프리웨어

> **SOLUTION**
>
> • 프리웨어 : 무료 사용 및 배포가 가능하며 기간 및 기능에 제한이 없는 누구나 사용할 수 있는 소프트웨어이다.
> • 셰어웨어 : 일정기간 무료로 사용하다가 계속 사용하기를 원하면 금액을 지불하고 정식으로 사용할 수 있는 소프트웨어이다.
> • 상용 소프트웨어 : 정해진 금액을 지불하고 정식으로 사용하는 프로그램이다

13 다음 중 1GB(Giga Byte)에 해당하는 것은?

① 1024 Bytes

② 1024 × 1024 Bytes

③ 1024 × 1024 × 1024 Bytes

④ 1024 × 1024 × 1024 × 1024 Bytes

> **SOLUTION**
>
> ※ 기억 용량 단위
> – KB(Kilo(킬로) Byte) : 2^{10} = 1,024Bytes
> – MB(Mega(메가) Byte) : 2^{20} = 1,024KB (1024×1024Bytes)
> – GB(Giga(기가) Byte) : 2^{30} = 1,024MB (1024×1024×1024Bytes)
> – TB(Tera(테라) Byte) : 2^{40} = 1,024GB (1024×1024×1024×1024Bytes)
> – PB(Peta(페타) Byte) : 2^{50} = 1,024TB (1024×1024×1024×1024×1024Bytes)

14 다음 중 처리하는 데이터에 따라 분류되는 디지털 컴퓨터의 특징으로 옳은 것은?

① 산술이나 논리 연산을 한다.
② 증폭 회로를 사용한다.
③ 프로그래밍이 필요 없다.
④ 기억 기능이 없다.

※ 디지털 컴퓨터와 아날로그 컴퓨터의 비교

	디지털 컴퓨터	아날로그 컴퓨터
입력 형태	숫자, 문자	전류, 전압, 속도, 온도
출력 형태	숫자, 문자	곡선, 그래프
프로그래밍	필요	필요 없음
구성회로	논리회로	증폭회로
정밀도	필요 한도까지 가능	제한적
가격	고가	저가
용도	범용	특수 목적용
연산 방식	산술, 논리 연산	미/적분 연산
연산 속도	느림	빠름

15 다음 중 컴퓨터 사용 시 발생할 수 있는 바이러스 감염에 대한 예방법으로 적절하지 않은 것은?

① 방화벽을 설정하여 사용한다.
② 의심이 가는 메일은 열지 않고 삭제한다.
③ 백신 프로그램을 최신 버전으로 업데이트하여 실행한다.
④ 정기적으로 Windows의 [디스크 정리]를 실행한다.

④ [디스크 정리]는 바이러스 감염 예방법과 상관이 없다.

※ **디스크 정리** : 불필요한 파일을 삭제하여 디스크에 공간을 확보

16 다음 중 유명 기업이나 금융기관을 사칭한 가짜 웹 사이트나 이메일 등으로 개인의 금융정보와 비밀번호를 입력하도록 유도하여 예금 인출 및 다른 범죄에 이용하는 컴퓨터 범죄 유형은?

① 웜(Worm)　　　　② 해킹(Hacking)
③ 피싱(Phishing)　　④ 스니핑(Sniffing)

• ① 웜 : 일반적인 바이러스와는 다르게 다른 프로그램을 감염시키지 않고 스스로를 무한히 복제하고 네트워크를 통해 전파하는 바이러스
• ② 해킹 : 컴퓨터 시스템에 불법적으로 접근, 침투하여 시스템과 데이터를 파괴하는 행위
• ④ 스니핑 : 네트워크 주변을 지나다니는 패킷을 엿보면서 아이디와 패스워드를 알아내는 행위

17 다음 중 [제어판]에서 [인터넷 옵션] 창의 [일반] 탭을 이용하여 설정할 수 있는 작업으로 옳지 않은 것은?

① 마지막 세션 또는 기본 홈페이지로 웹브라우저의 시작 여부를 설정할 수 있다.
② 임시 파일, 열어본 페이지 목록, 쿠키 등을 삭제할 수 있다.
③ 웹 페이지의 색, 언어, 글꼴, 접근성 등을 설정할 수 있다.
④ 기본 웹브라우저와 HTML 편집 프로그램을 설정할 수 있다.

④ 기본 웹브라우저와 HTML 편집 프로그램은 [제어판]–[인터넷 옵션] 창의 [프로그램] 탭을 이용하여 설정할 수 있다.

18 다음 중 사물에 전자 태그를 부착하고 무선 통신을 이용하여 사물의 정보 및 주변 상황 정보를 감지하는 센서 기술은?

① 텔레매틱스　　　　② DMB
③ W–CDMA　　　　④ RFID

• ① 텔레매틱스 : 자동차와 무선 통신을 결합한 차량 무선 인터넷 서비스
• ② DMB : 영상이나 음성을 디지털로 변환하는 기술 및 이를 휴대용 IT기기에서 방송하는 서비스
• ③ W–CDMA : 동일한 단말기로 지구촌 어디서나 통화 가능한 호환성이 우수한 비동기식 3세대 이동통신 시스템

19 다음 중 Windows의 [명령 프롬프트] 창에서 사용하는 PING 서비스에 대한 설명으로 옳은 것은?

① 원격으로 다른 컴퓨터를 사용할 수 있는 서비스이다.

② 인터넷이 정상적으로 연결되었는지 확인하는 서비스이다.

③ 인터넷 서버까지의 경로를 추적하는 서비스이다.

④ 특정 시스템을 사용하고 있는 사용자 정보를 알아보는 서비스이다.

20 다음 중 정보통신에서 네트워크 관련 장비에 대한 설명으로 옳지 않은 것은?

① 라우터(Router): 네트워크를 구성하기 위해 반드시 필요한 장비로 정보 전송을 위한 최적의 경로를 찾아 통신망에 연결하는 장치

② 허브(Hub): 네트워크를 구성할 때 여러 대의 컴퓨터를 연결하고, 각 회선들을 통합 관리하는 장치

③ 브리지(Bridge): 네트워크를 구성할 때 디지털 신호를 아날로그 신호로 변환하여 전송하고 다시 수신된 신호를 원래대로 변환하기 위한 전송 장치

④ 게이트웨이(Gateway): 한 네트워크에서 다른 네트워크로 들어가는 입구 역할을 하는 장치로 근거리통신망(LAN)과 같은 하나의 네트워크를 다른 네트워크와 연결할 때 사용되는 장치

2과목 스프레드시트 일반

21 다음 중 조건부 서식의 서식 스타일에 해당하지 않는 것은?

① 데이터 막대　　　　② 색조

③ 아이콘 집합　　　　④ 그림

22 다음 중 [찾기 및 바꾸기] 대화상자에서 [찾기] 탭의 기능에 대한 설명으로 옳지 않은 것은?

① 대/소문자를 구분하여 찾을 수 있다.

② 수식이나 값에서 찾을 수 있지만, 메모 안의 텍스트는 찾을 수 없다.

③ 이전 항목을 찾으려면 Shift 키를 누른 상태에서 [다음 찾기] 단추를 클릭한다.

④ 와일드카드 문자인 '*' 기호를 이용하여 특정 글자로 시작하는 텍스트를 찾을 수 있다.

23 다음 중 데이터 편집에 대한 설명으로 옳지 않은 것은?

① [홈] 탭-[셀] 그룹의 [삭제]를 클릭하면 현재 선택되어 있는 셀 자체를 삭제하는 것이다.

② 셀을 선택하고 **Delete** 키를 누르면 셀에 입력된 데이터 내용만 지워진다.

③ 클립보드는 임시 저장소로 한 번에 하나의 데이터만 저장할 수 있기 때문에 추가로 다른 데이터가 저장되면 이전에 저장된 데이터는 사라진다.

④ [선택하여 붙여넣기] 기능을 이용하면 데이터가 입력되어 있는 표의 행과 열을 바꾸어 붙여 넣을 수 있다.

24 아래 보기는 입력데이터, 표시형식, 결과 순으로 표시한 것이다. 입력데이터에 주어진 표시 형식으로 지정한 경우 그 결과가 옳지 않은 것은?

① 입력 데이터 : 10   표시 형식 : ##0.0

    결과 : 10.0

② 입력 데이터 : 2123500   표시 형식 : #,###,"천원"

    결과 : 2,123.5천원

③ 입력 데이터 : 홍길동   표시 형식 : @"귀하"

    결과 : 홍길동귀하

④ 입력 데이터 : 123.1   표시 형식 : 0.00

    결과 : 123.10

25 다음 중 작성된 매크로를 실행하는 방법으로 옳지 않은 것은?

① 매크로를 지정한 도형을 클릭하여 실행한다.

② 매크로 대화상자에서 매크로를 선택하여 실행한다.

③ 매크로를 기록할 때 지정한 바로가기 키를 이용하여 실행한다.

④ 매크로를 지정한 워크시트의 셀 자체를 클릭하여 실행한다.

26 다음 중 매크로에 대한 설명으로 옳지 않은 것은?

① 매크로 이름은 대소문자를 구분하지 않으며, 공백이나 마침표를 포함하여 매크로 이름을 설정할 수 있다.

② 매크로를 실행할 **Ctrl** 키 조합 바로가기 키는 매크로가 포함된 통합 문서가 열려 있는 동안 이와 동일한 기본 엑셀 바로가기 키를 무시한다.

③ 매크로를 기록하는 경우 실행하려는 작업을 완료하는데 필요한 모든 단계가 매크로 레코더에 기록되며, 리본에서의 탐색은 기록에 포함되지 않는다.

④ 엑셀을 사용할 때마다 매크로를 사용할 수 있게 하려면 매크로 기록 시 매크로 저장 위치 목록에서 '개인용 매크로 통합 문서'를 선택한다.

27 다음 중 입력한 수식에서 발생한 오류 메시지와 그 발생 원인으로 옳지 않은 것은?

① #VALUE! : 잘못된 인수나 피연산자를 사용했을 때

② #DIV/0! : 특정 값(셀)을 0 또는 빈 셀로 나누었을 때

③ #NAME? : 함수 이름을 잘못 입력하거나 인식할 수 없는 텍스트를 수식에 사용했을 때

④ #REF! : 숫자 인수가 필요한 함수에 다른 인수를 지정했을 때

SOLUTION

※ 엑셀 오류 메시지

#DIV/0!	값이 포함되지 않은 셀이나 영(0)으로 숫자를 나눈 경우 발생
#NAME?	함수 이름이나 정의되지 않은 셀 이름을 사용했을 경우 발생
#NULL!	교차하지 않은 두 영역의 교차점을 참조 영역으로 지정하였을 경우 발생
#NUM!	수식이나 함수에 잘못된 숫자 값이나 표시할 수 있는 숫자 값의 범위를 벗어났을 경우 발생
#N/A	함수나 수식에 사용할 수 없는 값을 지정했을 때 발생
#REF!	셀 참조가 유효하지 않거나 이상이 있는 경우 발생
#VALUE!	잘못된 인수나 피연산자를 사용했을 경우 발생

28 다음 중 함수식에 대한 결과가 옳지 않은 것은?

① =MOD(9,2) → 1   ② =COLUMN(C5) → 3

③ =TRUNC(8.73) → 8   ④ =POWER(5,3) → 15

SOLUTION

• ① 9 ÷ 2 = 4…1 → 나머지 값 : 1
• ② C열의 열의 값 = 3
• ③ 8.73의 정수값 = 8
• ④ 5³ = 125

※ MOD(인수, 인수2) : 인수1을 인수2로 나눈 나머지 값을 구함
※ COLUMN(셀 혹은 범위) : 주어진 셀의 열 번호를 구함
※ TRUNC(인수, 자릿수) : 인수의 소수점 이하를 버리고 정수로 변환
※ POWER(인수1, 인수2) : 인수1을 인수2 만큼 거듭제곱한 값을 구함

29 다음 중 아래 차트에 관한 설명으로 옳지 않은 것은?

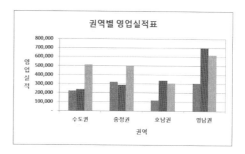

① 범례가 표시되어 있다.

② 차트 제목이 표시되어 있다.

③ 차트 종류는 묶은 세로 막대형이다.

④ 기본 세로 축 제목이 표시되어 있다.

SOLUTION

① 위 차트에는 범례가 표시되어 있지 않다.

30 아래의 워크시트의 [표1]을 이용하여 [F3:F5] 영역에 소속별 매출액의 합계를 구하려 한다. 다음 중 [F3] 셀에 수식을 입력한 후 채우기 핸들을 이용하여 [F5] 셀까지 계산하려고 할 때 [F3] 셀에 입력할 수식으로 옳은 것은?

⬚	A	B	C	D	E	F	G
1	[표1]						
2	성명	소속	매출액		소속	총매출액	평균매출액
3	이민우	영업2부	8,819		영업1부	24,634	6,159
4	차소라	영업3부	8,010		영업2부	42,300	7,050
5	진희경	영업2부	6,985		영업3부	30,128	7,532
6	자용	영업1부	7,580				
7	최병철	영업1부	7,321				
8	김철수	영업2부	4,850				
9	정진수	영업3부	7,623				
10	고희수	영업1부	3,455				
11	조민희	영업2부	4,215				
12	추소여	영업2부	8,521				
13	홍수아	영업3부	6,741				
14	이강식	영업1부	6,278				
15	유동근	영업3부	7,754				
16	이현재	영업2부	8,910				

① =SUMIF(B3:B16,E3,C3:C16)

② =SUMIF(B$3:B$16,E3,C$3:C$16)

③ =SUMIF($B$3:$B$16,E3,$C$3:$C$16)

④ =SUMIF($B3:$B16,$E3,$C3:$C16)

SOLUTION

• 조건 적용 범위 : 조건이 변경되면 표의 값이 변동될 수 있으므로 절대 참조로 진행한다. → B$3:B$16
• 조건 : 조건은 채우기 핸들에 따라 수식이 입력될 때마다 다른 소속 이름이 입력되어야 하므로 상대 참조로 진행한다. → E3
• 합계 구할 범위 : 범위가 다르다면 표의 정확한 값을 구할 수 없으므로 절대 참조로 진행한다. → $C$3:$C$16

31 다음 중 함수식에 대한 결과가 옳은 것은?

① =COUNT(1, "참", TRUE, "1") → 1

② =COUNTA(1, "거짓", TRUE, "1") → 2

③ =MAX(TRUE, "10", 8, 3) → 10

④ =ROUND(215.143, −2) → 215.14

32 다음 중 워크시트 사용 방법에 대한 설명으로 옳은 것은?

① 다음 워크시트로 전환하려면 시트 탭에서 Shift + Page Down 키를 누르고, 이전 워크시트로 전환하려면 Shift + Page Down 키를 누른다.

② 시트를 복사하려면 Shift 키를 누른 채 해당 시트의 시트 탭을 마우스로 드래그 앤 드롭 한다.

③ 현재의 워크시트 앞에 새로운 워크시트를 삽입하려면 Shift + F11 키를 누른다.

④ 인접하지 않은 둘 이상의 시트를 선택할 때는 Shift 키를 누른 채 원하는 시트 탭을 순서대로 클릭한다.

33 다음 중 차트 작업에 대한 설명으로 옳지 않은 것은?

① 차트에 표시되는 계열의 순서는 차트 생성 후에도 변경할 수 있다.

② 데이터 계열 값으로 참조되는 셀 영역에서 표시 형식을 변경하는 경우 차트에 표시되는 값에도 적용된다.

③ 사용자가 차트 요소에 지정한 서식은 해당 요소 선택 후 [홈]−[편집]−[지우기]−[서식 지우기]를 이용하여 원래 스타일로 되돌릴 수 있다.

④ 데이터 계열 값으로 참조되는 셀 영역에서 값을 변경하는 경우 차트에 표시되는 값도 함께 변경된다.

34 다음 중 원형 차트에 대한 설명으로 옳지 않은 것은?

① 차트 계열 요소의 값들을 '데이터 표'로 나타낼 수 있다.

② 항상 한 개의 데이터 계열만을 가지고 있으므로 축이 없다.

③ 차트의 각 조각을 분리하거나, 첫째 조각의 각을 조정할 수 있다.

④ 전체 항목의 합에 대한 각 항목의 비율을 표시할 수 있다.

35 다음 중 [페이지 나누기 미리 보기] 기능에 대한 설명으로 옳지 않은 것은?

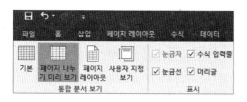

① 수동으로 삽입한 페이지 나누기는 실선으로 표시되고, 자동으로 추가된 페이지 나누기는 파선으로 표시된다.

② 자동 페이지 나누기 구분선을 이동하면 수동 페이지 나누기로 바뀐다.

③ 수동으로 삽입한 페이지 나누기를 제거하려면 페이지 나누기를 페이지 나누기 미리 보기 영역 밖으로 끌어 놓는다.

④ 행 높이와 열 너비를 변경하여도 자동 페이지 나누기는 영향을 받지 않고 원래대로 유지된다.

36 다음 중 창 나누기에 대한 설명으로 옳지 않은 것은?

① 창 나누기를 실행하면 하나의 작업 창은 최대 4개 부분으로 나눌 수 있다.

② 첫 행과 첫 열을 제외한 나머지 셀에서 창 나누기를 수행하면 현재 셀의 위쪽과 왼쪽에 창 분할선이 생긴다.

③ 현재의 창 나누기 상태를 유지하면서 추가로 창 나누기를 지정할 수 있다.

④ 화면에 표시되는 창 나누기 형태는 인쇄 시 적용되지 않는다.

37 다음 중 아래와 같이 조건을 설정한 고급 필터의 실행 결과에 대한 설명으로 옳은 것은?

소속	근무경력
<>영업	>=30

① 소속이 '영업팀'이 아니면서 근무경력이 30년 이상인 사원 정보

② 소속이 '영업팀'이면서 근무경력이 30년 이상인 사원 정보

③ 소속이 '영업팀'이 아니거나 근무경력이 30년 이상인 사원 정보

④ 소속이 '영업팀'이거나 근무경력이 30년 이상인 사원 정보

38 다음 중 시나리오에 관한 설명으로 옳지 않은 것은?

① 하나의 시나리오에 변경 셀을 최대 32개까지 지정할 수 있다.

② 요약 보고서나 피벗테이블 보고서로 시나리오 결과를 작성할 수 있다.

③ 시나리오 병합을 통하여 다른 통합 문서나 다른 워크시트에 저장된 시나리오를 가져올 수 있다.

④ 입력된 자료들을 그룹별로 분류하고, 해당 그룹별로 원하는 함수를 이용한 계산 결과를 볼 수 있다.

SOLUTION

④에서 설명하고 있는 기능은 부분합의 기능이다.

※ 시나리오
– 셀 값의 변동에 대한 여러 가지 변화하는 결과값을 가상의 상황을 통해 예측하기 위해 사용하는 분석 도구
– 특정 셀 값의 변경에 따라 연결된 결과값을 자동으로 변경, 예측
– 시나리오를 피벗 테이블로 요약할 수 있다.
– 시나리오 병합을 통해 다른 통합 문서나 다른 워크시트에 저장된 시나리오를 가져올 수 있다.
– 시나리오의 결과는 요약 보고서나 피벗 테이블 보고서로 만들 수 있다.
– 시나리오 보고서는 새로운 워크시트 형태로 표시된다.
– 변경 셀과 결과 셀에 이름을 지정한 후 시나리오 요약 보고서를 작성하면 결과에 셀 주소 대신 지정한 이름이 표시된다.
– 시나리오를 사용하여 작업시트에 입력된 값을 변경시키면 기존의 값을 되살릴 수 없다.

39 다음 중 피벗 테이블에 대한 설명으로 옳지 않은 것은?

① 원본의 자료가 변경되면 [모두 새로 고침] 기능을 이용하여 일괄 피벗 테이블에 반영할 수 있다.

② 작성된 피벗 테이블을 삭제하는 경우 함께 작성한 피벗 차트는 자동으로 삭제된다.

③ 피벗 테이블을 삭제하려면 피벗 테이블 전체를 범위로 지정한 후 키를 누른다.

④ 피벗 테이블의 삽입 위치는 새 워크시트뿐만 아니라 기존 워크시트에서 시작 위치를 선택할 수도 있다.

SOLUTION

② 작성된 피벗 테이블이 삭제되어도 함께 작성한 피벗 차트는 삭제되지 않는다.

40 다음 중 아래 그림과 같이 [목표값 찾기]를 실행했을 때 이에 대한 의미로 옳은 것은?

⊿	A	B	C	D	E
1	2017 판매현황				
2	품목	컴퓨터	프린터	캠코더	평균
3	판매량	60	65	55	60.0
4	목표값 찾기		? ×		
5					
6	수식 셀(E):	$E$3			
7	찾는 값(V):	65			
8	값을 바꿀 셀(C):	$B$3			
9					
10	확인	취소			

① 평균이 65가 되려면 컴퓨터의 판매량이 얼마가 되어야 하는가?

② 컴퓨터 판매량이 65가 되려면 평균은 얼마가 되어야 하는가?

③ 평균이 65가 되려면 프린트의 판매량은 얼마가 되어야 하는가?

④ 컴퓨터 판매량이 65가 되려면 캠코더의 판매량은 얼마가 되어야 하는가?

SOLUTION

'수식 셀'이 '찾는 값'이 되려면 '값을 바꿀 셀'이 얼마가 되어야 하는가?

※ 목표값 찾기
– 수식으로 구하려는 결과값은 알지만 해당 결과를 구하는 데 필요한 수식 입력 값을 모르는 경우 사용하는 기능이다.
– 목표에 대한 결과값은 입력 값을 참조하는 수식으로 작성되어 있어야 한다.
– 목표값 찾기는 구하려는 결과값에 대하여 하나의 입력값을 변경할 수 있다.

1과목 컴퓨터 일반

01 다음 중 폴더의 [속성] 창에 대한 설명으로 옳지 않은 것은?

① 폴더가 포함하고 있는 하위 폴더 및 파일의 개수를 알 수 있다.

② 폴더의 특정 하위 폴더를 삭제할 수 있다.

③ 폴더를 네트워크와 연결되어 있는 다른 컴퓨터에서 접근할 수 있도록 공유시킬 수 있다.

④ 폴더에 '읽기 전용' 속성을 설정하거나 해제할 수 있다.

Solution

② 폴더의 [속성] 창에서는 하위 폴더를 삭제할 수 없다.

02 다음 중 Windows에서 [디스크 정리]를 수행할 때 정리 대상 파일에 해당하지 않는 것은?

① 임시 인터넷 파일

② 사용하지 않은 폰트(＊.TTF) 파일

③ 휴지통에 있는 파일

④ 다운로드한 프로그램 파일

Solution

※ 디스크 정리
  불필요한 파일을 삭제하여 디스크의 여유 공간을 확보한다.

※ [디스크 정리]의 대상 파일
– 임시 인터넷 파일
– 휴지통에 있는 파일
– 다운로드한 프로그램 파일
– 임시 파일
– 미리보기 사진

03 다음 중 추상화, 캡슐화, 상속성, 다형성 등의 특징을 지니고 있으며, 크고 복잡한 프로그램 구축이 어려운 절차형 언어의 문제점을 해결하기 위해 개발된 프로그래밍 기법은?

① 구조적 프로그래밍   ② 객체지향 프로그래밍

③ 하향식 프로그래밍   ④ 비주얼 프로그래밍

Solution

• ① 구조적 프로그래밍은 입/출력이 하나씩 이루어진 구조로 순서, 선택, 반복의 3가지 논리 구조를 사용하는 기법이다.
• ③ 프로그램을 작성할 때 상위에서 하위 모듈부터 작성해 나가는 기법이며 오류 발생 시 수정이 어려운 단점이 있다.
• ④ GUI 환경에서 아이콘과 마우스를 이용해서 대화 형식으로 효율적이고 쉽게 프로그래밍 하는 기법이다.

04 다음 중 컴퓨터에서 사용되는 바이트(Byte)에 대한 설명으로 옳지 않은 것은?

① 1바이트는 8비트로 구성된다.

② 일반적으로 영문자나 숫자는 1Byte로 한 글자를 표현하고, 한글 및 한자는 2Byte로 한 글자를 표현한다.

③ 1바이트는 컴퓨터에서 각종 명령을 처리하는 기본단위이다.

④ 1바이트로는 256가지의 정보를 표현할 수 있다.

Solution

③ 1워드(Word)는 컴퓨터에서 각종 명령을 처리하는 기본단위이다.

※ 워드 (Word)
– CPU가 처리할 수 있는 명령 단위
– 한 번에 처리할 수 있는 데이터의 양, 컴퓨터의 명령 처리 단위
– Half Word : 2Byte
– Full Word : 4Byte
– Double Word : 8Byte

05 다음 중 인터넷 서비스를 위한 프로토콜로 웹페이지와 웹브라우저 사이에서 하이퍼텍스트 문서를 전송하기 위한 것은?

① TCP/IP　　　　　　② HTTP
③ FTP　　　　　　　④ WAP

Solution

- ① 인터넷 연결을 위한 대표적인 통신 프로토콜이며, 서로 다른 기종의 컴퓨터 간 통신을 위한 인터넷 표준 전송 규약
- ③ 컴퓨터와 컴퓨터 사이에서 파일을 주고받을 수 있도록 도와주는 원격 파일 전송 프로토콜
- ④ 모든 무선 네트워크에 연결할 수 있는 모바일 컴퓨터용 아키텍처로 무선 응용 통신규약을 의미

06 다음 중 인터넷을 이용한 전자 우편(E-mail)에 관한 설명으로 옳지 않은 것은?

① 전자 우편에서는 SMTP, MIME, POP3 프로토콜 등이 사용된다.
② 전자 우편 주소는 "아이디@도메인 네임"으로 구성된다.
③ 한 사람이 동시에 여러 사람에게 동일한 전자 우편을 보낼 수 있다.
④ 받은 메일에 대해 작성한 답장만 발송자에게 전송하는 기능을 전달(Forward)이라 한다.

Solution

- ④ 받은 메일에 대해 작성한 답장만 발송자에게 전송하는 기능을 회신 이라 한다.
  → 전달 : 받은 메일을 다른 사람에게 그대로 다시 보내는 기능

07 다음 중 컴퓨터에서 문자 데이터를 표현하는 방법으로 옳지 않은 것은?

① EBCDIC　　　　　② Unicode
③ ASCII　　　　　　④ Parity bit

Solution

- ④ Parity bit : 데이터 전송 시 데이터 비트에 추가하는 1비트짜리 에러 검출 코드

※ **문자 표현 코드**
- BCD코드
  - 6비트 구성 : 2개의 존 비트, 4개의 디지트 비트로 표현
  - 2^6(64)가지의 문자를 표현 → 영문 소문자는 표현 불가능
- ASCII코드
  - 비트 구성 : 3개의 존 비트, 4개의 디지트 비트로 표현
  - 2^7(128)가지의 문자를 표현
- EBCDIC코드
  - 비트 구성 : 4개의 존 비트, 4개의 디지트 비트로 표현
  - 2^8(256)가지의 문자를 표현
- Unicode
  - 모든 문자를 16비트(2바이트) 체계로 통일한 국제 표준 코드
  - 한글은 조합형, 완성형, 옛글자 모두를 표현할 수 있다.
  - 2^{16}(65,536)가지의 문자를 표현

08. 다음 중 컴퓨터에서 그래픽 데이터 표현 방식인 비트맵(Bitmap) 방식에 관한 설명으로 옳지 않은 것은?

① 점과 점을 연결하는 직선이나 곡선을 이용하여 이미지를 표현한다.
② 이미지를 확대하면 테두리가 거칠어진다.
③ 파일 형식에는 BMP, GIF, JPEG 등이 있다.
④ 다양한 색상을 사용하여 사실적 이미지를 표현할 수 있다.

Solution

- ① 픽셀(화소, Pixel)이라는 여러 개의 점으로 이미지를 표현한다.

※ **비트맵(Bitmap) 방식**
- 픽셀(화소, Pixel)이라는 여러 개의 점으로 이미지를 표현 → 레스터(Raster) 방식
- 이미지를 확대하면 계단 현상과 같이 테두리가 거칠게 표현(앨리어싱) → 안티앨리어싱 처리가 필요
- 벡터 방식에 비해 메모리 용량이 크고, 속도가 느림
- 파일 형식 : BMP, GIF, JPEG(JPG), PCX, PNG, TIF 등

※ **벡터(Vector) 방식**
- 점과 점을 연결하는 직선이나 곡선을 이용하여 이미지를 표현
- 이미지를 확대하면 테두리가 거칠지 않고, 매끄럽게 표현 → 이미지 확대/축소 시 화질 손상이 거의 없음
- 파일 형식 : AI, DXF, WMF 등

09 다음 중 Windows의 [작업 관리자]에서 설정할 수 있는 작업으로 옳지 않은 것은?

① 실행 중인 응용 프로그램을 [작업 끝내기]로 종료할 수 있다.
② 현재 실행 중인 프로세스와 프로세스에서 실행되는 서비스를 볼 수 있다.
③ CPU 사용정도와 CPU 사용현황을 확인할 수 있다.
④ 실행 중인 응용 프로그램의 실행 순서를 변경할 수 있다.

Solution

④ 실행 중인 응용 프로그램의 작업의 우선순위를 변경할 수 있다.

※ **작업관리자**
– 실행 중인 응용 프로그램이나 프로세스에 대한 정보를 작업 관리자 창을 통해 확인할 수 있다.
– 실행 중인 응용 프로그램의 작업 끝내기(강제 종료)를 하려면, Ctrl + Shift + Esc 키 또는 Ctrl + Alt + Delete 키, 작업 표시줄의 바로가기 메뉴에서 [작업 관리자]를 클릭하여 실행할 수 있다.
– 시스템의 CPU 사용 내용이나 할당된 메모리의 크기를 파악한다.
– 시스템 로그오프를 할 수 있다.
– 작업 관리자에서는 실행 중인 응용 프로그램의 수행 순서는 변형할 수 없다.

10. 다음 중 프로그램이 실행될 때 발생하는 메인 메모리 부족 문제를 보완하기 위해 하드디스크의 일부를 메인 메모리처럼 사용하게 하는 메모리 관리 기법을 의미하는 것은?

① 캐시 메모리
② 디스크 캐시
③ 연관 메모리
④ 가상 메모리

Solution

• ① 중앙처리장치와 주기억장치 사이에 위치하여 컴퓨터의 처리 속도를 향상시키는 역할을 하며 접근 속도가 빠른 정적 램(SRAM)을 사용한다.
• ② 디스크와의 입출력 속도를 빠르게 하도록 주기억장치의 일부를 최근 읽은 디스크 블록 내용을 기억하도록 캐시 용도로 사용한다.
• ③ 메모리에 저장된 데이터를 찾는데 있어서 메모리 주소보다 데이터 내용으로 접근하여 찾는 메모리이다.

※ **가상 메모리**
– 보조 기억 장치의 일부, 즉, 하드디스크의 일부를 주기억장치처럼 사용하는 메모리
– 프로그램 실행 시 발생하는 메인 메모리 부족 문제를 보완하기 위해 디스크의 일부를 메인 메모리처럼 사용하게 하는 메모리 관리 기법
– 주기억장치보다 큰 프로그램을 로드(Load)하여 실행할 경우에 유용하고 기억공간의 확대 목적

11 다음 중 멀티미디어와 관련하여 동영상 전문가 그룹에 의해서 제안된 비디오 또는 오디오 압축에 관한 일련의 표준으로 옳은 것은?

① XML
② SVG
③ JPEG
④ MPEG

Solution

• ① HTML 단점을 보완하여 문서의 구조적인 특성들을 고려한 문서들을 상호 교환할 수 있도록 설계된 프로그래밍 언어이다.
• ② 2차원 벡터 그래픽을 표현하기 위한 XML기반의 파일 형식이다.
• ③ 정지 영상을 표현하기 위한 국제 표준 압축 방식이다.

※ **MPEG**
– 동영상 전문가 그룹에서 제정한 국제 표준 규격의 동영상 압축 기술
– 동영상뿐만 아니라 오디오 데이터도 압축 가능
– 프레임 간 연관성을 고려하여 중복 데이터를 제거하는 손실 압축 기법을 사용

12 다음 중 인터넷 주소 체계인 IPv6에 대한 설명으로 옳은 것은?

① 주소는 8비트씩 16개 부분으로 총 128비트로 구성되어 있다.
② 주소를 네트워크 부분의 길이에 따라 A클래스에서 E클래스까지 총 5단계로 구분한다.
③ IPv4와의 호환성은 낮으나 IPv4에 비해 품질 보장은 용이하다.
④ 주소의 단축을 위해 각 블록에서 선행되는 0은 생략할 수 있다.

Solution

④ IPv6 주소의 각 블록의 0은 생략할 수 없다.

13 다음 중 컴퓨터에서 사용하는 일반 하드디스크에 비하여 속도가 빠르고 기계적 지연이나 에러의 확률 및 발열 소음이 적으며, 소형화, 경량화할 수 있는 하드디스크 대체 저장 장치는?

① DVD　　　　　② HDD
③ SSD　　　　　④ ZIP

> **SOLUTiON**
> - ① 4.7~17GB 대용량 정보 저장이 가능한 매체로 뛰어난 화질과 음질의 멀티미디어 데이터 저장이 가능
> - ② 컴퓨터 본체에 부착되어 있는 대용량의 기억장치
> - ④ 파일의 정보를 그대로 유지하면서 크기를 축소하는 압축 파일의 형식

14 다음 중 Windows에서 하드디스크를 포맷하기 위한 [포맷] 창에서 설정 가능한 항목으로 옳지 않은 것은?

① 볼륨 레이블 입력
② 파티션 제거
③ 파일 시스템 선택
④ 빠른 포맷 선택

> **SOLUTiON**
> ※ 하드디스크 포맷 설정
>
>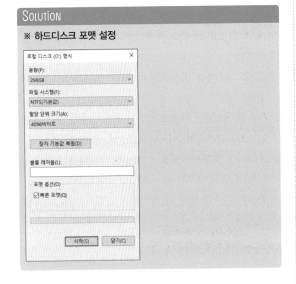

15 다음 중 컴퓨터 범죄 예방과 대책에 관한 설명으로 옳지 않은 것은?

① 해킹 여부를 정기적으로 검사한다.
② 의심이 가는 이메일은 열어서 내용을 확인하고 삭제한다.
③ 백신 프로그램을 설치하고 자동 업데이트 기능을 설정한다.
④ 회원 가입한 사이트의 패스워드를 주기적으로 변경한다.

> **SOLUTiON**
> ② 의심이 가는 이메일은 내용을 확인하지 않고 삭제거나, 이메일을 확인 한 경우 URL을 검사하거나, 첨부파일의 경우 다운로드 전에 바이러스검사를 한다.

16 다음 중 인터넷 익스플로러의 [인터넷 옵션]–[프로그램] 탭에서 설정 가능한 기능으로 옳지 않은 것은?

① HTML 파일을 편집하는 데 사용할 프로그램을 지정할 수 있다.
② 시스템에 설치된 브라우저의 추가 기능을 사용하도록 설정할 수 있다.
③ 웹 사이트를 열 때 사용할 기본 웹브라우저를 지정할 수 있다.
④ 수정된 홈페이지를 업로드하기 위한 FTP 서버를 지정할 수 있다.

> **SOLUTiON**
> ④ 수정된 홈페이지를 업로드하기 위한 FTP 서버를 지정하는 기능은 [프로그램] 탭에 없습니다.

17 다음 중 Windows의 [메모장]에 대한 설명으로 옳지 않은 것은?

① 작성한 문서를 저장할 때 확장자는 기본적으로 .txt가 부여된다.
② 특정한 문자열을 찾을 수 있는 찾기 기능이 있다.
③ 그림, 차트 등의 OLE 개체를 삽입할 수 있다.
④ 현재 시간/날짜를 삽입하는 기능이 있다.

18 다음 중 Windows의 [키보드 속성] 창에서 설정할 수 있는 내용으로 옳지 않은 것은?

① 문자 반복을 위한 재입력 시간
② 포인터 자국 표시
③ 커서 깜박임 속도
④ 문자 반복을 위한 반복 속도

19 다음 중 Windows의 바로가기 키에 대한 설명으로 옳지 않은 것은?

① Ctrl + Esc 키를 누르면 Windows 시작 메뉴를 열수 있다.
② 바탕 화면에서 아이콘을 선택한 후 Alt + Enter 키를 누르면 선택된 항목의 속성 창을 표시한다.
③ 바탕 화면에서 폴더나 파일을 선택한 후 F2 키를 누르면 이름을 변경할 수 있다.
④ 폴더 창에서 Alt + Space Bar 키를 누르면 특정 폴더 내의 모든 파일이나 폴더를 선택할 수 있다.

20 다음 중 Windows에서 프린터 설치에 관한 설명으로 옳지 않은 것은?

① 새로운 프린터를 설치하기 위하여 [장치 및 프린터]창에서 [프린터 추가]를 클릭하여 [프린터 추가 마법사]를 이용한다.
② 설치할 프린터 유형은 로컬 프린터와 네트워크, 무선 또는 Bluetooth 프린터 중에서 하나를 선택할 수 있다.
③ 네트워크 프린터를 선택한 경우에는 연결할 프린터의 포트를 지정한다.
④ 컴퓨터에 설치된 여러 대의 프린터 중에 현재 설치 중인 프린터를 기본 프린터로 설정할 것인지 선택한다.

21 다음 중 셀 범위를 선택한 후 그 범위에 이름을 정의하여 사용하는 것에 대한 설명으로 옳지 않은 것은?

① 이름은 기본적으로 상대 참조를 사용한다.

② 이름에는 공백이 없어야 한다.

③ 이름은 대소문자를 구별하지 않는다.

④ 정의된 이름은 다른 시트에서도 사용할 수 있다.

① 이름은 기본적으로 절대 참조를 사용한다.

※ 상대 참조

상대 참조는 상대적인 거리를 참조하므로 수식을 복사하면 자동으로 참조 범위가 바뀌며, 자동 채우기를 통한 수식을 복사 시 상대적 위치로 변경되어 나타난다. → A1

※ 절대 참조

수식에 특정한 셀 주소를 고정시켜 사용하는 참조 방식으로, 수식을 다른 셀에 복사하더라도 셀 주소는 고정되어 변경되지 않으며 절대 참조는 열 문자와 행 번호 앞에 '$'를 붙여 표시한다. → $A$1

22 다음 중 아래와 같이 설정된 [매크로 기록] 대화상자에 대한 설명으로 옳지 않은 것은?

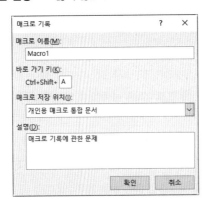

① 매크로 이름은 Macro1이며, 변경하고자 할 경우 [매크로] 대화상자에서만 변경할 수 있다.

② 작성된 'Macro1' 매크로는 'Personal.xlsb'에 저장된다.

③ 설명은 일종의 주석으로 반드시 지정해 주지 않아도 된다.

④ 작성된 'Macro1' 매크로는 Ctrl + A 키를 눌러 실행 할 수 있다.

① 매크로 이름은 Macro1이며, 변경하고자 할 경우 VBA 편집기에서 이름을 변경할 수 있다.

23 다음 중 워크시트에 숫자 '2234543'을 입력한 후 사용자 지정 표시 형식을 설정하였을 때, 화면에 표시되는 결과로 옳지 않은 것은?

① 형식: #,##0.00 → 결과 : 2,234,543.00

② 형식: 0.00 → 결과 : 2234543.00

③ 형식: #,###,"천원" → 결과 : 2,234천원

④ 형식: #% → 결과 : 223454300%

③ 형식: #,###,"천원" → 결과 : 2,234천원

#,### → 2,334,543

#,###, → 2,335

#,###,"천원" → 2,335천원

※ 사용자 지정 서식

- 0 : 숫자의 자릿수가 서식에 지정된 자리수보다 적으면 유효하지 않은 0을 표시한다.
- # : 유효한 자릿수만 표시한다. 유효하지 않은 자리수라면 0을 표시하지 않는다.
- , : 1000단위마다 구분 기호로 콤마(,)를 표시한다. 이후에는 1000단위를 반올림하여 제거하는데 사용한다.
- % : 데이터에 100을 곱한 후 '%'를 표기한다.
- . : 소수점을 반드시 표시한다.

24 다음 중 채우기 핸들에 대한 설명으로 옳은 것은?

① 문자와 숫자가 혼합된 셀의 채우기 핸들을 Ctrl 키를 누른 채 드래그하면 동일한 내용으로 복사된다.

② 숫자가 입력된 첫 번째 셀과 두 번째 셀을 범위로 설정한 후 채우기 핸들을 드래그하면 두 번째 셀의 값이 복사된다.

③ 숫자가 입력된 셀에서 Ctrl 키를 누른 채 채우기 핸들을 오른쪽으로 드래그하면 숫자가 1씩 감소한다.

④ 사용자 정의 목록에 정의된 목록 데이터의 첫 번째 항목을 입력하고 Ctrl 키를 누른 채 채우기 핸들을 드래그하면 목록 데이터가 입력된다.

- ② 숫자가 입력된 첫 번째 셀과 두 번째 셀을 범위로 설정한 후 채우기 핸들을 드래그하면 숫자가 하나씩 증가한다.
- ③ 숫자가 입력된 셀에서 Ctrl 키를 누른 채 채우기 핸들을 오른쪽으로 드래그하면 숫자가 1씩 증가한다.
- ④ 사용자 정의 목록에 정의된 목록 데이터의 첫 번째 항목을 입력하고 Ctrl 키를 누른 채 채우기 핸들을 드래그하면 첫 번째 항목을 복사한다.

25 다음 중 이미 부분합이 계산되어 있는 상태에서 새로운 부분합을 추가하고자 할 때 수행해야 할 작업으로 옳은 것은?

① [모두 제거] 단추를 클릭
② '새로운 값으로 대치' 설정을 해제
③ '그룹 사이에 페이지 나누기'를 설정
④ '데이터 아래에 요약 표시' 설정을 해제

26 다음 중 [페이지 설정] 대화상자에서 워크시트에 포함된 메모의 인쇄 여부 및 인쇄 위치를 지정하기 위해 선택해야 할 탭은?

① [페이지] 탭
② [여백] 탭
③ [머리글/바닥글] 탭
④ [시트] 탭

27 다음 중 날짜 및 시간 데이터에 관한 설명으로 옳지 않은 것은?

① 날짜 데이터를 입력할 때 년도와 월만 입력하면 일자는 자동으로 해당 월의 1일로 입력된다.
② 셀에 '4/9'를 입력하고 Enter 키를 누르면 셀에는 '04월 09일'로 표시된다.
③ 날짜 및 시간 데이터의 텍스트 맞춤은 기본 왼쪽 맞춤으로 표시된다.
④ Ctrl + : 키를 누르면 시스템의 오늘 날짜, Ctrl + Shift + : 키를 누르면 현재 시간이 입력된다.

28 다음 중 아래의 데이터를 이용하여 각 데이터 간 값을 비교하는 차트를 작성하려고 할 때 가장 적절하지 않은 차트는?

▲	A	B	C	D	E
1	성명	1사분기	2사분기	3사분기	4사분기
2	홍길동	83	90	95	70
3	성춘향	91	70	70	88
4	이몽룡	93	98	91	93

① 세로 막대형
② 꺾은선형
③ 원형
④ 방사형

29 다음 중 [G2:G5] 영역에 총점이 160 이상이면 '우수', 100 이상 160 미만이면 '보통', 100 미만이면 '노력'으로 입력하려고 할 경우 [G2] 셀에 입력할 수식으로 옳은 것은?

▲	A	B	C	D	E	F	G
1		번호	이름	영어	상식	총점	판정
2		1	원빈	97	80	177	우수
3		2	장동신	87	72	159	보통
4		3	현자	60	40	100	보통
5		4	한길	40	50	90	노력

① =IF(F2〉=160,IF(F2〉=100,"우수","보통","노력"))
② =IF(F2〉=160,"우수",IF(F2〉=100,"보통","노력"))
③ =IF(OR(F2〉=160,"우수",IF(F2〉=100,"보통","노력")))
④ =IF(F2〉=160,"우수",IF(F2〉=100,"보통",IF(F2=100,"노력")))

30 다음 중 [텍스트 나누기] 기능에 대한 설명으로 옳지 않은 것은?

① 영역을 선택한 후 [데이터] 탭-[데이터 도구] 그룹의 [텍스트 나누기]를 클릭하면 [텍스트 마법사] 대화 상자가 실행된다.

② [데이터 미리 보기]에서 나눠진 열을 선택한 후 드래그하여 열의 순서를 변경할 수 있다.

③ 각 열을 선택하여 데이터 서식을 지정할 수 있다.

④ 일정한 열 너비 또는 구분 기호로 구분하여 데이터를 나눌 수 있다.

31 다음 중 매크로에 대한 설명으로 옳은 것은?

① 매크로의 이름은 문자로 시작하여야 하고, 공백을 포함할 수 있다.

② 한 번 작성된 매크로는 삭제할 수 없다.

③ 매크로 작성을 위해 Visual Basic 언어를 따로 설치해야 한다.

④ 매크로란 반복적인 작업을 단순화하기 위해 작업과정을 자동화하는 기능이다.

32 다음 중 아래 워크시트에서 '부산' 대리점의 판매수량의 합계를 [D11] 셀에 구하기 위한 수식으로 옳지 않은 것은?

	A	B	C	D
1	대리점	단가	공급단가	판매수량
2	부산	500	450	120
3	인천	500	420	150
4	부산	500	450	170
5	서울	500	410	250
6	광주	500	440	300
7	이천	500	420	260
8	광주	500	440	310
9	부산	500	450	290
10				
11	부산 판매수량 합계			

① =SUM(D2,D4,D9)

② =SUMIF(A2:A9,"부산",D2:D9)

③ =DSUM(A1:D9,D1,A2)

④ =SUMIF(A2:D9,A2,D2:D9)

33 다음 중 [A8] 셀에 아래 함수식을 입력했을 때 나타나는 결과로 옳은 것은?

= COUNTBLANK(A1:A7) + COUNT(A1:A7)

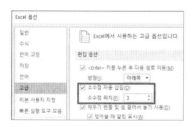

① 4　　　　② 5　　　　③ 6　　　　④ 7

34 다음 중 아래 그림과 같이 소수점 자동 삽입의 소수점 위치를 '3'으로 설정한 상태에서 숫자 5를 입력하였을 때 화면에 표시되는 결과로 옳은 것은?

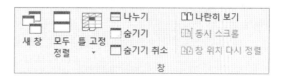

① 0.005　　② 3　　　③ 5　　　④ 5,000

35 다음 중 시스템의 현재 날짜에서 년도를 구하는 수식으로 옳은 것은?

① =DAYS360(YEAR())　　② =DAY(YEAR())
③ =YEAR(TODAY())　　　④ =YEAR(DATE())

36 다음 중 [보기] 탭의 [창] 그룹에 대한 설명으로 옳지 않은 것은?

① [나란히 보기]를 클릭하면 2개의 통합 문서를 동시에 비교해 볼 수 있다.
② [숨기기]를 클릭하면 선택되어 있는 현재 워크시트를 숨긴다.
③ [나누기]를 취소하려면 창을 나누고 있는 창 구분선을 더블 클릭한다.
④ [모두 정렬]은 현재 열려진 여러 개의 통합문서를 한 화면에 모두 표시할 때 사용한다.

37 다음 중 데이터 정렬에 대한 설명으로 옳지 않은 것은?

① 사용자 지정 목록을 사용하면 사용자가 정의한 순서대로 정렬할 수 있다.

② 색상별 정렬이 가능하여 글꼴 색 또는 셀 색을 기준으로 정렬할 수도 있다.

③ 정렬 옵션을 이용하면 데이터를 열 방향 또는 행 방향으로 선택하여 정렬할 수 있다.

④ 표에 병합된 셀들이 포함되어 있는 경우 병합된 셀들은 맨 아래쪽으로 정렬된다.

SOLUTION
④ 표에 병합된 셀들이 포함되어 있는 경우 병합된 셀들은 정렬할 수 없다.

38 다음 중 [시나리오 추가] 대화 상자에 대한 설명으로 옳지 않은 것은?

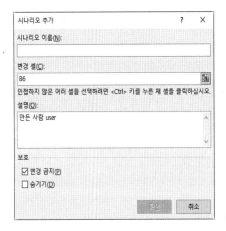

① [데이터]-[데이터 도구]-[가상 분석]-[시나리오 관리자] 대화상자에서 [추가] 단추를 클릭하면 표시되는 대화 상자이다.

② '변경 셀'은 변경 요소가 되는 값의 그룹이며, 하나의 시나리오에 최대 32개까지 지정할 수 있다.

③ '설명'은 시나리오에 대한 추가적인 설명으로 반드시 입력해야 한다.

④ '보호'의 체크 박스들은 [검토]-[변경 내용]-[시트 보호]를 설정한 경우에만 적용되는 항목들이다.

SOLUTION
③ '설명'은 시나리오에 대한 추가적인 설명으로 입력하지 않아도 된다.

39 다음 중 아래 차트에 대한 설명으로 옳은 것은?

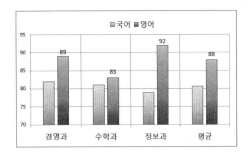

① 세로 (값) 축의 축 서식에서 주 단위 간격을 '95'로 설정하였다.

② 데이터 계열 서식의 '계열 겹치기' 값을 0보다 작은 음수 값으로 설정하였다.

③ '영어'의 데이터 레이블은 안쪽 끝에 표시되고 있다.

④ 가로 (항목) 축의 주 눈금선과 보조 눈금선이 함께 표시되고 있다.

SOLUTION
① 세로 (값) 축의 축 서식에서 주 단위 간격을 '5'로 설정하였다.
③ '영어'의 데이터 레이블은 바깥쪽 끝에 표시되고 있다.
④ 세로 (항목) 축의 주 눈금선과 보조 눈금선이 함께 표시되고 있다.

40 다음 중 차트의 범례 설정에 대한 설명으로 옳지 않은 것은?

① 범례 위치는 [범례 서식] 대화상자나 [차트 도구]-[디자인] 탭-[차트 요소 추가] 그룹-[범례]에서 쉽게 변경할 수 있다.

② 차트에서 범례 또는 범례 항목을 클릭한 후 키를 누르면 범례를 쉽게 제거할 수 있다.

③ 기본적으로 범례의 위치는 차트의 다른 구성요소와 겹치지 않게 표시된다.

④ 마우스로 범례를 이동하거나 크기를 변경하면 그림 영역의 크기 및 위치는 자동으로 조정된다.

SOLUTION
④ 마우스로 범례를 이동하거나 크기를 변경해도 그림 영역의 크기와 위치는 조정되지 않는다.

1과목 컴퓨터 일반

01 다음 중 멀티미디어 기법에 대한 설명으로 옳지 않은 것은?

① 안티앨리어싱(Anti-Aliasing)은 2차원 그래픽에서 개체 색상과 배경 색상을 혼합하여 경계면 픽셀을 표현함으로써 경계면을 부드럽게 보이도록 하는 기법이다.
② 모델링(Modeling)은 컴퓨터 그래픽에서 명암, 색상, 농도의 변화 등과 같은 3차원 질감을 넣음으로써 사실감을 더하는 기법을 말한다.
③ 디더링(Dithering)은 제한된 색을 조합하여 음영이나 색을 나타내는 것으로 여러 컬러의 색을 최대한 나타내는 기법을 말한다.
④ 모핑(Morphing)은 한 이미지가 다른 이미지로 서서히 변화하는 과정을 나타내는 기법이다.

Solution

- ② 모델링(Modeling) : 3차원에서 개체의 형상을 작성하는 작업 기법이다.
- ②에서 설명하고 있는 기법은 렌더링(Rendering)이다.

02 다음 중 초고속 인터넷을 이용하여 동영상 콘텐츠, 정보서비스 등 기본 텔레비전 기능에 인터넷 검색이 가능하게 한 서비스는?

① VoIP
② IPTV
③ IPv6
④ TCP/IP

Solution

- ① VoIP : 음성 데이터를 인터넷 프로토콜 데이터 패킷으로 변환하여 일반 데이터망에서 통화를 가능하게 해주는 통신 서비스 기술
- ③ IPv6 : 인터넷에 연결된 호스트 컴퓨터의 하나뿐인 주소로, IPv4의 주소 부족을 해결하기 위해 확장된 프로토콜이다. 네트워크 주소와 호스트 주소로 구성되며 16비트씩 8부분, 총 128비트 구성
- ④ TCP/IP : 서로 다른 기종의 컴퓨터 통신을 위한 인터넷 표준 전송 프로토콜

03 다음 중 컴퓨터 보안과 관련된 기술에 해당하지 않은 것은?

① 인증(Authentication)
② 암호화(Encryption)
③ 방화벽(Firewall)
④ 브리지(Bridge)

Solution

- ① 인증 : 사용자를 식별하고 접근 권한을 확인하는 기술
- ② 암호화 : 데이터를 암호화하고 복호화 하는 기술
- ③ 방화벽 : 보안이 필요한 네트워크의 통로를 하나로 관리함으로써 외부의 불법 침입으로부터 내부의 정보 자산을 보호하기 위한 시스템
- ④ 브리지 : 두 개의 근거리통신망(LAN) 시스템을 이어주는 접속 장치

04 다음 중 정보 사회의 특징으로 적절하지 않은 것은?

① 처리하고자 하는 정보의 종류와 양이 증가하였다.

② 정보처리 기술의 발달로 사회의 변화 속도가 빨라졌다.

③ 사이버 공간 상에 새로운 인간관계와 문화가 형성되었다.

④ 대중화 현상이 강화되고 개성과 자유를 경시하게 되었다.

SOLUTION

④ 대중화 현상이 강화되고 개성과 자유를 중시하게 되었다.

05 다음 중 네트워크 구성 형태에 관한 설명으로 옳지 않은 것은?

① 망(Mesh)형은 응답 시간이 빠르고 노드의 연결성이 우수하다.

② 성형(중앙 집중형)은 통신망의 처리 능력 및 신뢰성이 중앙 노드의 제어장치에 좌우된다.

③ 버스(Bus)형은 기밀 보장이 우수하고 회선 길이의 제한이 없다.

④ 링(Ring)형은 통신회선 중 어느 하나라도 고장 나면 전체 통신망에 영향을 미친다.

SOLUTION

③ 버스형(Bus)형은 한 개의 통신 회선에 여러 대의 단말장치가 연결되어 있는 통신망 모든 노드들이 하나의 케이블에 연결되어 있으며, 케이블 종단에는 종단장치가 필요

06 다음 중 컴퓨터와 같은 정보기기를 사용하기 위해서 반드시 설치되어야 하는 프로그램으로 가장 대표적인 시스템 소프트웨어는?

① 컴파일러　　　　　② 운영체제
③ 유틸리티　　　　　④ 라이브러리

SOLUTION

- ① 컴파일러 : 고급 언어로 작성된 원시 프로그램을 기계어인 목적 프로그램으로 번역하는 프로그램
- ② 운영체제 : 컴퓨터와 사용자의 중재적 역할을 하여 시스템을 효율적으로 운영할 수 있도록 도와주는 시스템 소프트웨어
- ③ 유틸리티 : 컴퓨터의 동작에 필수적이지는 않지만 컴퓨터를 이용하는 주목적에 대한 부차적인 일부 특정 작업을 수행
- ④ 라이브러리 : 소프트웨어 개발 시 사용되는 프로그램의 구성요소로, 공통으로 사용될 수 있는 특정한 기능(들)을 모듈화 한 것

07 다음 중 웹 브라우저의 기능에 관한 설명으로 옳지 않은 것은?

① 인터넷 옵션에서 멀티미디어 편집기를 선택할 수 있다.

② 전자 우편을 보내거나 FTP 서버에 접속할 수 있다.

③ 웹 페이지를 사용자 컴퓨터에 저장하거나 인쇄할 수 있다.

④ 자주 방문하는 웹 사이트 주소를 관리할 수 있다.

SOLUTION

① 인터넷 옵션에서 HTML 편집기를 선택할 수 있다.

※ 인터넷 옵션

[일반] 탭	홈 페이지 지정, 검색 기록(임시 파일, 열어본 페이지 목록, 쿠키, 저장된 암호 및 웹 양식 정보) 삭제/설정
[보안] 탭	웹 영역별로 보안 설정, 보안 수준 설정
[개인 정보] 탭	인터넷 영역에 대한 설정, 사용자 위치 정보 요청 허용 여부, 팝업 차단 여부 설정
[내용] 탭	가족 보호 설정, 등급 제한 설정, 인증서 관리, 자동 완성 설정
[연결] 탭	인터넷 연결, 프록시 서버 구성 설정, LAN 설정
[프로그램] 탭	기본 웹 브라우저, 브라우저 추가 기능관리, HTML 편집기, 전자 메일/뉴스 그룹 등 인터넷 서비스에 사용할 프로그램 설정
[고급] 탭	검색, 멀티미디어, 보안, 접근성 등의 고급 설정 관리

08 다음 중 정보통신 시스템의 구성요소에 대한 설명으로 옳지 않은 것은?

① 데이터 전송 방식에는 클라이언트/서버 방식과 동배간 처리 방식이 있다.
② 데이터 전송계는 데이터의 이동을 담당하는 여러 장치들을 포함한다.
③ 데이터 처리계는 데이터 처리에 사용하는 하드웨어와 통신 소프트웨어가 해당된다.
④ 단말장치는 원격지에서 발생한 데이터의 송수신을 위한 장치로 에러 제어 기능이 있다.

SOLUTION

① 네트워크 운영 방식에는 클라이언트/서버 방식과 동배간 처리 방식이 있다.

※ 정보 전송 방식

단방향 (Simplex)	한쪽 방향으로만 송수신이 이루어지는 형태 → 라디오, TV 방송 등
반이중 (Half Duplex)	양방향 송수신이 가능하지만 동시에 송수신은 불가능 → 무전기, FAX 등
전이중 (Full Duplex)	데이터를 동시에 양방향으로 전송 가능 → 전화 등

※ 네트워크 운영 방식

클라이언트/서버 (Client/Server)	• 클라이언트는 다른 프로그램에게 서비스를 요청, 서버는 그 요청에 대해 응답을 해주는 방식 • 여러 다른 지역에 걸쳐 분산되어있는 프로그램들을 연결시켜주는 편리한 수단을 제공
동배간 처리 (Peer To Peer)	• 컴퓨터와 컴퓨터가 동등하게 연결되는 방식 • 각각의 컴퓨터는 클라이언트인 동시에 서버가 될 수 있음 • 워크스테이션이나 PC를 단말기로 사용하는 작은 규모의 네트워크에 많이 사용 • 유지 보수, 보안 유지가 어렵다는 단점을 가짐

09 다음 중 컴퓨터 운영체제 운영 방식에서 임베디드 시스템에 관한 설명으로 옳지 않은 것은?

① 제어가 필요한 시스템의 두뇌 역할을 하는 전자 시스템으로 TV, 냉장고 등의 가전제품에 많이 사용된다.
② 처리할 데이터를 일정량 또는 일정시간 동안 모아서 한꺼번에 처리한다.
③ 마이크로프로세서에 특정 기능을 수행하는 응용프로그램을 탑재하여 컴퓨터 기능을 수행한다.
④ 하드웨어와 소프트웨어가 하나로 결합된 제어 시스템이다.

SOLUTION

②는 일괄처리 운영 방식에 대한 설명이다.

※ 임베디드(Embedded) 시스템
데이터 처리나 컴퓨터의 동작에 필요한 명령어나 데이터들을 시스템의 주기억장치에 보관하고, 순서대로 하나씩 꺼내어 중앙처리장치(CPU)에서 실행하도록 하는 시스템

10 다음 중 컴퓨터에서 사용하는 유니코드(Unicode)에 관한 설명으로 옳은 것은?

① 표현 가능한 문자수는 최대 256자이다.
② 에러 검출이나 교정이 가능한 코드이다.
③ 연산을 빠르게 수행하기 위하여 Zone 비트와 Digit 비트로 구성한다.
④ 데이터의 처리나 교환을 위하여 1개 문자를 16비트로 표현한다.

SOLUTION

• ① 표현 가능한 문자수는 최대 65,536(2^{16})자이다.
• ② 에러 검출이나 교정이 가능한 코드는 해밍(Hamming) 코드이다.
• ③ 연산을 빠르게 수행하기 위하여 Zone 비트와 Digit 비트로 구성한 코드는 EBCDIC 코드이다.

11 다음 중 자료의 구성단위에 대한 설명으로 옳지 않은 것은?

① 데이터베이스(Database)는 관련된 데이터 파일들의 집합을 말한다.
② 워드(Word)는 컴퓨터에서 한 번에 처리할 수 있는 명령 단위를 나타낸다.
③ 니블(Nibble)은 4개의 비트가 모여 1개의 니블을 구성한다.
④ 비트(Bit)는 정보의 최소 단위이며, 5비트가 모여 1바이트(Byte)가 된다.

12 다음 중 컴퓨터 하드 디스크의 연결 방식인 SATA(Serial ATA)에 관한 설명으로 옳지 않은 것은?

① 병렬 인터페이스 방식이다.
② 핫 플러그인 기능을 지원한다.
③ CMOS에서 지정하면 자동으로 Master와 Slave가 지정된다.
④ 데이터 전송 속도가 빠르다.

13 다음 중 컴퓨터의 하드웨어를 업그레이드할 때 수치가 작을수록 좋은 항목은?

① CPU 클럭 속도
② 하드디스크 용량
③ RAM 접근 속도
④ 모뎀 전송 속도

14. 다음 중 플래시 메모리(Flash Memory)에 관한 설명으로 옳지 않은 것은?

① 정보의 입출력이 자유롭고, 전송속도가 빠르다.
② 비휘발성 기억장치이다.
③ 트랙 단위로 저장된다.
④ 전력 소모가 적다.

15 다음 중 Windows에서 사용되는 휴지통에 관한 설명으로 옳은 것은?

① 휴지통은 하드 디스크 드라이브마다 한 개씩 만들 수 있다.
② 지정된 휴지통의 용량이 초과되면 새로 삭제된 파일이나 폴더는 보관되지 않는다.
③ 휴지통에 보관된 파일이나 폴더의 이름을 변경할 수 있다.
④ 휴지통에서 원하는 파일이나 폴더를 선택하여 실행할 수 있다.

16 다음 중 Windows 작업 표시줄의 점프 목록 사용에 대한 설명으로 옳지 않은 것은?

① 프로그램의 점프 목록을 보려면 작업 표시줄의 프로그램 아이콘을 마우스 오른쪽 단추로 클릭한다.
② 점프 목록에서 항목을 열려면 프로그램의 점프 목록에서 해당 항목을 클릭한다.
③ 점프 목록에 항목을 고정하려면 프로그램의 점프 목록에서 항목을 가리킨 다음 압정 아이콘을 클릭한다.
④ 점프 목록에서 항목을 제거하려면 프로그램의 점프 목록에서 항목을 가리킨 다음 Delete 키를 누른다.

17 다음 중 Windows의 시스템 복원 기능에 대한 설명으로 옳지 않은 것은?

① 컴퓨터 시스템에 문제가 생겼을 경우 복원 지점을 이용하여 정상적인 상태로 만드는 기능이다.
② 복원 지점은 시스템에 의해 자동으로 설정되지만 사용자가 임의로 복원 지점을 설정할 수도 있다.
③ 시스템 복원은 개인 파일을 백업하지 않으므로 삭제되었거나 손상된 개인 파일은 복구할 수 없다.
④ 시스템 복원 시 Windows Update에 의한 변경 사항은 복원되지 않는다.

18 다음 중 유틸리티 프로그램에 대한 설명으로 적절하지 않은 것은?

① 다수의 작업이나 목적에 대하여 적용되는 편리한 서비스 프로그램이나 루틴을 말한다.
② 컴퓨터의 동작에 필수적이고, 컴퓨터를 이용하는 주목적에 대한 특정 작업을 수행하는 소프트웨어들을 가리킨다.
③ 컴퓨터 하드웨어, 운영 체제, 응용 소프트웨어를 관리하는 데 도움을 주도록 설계된 프로그램을 의미한다.
④ Windows에서 제공하는 유틸리티 프로그램으로는 메모장, 그림판, 계산기 등을 예로 들 수 있다.

19 다음 중 Windows에서 유해한 프로그램이나 불법 사용자가 컴퓨터 설정을 임의로 변경하려는 경우 이를 사용자에게 알려 컴퓨터를 제어할 수 있도록 도와주는 기능은?

① 사용자 계정 컨트롤　　② Windows Defender
③ BitLocker　　　　　　④ 시스템 복원

20 다음 중 Windows의 드라이브 최적화(디스크 조각모음) 기능에 관한 설명으로 옳지 않은 것은?

① 하드 디스크에 단편화되어 조각난 파일들을 모아준다.
② USB 플래시 드라이브와 같은 이동식 저장 장치도 조각화 될 수 있다.
③ 수행 후에는 디스크 공간의 최적화가 이루어져 디스크의 용량이 증가한다.
④ 일정을 구성하여 드라이브 최적화(디스크 조각 모음)를 예약 실행할 수 있다.

21 다음 중 아래 그림과 같이 사원에 대한 근속연수 데이터에 주어진 조건으로 고급 필터를 실행한 경우의 결과값은?

	A	B	C	D	E	F	G
1					조건		
2	성명	직위	근속연수		성명	직위	근속연수
3	김일민	부장	20		김*		>10
4	김유민	사원	4			사원	<5
5	이지연	과장	12				
6	이민석	부장	14				
7	석명회	사원	2				
8	민호성	사원	11				

①

성명	직위	근속연수
김일민	부장	20
김유민	사원	4

②

성명	직위	근속연수
김일민	부장	20
석명회	사원	2

③

성명	직위	근속연수
김일민	부장	20
김유민	사원	4
석명회	사원	2

④

성명	직위	근속연수
김일민	부장	20
김유민	사원	4
석명회	사원	2
민호성	사원	11

SOLUTION

※ 고급 필터
복잡한 조건을 사용하여 셀 범위를 필터링하거나, 여러 필드를 결합하여 조건을 지정할 경우 사용하는 기능으로 조건이 같은 행일 경우 'AND 조건'이며, 다른 행에 입력된 조건은 'OR 조건'이다.

```
고급 필터                    ?    ×

결과
  ◉ 현재 위치에 필터(F)
  ○ 다른 장소에 복사(O)

목록 범위(L):   $A$2:$C$8        ▦
조건 범위(C):   $E$2:$G$4        ▦
복사 위치(T):                    ▦

□ 동일한 레코드는 하나만(R)

        확인            취소
```

• ①

성명	직위	근속연수
김*		

• ②

성명	직위	근속연수
김*		>10
	사원	<4

• ④

성명	직위	근속연수
김*		>10
	사원	

22 다음 중 아래와 같은 피벗 테이블을 작성하기 위한 작업으로 옳지 않은 것은?

	L	M	N	O	P
1					
2					
3		직업	(모두) ▼		
4					
5			열 레이블 ▼		
6		행 레이블 ▼	생명	연금	종신
7		⊞1월			
8		합계 : 월납입액		32,000	115,000
9		합계 : 만기보장금액		1,153,600	3,671,950
10		⊞2월			
11		합계 : 월납입액	150,000		101,000
12		합계 : 만기보장금액	3,708,000		1,792,200
13		⊞3월			
14		합계 : 월납입액	32,000	100,000	
15		합계 : 만기보장금액	758,080	1,236,000	
16		전체 합계 : 월납입액	182,000	132,000	216,000
17		전체 합계 : 만기보장금액	4,466,080	2,389,600	5,464,150

① 피벗 테이블 보고서를 넣을 위치로 기존 워크시트의 [M3] 셀을 선택하였다.
② '직업' 필드를 보고서 필터 영역에 설정하였다.
③ 총합계는 열의 총합계만 표시되도록 설정하였다.
④ 행 레이블의 필드에 그룹화를 설정하였다.

SOLUTION

① 피벗 테이블 보고서를 넣을 위치로 기존 워크시트의 [M5] 셀을 선택하였다. → [M3] 셀은 보고서 필터로 피벗 테이블의 시작위치는 [M5] 셀이다.

23 다음 중 정렬에 대한 설명으로 옳은 것은?

① 최대 24개의 열을 기준으로 정렬할 수 있다.
② 글꼴 색을 기준으로 정렬할 수 있다.
③ 정렬 대상 범위에 병합된 셀이 포함되어 있어도 정렬할 수 있다.
④ 숨겨진 행은 정렬 결과에 포함되나 숨겨진 열은 정렬결과에 포함되지 않는다.

SOLUTION

• ① 최대 64개의 열을 기준으로 정렬할 수 있다.
• ② 정렬 기준은 셀 값, 셀 색, 글꼴 색, 셀 아이콘 등으로 구분한다.
• ③ 정렬 대상 범위에 병합된 셀이 포함되어 있으면, 정렬할 수 없다.
• ④ 숨겨진 열이나 행은 정렬시 이동되지 않는다. 데이터를 정렬하기 전에 숨겨진 열과 행을 표시해야한다.

24 다음 중 [데이터 유효성] 기능의 오류 메시지 스타일에 해당하지 않는 것은?

① 경고(⚠) ② 중지(❌)
③ 정보(ℹ) ④ 확인(✔)

25 다음 중 채우기 핸들을 이용하여 데이터를 입력하는 방법으로 옳지 않은 것은?

① 인접한 셀의 내용으로 현재 셀을 빠르게 입력할 때 위쪽 셀의 내용은 단축키 Ctrl + D, 왼쪽 셀의 내용은 단축키 Ctrl + R을 누른다.

② 숫자와 문자가 혼합된 문자열이 입력된 셀의 채우기 핸들을 아래쪽으로 끌면 문자는 복사되고 마지막 숫자는 1씩 증가한다.

③ 숫자가 입력된 셀의 채우기 핸들을 Ctrl 키를 누른 채 아래쪽으로 끌면 똑같은 내용이 복사되어 입력된다.

④ 날짜가 입력된 셀의 채우기 핸들을 아래쪽으로 끌면 기본적으로 1일 단위로 증가하여 입력된다.

26 다음 중 원본 데이터를 지정된 서식으로 설정하였을 때 결과가 옳지 않은 것은?

①

원본데이터	서식	결과 데이터
314826	#,##0,	314,826,

②

원본데이터	서식	결과 데이터
281476	#,##0.0	281,476.00

③

원본데이터	서식	결과 데이터
12:00:00 AM	0	0

④

원본데이터	서식	결과 데이터
2018-03-25	yyyy-mmmm	2018-March

27 다음 중 [찾기 및 바꾸기] 대화 창에서 찾을 내용에 만능 문자(와일드카드)인 '?' 나 '*' 문자 자체를 찾는 방법은?

① 찾으려는 만능 문자 앞·뒤에 큰따옴표(" ") 기호를 입력한다.

② 찾으려는 만능 문자 앞에 퍼센트(%) 기호를 입력한다.

③ 찾으려는 만능 문자 앞에 느낌표(!) 기호를 입력한다.

④ 찾으려는 만능 문자 앞에 물결표(~) 기호를 입력한다.

SOLUTION

※ 와일드카드 검색하기
와일드카드(?,*)를 검색할 때에는 찾으려는 와일드카드 기호 앞에 '~'를 입력하여 검색한다.

28 다음 중 아래 시트에서 셀 포인터를 [D5] 셀에 두고 Home 키를 누른 경우 셀 포인터의 위치는?

	A	B	C	D	E	F	G
1	학번	성명	출석	중간	기말	총점	석차
2	112473	이준민	15	34	22	75	C
3	112487	정정용	20	33	33	86	B
4	112531	이준섭	15	39	35	89	B
5	212509	김정필	20	40	39	99	A
6	212537	한일규	15	23	17	75	C

① [A1] 셀　　　　② [A5] 셀

③ [D1] 셀　　　　④ [D2] 셀

SOLUTION

② Home 키를 누르면 현재 행의 가장 처음 열인 [A5] 셀로 이동한다.

29 다음 중 매크로에 관한 설명으로 옳지 않은 것은?

① 같은 통합 문서 내에서 시트가 다르면 동일한 매크로 이름으로 기록할 수 있다.

② [매크로 기록] 대화상자에서 바로가기 키 지정 시 영문 대문자를 사용하면 Shift 키가 자동으로 덧붙는다.

③ 엑셀을 실행할 때마다 매크로를 사용할 수 있게 하려면 [매크로 기록] 대화상자에서 매크로 저장 위치를 '개인용 매크로 통합 문서'로 선택한다.

④ 통합 문서를 열 때 어떤 상황에서 어떤 매크로를 실행할지 매크로 보안 설정을 변경하여 제어할 수 있다.

SOLUTION

① 같은 통합 문서 내에서 메크로의 이름을 공유하기에 동일한 매크로 이름으로 기록할 수 없다.

30 새 워크시트에서 [A1] 셀에 셀 포인터를 두고, [개발 도구] 탭의 [상대 참조로 기록]을 선택한 후 [매크로기록]을 클릭하여 [그림1]과 같이 데이터를 입력하는 '매크로1'을 작성하였다. 다음 중 [그림2]와 같이 [C3]셀에 셀 포인터를 두고 '매크로1'을 실행한 경우 '성적현황'이 입력되는 셀의 위치는?

[그림1]

	A	B	C	D
1		성적 현황		
2	학과	학번	이름	
3				
4				

[그림2]

	A	B	C	D
1				
2				
3				
4				

① [B1] 셀　　　　② [C3] 셀

③ [C4] 셀　　　　④ [D3] 셀

SOLUTION

상대 참조로 기록되면 [그림1]의 기준점인 [A1] 셀이다. 매크로를 실행하면 [그림2] 에서는 [C3]셀이 [그림1]의 [A1] 셀을 대신하기 때문에, 셀의 값이 다음과 같이 위치한다.
• [D3] : 성적 현황
• [C4] : 학과
• [D4] : 학번
• [E4] : 이름

31 아래 워크시트와 같이 짝수 행에만 배경색과 글꼴 스타일 '굵게'를 설정하는 조건부 서식을 지정하고자 한다. 다음 중 이를 위해 아래의 [새 서식 규칙] 대화상자에 입력할 수식으로 옳은 것은?

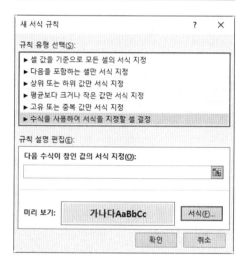

① =MOD(ROW(),2)=1
② =MOD(ROW(),2)=0
③ =MOD(COLUMN(),2)=1
④ =MOD(COLUMN(),2)=0

Solution

※ MOD(인수1,인수2) : 인수1을 인수2로 나눈 나머지 몫을 구함
※ ROW(셀) : 주어진 셀의 행 번호를 구함
※ COLUMN(셀) : 주어진 셀의 열 번호를 구함

• ① 행 번호가 홀수인 행의 서식을 바꿈
• ② 행 번호가 짝수인 행의 서식을 바꿈
• ③ 열 번호가 홀수인 열의 서식을 바꿈
• ④ 열 번호가 짝수인 열의 서식을 바꿈

32 다음 중 <변경 전> 차트를 <변경 후> 차트로 수정하기 위해 적용한 기능으로 옳지 않은 것은?

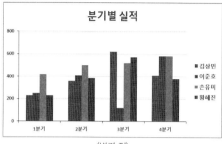

〈변경 전〉

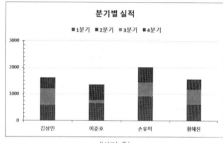

〈변경 후〉

① 누적 세로 막대형으로 차트 종류 변경
② 데이터의 행과 열을 전환
③ 세로 축 보조 눈금을 추가
④ 범례의 위치를 위쪽으로 변경

Solution

③ 기본 가로 눈금선에 대하여 가로 축 보조 눈금을 추가

33 다음 중 아래 시트의 [A1:C8] 영역에 고급 필터 기능을 이용하여 판매수량이 전체 판매수량의 평균 이상의 데이터를 추출하기 위한 조건으로 옳은 것은?

	A	B	C
1	지역	판매수량	판매금액
2	서울	140	938,000
3	경기	380	406,000
4	인천	240	729,000
5	광주	390	362,600
6	부산	130	470,300
7	대전	120	852,000
8	대구	170	534,000

①
판매금액
=B2>=AVERAGE($B$2:$B$8)

②
평균이상
=B2>=AVERAGE(B2:B8)

③
판매금액
=B2>=AVERAGE(B2:B8)

④
평균이상
=B2>=AVERAGE($B$2:$B$8)

34 다음 중 찾기/참조 함수에 대한 설명으로 옳지 않은 것은?

① VLOOKUP 함수의 네 번째 인수를 'FALSE'로 사용하는 경우 참조 표의 첫 열의 값은 반드시 오름차순 정렬되어 있어야 한다.
② HLOOKUP 함수는 참조 표의 첫 행에서 값을 찾을 때 대/소문자를 구분하지 않는다.
③ INDEX 함수는 표나 범위에서 값 또는 값에 대한 참조를 반환한다.
④ CHOOSE 함수의 첫 번째 인수는 1에서 254 사이의 숫자를 나타내는 숫자나 수식, 셀 참조 등을 사용한다.

35 다음 중 셀 또는 셀 범위에 대한 이름 정의 시 구문규칙에 대한 설명으로 옳은 것은?

① 이름은 최대 255자까지 지정할 수 있다.
② 이름의 첫 자는 반드시 문자나 밑줄(_) 또는 슬래시(/)로 시작해야 한다.
③ 이름의 일부로 공백을 사용할 수 있다.
④ Excel에서는 이름의 대문자와 소문자를 구별한다.

36 다음 중 워크시트의 화면 작업에 대한 설명으로 옳지 않은 것은?

① 범위를 선택한 후 값을 입력하고 Alt + Enter 키를 누르면 선택된 범위에 같은 값이 입력된다.

② Ctrl 키를 누른 상태에서 마우스 휠을 돌리면 화면이 확대/축소된다.

③ Enter 방향키가 아래쪽일 때 Shift + Enter 키를 누르면 셀 포인터가 위쪽 셀로 이동된다.

④ Scroll Lock 키를 누른 후 방향키를 누르면 셀 포인터는 고정된 상태로 화면만 이동된다.

SOLUTION

- ① 범위를 선택한 후 값을 입력하고 Ctrl + Enter 키를 누르면 선택된 범위에 같은 값이 입력된다.
- 셀에 값 입력상태에서 Alt + Enter 키를 입력하면 두 줄 입력 상태가 된다.

37 다음 중 각 차트에 대한 설명으로 옳지 않은 것은?

① 꺾은선형 차트 : 일정 간격에 따라 데이터의 추세를 나타내기에 적합하다.

② 원형 차트 : 전체에 대한 각 부분의 관계를 보여주며, 여러 데이터 계열이 각각의 고리로 표시된다.

③ 방사형 차트 : 각 데이터 요소의 중간 지점에 대한 값의 변화를 보여주며, 여러 데이터 계열의 집계 값을 비교하기에도 용이하다.

④ 분산형 차트 : 여러 데이터 계열에 있는 숫자 값 사이의 관계를 보여주거나 두 개의 숫자 그룹을 xy 좌표로 이루어진 하나의 계열로 표시한다.

SOLUTION

- ②는 도넛형 차트에 대한 설명이다.
- ② 원형 차트 : 데이터 계열 하나에 있는 항목의 크기가 항목 합계에 비례하여 표시되며, 데이터 요소는 원형 전체에 대한 백분율로 표시된다.

38 다음 중 3차원 차트로 변경이 가능한 차트 유형은?

①

②

③

④

SOLUTION

①, ②, ④와 같은 도넛형 차트, 분산형 차트, 고가-정가-종가 차트는 3차원 차트로 변경할 수 없다.

39 다음 중 [인쇄 미리 보기 및 인쇄] 상태에서의 [페이지 설정] 대화상자에 대한 설명으로 옳은 것은?

① 눈금선이나 행/열 머리글의 인쇄 여부를 설정할 수 없다.

② 인쇄 영역이나 인쇄 제목으로 반복할 행 또는 반복할 열을 설정할 수 있다.

③ 인쇄 배율을 수동으로 설정할 수 있고, 배율은 워크시트 표준 크기의 '10%'에서 '200%'까지 가능하다.

④ 배율을 '자동 맞춤'으로 선택하고 용지 너비와 용지높이를 '1'로 지정하는 경우 여러 페이지가 한 페이지에 출력되도록 확대/축소 배율이 자동으로 조정 된다.

SOLUTION

- ① 눈금선이나 행/열 머리글의 인쇄 여부를 설정할 수 있다.
- ② [페이지 영역]-[페이지 설정] 대화상자에서만 인쇄 영역이나 인쇄 제목으로 반복할 행 또는 반복할 열을 설정할 수 있다.
- ③ 인쇄 배율을 수동으로 설정할 수 있고, 배율은 워크시트 표준 크기의 '10%'에서 '400%'까지 가능하다.

40 다음 중 아래 그림과 같이 눈금선과 행/열 머리글을 포함하여 인쇄하기 위한 방법은?

	A	B	C	D
1				
2	개강날짜	단계 및 대상	기간	시간
3	2018-01-02	초급・중급	3개월 수・금	17:00~18:00
4	2018-10-10	중학생	4개월 토・일	11:00~12:00
5	2018-02-01	일반인	1개월 화・수	09:00~10:30
6	2018-02-15	초중급	5주간 토・일	18:00~19:20
7	2018-03-02	초등 (1-3학년)	1개월 토・일	10:00~10:50
8	2018-02-20	성인	2개월 화・목	10:00~12:00
9	2018-03-10	초중급	1개월 월・수	17:00~18:00

① [페이지 레이아웃] 탭의 [시트 옵션] 그룹에서 '눈금선'과 '제목'에서 보기를 선택한다.
② [페이지 설정] 대화상자의 [시트] 탭에서 '눈금선'과 '행/열 머리글'을 선택한다.
③ [보기] 탭의 [표시] 그룹에서 '눈금선'과 '머리글'을 선택한다.
④ [Excel 옵션] 창의 [고급] 탭 '이 워크시트의 표시옵션'에서 '행 및 열 머리글 표시'와 '눈금선 표시'를 선택한다.

SOLUTION

② '눈금선'과 '행/열 머리글'을 포함하는 기능은 [페이지 설정] 대화상자에서 설정 할 수 있다.

1과목 컴퓨터 일반

01 다음 중 컴퓨터 시스템에서 사용하는 채널(Channel)에 관한 설명으로 옳지 않은 것은?

① 주변장치에 대한 제어 권한을 CPU로부터 넘겨받아 CPU 대신 입출력을 관리한다.

② 입출력 작업이 끝나면 CPU에게 인터럽트 신호를 보낸다.

③ CPU와 주기억장치의 속도 차이를 해결하기 위하여 사용된다.

④ 채널에는 셀렉터(Selector), 멀티플렉서(Multiplexer), 블록 멀티플렉서(Block Multiplexer) 등이 있다.

Solution

채널은 중앙처리장치(CPU)와 입출력장치 사이의 속도 차이로 인한 문제점을 해결하기 위해 사용한다.

02 다음 중 아래의 내용을 수행하는 시스템은?

- 지리적으로 분산된 원거리에 있는 사람들끼리 사용한다.
- 화상 및 음성 데이터를 실시간으로 양방향 전송을 할 수 있다.
- TV 화면을 통한 화상을 통해 원격으로 회의를 할 수 있다.

① AR   ② VR

③ VOD   ④ VCS

Solution

※ 멀티미디어 활용

- 증강 현실(Augmented Reality) : 실제 영상에 문자나 그래픽과 같은 가상의 3차원 정보를 실시간으로 겹쳐 보여주는 기술
- 가상 현실(Virtual Reality) : 다양한 장치를 통해 컴퓨터가 만들어낸 가상 세계에서 여러 다른 경험을 체험할 수 있는 기술
- 주문형 비디오(Video On Demand) : 영화, 드라마, 뉴스 등 다양한 영상 정보 데이터베이스를 구축하여 사용자가 요구하는 콘텐츠를 원하는 시간에 볼 수 있는 서비스
- 화상회의 시스템(Video Conference System) : 초고속 통신망을 이용하여 먼 거리에 있는 사람들과 화상으로 원격 회의를 할 수 있는 시스템

03 다음 중 컴퓨터에서 사용하는 캐시 메모리에 관한 설명으로 옳은 것은?

① 중앙처리장치와 주기억장치 사이에 위치하여 컴퓨터의 처리 속도를 향상시키는 역할을 한다.

② RAM의 종류 중 DRAM이 캐시 메모리로 사용된다.

③ 보조기억장치의 일부를 주기억장치처럼 사용하는 메모리이다.

④ 주기억장치의 용량보다 큰 프로그램을 로딩하여 실행할 경우에 사용된다.

Solution

② 캐시 메모리는 접근 속도가 빠른 정적 램(SRAM)을 사용한다.

04 다음 중 Windows에서 [프린터 설치]에 관련된 설명 중 옳지 않은 것은?

① 로컬 프린터와 네트워크 프린터로 구분하여 설치할 수 있다.

② PC에 직접 연결되지 않고 네트워크상에 연결된 프린터도 기본 프린터로 설정할 수 있다.

③ 하나의 시스템에 여러 대의 프린터를 모두 설치할 수 있다.

④ 두 대 이상의 프린터를 기본 프린터로 지정할 수 있으며, 기본 프린터로 설정된 프린터도 삭제할 수 있다.

SOLUTION

기본 프린터 지정은 한 대만 가능하며, 기본 프린터로 설정된 프린터도 삭제할 수 있다.

---

05 다음 중 정보 보안을 위협하는 유형에 대한 설명으로 옳지 않은 것은?

① 가로막기는 데이터의 정상적인 전달을 막아 흐름을 방해하는 행위이다.

② 수정은 전송된 데이터가 원래의 데이터가 아닌 다른 내용으로 바꾸는 행위이다.

③ 가로채기는 송신된 데이터가 수신지까지 가는 회선을 절단하는 행위이다.

④ 위조는 다른 송신자로부터 데이터가 송신된 것처럼 꾸미는 행위이다.

SOLUTION

※ 보안 위협의 유형

가로막기	자료가 수신측으로 전달되는 것을 방해하는 행위
가로채기	전송한 자료가 수신지로 가는 도중에 몰래 보거나 도청하는 행위
위조	자료가 다른 송신자로부터 전송된 것처럼 꾸미는 행위
수정	원래의 자료를 다른 내용으로 바꾸는 행위

---

06 다음 중 하드디스크 용량이 부족할 경우의 해결 방법으로 옳지 않은 것은?

① USB 파일 정리

② 휴지통 파일 정리

③ 디스크 정리 수행

④ Windows 기능 제거

SOLUTION

※ 하드디스크 용량 늘리는 방법

– 휴지통 비우기를 실행한다.

– 디스크 정리를 수행하여 불필요한 파일을 삭제한다.

– 불필요한 앱이나 Windows 기능을 제거한다.

– 자주 사용하지 않는 파일은 별도의 저장 장치에 백업하고, 하드디스크에서 삭제한다.

---

07 다음 중 멀티미디어 자료와 관련하여 압축 기술에 관한 설명으로 옳지 않은 것은?

① JPEG은 사진과 같은 정지 영상 압축 표준 기술이다.

② PNG 포맷은 비손실 그래픽 파일 포맷의 하나로 GIF 포맷의 문제점을 개선하기 위해 고안되었다.

③ MPEG은 동영상 데이터를 압축하여 실시간 재생 가능한 동영상 표준 압축 기술이다.

④ GIF 포맷은 이미지 표현 방식으로 벡터 방식의 손실 압축 방식을 이용한다.

SOLUTION

GIF 포맷은 이미지 표현 방식으로 비트맵 방식의 무손실 압축 방식을 이용한다.

※ 비트맵(Bitmap) 방식

– 여러 개의 점으로 이미지를 표현

– 벡터 방식에 비해 메모리 용량이 크고, 속도가 느림

– 파일 형식 : BMP, GIF, JPEG(JPG), PCX, PNG, TIF 등

※ 벡터(Vector) 방식

– 점과 점을 연결하는 직선이나 곡선을 이용하여 이미지를 표현

– 이미지 확대/축소 시 화질 손상이 거의 없음

– 파일 형식 : AI, DXF, WMF 등

08 컴퓨터가 현재 실행하고 있는 명령을 끝낸 후 다음에 실행할 명령의 주소를 기억하고 있는 레지스터는?

① 명령 계수기(Program Counter)
② 명령 레지스터(Instruction Register)
③ 부호기(Encoder)
④ 명령 해독기(Instruction Decoder)

Solution

※ 제어 장치의 구성 요소
- 명령 레지스터 : 현재 수행 중인 명령어의 내용을 기억하는 레지스터
- 부호기 : 명령 해독기에서 전송된 명령을 실행하기 위한 신호로 변환하여 각 장치로 전달
- 명령 해독기 : 현재 수행해야 할 명령을 해석하여 부호기로 전달

09 다음 중 각 지역별로 발생된 자료를 분산 처리하는 방식으로 시스템의 과부하를 방지할 수 있으며 시스템의 확장성, 유연성, 안전성, 신뢰성 등에서 유리한 것은?

① 클라이언트/서버 시스템
② 다중 처리 시스템
③ 일괄 처리 시스템
④ 실시간 처리 시스템

Solution

• 클라이언트/서버 시스템 : 클라이언트는 다른 프로그램에게 서비스를 요청하고 서버는 그 요청에 대해 응답을 해주는 방식으로, 분산 처리 환경에 적합한 시스템이다.

※ 운영체제 운영 방식
- 다중 처리 시스템 : 하나의 컴퓨터에 여러 개의 CPU를 설치하여 프로그램을 처리하는 방식
- 일괄 처리 시스템 : 데이터를 일정량 또는 일정 기간 동안 모았다가 한꺼번에 처리하는 방식
- 실시간 처리 시스템 : 데이터가 생겨날 때마다 바로 처리하는 방식

10 다음 중 컴퓨터에서 사용하는 하드디스크의 파티션에 대한 설명으로 옳지 않은 것은?

① 하나의 물리적인 하드디스크를 여러 개의 파티션으로 나눌 수 있다.
② 파티션을 나눈 후에 하드디스크를 사용하기 위해서는 포맷을 해야 한다.
③ 하나의 하드디스크 내의 모든 파티션에는 동일한 운영체제만 설치할 수 있다.
④ 하나의 파티션에는 한 가지 파일 시스템만을 설치할 수 있다.

Solution

하드디스크 내 각각의 파티션에는 서로 다른 운영체제를 설치할 수 있다.

※ 파티션(Partition)
하나의 하드디스크를 여러 개로 나누어 사용하는 것을 말하며, 파티션의 종류에는 기본 파티션과 확장 파티션이 있다.

11 다음 중 네트워크 관련 Telnet에 대한 설명으로 옳은 것은?

① 원격으로 다른 컴퓨터를 사용할 수 있다.
② 인터넷이 정상적으로 연결되었는지 확인한다.
③ 인터넷 서버까지의 경로를 추적한다.
④ 특정 시스템을 사용하고 있는 사용자 정보를 알아본다.

Solution

보기의 ②번은 Ping, ③번은 Tracert, ④번은 Finger에 대한 설명이다.

※ 텔넷(Telnet)
원격지에 있는 컴퓨터에 접속하여 프로그램을 실행시키거나 시스템 관리 작업 등을 할 수 있는 서비스

12 다음 중 7개의 데이터 비트(Data bit)와 1개의 패리티 비트(Parity bit)를 사용하며, 128개의 문자를 표현할 수 있는 코드로 옳은 것은?

① BCD 코드
② ASCII 코드
③ EBCDIC 코드
④ UNI 코드

SOLUTION

- BCD 코드 : 6비트를 사용하며, 64개(26)의 문자 표현 가능
- EBCDIC 코드 : 8비트를 사용하며, 256개(28)의 문자 표현 가능
- UNI 코드 : 16비트를 사용하며, 65,536개(216)의 문자 표현 가능

13 네트워크 간에 물리적, 논리적으로 연결해 주기 위해서는 네트워크 간을 연결해 주는 인터넷 워킹 기기가 필요하다. 다음 중에서 이와 관련이 없는 것은 어느 것인가?

① 리피터(Repeater)
② 라우터(Router)
③ 브리지(Bridge)
④ 패킷(Packet)

SOLUTION

패킷은 데이터 전송 시 송신측과 수신측에 의하여 하나의 단위로 전송되는 데이터의 묶음을 말한다.

※ 네트워크 관련 장비

리피터 (Repeater)	장거리 전송을 위하여 전송 신호를 재생시키거나 출력 전압을 높여주는 장치
라우터 (Router)	네트워크 계층의 연동 장치로, 최적 경로 설정에 이용되는 장치
브리지 (Bridge)	두 개의 근거리통신망(LAN) 시스템을 이어주는 접속 장치

14 다음 중 연결 프로그램에 대한 설명으로 옳지 않은 것은?

① 연결 프로그램을 삭제하면 연결된 데이터 파일도 함께 삭제된다.
② 서로 다른 확장명의 파일들이 하나의 연결 프로그램에 지정될 수 있고, 필요에 따라 연결 프로그램을 바꿀 수 있다.
③ 파일의 확장명에 따라 연결 프로그램이 자동으로 결정된다.
④ 연결 프로그램은 파일을 열어서 보여주는 해당 프로그램을 의미한다.

SOLUTION

연결 프로그램을 삭제해도 연결된 데이터 파일은 삭제되지 않는다.

15 다음 중 인터넷 주소 체계인 IPv6에 대한 설명으로 옳지 않은 것은?

① 주소는 16비트씩 8개 부분으로 총 128비트로 구성되어 있다.
② IPv6의 주소는 유니캐스트, 애니캐스트, 멀티캐스트 3종류의 형태로 분류한다.
③ IPv4와의 호환성은 낮으나 IPv4에 비해 품질 보장은 용이하다.
④ 주소에 0이 연속되는 경우 0을 생략하고 '::' 형태로 표시할 수 있다.

SOLUTION

IPv6(Internet Protocol version 6)은 IPv4와의 호환성이 뛰어나며, IPv4에 비해 전송 속도가 빠르다. 또한 인증성, 기밀성, 데이터 무결성의 지원으로 보안 기능이 뛰어나다.

16 다음 중 인터프리터 언어에 대한 설명으로 올바르지 않은 것은?

① 대화형 언어로서 컴파일러와는 다르게 목적 프로그램을 생성하지 않는다.

② 디버깅이 컴파일러보다 쉬우나 실행 속도가 느리다.

③ 전체 프로그램을 한 번에 처리하여 실행한다.

④ 인터프리터 언어에는 APL, BASIC, LISP과 같은 언어가 있다.

SoLution

컴파일러는 전체 프로그램을 한 번에 처리하고, 인터프리터는 행 단위로 처리하여 실행한다.

---

17 영상은 픽셀의 2차원 배열로 구성되는데 한 픽셀이 4비트를 사용한다면 한 픽셀은 몇 가지 색을 표현할 수 있는가?

① 16　　　　　　　② 8

③ 4　　　　　　　④ 2

SoLution

한 픽셀이 4비트를 사용하는 경우 16개(2^4)의 색을 표현할 수 있다.

※ **픽셀(Pixel)**
모니터 화면을 구성하는 최소 단위로, 픽셀의 수가 많을수록 해상도가 높음(선명함)

---

18. 다음 중 비대칭형(Public Key) 암호화 방식의 특징이 아닌 것은?

① 암호키와 해독키가 분리되어 있다.

② RSA 방식이 많이 사용된다.

③ 공개키만으로는 암호화된 내용을 복호화할 수 없다.

④ 송신자와 수신자 사이에 동일한 키를 사용한다.

SoLution

송신자와 수신자 사이에 동일한 하나의 키를 사용하는 것은 대칭형(Symmetric Key) 암호화 방식의 특징이다.

---

19 다음 중 한글 Windows 10의 [폴더 옵션]에서 설정할 수 있는 작업에 해당되지 않는 것은?

① 숨김 파일 및 폴더를 표시할 수 있다.

② 색인된 위치에서는 파일 이름뿐만 아니라 내용도 검색하도록 설정할 수 있다.

③ 숨긴 파일 및 폴더의 숨김 속성을 일괄 해제할 수 있다.

④ 파일이나 폴더를 한 번 클릭해서 열 것인지, 두 번 클릭해서 열 것인지를 설정할 수 있다.

SoLution

[폴더 옵션]에서 숨김 파일 및 폴더의 표시 여부 설정이 가능하지만, 숨김 속성을 해제하려면 해당 파일 및 폴더의 속성 대화상자에서 직접 실행해야 한다.

---

20 다음 중 삭제된 파일이 [휴지통]에 임시 보관되어 복원이 가능한 경우는?

① Shift + Delete 로 삭제한 경우

② USB 메모리에 저장된 파일을 Delete 로 삭제한 경우

③ 네트워크 드라이브의 파일을 바로 가기 메뉴의 [삭제]를 클릭하여 삭제한 경우

④ 바탕 화면에 있는 파일을 [휴지통]으로 드래그 앤 드롭하여 삭제한 경우

SoLution

※ **삭제한 파일이 휴지통에 보관되지 않고 바로 삭제되는 경우**
– Shift + Delete 로 삭제한 경우
– USB 메모리나 네트워크 드라이브에서 삭제한 경우
– [휴지통 속성]에서 '파일을 휴지통에 버리지 않고 삭제할 때 바로 제거' 옵션을 선택한 경우
– 휴지통의 크기를 0%로 설정한 경우

정답 | 16 ③ 17 ① 18 ④ 19 ③ 20 ④

2과목 스프레드시트 일반

21 다음 워크시트를 참조하여 작성된 수식에 대한 계산 결과값이 옳지 않은 것은?

	A	B	C
1	2	3	324.754
2	2	7	
3		6	247
4	4	4	
5		2	

① =COUNTA(A1:A5), 결과값 : 3

② =LARGE(B1:B5,3), 결과값 : 4

③ =ROUNDUP(C1,2), 결과값 : 324.76

④ =MODE(A1:B5), 결과값 : 4

SOLUTION

MODE 함수는 빈도수가 가장 높은 값(최빈수)을 구한다. 따라서 [A1:B5] 영역에서 최빈수는 2이므로 결과값은 2가 된다.

22 다음 중 워크시트에 2234543 숫자를 입력한 후 각 보기 문항처럼 사용자 지정 표시 형식을 설정하였을 때 화면에 표시되는 결과로 옳지 않은 것은?

① (형식) #,##0.00 → 2,234,543.00

② (형식) 0.00 → 2234543.00

③ (형식) #,###,"천원" → 2,234천원

④ (형식) #% → 223454300%

SOLUTION

2234543에 (형식) #,###,"천원"을 설정하면 화면에 표시되는 결과는 "2,235천원"으로 반올림되어 표시된다.

23 다음 워크시트처럼 [D2] 셀에 평균을 구하기 위한 수식 =AVERAGE(A2:C2)에서 범위 참조의 콜론(:)이 누락된 경우 발생되는 오류는?

	A	B	C	D	E
1	정보	과학	기술	평균	
2	100	88	69	=AVERAGE(A2C2)	
3					

① #### 오류

② #NAME? 오류

③ #REF! 오류

④ #VALUE! 오류

SOLUTION

#NAME? 오류는 인식할 수 없는 문자열을 수식에 사용했을 때, 함수 이름이나 정의되지 않은 셀 이름을 사용했을 때 발생한다.

※ 계산식 오류 메시지

– #### : 데이터의 수식 결과를 셀에 모두 표시할 수 없을 때 발생

– #REF! : 오류 셀 참조가 유효하지 않거나 이상이 있을 때 발생

– #VALUE! : 잘못된 인수나 피연산자를 사용했을 때 발생

24 다음 중 매크로에 관한 설명으로 옳지 않은 것은?

① 매크로 이름의 첫 글자는 반드시 문자로 지정해야 한다.

② 서로 다른 매크로에 동일한 이름을 부여할 수 없다.

③ 현재 셀의 위치를 기준으로 매크로가 실행되도록 하려면 별도의 추가 설정 없이 '매크로 기록'을 클릭한 후 매크로를 기록한다.

④ 매크로 기록 시 사용자의 마우스 동작은 물론 키보드 작업도 모두 기록된다.

SOLUTION

매크로는 작업의 자동화를 위해 사용할 수 있는 동작 또는 동작 모음을 말하며, 현재 셀의 위치를 기준으로 매크로가 실행되도록 하려면 '상대 참조로 기록'을 설정하여 매크로를 기록해야 한다.

25 **다음 중 셀의 내용을 편집할 수 있는 셀 편집 모드로 전환하는 방법에 대한 설명으로 옳지 않은 것은?**

① 편집하려는 데이터가 입력된 셀을 두 번 클릭한다.
② 편집하려는 데이터가 입력된 셀을 클릭하고 수식 입력줄을 클릭한다.
③ 편집하려는 데이터가 입력된 셀의 바로 가기 메뉴에서 [셀 편집]을 클릭한다.
④ 편집하려는 데이터가 입력된 셀을 클릭하고 F2 를 누른다.

SOLUTION

편집하려는 데이터가 입력된 셀의 바로 가기 메뉴에 [셀 편집]은 없다.

26 **다음 중 피벗 테이블에 대한 설명으로 옳지 않은 것은?**

① 피벗 테이블 보고서를 넣을 위치는 기존 워크시트에서만 가능하다.
② 피벗 테이블로 작성된 목록에서 행 필드를 열 필드로 편집할 수 있다.
③ 피벗 테이블 작성 후에도 사용자가 새로운 수식을 추가하여 표시할 수 있다.
④ 피벗 테이블은 많은 양의 데이터를 손쉽게 요약하기 위해 사용되는 기능이다.

SOLUTION

- 피벗 테이블 보고서를 넣을 위치는 기존 워크시트와 새 워크시트 중에서 선택할 수 있다.
- 피벗 테이블 보고서를 이용하면 가장 유용하고 관심이 있는 하위 데이터 집합에 대해 필터, 정렬, 그룹 및 조건부 서식을 적용하여 원하는 정보만 강조할 수 있다.

27 **아래 워크시트에서 [A] 열에 [셀 서식]–[표시 형식]–[사용자 지정]을 이용하여 [C] 열과 같이 나타내고자 한다. 다음 중 입력하여야 할 사용자 지정 형식으로 옳은 것은?**

	A	B	C
1	정경은		정경은님
2	한우진	→	한우진님
3	이희영		이희영님
4	조수환		조수환님

① #님　　② @'님'
③ #'님'　　④ @님

SOLUTION

@는 문자열 뒤에 특정한 문자를 표시할 때 사용한다.

28 **다음 중 데이터가 입력된 셀에서 Delete 를 눌렀을 때의 상황에 대한 설명으로 옳지 않은 것은?**

① 셀에 설정된 메모는 지워지지 않는다.
② 셀에 설정된 내용과 서식이 함께 지워진다.
③ [홈] → [편집] → [지우기] → [내용 지우기]를 실행한 것과 동일한 결과가 발생한다.
④ 바로 가기 메뉴에서 [내용 지우기]를 실행한 것과 동일한 결과가 발생한다.

SOLUTION

데이터가 입력된 셀에서 Delete 를 누르면 셀에 설정된 내용은 지워지지만 서식은 지워지지 않는다.

정답 | 25 ③ 26 ① 27 ④ 28 ③

29 다음 시트에서 [A1] 셀에 있는 텍스트를 쉼표(,)를 기준으로 [A1:D1] 영역에 분리하여 표시하려고 할 때 사용할 적합한 기능은?

| A1 | | ▼ | : | × | ✓ | f_x | 서울, 1, 국어, 2008 |

◢	A	B	C	D	E
1	서울, 1, 국어, 2008				
2					

① 레코드 관리
② 텍스트 나누기
③ 유효성 검사
④ 자동 윤곽

30 다음 중 아래와 같이 조건을 설정한 고급 필터의 실행 결과로 추출되는 행으로 옳은 것은?

◢	A	B	C	D	E
1			직원 현황		
2	이름	직책	경력	부서	TOEIC
3	김상공	대리	4	마케팅	460
4	이한국	대리	2	관리	450
5	박대한	사원	3	기획	540
6					
7	<조건>	직책	경력	TOEIC	TOEIC
8		대리	>=4		
9				>=500	<700

① 3, 4, 5행
② 3행
③ 3, 5행
④ 4, 5행

31 다음 중 부분합 기능을 이용하여 구할 수 있는 각 집단의 특성 값이 아닌 것은?

① 합계
② 평균
③ 중앙값
④ 개수

32 다음 중 원형 차트와 비슷하지만 다중 계열을 설정할 수 있는 차트 종류는?

① 원형 대 가로 막대형
② 원통형
③ 거품형
④ 도넛형

33 [다른 이름으로 저장] 메뉴 중 [도구]–[일반 옵션] 메뉴에서 설정할 수 있는 기능이 아닌 것은?

① 백업 파일 항상 만들기
② 열기/쓰기 암호 설정
③ 읽기 전용 권장
④ 통합 문서 공유

SOLUTION

④ 통합 문서 공유는 [검토]–[변경 내용]–[통합 문서 공유] 메뉴에서 설정할 수 있다.

34 다음 중 함수식에 대한 결과가 옳지 않은 것은?

① =Trunc(−5.6) → −5
② =Power(2,3) → 6
③ =Int(−7.2) → −8
④ =Mod(−7,3) → 2

SOLUTION

① =Trunc(−5.6) → −5
  – Trunc(인수,자릿수) : 지정한 자릿수 미만을 버리는 함수
  – 지정한 자릿수가 없으므로 정수값 −5이다.
② =Power(2,3) → 8
  – Power(인수,제곱값) : 인수의 거듭 제곱값을 구하는 함수
  – 2의 3제곱값은 8이다.
③ =Int(−7.2) → −8
  – Int(인수) : 인수보다 크지 않은 정수를 구하는 함수
  – −7.2보다 크지 않은 정수는 −8이다.
④ =Mod(−7,3) → 2
  – Mod(인수1,인수2) : 인수1을 인수2로 나눈 나머지를 구하는 함수
  – −7을 3으로 나눈 나머지는 2이다.
    → 나누는 수가 음수일 경우 음수 값으로 나머지가 나오도록 해서 결과값을 구한다.

35 다음 중 아래의 (   ) 안에 들어갈 기능으로 옳은 것은?

(㉠)은/는 특정 값의 변화에 따른 결과값의 변화 과정을 한 번의 연산으로 빠르게 계산하여 표의 형태로 표시해 주는 도구이고, (㉡)은/는 비슷한 형식의 여러 데이터의 결과를 하나의 표로 통합하여 요약해 주는 도구이다.

① ㉠ : 데이터 표   ㉡ : 통합
② ㉠ : 정렬   ㉡ : 시나리오 관리자
③ ㉠ : 부분합   ㉡ : 피벗 테이블
④ ㉠ : 해 찾기   ㉡ : 데이터 유효성 검사

SOLUTION

※ **데이터 표**
데이터 표의 결과값은 반드시 변화하는 값을 포함한 수식으로 작성되어야 한다.

※ **통합**
수식을 자동으로 계산하도록 설정된 통합 문서의 경우 수식으로 통합하면 각 워크시트의 데이터가 변경될 때마다 통합된 데이터가 자동으로 업데이트된다.

36 시트를 그룹화한 상태에서 [A1] 셀에 '스프레드시트' 단어를 입력하였을 때 나타나는 결과로 옳은 것은?

① 첫 번째 시트에만 입력되어 나타난다.
② 선택한 시트의 [A1] 셀에 모두 입력되어 나타난다.
③ 오류가 나타난다.
④ 마지막 시트에만 입력되어 나타난다.

SOLUTION

여러 개의 시트를 선택한 상태에서 데이터를 입력하면 선택한 모든 시트에 같은 내용이 입력되어 나타난다.

37 다음 중 [C10] 셀에 판매량이 판매량 평균 이상인 지점의 개수를 구하는 수식으로 올바른 것은?

	A	B	C
1	지점	대표자	판매량
2	마포	고아라	125
3	서대문	나영희	85
4	을지로	빅철수	94
5	강남	안도혜	108
6	강서	최순이	75
7	강북	최하늘	12
8	강동	김수창	98
9			
10	판매량 평균 이상		4

① =COUNTIF(C2:C8,">="&AVERAGE($C$2:$C$8))

② =COUNTIF(">="&AVERAGE($C$2:$C$8))

③ =COUNTIF(C2:C8,">=AVERAGE($C$2:$C$8)")

④ =COUNTIF(">="&AVERAGE($C$2:$C$8),C2:C8)

SOLUTION

- 먼저 판매량 평균을 구하면 [C2:C8] 영역의 평균값은 85.28이다.
  → AVERAGE($C$2:$C$8)
- [C2:C8] 영역에서 평균값 85.28보다 크거나 같은 값은 4개이다.
  → COUNTIF(C2:C8,">="&85.28)

※ COUNTIF(범위, 조건) 함수

지정된 범위에서 조건에 맞는 셀의 개수를 구한다.

38 아래 그림과 같이 '기록(초)' 필드를 이용하여 순위 [C2:C5]를 계산하였다. 다음 중 [C2] 셀의 수식으로 옳은 것은?

	A	B	C
1	선수명	기록(초)	순위
2	홍길동	12	3
3	이기자	15	4
4	금나래	10	1
5	나도국	11	2

① =RANK.EQ(B1, $C$2:$C$5)

② =RANK.EQ(B2, $A$2:$A$5)

③ =RANK.EQ(B2, $B$2:$B$5, 1)

④ =RANK.EQ(B2, $B$2:$B$5, 0)

SOLUTION

※ RANK.EQ(인수, 범위, 논리값)

지정된 범위에서 인수의 순위를 구한다. 논리값이 0이거나 생략되면 내림차순이고, 0 이외의 값은 오름차순이다. 문제에서 1등부터 4등까지 오름차순으로 정렬되기 때문에 논리값은 0이 아닌 1을 입력해야 한다.

39 다음 중 [페이지 설정]-[시트] 탭에 대한 설명으로 옳지 않은 것은?

① '행/열 머리글' 항목은 행/열 머리글이 인쇄되도록 설정하는 기능이다.

② '인쇄 제목' 항목을 이용하면 특정 부분을 매 페이지마다 반복적으로 인쇄할 수 있다.

③ '눈금선' 항목을 선택하면 작업 시트의 셀 구분선은 인쇄되지 않는다.

④ '메모' 항목에서 '없음'을 선택하면 셀에 메모가 있더라도 인쇄되지 않는다.

SOLUTION

'눈금선' 항목을 선택하면 작업 시트의 셀 구분선이 인쇄된다.

정답 | 37 ① 38 ③ 39 ③

40 다음 중 데이터 통합에 대한 설명으로 옳지 않은 것은?

① 참조 영역은 최대 3개까지만 추가가 가능하다.

② 지정한 영역에 계산될 요약 함수는 '함수'에서 선택하며, 요약 함수로는 합계, 개수, 평균, 최대값, 최소값 등이 있다.

③ 통합할 여러 데이터의 순서와 위치가 동일할 경우 위치를 기준으로 통합할 수 있다.

④ 사용할 데이터의 형태가 다르더라도 같은 이름표를 사용하면 항목을 기준으로 통합할 수 있다.

SOLUTION

기본적으로 참조 영역의 추가 개수는 제한이 없으며, 시스템의 사용 가능 메모리에 따라 제한될 수는 있다.

※ 데이터 통합
- 비슷한 형식의 여러 데이터의 결과를 하나의 표로 통합하여 요약해 주는 도구이다.
- 통합에서 사용할 수 있는 함수 : 합계, 개수, 평균, 최대값, 최소값, 곱, 숫자 개수, 표준 편차, 분산 등
- 통합 문서 내의 다른 워크시트뿐 아니라 다른 통합 문서에 있는 워크시트도 통합할 수 있다.

행운이란 100%의 노력 뒤에 남는 것이다.

– 랭스턴 콜먼(Langston Coleman)

한권으로 끝내기

컴퓨터활용능력 2급 필기

개정3판 1쇄 발행	2023년 04월 03일
초 판 발 행	2019년 01월 03일(인쇄 2018년 11월 30일)
발 행 인	박영일
책 임 편 집	이해욱
편 저	IT수험교재팀
편 집 진 행	이동욱
표지디자인	김지수
편집디자인	신해니
발 행 처	(주)시대고시기획
출 판 등 록	제 10-1521호
주 소	서울시 마포구 큰우물로 75 [도화동 538 성지 B/D] 9F
전 화	1600-3600
홈 페 이 지	www.sdedu.co.kr

I S B N	979-11-383-4923-9(13000)
정 가	18,000원